Contents

Génesis

¹ EN el principio crió Dios los cielos y la tierra. ² Y la tierra estaba desordenada y vacía, y las tinieblas estaban sobre la haz del abismo, y el Espíritu de Dios se movía sobre la haz de las aguas. ³ Y dijo Dios: Sea la luz: y fué la luz. ⁴ Y vió Dios que la luz era buena: y apartó Dios la luz de las tinieblas. ⁵ Y llamó Dios á la luz Día, y á las tinieblas llamó Noche: y fué la tarde y la mañana un día. ⁶ Y dijo Dios: Haya expansión en medio de las aguas, y separe las aguas de las aguas. ⁷ E hizo Dios la expansión, y apartó las aguas que estaban debajo de la expansión, de las aguas que estaban sobre la expansión: y fué así. ⁸ Y llamó Dios á la expansión Cielos: y fué la tarde y la mañana el día segundo. ⁹ Y dijo Dios: Júntense las aguas que *están* debajo de los cielos en un lugar, y descúbrase la seca: y fué así. ¹⁰ Y llamó Dios á la seca Tierra, y á la reunión de las aguas llamó Mares: y vió Dios que era bueno. ¹¹ Y dijo Dios: Produzca la tierra hierba verde, hierba que dé simiente; árbol de fruto que dé fruto según su género, que su simiente esté en él, sobre la tierra: y fué así. ¹² Y produjo la tierra hierba verde, hierba que da simiente según su naturaleza, y árbol que da fruto, cuya simiente está en él, según su género: y vió Dios que era bueno. ¹³ Y fué la tarde y la mañana el día tercero. ¹⁴ Y dijo Dios: Sean lumbreras en la expansión de los cielos para apartar el día y la noche: y sean por señales, y para las estaciones, y para días y años; ¹⁵ Y sean por lumbreras en la expansión de los cielos para alumbrar sobre la tierra: y fué así. ¹⁶ E hizo Dios las dos grandes lumbreras; la lumbrera mayor para que señoree en el día, y la lumbrera menor para que señoree en la noche: *hizo* también las estrellas. ¹⁷ Y púsolas Dios en la expansión de los cielos, para alumbrar sobre la tierra, ¹⁸ Y para señorear en el día y en la noche, y para apartar la luz y las tinieblas: y vió Dios que era bueno. ¹⁹ Y fué la tarde y la mañana el día cuarto. ²⁰ Y dijo Dios: Produzcan las aguas reptil de ánima viviente, y aves que vuelen sobre la tierra, en la abierta expansión de los cielos. ²¹ Y crió Dios las grandes ballenas, y toda cosa viva que anda arrastrando, que las aguas produjeron según su género, y toda ave alada según su especie: y vió Dios que era bueno. ²² Y Dios los bendijo diciendo: Fructificad y multiplicad, y henchid las aguas en los mares, y las aves se multipliquen en la tierra. ²³ Y fué la tarde y la mañana el día quinto. ²⁴ Y dijo Dios: Produzca la tierra seres vivientes según su género, bestias y serpientes y animales de la tierra según su especie: y fué así. ²⁵ E hizo Dios animales de la tierra según su género, y ganado según su género, y todo animal que anda arrastrando sobre la tierra según su especie: y vió Dios que era bueno. ²⁶ Y dijo Dios: Hagamos al hombre á nuestra imagen, conforme á nuestra semejanza; y señoree en los peces de la mar, y en las aves de los cielos, y en las bestias, y en toda la tierra, y en todo animal que anda arrastrando sobre la tierra. ²⁷ Y crió Dios al hombre á su imagen, á imagen de Dios lo crió; varón y hembra los crió. ²⁸ Y los bendijo Dios; y díjoles Dios: Fructificad y multiplicad, y henchid la tierra, y sojuzgadla, y señoread en los peces de la mar, y en las aves de los cielos, y en todas las bestias que se mueven sobre la tierra. ²⁹ Y dijo Dios: He aquí que os he dado toda hierba que da simiente, que está sobre la haz de toda la tierra; y todo árbol en que hay fruto de árbol que da simiente, seros ha para comer. ³⁰ Y á toda bestia de la tierra, y á todas las aves de los cielos, y á todo lo que se mueve sobre la tierra, en que hay vida, toda hierba verde *les será* para comer: y fué así. ³¹ Y vió Dios todo lo que había hecho, y he aquí que era bueno en gran manera. Y fué la tarde y la mañana el día sexto.

2

¹ Y FUERON acabados los cielos y la tierra, y todo su ornamento. ² Y acabó Dios en el día séptimo su obra que hizo, y reposó el día séptimo de toda su obra que había hecho. ³ Y

bendijo Dios al día séptimo, y santificólo, porque en él reposó de toda su obra que había Dios criado y hecho. ⁴ Estos son los orígenes de los cielos y de la tierra cuando fueron criados, el día que Jehová Dios hizo la tierra y los cielos, ⁵ Y toda planta del campo antes que fuese en la tierra, y toda hierba del campo antes que naciese: porque aun no había Jehová Dios hecho llover sobre la tierra, ni había hombre para que labrase la tierra; ⁶ Mas subía de la tierra un vapor, que regaba toda la faz de la tierra. ⁷ Formó, pues, Jehová Dios al hombre del polvo de la tierra, y alentó en su nariz soplo de vida; y fué el hombre en alma viviente. ⁸ Y había Jehová Dios plantado un huerto en Edén al oriente, y puso allí al hombre que había formado. ⁹ Y había Jehová Dios hecho nacer de la tierra todo árbol delicioso á la vista, y bueno para comer: también el árbol de vida en medio del huerto, y el árbol de ciencia del bien y del mal. ¹⁰ Y salía de Edén un río para regar el huerto, y de allí se repartía en cuatro ramales. ¹¹ El nombre del uno era Pisón: éste es el que cerca toda la tierra de Havilah, donde hay oro: ¹² Y el oro de aquella tierra es bueno: hay allí *también* bdelio y piedra cornerina. ¹³ El nombre del segundo río es Gihón: éste es el que rodea toda la tierra de Etiopía. ¹⁴ Y el nombre del tercer río es Hiddekel: éste es el que va delante de Asiria. Y el cuarto río es el Eufrates. ¹⁵ Tomó, pues, Jehová Dios al hombre, y le puso en el huerto de Edén, para que lo labrara y lo guardase. ¹⁶ Y mandó Jehová Dios al hombre, diciendo: De todo árbol del huerto comerás; ¹⁷ Mas del árbol de ciencia del bien y del mal no comerás de él; porque el día que de él comieres, morirás. ¹⁸ Y dijo Jehová Dios: No es bueno que el hombre esté solo; haréle ayuda idónea para él. ¹⁹ Formó, pues, Jehová Dios de la tierra toda bestia del campo, y toda ave de los cielos, y trájolas á Adam, para que viese cómo les había de llamar; y todo lo que Adam llamó á los animales vivientes, ese es su nombre. ²⁰ Y puso Adam nombres á toda bestia y ave de los cielos y á todo animal del campo: mas para Adam no halló ayuda que *estuviese* idónea para él. ²¹ Y Jehová Dios hizo caer sueño sobre Adam, y se quedó dormido: entonces tomó una de sus costillas, y cerró la carne en su lugar; ²² Y de la costilla que Jehová Dios tomó del hombre, hizo una mujer, y trájola al hombre. ²³ Y dijo Adam: Esto es ahora hueso de mis huesos, y carne de mi carne: ésta será llamada Varona, porque del varón fué tomada. ²⁴ Por tanto, dejará el hombre á su padre y á su madre, y allegarse ha á su mujer, y serán una sola carne. ²⁵ Y estaban ambos desnudos, Adam y su mujer, y no se avergonzaban.

3

¹ EMPERO la serpiente era astuta, más que todos los animales del campo que Jehová Dios había hecho; la cual dijo á la mujer: ¿Conque Dios os ha dicho: No comáis de todo árbol del huerto? ² Y la mujer respondió á la serpiente: Del fruto de los árboles del huerto comemos; ³ Mas del fruto del árbol que está en medio del huerto dijo Dios: No comeréis de él, ni le tocaréis, porque no muráis. ⁴ Entonces la serpiente dijo á la mujer: No moriréis; ⁵ Mas sabe Dios que el día que comiereis de él, serán abiertos vuestros ojos, y seréis como dioses sabiendo el bien y el mal. ⁶ Y vió la mujer que el árbol era bueno para comer, y que era agradable á los ojos, y árbol codiciable para alcanzar la sabiduría; y tomó de su fruto, y comió; y dió también á su marido, el cual comió así como ella. ⁷ Y fueron abiertos los ojos de entrambos, y conocieron que estaban desnudos: entonces cosieron hojas de higuera, y se hicieron delantales. ⁸ Y oyeron la voz de Jehová Dios que se paseaba en el huerto al aire del día: y escondióse el hombre y su mujer de la presencia de Jehová Dios entre los árboles del huerto. ⁹ Y llamó Jehová Dios al hombre, y le dijo: ¿Dónde estás tú? ¹⁰ Y él respondió: Oí tu voz en el huerto, y tuve miedo, porque estaba desnudo; y escondíme. ¹¹ Y díjole: ¿Quién te enseñó que estabas desnudo? ¿Has comido del árbol de que yo te mandé no comieses? ¹² Y el hombre respondió: La mujer que me diste por compañera me dió del árbol, y yo comí. ¹³ Entonces Jehová Dios dijo á la mujer: ¿Qué es lo que has hecho? Y dijo la mujer: La serpiente me engañó, y comí. ¹⁴ Y Jehová Dios

dijo á la serpiente: Por cuanto esto hiciste, maldita serás entre todas las bestias y entre todos los animales del campo; sobre tu pecho andarás, y polvo comerás todos los días de tu vida: ¹⁵ Y enemistad pondré entre ti y la mujer, y entre tu simiente y la simiente suya; ésta te herirá *en* la cabeza, y tú le herirás *en* el calcañar. ¹⁶ A la mujer dijo: Multiplicaré en gran manera tus dolores y tus preñeces; con dolor parirás los hijos; y á tu marido será tu deseo, y él se enseñoreará de ti. ¹⁷ Y al hombre dijo: Por cuanto obedeciste á la voz de tu mujer, y comiste del árbol de que te mandé diciendo, No comerás de él; maldita será la tierra por amor de ti; con dolor comerás de ella todos los días de tu vida; ¹⁸ Espinos y cardos te producirá, y comerás hierba del campo; ¹⁹ En el sudor de tu rostro comerás el pan hasta que vuelvas á la tierra; porque de ella fuiste tomado: pues polvo eres, y al polvo serás tornado. ²⁰ Y llamó el hombre el nombre de su mujer, Eva; por cuanto ella era madre de todos los vivientes. ²¹ Y Jehová Dios hizo al hombre y á su mujer túnicas de pieles, y vistiólos. ²² Y dijo Jehová Dios: He aquí el hombre es como uno de Nos sabiendo el bien y el mal: ahora, pues, porque no alargue su mano, y tome también del árbol de la vida, y coma, y viva para siempre: ²³ Y sacólo Jehová del huerto de Edén, para que labrase la tierra de que fué tomado. ²⁴ Echó, pues, fuera al hombre, y puso al oriente del huerto de Edén querubines, y una espada encendida que se revolvía á todos lados, para guardar el camino del árbol de la vida.

4

¹ Y CONOCIÓ Adam á su mujer Eva, la cual concibió y parió á Caín, y dijo: Adquirido he varón por Jehová. ² Y después parió á su hermano Abel. Y fué Abel pastor de ovejas, y Caín fué labrador de la tierra. ³ Y aconteció andando el tiempo, que Caín trajo del fruto de la tierra una ofrenda á Jehová. ⁴ Y Abel trajo también de los primogénitos de sus ovejas, y de su grosura. Y miró Jehová con agrado á Abel y á su ofrenda; ⁵ Mas no miró propicio á Caín y á la ofrenda suya. Y ensañóse Caín en gran manera, y decayó su semblante. ⁶ Entonces Jehová dijo á Caín: ¿Por qué te has ensañado, y por qué se ha inmutado tu rostro? ⁷ Si bien hicieres, ¿no serás ensalzado? y si no hicieres bien, el pecado está á la puerta: con todo esto, á ti será su deseo, y tú te enseñorearás de él. ⁸ Y habló Caín á su hermano Abel: y aconteció que estando ellos en el campo, Caín se levantó contra su hermano Abel, y le mató. ⁹ Y Jehová dijo á Caín: ¿Dónde está Abel tu hermano? Y él respondió: No sé; ¿soy yo guarda de mi hermano? ¹⁰ Y él le dijo: ¿Qué has hecho? La voz de la sangre de tu hermano clama á mí desde la tierra. ¹¹ Ahora pues, maldito seas tú de la tierra que abrió su boca para recibir la sangre de tu hermano de tu mano: ¹² Cuando labrares la tierra, no te volverá á dar su fuerza: errante y extranjero serás en la tierra. ¹³ Y dijo Caín á Jehová: Grande es mi iniquidad para ser perdonada. ¹⁴ He aquí me echas hoy de la faz de la tierra, y de tu presencia me esconderé; y seré errante y extranjero en la tierra; y sucederá que cualquiera que me hallare, me matará. ¹⁵ Y respondióle Jehová: Cierto que cualquiera que matare á Caín, siete veces será castigado. Entonces Jehová puso señal en Caín, para que no lo hiriese cualquiera que le hallara. ¹⁶ Y salió Caín de delante de Jehová, y habitó en tierra de Nod, al oriente de Edén. ¹⁷ Y conoció Caín á su mujer, la cual concibió y parió á Henoch: y edificó una ciudad, y llamó el nombre de la ciudad del nombre de su hijo, Henoch. ¹⁸ Y á Henoch nació Irad, é Irad engendró á Mehujael, y Mehujael engendró á Methusael, y Methusael engendró á Lamech. ¹⁹ Y tomó para sí Lamech dos mujeres; el nombre de la una fué Ada, y el nombre de la otra Zilla. ²⁰ Y Ada parió á Jabal, el cual fué padre de los que habitan en tiendas, y *crían* ganados. ²¹ Y el nombre de su hermano fué Jubal, el cual fué padre de todos los que manejan arpa y órgano. ²² Y Zilla también parió á Tubal-Caín, acicalador de toda obra de metal y de hierro: y la hermana de Tubal-Caín fué Naama. ²³ Y dijo Lamech á sus mujeres: Ada y Zilla, oid mi voz; mujeres de Lamech, escuchad mi dicho: que

varón mataré por mi herida, y mancebo por mi golpe: ²⁴Si siete veces será vengado Caín, Lamech en verdad setenta veces siete *lo será.* ²⁵Y conoció de nuevo Adam á su mujer, la cual parió un hijo, y llamó su nombre Seth: Porque Dios (*dijo ella*) me ha sustituído otra simiente en lugar de Abel, á quien mató Caín. ²⁶Y á Seth también le nació un hijo, y llamó su nombre Enós. Entonces los hombres comenzaron á llamarse del nombre de Jehová.

5

¹ESTE es el libro de las generaciones de Adam. El día en que crió Dios al hombre, á la semejanza de Dios lo hizo; ²Varón y hembra los crió; y los bendijo, y llamó el nombre de ellos Adam, el día en que fueron criados. ³Y vivió Adam ciento y treinta años, y engendró *un hijo* á su semejanza, conforme á su imagen, y llamó su nombre Seth. ⁴Y fueron los días de Adam, después que engendró á Seth, ochocientos años: y engendró hijos é hijas. ⁵Y fueron todos los días que vivió Adam novecientos y treinta años, y murió. ⁶Y vivió Seth ciento y cinco años, y engendró á Enós. ⁷Y vivió Seth, después que engendró á Enós, ochocientos y siete años: y engendró hijos é hijas. ⁸Y fueron todos los días de Seth novecientos y doce años; y murió. ⁹Y vivió Enós noventa años, y engendró á Cainán. ¹⁰Y vivió Enós después que engendró á Cainán, ochocientos y quince años: y engendró hijos é hijas. ¹¹Y fueron todos los días de Enós novecientos y cinco años; y murió. ¹²Y vivió Cainán setenta años, y engendró á Mahalaleel. ¹³Y vivió Cainán, después que engendró á Mahalaleel, ochocientos y cuarenta años: y engendró hijos é hijas. ¹⁴Y fueron todos los días de Cainán novecientos y diez años; y murió. ¹⁵Y vivió Mahalaleel sesenta y cinco años, y engendró á Jared. ¹⁶Y vivió Mahalaleel, después que engendró á Jared, ochocientos y treinta años: y engendró hijos é hijas. ¹⁷Y fueron todos los días de Mahalaleel ochocientos noventa y cinco años; y murió. ¹⁸Y vivió Jared ciento sesenta y dos años, y engendró á Henoch. ¹⁹Y vivió Jared, después que engendró á Henoch, ochocientos años: y engendró hijos é hijas. ²⁰Y fueron todos los días de Jared novecientos sesenta y dos años; y murió. ²¹Y vivió Henoch sesenta y cinco años, y engendró á Mathusalam. ²²Y caminó Henoch con Dios, después que engendró á Mathusalam, trescientos años: y engendró hijos é hijas. ²³Y fueron todos los días de Henoch trescientos sesenta y cinco años. ²⁴Caminó, pues, Henoch con Dios, y desapareció, porque le llevó Dios. ²⁵Y vivió Mathusalam ciento ochenta y siete años, y engendró á Lamech. ²⁶Y vivió Mathusalam, después que engendró á Lamech, setecientos ochenta y dos años: y engendró hijos é hijas. ²⁷Fueron, pues, todos los días de Mathusalam, novecientos sesenta y nueve años; y murió. ²⁸Y vivió Lamech ciento ochenta y dos años, y engendró un hijo: ²⁹Y llamó su nombre Noé, diciendo: Este nos aliviará de nuestras obras, y del trabajo de nuestras manos, á causa de la tierra que Jehová maldijo. ³⁰Y vivió Lamech, después que engendró á Noé, quinientos noventa y cinco años: y engendró hijos é hijas. ³¹Y fueron todos los días de Lamech setecientos setenta y siete años; y murió. ³²Y siendo Noé de quinientos años, engendró á Sem, Châm, y á Japhet.

6

¹Y ACAECIÓ que, cuando comenzaron los hombres á multiplicarse sobre la faz de la tierra, y les nacieron hijas, ²Viendo los hijos de Dios que las hijas de los hombres eran hermosas, tomáronse mujeres, escogiendo entre todas. ³Y dijo Jehová: No contenderá mi espíritu con el hombre para siempre, porque ciertamente él es carne: mas serán sus días ciento y veinte años. ⁴Había gigantes en la tierra en aquellos días, y también después que entraron los hijos de Dios á las hijas de los hombres, y les engendraron hijos: éstos fueron los valientes que desde la antigüedad fueron varones de nombre. ⁵Y

vió Jehová que la malicia de los hombres *era* mucha en la tierra, y que todo designio de los pensamientos del corazón de ellos era de continuo solamente el mal. ⁶ Y arrepintióse Jehová de haber hecho hombre en la tierra, y pesóle en su corazón. ⁷ Y dijo Jehová: Raeré los hombres que he criado de sobre la faz de la tierra, desde el hombre hasta la bestia, y hasta el reptil y las aves del cielo: porque me arrepiento de haberlos hecho. ⁸ Empero Noé halló gracia en los ojos de Jehová. ⁹ Estas son las generaciones de Noé: Noé, varón justo, perfecto fué en sus generaciones; con Dios caminó Noé. ¹⁰ Y engendró Noé tres hijos: á Sem, á Châm, y á Japhet. ¹¹ Y corrompióse la tierra delante de Dios, y estaba la tierra llena de violencia. ¹² Y miró Dios la tierra, y he aquí que estaba corrompida; porque toda carne había corrompido su camino sobre la tierra. ¹³ Y dijo Dios á Noé: El fin de toda carne ha venido delante de mí; porque la tierra está llena de violencia á causa de ellos; y he aquí que yo los destruiré con la tierra. ¹⁴ Hazte un arca de madera de Gopher: harás aposentos en el arca, y la embetunarás con brea por dentro y por fuera. ¹⁵ Y de esta manera la harás: de trescientos codos la longitud del arca, de cincuenta codos su anchura, y de treinta codos su altura. ¹⁶ Una ventana harás al arca, y la acabarás á un codo *de elevación* por la parte de arriba: y pondrás la puerta del arca á su lado; y le harás *piso* bajo, segundo y tercero. ¹⁷ Y yo, he aquí que yo traigo un diluvio de aguas sobre la tierra, para destruir toda carne en que haya espíritu de vida debajo del cielo; todo lo que hay en la tierra morirá. ¹⁸ Mas estableceré mi pacto contigo, y entrarás en el arca tú, y tus hijos y tu mujer, y las mujeres de tus hijos contigo. ¹⁹ Y de todo lo que vive, de toda carne, dos de cada especie meterás en el arca, para que tengan vida contigo; macho y hembra serán. ²⁰ De las aves según su especie, y de las bestias según su especie, de todo reptil de la tierra según su especie, dos de cada especie entrarán contigo para que hayan vida. ²¹ Y toma contigo de toda vianda que se come, y allégala á ti; servirá de alimento para ti y para ellos. ²² E hízolo así Noé; hizo conforme á todo lo que Dios le mandó.

7

¹ Y JEHOVÁ dijo á Noé: Entra tú y toda tu casa en el arca; porque á ti he visto justo delante de mí en esta generación. ² De todo animal limpio te tomarás de siete en siete, macho y su hembra; mas de los animales que no son limpios, dos, macho y su hembra. ³ También de las aves de los cielos de siete en siete, macho y hembra; para guardar en vida la casta sobre la faz de toda la tierra. ⁴ Porque *pasados* aún siete días, yo haré llover sobre la tierra cuarenta días y cuarenta noches; y raeré toda sustancia que hice de sobre la faz de la tierra. ⁵ E hizo Noé conforme á todo lo que le mandó Jehová. ⁶ Y siendo Noé de seiscientos años, el diluvio de las aguas fué sobre la tierra. ⁷ Y vino Noé, y sus hijos, y su mujer, y las mujeres de sus hijos con él al arca, por las aguas del diluvio. ⁸ De los animales limpios, y de los animales que no eran limpios, y de las aves, y de todo lo que anda arrastrando sobre la tierra, ⁹ De dos en dos entraron á Noé en el arca: macho y hembra, como mandó Dios á Noé. ¹⁰ Y sucedió que al séptimo día las aguas del diluvio fueron sobre la tierra. ¹¹ El año seiscientos de la vida de Noé, en el mes segundo, á diecisiete días del mes, aquel día fueron rotas todas las fuentes del grande abismo, y las cataratas de los cielos fueron abiertas; ¹² Y hubo lluvia sobre la tierra cuarenta días y cuarenta noches. ¹³ En este mismo día entró Noé, y Sem y Châm y Japhet, hijos de Noé, la mujer de Noé, y las tres mujeres de sus hijos con él en el arca; ¹⁴ Ellos, y todos los animales *silvestres* según sus especies, y todos los animales mansos según sus especies, y todo reptil que anda arrastrando sobre la tierra según su especie, y toda ave según su especie, todo pájaro, toda especie de volátil. ¹⁵ Y vinieron á Noé al arca, de dos en dos de toda carne en que había espíritu de vida. ¹⁶ Y los que vinieron, macho y hembra de toda carne vinieron, como le había mandado Dios: y Jehová le cerró *la puerta*. ¹⁷ Y fué el diluvio cuarenta días sobre la tierra; y las aguas crecieron, y alzaron el arca, y se

elevó sobre la tierra. ¹⁸ Y prevalecieron las aguas, y crecieron en gran manera sobre la tierra; y andaba el arca sobre la faz de las aguas. ¹⁹ Y las aguas prevalecieron mucho en extremo sobre la tierra; y todos los montes altos que había debajo de todos los cielos, fueron cubiertos. ²⁰ Quince codos en alto prevalecieron las aguas; y fueron cubiertos los montes. ²¹ Y murió toda carne que se mueve sobre la tierra, así de aves como de ganados, y de bestias, y de todo reptil que anda arrastrando sobre la tierra, y todo hombre: ²² Todo lo que tenía aliento de espíritu de vida en sus narices, de todo lo que había en la tierra, murió. ²³ Así fué destruída toda sustancia que vivía sobre la faz de la tierra, desde el hombre hasta la bestia, y los reptiles, y las aves del cielo; y fueron raídos de la tierra; y quedó solamente Noé, y lo que con él estaba en el arca. ²⁴ Y prevalecieron las aguas sobre la tierra ciento y cincuenta días.

8

¹ Y ACORDÓSE Dios de Noé, y de todos los animales, y de todas las bestias que estaban con él en el arca; é hizo pasar Dios un viento sobre la tierra, y disminuyeron las aguas. ² Y se cerraron las fuentes del abismo, y las cataratas de los cielos; y la lluvia de los cielos fué detenida. ³ Y tornáronse las aguas de sobre la tierra, yendo y volviendo: y decrecieron las aguas al cabo de ciento y cincuenta días. ⁴ Y reposó el arca en el mes séptimo, á diecisiete días del mes, sobre los montes de Armenia. ⁵ Y las aguas fueron decreciendo hasta el mes décimo: en el décimo, al primero del mes, se descubrieron las cimas de los montes. ⁶ Y sucedió que, al cabo de cuarenta días, abrió Noé la ventana del arca que había hecho, ⁷ Y envió al cuervo, el cual salió, *y estuvo* yendo y tornando hasta que las aguas se secaron de sobre la tierra. ⁸ Envió también de sí á la paloma, para ver si las aguas se habían retirado de sobre la faz de la tierra; ⁹ Y no halló la paloma donde sentar la planta de su pie, y volvióse á él al arca, porque las aguas estaban *aún* sobre la faz de toda la tierra: entonces él extendió su mano, y cogiéndola, hízola entrar consigo en el arca. ¹⁰ Y esperó aún otros siete días, y volvió á enviar la paloma fuera del arca. ¹¹ Y la paloma volvió á él á la hora de la tarde; y he aquí *que traía* una hoja de oliva tomada en su pico: y entendió Noé que las aguas se habían retirado de sobre la tierra. ¹² Y esperó aún otros siete días, y envió la paloma, la cual no volvió ya más á él. ¹³ Y sucedió que en el año seiscientos y uno *de Noé*, en el mes primero, al primero del mes, las aguas se enjugaron de sobre la tierra; y quitó Noé la cubierta del arca, y miró, y he aquí que la faz de la tierra estaba enjuta. ¹⁴ Y en el mes segundo, á los veintisiete días del mes, se secó la tierra. ¹⁵ Y habló Dios á Noé diciendo: ¹⁶ Sal del arca tú, y tu mujer, y tus hijos, y las mujeres de tus hijos contigo. ¹⁷ Todos los animales que están contigo de toda carne, de aves y de bestias y de todo reptil que anda arrastrando sobre la tierra, sacarás contigo; y vayan por la tierra, y fructifiquen, y multiplíquense sobre la tierra. ¹⁸ Entonces salió Noé, y sus hijos, y su mujer, y las mujeres de sus hijos con él. ¹⁹ Todos los animales, y todo reptil y toda ave, todo lo que se mueve sobre la tierra según sus especies, salieron del arca. ²⁰ Y edificó Noé un altar á Jehová, y tomó de todo animal limpio y de toda ave limpia, y ofreció holocausto en el altar. ²¹ Y percibió Jehová olor de suavidad; y dijo Jehová en su corazón: No tornaré más á maldecir la tierra por causa del hombre; porque el intento del corazón del hombre es malo desde su juventud: ni volveré más á destruir todo viviente, como he hecho. ²² Todavía serán todos los tiempos de la tierra; la sementera y la siega, y el frío y calor, verano é invierno, y día y noche, no cesarán.

9

¹ Y BENDIJO Dios á Noé y á sus hijos, y díjoles: Fructificad, y multiplicad, y henchid la tierra: ² Y vuestro temor y vuestro pavor será sobre todo animal de la tierra, y sobre toda ave de los cielos, en todo lo que se moverá en la tierra, y en todos los peces del

mar: en vuestra mano son entregados. ³ Todo lo que se mueve y vive, os será para mantenimiento: así como las legumbres y hierbas, os lo he dado todo. ⁴ Empero carne con su vida, *que es* su sangre, no comeréis. ⁵ Porque ciertamente demandaré la sangre de vuestras vidas; de mano de todo animal la demandaré, y de mano del hombre; de mano del varón su hermano demandaré la vida del hombre. ⁶ El que derramare sangre del hombre, por el hombre su sangre será derramada; porque á imagen de Dios es hecho el hombre. ⁷ Mas vosotros fructificad, y multiplicaos; procread abundantemente en la tierra, y multiplicaos en ella. ⁸ Y habló Dios á Noé y á sus hijos con él, diciendo: ⁹ Yo, he aquí que yo establezco mi pacto con vosotros, y con vuestra simiente después de vosotros; ¹⁰ Y con toda alma viviente que está con vosotros, de aves, de animales, y de toda bestia de la tierra que está con vosotros; desde todos los que salieron del arca hasta todo animal de la tierra. ¹¹ Estableceré mi pacto con vosotros, y no fenecerá ya más toda carne con aguas de diluvio; ni habrá más diluvio para destruir la tierra. ¹² Y dijo Dios: Esta será la señal del pacto que yo establezco entre mí y vosotros y toda alma viviente que está con vosotros, por siglos perpetuos: ¹³ Mi arco pondré en las nubes, el cual será por señal de convenio entre mí y la tierra. ¹⁴ Y será que cuando haré venir nubes sobre la tierra, se dejará ver entonces mi arco en las nubes. ¹⁵ Y acordarme he del pacto mío, que hay entre mí y vosotros y toda alma viviente de toda carne; y no serán más las aguas por diluvio para destruir toda carne. ¹⁶ Y estará el arco en las nubes, y verlo he para acordarme del pacto perpetuo entre Dios y toda alma viviente, con toda carne que hay sobre la tierra. ¹⁷ Dijo, pues, Dios á Noé: Esta será la señal del pacto que he establecido entre mí y toda carne que está sobre la tierra. ¹⁸ Y los hijos de Noé que salieron del arca fueron Sem, Châm y Japhet: y Châm es el padre de Canaán. ¹⁹ Estos tres son los hijos de Noé; y de ellos fué llena toda la tierra. ²⁰ Y comenzó Noé á labrar la tierra, y plantó una viña: ²¹ Y bebió del vino, y se embriagó, y estaba descubierto en medio de su tienda. ²² Y Châm, padre de Canaán, vió la desnudez de su padre, y díjolo á sus dos hermanos á la parte de afuera. ²³ Entonces Sem y Japhet tomaron la ropa, y la pusieron sobre sus propios hombros, y andando hacia atrás, cubrieron la desnudez de su padre, teniendo vueltos sus rostros, y así no vieron la desnudez de su padre. ²⁴ Y despertó Noé de su vino, y supo lo que había hecho con él su hijo el más joven; ²⁵ Y dijo: Maldito sea Canaán; siervo de siervos será á sus hermanos. ²⁶ Dijo más: Bendito Jehová el Dios de Sem, y séale Canaán siervo. ²⁷ Engrandezca Dios á Japhet, y habite en las tiendas de Sem, y séale Canaán siervo. ²⁸ Y vivió Noé después del diluvio trescientos y cincuenta años. ²⁹ Y fueron todos los días de Noé novecientos y cincuenta años; y murió.

10

¹ ESTAS son las generaciones de los hijos de Noé: Sem, Châm y Japhet, á los cuales nacieron hijos después del diluvio. ² Los hijos de Japhet: Gomer, y Magog, y Madai, y Javán, y Tubal, y Meshech, y Tiras. ³ Y los hijos de Gomer: Ashkenaz, y Riphat, y Togorma. ⁴ Y los hijos de Javán: Elisa, y Tarsis, Kittim, y Dodanim. ⁵ Por éstos fueron repartidas las islas de las gentes en sus tierras, cada cual según su lengua, conforme á sus familias en sus naciones. ⁶ Los hijos de Châm: Cush, y Mizraim, y Phut, y Canaán. ⁷ Y los hijos de Cush: Seba, Havila, y Sabta, y Raama, y Sabtecha. Y los hijos de Raama: Sheba y Dedán. ⁸ Y Cush engendró á Nimrod: éste comenzó á ser poderoso en la tierra. ⁹ Este fué vigoroso cazador delante de Jehová; por lo cual se dice: Así como Nimrod, vigoroso cazador delante de Jehová. ¹⁰ Y fué la cabecera de su reino Babel, y Erech, y Accad, y Calneh, en la tierra de Shinar. ¹¹ De aquesta tierra salió Assur, y edificó á Nínive, y á Rehoboth, y á Calah, ¹² Y á Ressen entre Nínive y Calah; la cual es ciudad grande. ¹³ Y Mizraim engendró á Ludim, y á Anamim, y á Lehabim, y á Naphtuhim, ¹⁴ Y á Pathrusim, y á Casluim, de donde salieron los Filisteos, y á Caphtorim. ¹⁵ Y Canaán engendró á

Sidón, su primogénito, y á Heth, ¹⁶ Y al Jebuseo, y al Amorrheo, y al Gergeseo, ¹⁷ Y al Heveo, y al Araceo, y al Sineo, ¹⁸ Y al Aradio, y al Samareo, y al Amatheo: y después se derramaron las familias de los Cananeos. ¹⁹ Y fué el término de los Cananeos desde Sidón, viniendo á Gerar hasta Gaza, hasta entrar en Sodoma y Gomorra, Adma, y Zeboim hasta Lasa. ²⁰ Estos son los hijos de Châm por sus familias, por sus lenguas, en sus tierras, en sus naciones. ²¹ También le nacieron hijos á Sem, padre de todos los hijos de Heber, y hermano mayor de Japhet. ²² Y los hijos de Sem: Elam, y Assur, y Arphaxad, y Lud, y Aram. ²³ Y los hijos de Aram: Uz, y Hul, y Gether, y Mas. ²⁴ Y Arphaxad engendró á Sala, y Sala engendró á Heber. ²⁵ Y á Heber nacieron dos hijos: el nombre del uno fué Peleg, porque en sus días fué repartida la tierra; y el nombre de su hermano, Joctán. ²⁶ Y Joctán engendró á Almodad, y á Sheleph, y Hazarmaveth, y á Jera, ²⁷ Y á Hadoram, y á Uzal, y á Dicla, ²⁸ Y á Obal, y á Abimael, y á Seba, ²⁹ Y á Ophir, y á Havila, y á Jobad: todos estos fueron hijos de Joctán. ³⁰ Y fué su habitación desde Mesa viniendo de Sephar, monte *á la parte* del oriente. ³¹ Estos fueron los hijos de Sem por sus familias, por sus lenguas, en sus tierras, en sus naciones. ³² Estas son las familias de Noé por sus descendencias, en sus naciones; y de éstos fueron divididas las gentes en la tierra después del diluvio.

11

¹ ERA entonces toda la tierra de una lengua y unas mismas palabras. ² Y aconteció que, como se partieron de oriente, hallaron una vega en la tierra de Shinar, y asentaron allí. ³ Y dijeron los unos á los otros: Vaya, hagamos ladrillo y cozámoslo con fuego. Y fuéles el ladrillo en lugar de piedra, y el betún en lugar de mezcla. ⁴ Y dijeron: Vamos, edifiquémonos una ciudad y una torre, cuya cúspide *llegue* al cielo; y hagámonos un nombre, por si fuéremos esparcidos sobre la faz de toda la tierra. ⁵ Y descendió Jehová para ver la ciudad y la torre que edificaban los hijos de los hombres. ⁶ Y dijo Jehová: He aquí el pueblo es uno, y todos éstos tienen un lenguaje: y han comenzado á obrar, y nada les retraerá ahora de lo que han pensando hacer. ⁷ Ahora pues, descendamos, y confundamos allí sus lenguas, para que ninguno entienda el habla de su compañero. ⁸ Así los esparció Jehová desde allí sobre la faz de toda la tierra, y dejaron de edificar la ciudad. ⁹ Por esto fué llamado el nombre de ella Babel, porque allí confundió Jehová el lenguaje de toda la tierra, y desde allí los esparció sobre la faz de toda la tierra. ¹⁰ Estas son las generaciones de Sem: Sem, de edad de cien años, engendró á Arphaxad, dos años después del diluvio. ¹¹ Y vivió Sem, después que engendró á Arphaxad, quinientos años, y engendró hijos é hijas. ¹² Y Arphaxad vivió treinta y cinco años, y engendró á Sala. ¹³ Y vivió Arphaxad, después que engendró á Sala, cuatrocientos y tres años, y engendró hijos é hijas. ¹⁴ Y vivió Sala treinta años, y engendró á Heber. ¹⁵ Y vivió Sala, después que engendró á Heber, cuatrocientos y tres años, y engendró hijos é hijas. ¹⁶ Y vivió Heber treinta y cuatro años, y engendró á Peleg. ¹⁷ Y vivió Heber, después que engendró á Peleg, cuatrocientos y treinta años, y engendró hijos é hijas. ¹⁸ Y vivió Peleg treinta años, y engendró á Reu. ¹⁹ Y vivió Peleg, después que engendró á Reu, doscientos y nueve años, y engendró hijos é hijas. ²⁰ Y Reu vivió treinta y dos años, y engendró á Serug. ²¹ Y vivió Reu, después que engendró á Serug, doscientos y siete años, y engendró hijos é hijas. ²² Y vivió Serug treinta años, y engendró á Nachôr. ²³ Y vivió Serug, después que engendró á Nachôr, doscientos años, y engendró hijos é hijas. ²⁴ Y vivió Nachôr veintinueve años, y engendró á Thare. ²⁵ Y vivió Nachôr, después que engendró á Thare, ciento diecinueve años, y engendró hijos é hijas. ²⁶ Y vivió Thare setenta años, y engendró á Abram, y á Nachôr, y á Harán. ²⁷ Estas son las generaciones de Thare: Thare engendró á Abram, y á Nachôr, y á Harán; y Harán engendró á Lot. ²⁸ Y murió Harán antes que su padre Thare en la tierra de su naturaleza, en Ur de los Caldeos. ²⁹ Y tomaron Abram y Nachôr para sí mujeres: el nombre de la mujer de Abram fué Sarai, y el nombre de la mujer

de Nachôr, Milca, hija de Harán, padre de Milca y de Isca. ³⁰ Mas Sarai fué estéril, y no tenía hijo. ³¹ Y tomó Thare á Abram su hijo, y á Lot hijo de Harán, hijo de su hijo, y á Sarai su nuera, mujer de Abram su hijo: y salió con ellos de Ur de los Caldeos, para ir á la tierra de Canaán: y vinieron hasta Harán, y asentaron allí. ³² Y fueron los días de Thare doscientos y cinco años; y murió Thare en Harán.

12

¹ EMPERO Jehová había dicho á Abram: Vete de tu tierra y de tu parentela, y de la casa de tu padre, á la tierra que te mostraré; ² Y haré de ti una nación grande, y bendecirte he, y engrandeceré tu nombre, y serás bendición: ³ Y bendeciré á los que te bendijeren, y á los que te maldijeren maldeciré: y serán benditas en ti todas las familias de la tierra. ⁴ Y fuése Abram, como Jehová le dijo; y fué con él Lot: y era Abram de edad de setenta y cinco años cuando salió de Harán. ⁵ Y tomó Abram á Sarai su mujer, y á Lot hijo de su hermano, y toda su hacienda que habían ganado, y las almas que habían adquirido en Harán, y salieron para ir á tierra de Canaán; y á tierra de Canaán llegaron. ⁶ Y pasó Abram por aquella tierra hasta el lugar de Sichêm, hasta el valle de Moreh: y el Cananeo estaba entonces en la tierra. ⁷ Y apareció Jehová á Abram, y le dijo: A tu simiente daré esta tierra. Y edificó allí un altar á Jehová, que le había aparecido. ⁸ Y pasóse de allí á un monte al oriente de Bethel, y tendió su tienda, teniendo á Bethel al occidente y Hai al oriente: y edificó allí altar á Jehová, é invocó el nombre de Jehová. ⁹ Y movió Abram *de allí*, caminando y yendo hacia el Mediodía. ¹⁰ Y hubo hambre en la tierra, y descendió Abram á Egipto para peregrinar allá; porque era grande el hambre en la tierra. ¹¹ Y aconteció que cuando estaba para entrar en Egipto, dijo á Sarai su mujer: He aquí, ahora conozco que eres mujer hermosa de vista; ¹² Y será que cuando te habrán visto los Egipcios, dirán: Su mujer es: y me matarán á mí, y á ti te reservarán la vida. ¹³ Ahora pues, di que eres mi hermana, para que yo haya bien por causa tuya, y viva mi alma por amor de ti. ¹⁴ Y aconteció que, como entró Abram en Egipto, los Egipcios vieron la mujer que era hermosa en gran manera. ¹⁵ Viéronla también los príncipes de Faraón, y se la alabaron; y fué llevada la mujer á casa de Faraón: ¹⁶ E hizo bien á Abram por causa de ella; y tuvo ovejas, y vacas, y asnos, y siervos, y criadas, y asnas y camellos. ¹⁷ Mas Jehová hirió á Faraón y á su casa con grandes plagas, por causa de Sarai mujer de Abram. ¹⁸ Entonces Faraón llamó á Abram, y le dijo: ¿Qué es esto que has hecho conmigo? ¿Por qué no me declaraste que era tu mujer? ¹⁹ ¿Por qué dijiste: Es mi hermana? poniéndome en ocasión de tomarla para mí por mujer? Ahora pues, he aquí tu mujer, tómala y vete. ²⁰ Entonces Faraón dió orden á *sus* gentes acerca de Abram; y le acompañaron, y á su mujer con todo lo que tenía.

13

¹ SUBIÓ, pues, Abram de Egipto hacia el Mediodía, él, y su mujer, con todo lo que tenía, y con él Lot. ² Y Abram era riquísimo en ganado, en plata y oro. ³ Y volvió por sus jornadas *de la parte* del Mediodía hacia Bethel, hasta el lugar donde había estado antes su tienda entre Bethel y Hai; ⁴ Al lugar del altar que había hecho allí antes: é invocó allí Abram el nombre de Jehová. ⁵ Y asimismo Lot, que andaba con Abram, tenía ovejas, y vacas, y tiendas. ⁶ Y la tierra no podía darles para que habitasen juntos: porque su hacienda era mucha, y no podían morar en un mismo lugar. ⁷ Y hubo contienda entre los pastores del ganado de Abram y los pastores del ganado de Lot: y el Cananeo y el Pherezeo habitaban entonces en la tierra. ⁸ Entonces Abram dijo á Lot: No haya ahora altercado entre mí y ti, entre mis pastores y los tuyos, porque somos hermanos. ⁹ ¿No está toda la tierra delante de ti? Yo te ruego que te apartes de mí. Si *fueres* á la mano izquierda, yo iré á la derecha: y si tú á la derecha, yo iré á la izquierda. ¹⁰ Y alzó Lot sus ojos, y vió toda la llanura del

Jordán, que toda ella era de riego, antes que destruyese Jehová á Sodoma y á Gomorra, como el huerto de Jehová, como la tierra de Egipto entrando en Zoar. ¹¹ Entonces Lot escogió para sí toda la llanura del Jordán: y partióse Lot de Oriente, y apartáronse el uno del otro. ¹² Abram asentó en la tierra de Canaán, y Lot asentó en las ciudades de la llanura, y fué poniendo sus tiendas hasta Sodoma. ¹³ Mas los hombres de Sodoma eran malos y pecadores para con Jehová en gran manera. ¹⁴ Y Jehová dijo á Abram, después que Lot se apartó de él: Alza ahora tus ojos, y mira desde el lugar donde estás hacia el Aquilón, y al Mediodía, y al Oriente y al Occidente; ¹⁵ Porque toda la tierra que ves, la daré á ti y á tu simiente para siempre. ¹⁶ Y haré tu simiente como el polvo de la tierra: que si alguno podrá contar el polvo de la tierra, también tu simiente será contada. ¹⁷ Levántate, ve por la tierra á lo largo de ella y á su ancho; porque á ti la tengo de dar. ¹⁸ Abram, pues, removiendo su tienda, vino y moró en el alcornocal de Mamre, que es en Hebrón, y edificó allí altar á Jehová.

14

¹ Y ACONTECIÓ en los días de Amraphel, rey de Shinar, Arioch, rey de Elazar, Chêdorlaomer, rey de Elá, y Tidal, rey de naciones, ² Que éstos hicieron guerra contra Bera, rey de Sodoma, y contra Birsha, rey de Gomorra, y contra Shinab, rey de Adma, y contra Shemeber, rey de Zeboim, y contra el rey de Bela, la cual es Zoar. ³ Todos estos se juntaron en el valle de Siddim, que es el mar salado. ⁴ Doce años habían servido á Chêdorlaomer, y al décimotercio año se rebelaron. ⁵ Y en el año décimocuarto vino Chêdorlaomer, y los reyes que estaban de su parte, y derrotaron á los Raphaitas en Ashteroth-carnaim, á los Zuzitas en Ham, y á los Emitas en Shave-Kiriataim. ⁶ Y á los Horeos en el monte de Seir, hasta la llanura de Parán, que está junto al desierto. ⁷ Y volvieron, y vinieron á Emmisphat, que es Cades, y devastaron todas las haciendas de los Amalecitas, y también al Amorrheo, que habitaba en Hazezón-tamar. ⁸ Y salió el rey de Sodoma, y el rey de Gomorra, y el rey de Adma, y el rey de Zeboim, y el rey de Bela, que es Zoar, y ordenaron contra ellos batalla en el valle de Siddim; ⁹ *Es á saber*, contra Chêdorlaomer, rey de Elam, y Tidal, rey de naciones, y Amraphel, rey de Shinar, y Arioch, rey de Elasar; cuatro reyes contra cinco. ¹⁰ Y el valle de Siddim estaba lleno de pozos de betún: y huyeron el rey de Sodoma y el de Gomorra, y cayeron allí; y los demás huyeron al monte. ¹¹ Y tomaron toda la riqueza de Sodoma y de Gomorra, y todas sus vituallas, y se fueron. ¹² Tomaron también á Lot, hijo del hermano de Abram, que moraba en Sodoma, y su hacienda, y se fueron. ¹³ Y vino uno de los que escaparon, y denunciólo á Abram el Hebreo, que habitaba en el valle de Mamre Amorrheo, hermano de Eschôl y hermano de Aner, los cuales estaban confederados con Abram. ¹⁴ Y oyó Abram que su hermano estaba prisionero, y armó sus criados, los criados de su casa, trescientos dieciocho, y siguiólos hasta Dan. ¹⁵ Y derramóse sobre ellos de noche él y sus siervos, é hiriólos, y fuélos siguiendo hasta Hobah, que está á la izquierda de Damasco. ¹⁶ Y recobró todos los bienes, y también á Lot su hermano y su hacienda, y también las mujeres y gente. ¹⁷ Y salió el rey de Sodoma á recibirlo, cuando volvía de la derrota de Chêdorlaomer y de los reyes que con él estaban, al valle de Shave, que es el valle del Rey. ¹⁸ Entonces Melchîsedec, rey de Salem, sacó pan y vino; el cual era sacerdote del Dios alto; ¹⁹ Y bendíjole, y dijo: Bendito sea Abram del Dios alto, poseedor de los cielos y de la tierra; ²⁰ Y bendito sea el Dios alto, que entregó tus enemigos en tu mano. Y dióle *Abram* los diezmos de todo. ²¹ Entonces el rey de Sodoma dijo á Abram: Dame las personas, y toma para ti la hacienda. ²² Y respondió Abram al rey de Sodoma: He alzado mi mano á Jehová Dios alto, poseedor de los cielos y de la tierra, ²³ Que desde un hilo hasta la correa de un calzado, nada tomaré de todo lo que es tuyo, porque no digas: Yo enriquecí á

Abram: ²⁴ Sacando solamente lo que comieron los mancebos, y la porción de los varones que fueron conmigo, Aner, Eschôl, y Mamre; los cuales tomarán su parte.

15

¹ DESPUÉS de estas cosas fué la palabra de Jehová á Abram en visión, diciendo: No temas, Abram; yo soy tu escudo, y tu galardón sobremanera grande. ² Y respondió Abram: Señor Jehová ¿qué me has de dar, siendo así que ando sin hijo, y el mayordomo de mi casa es ese Damasceno Eliezer? ³ Dijo más Abram: Mira que no me has dado prole, y he aquí que es mi heredero uno nacido en mi casa. ⁴ Y luego la palabra de Jehová fué á él diciendo: No te heredará éste, sino el que saldrá de tus entrañas será el que te herede. ⁵ Y sacóle fuera, y dijo: Mira ahora á los cielos, y cuenta las estrellas, si las puedes contar. Y le dijo: Así será tu simiente. ⁶ Y creyó á Jehová, y contóselo por justicia. ⁷ Y díjole: Yo soy Jehová, que te saqué de Ur de los Caldeos, para darte á heredar esta tierra. ⁸ Y él respondió: Señor Jehová, ¿en qué conoceré que la tengo de heredar? ⁹ Y le dijo: Apártame una becerra de tres años, y una cabra de tres años, y un carnero de tres años, una tórtola también, y un palomino. ¹⁰ Y tomó él todas estas cosas, y partiólas por la mitad, y puso cada mitad una enfrente de otra; mas no partió las aves. ¹¹ Y descendían aves sobre los cuerpos muertos, y ojeábalas Abram. ¹² Mas á la caída del sol sobrecogió el sueño á Abram, y he aquí que el pavor de una grande obscuridad cayó sobre él. ¹³ Entonces dijo á Abram: Ten por cierto que tu simiente será peregrina en tierra no suya, y servirá á los *de allí*, y serán *por ellos* afligidos cuatrocientos años. ¹⁴ Mas también á la gente á quien servirán, juzgaré yo; y después de esto saldrán con grande riqueza. ¹⁵ Y tú vendrás á tus padres en paz, y serás sepultado en buena vejez. ¹⁶ Y en la cuarta generación volverán acá: porque aun no está cumplida la maldad del Amorrheo hasta aquí. ¹⁷ Y sucedió que puesto el sol, y ya obscurecido, dejóse ver un horno humeando, y una antorcha de fuego que pasó por entre los animales divididos. ¹⁸ En aquel día hizo Jehová un pacto con Abram diciendo: A tu simiente daré esta tierra desde el río de Egipto hasta el río grande, el río Eufrates; ¹⁹ Los Cineos, y los Ceneceos, y los Cedmoneos, ²⁰ Y los Hetheos, y los Pherezeos, y los Raphaitas, ²¹ Y los Amorrheos, y los Cananeos, y los Gergeseos, y los Jebuseos.

16

¹ Y SARAI, mujer de Abram, no le paría: y ella tenía una sierva egipcia, que se llamaba Agar. ² Dijo, pues, Sarai á Abram: Ya ves que Jehová me ha hecho estéril: ruégote que entres á mi sierva; quizá tendré hijos de ella. Y atendió Abram al dicho de Sarai. ³ Y Sarai, mujer de Abram, tomó á Agar su sierva egipcia, al cabo de diez años que había habitado Abram en la tierra de Canaán, y dióla á Abram su marido por mujer. ⁴ Y él cohabitó con Agar, la cual concibió: y cuando vió que había concebido, miraba con desprecio á su señora. ⁵ Entonces Sarai dijo á Abram: Mi afrenta sea sobre ti: yo puse mi sierva en tu seno, y viéndose embarazada, me mira con desprecio; juzgue Jehová entre mí y ti. ⁶ Y respondió Abram á Sarai: He ahí tu sierva en tu mano, haz con ella lo que bien te pareciere. Y como Sarai la afligiese, huyóse de su presencia. ⁷ Y hallóla el ángel de Jehová junto á una fuente de agua en el desierto, junto á la fuente *que está* en el camino del Sur. ⁸ Y *le* dijo: Agar, sierva de Sarai, ¿de dónde vienes tú, y á dónde vas? Y ella respondió: Huyo de delante de Sarai, mi señora. ⁹ Y díjole el ángel de Jehová: Vuélvete á tu señora, y ponte sumisa bajo de su mano. ¹⁰ Díjole también el ángel de Jehová: Multiplicaré tanto tu linaje, que no será contado á causa de la muchedumbre. ¹¹ Díjole aún el ángel de Jehová: He aquí que has concebido, y parirás un hijo, y llamarás su nombre Ismael, porque oído ha Jehová tu aflicción. ¹² Y él será hombre fiero; su mano contra todos, y las manos de todos contra él, y delante de todos sus hermanos habitará. ¹³ Entonces llamó

el nombre de Jehová que con ella hablaba: Tú eres el Dios de la vista; porque dijo: ¿No he visto también aquí al que me ve? [14] Por lo cual llamó al pozo, Pozo del Viviente que me ve. He aquí está entre Cades y Bered. [15] Y parió Agar á Abram un hijo, y llamó Abram el nombre de su hijo que le parió Agar, Ismael. [16] Y era Abram de edad de ochenta y seis años, cuando parió Agar á Ismael.

17

[1] Y SIENDO Abram de edad de noventa y nueve años, aparecióle Jehová, y le dijo: Yo soy el Dios Todopoderoso; anda delante de mí, y sé perfecto. [2] Y pondré mi pacto entre mí y ti, y multiplicarte he mucho en gran manera. [3] Entonces Abram cayó sobre su rostro, y Dios habló con él diciendo: [4] Yo, he aquí mi pacto contigo: Serás padre de muchedumbre de gentes: [5] Y no se llamará más tu nombre Abram, sino que será tu nombre Abraham, porque te he puesto por padre de muchedumbre de gentes. [6] Y multiplicarte he mucho en gran manera, y te pondré en gentes, y reyes saldrán de ti. [7] Y estableceré mi pacto entre mí y ti, y tu simiente después de ti en sus generaciones, por alianza perpetua, para serte á ti por Dios, y á tu simiente después de ti. [8] Y te daré á ti, y á tu simiente después de ti, la tierra de tus peregrinaciones, toda la tierra de Canaán en heredad perpetua; y seré el Dios de ellos. [9] Dijo de nuevo Dios á Abraham: Tú empero guardarás mi pacto, tú y tu simiente después de ti por sus generaciones. [10] Este será mi pacto, que guardaréis entre mí y vosotros y tu simiente después de ti: Será circuncidado todo varón de entre vosotros. [11] Circuncidaréis, pues, la carne de vuestro prepucio, y será por señal del pacto entre mí y vosotros. [12] Y de edad de ocho días será circuncidado todo varón entre vosotros por vuestras generaciones: el nacido en casa, y el comprado á dinero de cualquier extranjero, que no fuere de tu simiente. [13] Debe ser circuncidado el nacido en tu casa, y el comprado por tu dinero: y estará mi pacto en vuestra carne para alianza perpetua. [14] Y el varón incircunciso que no hubiere circuncidado la carne de su prepucio, aquella persona será borrada de su pueblo; ha violado mi pacto. [15] Dijo también Dios á Abraham: A Sarai tu mujer no la llamarás Sarai, mas Sara será su nombre. [16] Y bendecirla he, y también te daré de ella hijo; sí, la bendeciré, y vendrá á ser *madre* de naciones; reyes de pueblos serán de ella. [17] Entonces Abraham cayó sobre su rostro, y rióse, y dijo en su corazón: ¿A hombre de cien años ha de nacer hijo? ¿y Sara, ya de noventa años, ha de parir? [18] Y dijo Abraham á Dios: Ojalá Ismael viva delante de ti. [19] Y respondió Dios: Ciertamente Sara tu mujer te parirá un hijo, y llamarás su nombre Isaac; y confirmaré mi pacto con él por alianza perpetua para su simiente después de él. [20] Y en cuanto á Ismael, *también* te he oído: he aquí que le bendeciré, y le haré fructificar y multiplicar mucho en gran manera: doce príncipes engendrará, y ponerlo he por gran gente. [21] Mas yo estableceré mi pacto con Isaac, al cual te parirá Sara por este tiempo el año siguiente. [22] Y acabó de hablar con él, y subió Dios de con Abraham. [23] Entonces tomó Abraham á Ismael su hijo, y á todos los *siervos* nacidos en su casa, y á todos los comprados por su dinero, á todo varón entre los domésticos de la casa de Abraham, y circuncidó la carne del prepucio de ellos en aquel mismo día, como Dios le había dicho. [24] Era Abraham de edad de noventa y nueve años cuando circuncidó la carne de su prepucio. [25] E Ismael su hijo era de trece años, cuando fué circuncidada la carne de su prepucio. [26] En el mismo día fué circuncidado Abraham é Ismael su hijo. [27] Y todos los varones de su casa, el *siervo* nacido en casa, y el comprado por dinero del extranjero, fueron circuncidados con él.

18

[1] Y APARECIÓLE Jehová en el valle de Mamre, estando él sentado á la puerta de su tienda en el calor del día. [2] Y alzó sus ojos y miró, y he aquí tres varones que estaban junto

á él: y cuando los vió, salió corriendo de la puerta de su tienda á recibirlos, é inclinóse hacia la tierra, ³ Y dijo: Señor, si ahora he hallado gracia en tus ojos, ruégote que no pases de tu siervo. ⁴ Que se traiga ahora un poco de agua, y lavad vuestros pies; y recostaos debajo de un árbol, ⁵ Y traeré un bocado de pan, y sustentad vuestro corazón; después pasaréis: porque por eso habéis pasado cerca de vuestro siervo. Y ellos dijeron: Haz así como has dicho. ⁶ Entonces Abraham fué de priesa á la tienda á Sara, y le dijo: Toma presto tres medidas de flor de harina, amasa y haz panes cocidos debajo del rescoldo. ⁷ Y corrió Abraham á las vacas, y tomó un becerro tierno y bueno, y diólo al mozo, y dióse éste priesa á aderezarlo. ⁸ Tomó también manteca y leche, y el becerro que había aderezado, y púsolo delante de ellos; y él estaba junto á ellos debajo del árbol; y comieron. ⁹ Y le dijeron: ¿Dónde está Sara tu mujer? Y él respondió: Aquí en la tienda. ¹⁰ Entonces dijo: De cierto volveré á ti según el tiempo de la vida, y he aquí, tendrá un hijo Sara tu mujer. Y Sara escuchaba á la puerta de la tienda, que estaba detrás de él. ¹¹ Y Abraham y Sara eran viejos, entrados en días: á Sara había cesado ya la costumbre de las mujeres. ¹² Rióse, pues, Sara entre sí, diciendo: ¿Después que he envejecido tendré deleite, siendo también mi señor *ya* viejo? ¹³ Entonces Jehová dijo á Abraham: ¿Por qué se ha reído Sara diciendo: Será cierto que he de parir siendo ya vieja? ¹⁴ ¿Hay para Dios alguna cosa difícil? Al tiempo señalado volveré á ti, según el tiempo de la vida, y Sara tendrá un hijo. ¹⁵ Entonces Sara negó diciendo: No me reí; porque tuvo miedo. Y él dijo: No *es así*, sino que te has reído. ¹⁶ Y los varones se levantaron de allí, y miraron hacia Sodoma: y Abraham iba con ellos acompañándolos. ¹⁷ Y Jehová dijo: ¿Encubriré yo á Abraham lo que voy á hacer, ¹⁸ Habiendo de ser Abraham en una nación grande y fuerte, y habiendo de ser benditas en él todas las gentes de la tierra? ¹⁹ Porque yo lo he conocido, *sé* que mandará á sus hijos y á su casa después de sí, que guarden el camino de Jehová, haciendo justicia y juicio, para que haga venir Jehová sobre Abraham lo que ha hablado acerca de él. ²⁰ Entonces Jehová le dijo: Por cuanto el clamor de Sodoma y Gomorra se aumenta más y más, y el pecado de ellos se ha agravado en extremo, ²¹ Descenderé ahora, y veré si han consumado su obra según el clamor que ha venido hasta mí; y si no, saberlo he. ²² Y apartáronse de allí los varones, y fueron hacia Sodoma: mas Abraham estaba aún delante de Jehová. ²³ Y acercóse Abraham y dijo: ¿Destruirás también al justo con el impío? ²⁴ Quizá hay cincuenta justos dentro de la ciudad: ¿destruirás también y no perdonarás al lugar por cincuenta justos que estén dentro de él? ²⁵ Lejos de ti el hacer tal, que hagas morir al justo con el impío, y que sea el justo *tratado* como el impío; nunca tal hagas. El juez de toda la tierra, ¿no ha de hacer lo que es justo? ²⁶ Entonces respondió Jehová: Si hallare en Sodoma cincuenta justos dentro de la ciudad, perdonaré á todo este lugar por amor de ellos. ²⁷ Y Abraham replicó y dijo: He aquí ahora que he comenzado á hablar á mi Señor, aunque soy polvo y ceniza: ²⁸ Quizá faltarán de cincuenta justos cinco: ¿destruirás por aquellos cinco toda la ciudad? Y dijo: No la destruiré, si hallare allí cuarenta y cinco. ²⁹ Y volvió á hablarle, y dijo: Quizá se hallarán allí cuarenta. Y respondió: No lo haré por amor de los cuarenta. ³⁰ Y dijo: No se enoje ahora mi Señor, si hablare: quizá se hallarán allí treinta. Y respondió: No lo haré si hallare allí treinta. ³¹ Y dijo: He aquí ahora que he emprendido el hablar á mi Señor: quizá se hallarán allí veinte. No la destruiré, respondió, por amor de los veinte. ³² Y volvió á decir: No se enoje ahora mi Señor, si hablare solamente una vez: quizá se hallarán allí diez. No la destruiré, respondió, por amor de los diez. ³³ Y fuése Jehová, luego que acabó de hablar á Abraham: y Abraham se volvió á su lugar.

19

¹ LLEGARON, pues, los dos ángeles á Sodoma á la caída de la tarde: y Lot estaba sentado á la puerta de Sodoma. Y viéndolos Lot, levantóse á recibirlos, é inclinóse hacia el suelo;

² Y dijo: Ahora, pues, mis señores, os ruego que vengáis á casa de vuestro siervo y os hospedéis, y lavaréis vuestros pies: y por la mañana os levantaréis, y seguiréis vuestro camino. Y ellos respondieron: No, que en la plaza nos quedaremos esta noche. ³ Mas él porfió con ellos mucho, y se vinieron con él, y entraron en su casa; é hízoles banquete, y coció panes sin levadura, y comieron. ⁴ Y antes que se acostasen, cercaron la casa los hombres de la ciudad, los varones de Sodoma, todo el pueblo junto, desde el más joven hasta el más viejo; ⁵ Y llamaron á Lot, y le dijeron: ¿Dónde están los varones que vinieron á ti esta noche? sácanoslos, para que los conozcamos. ⁶ Entonces Lot salió á ellos á la puerta, y cerró las puertas tras sí, ⁷ Y dijo: Os ruego, hermanos míos, que no hagáis tal maldad. ⁸ He aquí ahora yo tengo dos hijas que no han conocido varón; os las sacaré afuera, y haced de ellas como bien os pareciere: solamente á estos varones no hagáis nada, pues que vinieron á la sombra de mi tejado. ⁹ Y ellos respondieron: Quita allá: y añadieron: Vino éste aquí para habitar como un extraño, ¿y habrá de erigirse en juez? Ahora te haremos más mal que á ellos. Y hacían gran violencia al varón, á Lot, y se acercaron para romper las puertas. ¹⁰ Entonces los varones alargaron la mano, y metieron á Lot en casa con ellos, y cerraron las puertas. ¹¹ Y á los hombres que estaban á la puerta de la casa desde el menor hasta el mayor, hirieron con ceguera; mas ellos se fatigaban por hallar la puerta. ¹² Y dijeron los varones á Lot: ¿Tienes aquí alguno más? Yernos, y tus hijos y tus hijas, y todo lo que tienes en la ciudad, sácalo de este lugar: ¹³ Porque vamos á destruir este lugar, por cuanto el clamor de ellos ha subido de punto delante de Jehová; por tanto Jehová nos ha enviado para destruirlo. ¹⁴ Entonces salió Lot, y habló á sus yernos, los que habían de tomar sus hijas, y les dijo: Levantaos, salid de este lugar; porque Jehová va á destruir esta ciudad. Mas pareció á sus yernos como que se burlaba. ¹⁵ Y al rayar el alba, los ángeles daban prisa á Lot, diciendo: Levántate, toma tu mujer, y tus dos hijas que se hallan aquí, porque no perezcas en el castigo de la ciudad. ¹⁶ Y deteniéndose él, los varones asieron de su mano, y de la mano de su mujer, y de las manos de sus dos hijas, según la misericordia de Jehová para con él; y le sacaron, y le pusieron fuera de la ciudad. ¹⁷ Y fué que cuando los hubo sacado fuera, dijo: Escapa por tu vida; no mires tras ti, ni pares en toda esta llanura; escapa al monte, no sea que perezcas. ¹⁸ Y Lot les dijo: No, yo os ruego, señores míos; ¹⁹ He aquí ahora ha hallado tu siervo gracia en tus ojos, y has engrandecido tu misericordia que has hecho conmigo dándome la vida; mas yo no podré escapar al monte, no sea caso que me alcance el mal, y muera. ²⁰ He aquí ahora esta ciudad está cerca para huir allá, la cual es pequeña; escaparé ahora allá, (¿no es ella pequeña?) y vivirá mi alma. ²¹ Y le respondió: He aquí he recibido también tu súplica sobre esto, y no destruiré la ciudad de que has hablado. ²² Date priesa, escápate allá; porque nada podré hacer hasta que allí hayas llegado. Por esto fué llamado el nombre de la ciudad, Zoar. ²³ El sol salía sobre la tierra, cuando Lot llegó á Zoar. ²⁴ Entonces llovió Jehová sobre Sodoma y sobre Gomorra azufre y fuego de parte de Jehová desde los cielos; ²⁵ Y destruyó las ciudades, y toda aquella llanura, con todos los moradores de aquellas ciudades, y el fruto de la tierra. ²⁶ Entonces la mujer de Lot miró atrás, *á espaldas* de él, y se volvió estatua de sal. ²⁷ Y subió Abraham por la mañana al lugar donde había estado delante de Jehová: ²⁸ Y miró hacia Sodoma y Gomorra, y hacia toda la tierra de aquella llanura miró; y he aquí que el humo subía de la tierra como el humo de un horno. ²⁹ Así fué que, cuando destruyó Dios las ciudades de la llanura, acordóse Dios de Abraham, y envió fuera á Lot de en medio de la destrucción, al asolar las ciudades donde Lot estaba. ³⁰ Empero Lot subió de Zoar, y asentó en el monte, y sus dos hijas con él; porque tuvo miedo de quedar en Zoar, y se alojó en una cueva él y sus dos hijas. ³¹ Entonces la mayor dijo á la menor: Nuestro padre es viejo, y no queda varón en la tierra que entre á nosotras conforme á la costumbre de toda la tierra: ³² Ven, demos á beber vino á nuestro padre, y durmamos con él, y conservaremos de nuestro

padre generación. ³³ Y dieron á beber vino á su padre aquella noche: y entró la mayor, y durmió con su padre; mas él no sintió cuándo se acostó ella, ni cuándo se levantó. ³⁴ El día siguiente dijo la mayor á la menor: He aquí yo dormí la noche pasada con mi padre; démosle á beber vino también esta noche, y entra y duerme con él, para que conservemos de nuestro padre generación. ³⁵ Y dieron á beber vino á su padre también aquella noche: y levantóse la menor, y durmió con él; pero no echó de ver cuándo se acostó ella, ni cuándo se levantó. ³⁶ Y concibieron las dos hijas de Lot, de su padre. ³⁷ Y parió la mayor un hijo, y llamó su nombre Moab, el cual es padre de los Moabitas hasta hoy. ³⁸ La menor también parió un hijo, y llamó su nombre Ben-ammí, el cual es padre de los Ammonitas hasta hoy.

20

¹ DE allí partió Abraham á la tierra del Mediodía, y asentó entre Cades y Shur, y habitó como forastero en Gerar. ² Y dijo Abraham de Sara su mujer: Mi hermana es. Y Abimelech, rey de Gerar, envió y tomó á Sara. ³ Empero Dios vino á Abimelech en sueños de noche, y le dijo: He aquí muerto eres á causa de la mujer que has tomado, la cual es casada con marido. ⁴ Mas Abimelech no había llegado á ella, y dijo: Señor, ¿matarás también la gente justa? ⁵ ¿No me dijo él: Mi hermana es; y ella también dijo: Es mi hermano? Con sencillez de mi corazón, y con limpieza de mis manos he hecho esto. ⁶ Y díjole Dios en sueños: Yo también sé que con integridad de tu corazón has hecho esto; y yo también te detuve de pecar contra mí, y así no te permití que la tocases. ⁷ Ahora, pues, vuelve la mujer á su marido; porque es profeta, y orará por ti, y vivirás. Y si tú no la volvieres, sabe que de cierto morirás, con todo lo que fuere tuyo. ⁸ Entonces Abimelech se levantó de mañana, y llamó á todos sus siervos, y dijo todas estas palabras en los oídos de ellos; y temieron los hombres en gran manera. ⁹ Después llamó Abimelech á Abraham, y le dijo: ¿Qué nos has hecho? ¿y en qué pequé yo contra ti, que has atraído sobre mí y sobre mi reino tan gran pecado? lo que no debiste hacer has hecho conmigo. ¹⁰ Y dijo más Abimelech á Abraham: ¿Qué viste para que hicieses esto? ¹¹ Y Abraham respondió: Porque dije para mí: Cierto no hay temor de Dios en este lugar, y me matarán por causa de mi mujer. ¹² Y á la verdad también es mi hermana, hija de mi padre, mas no hija de mi madre, y toméla por mujer. ¹³ Y fué que, cuando Dios me hizo salir errante de la casa de mi padre, yo le dije: Esta es la merced que tú me harás, que en todos los lugares donde llegáremos, digas de mí: Mi hermano es. ¹⁴ Entonces Abimelech tomó ovejas y vacas, y siervos y siervas, y diólo á Abraham, y devolvióle á Sara su mujer. ¹⁵ Y dijo Abimelech: He aquí mi tierra está delante de ti, habita donde bien te pareciere. ¹⁶ Y á Sara dijo: He aquí he dado mil monedas de plata á tu hermano; mira que él te es por velo de ojos para todos los que están contigo, y para con todos: así fué reprendida. ¹⁷ Entonces Abraham oró á Dios; y Dios sanó á Abimelech y á su mujer, y á sus siervas, y parieron. ¹⁸ Porque había del todo cerrado Jehová toda matriz de la casa de Abimelech, á causa de Sara mujer de Abraham.

21

¹ Y VISITÓ Jehová á Sara, como había dicho, é hizo Jehová con Sara como había hablado. ² Y concibió y parió Sara á Abraham un hijo en su vejez, en el tiempo que Dios le había dicho. ³ Y llamó Abraham el nombre de su hijo que le nació, que le parió Sara, Isaac. ⁴ Y circuncidó Abraham á su hijo Isaac de ocho días, como Dios le había mandado. ⁵ Y era Abraham de cien años, cuando le nació Isaac su hijo. ⁶ Entonces dijo Sara: Dios me ha hecho reir, y cualquiera que lo oyere, se reirá conmigo. ⁷ Y añadió: ¿Quién dijera á Abraham que Sara había de dar de mamar á hijos? pues que le he parido un hijo á su vejez. ⁸ Y creció el niño, y fué destetado; é hizo Abraham gran banquete el día que

fué destetado Isaac. ⁹ Y vió Sara al hijo de Agar la Egipcia, el cual había *ésta* parido á Abraham, que se burlaba. ¹⁰ Por tanto dijo á Abraham: Echa á esta sierva y á su hijo; que el hijo de esta sierva no ha de heredar con mi hijo, con Isaac. ¹¹ Este dicho pareció grave en gran manera á Abraham á causa de su hijo. ¹² Entonces dijo Dios á Abraham: No te parezca grave á causa del muchacho y de tu sierva; en todo lo que te dijere Sara, oye su voz, porque en Isaac te será llamada descendencia. ¹³ Y también al hijo de la sierva pondré en gente, porque es tu simiente. ¹⁴ Entonces Abraham se levantó muy de mañana, y tomó pan, y un odre de agua, y diólo á Agar, poniéndolo sobre su hombro, y *entrególe* el muchacho, y despidióla. Y ella partió, y andaba errante por el desierto de Beer-seba. ¹⁵ Y faltó el agua del odre, y echó al muchacho debajo de un árbol; ¹⁶ Y fuése y sentóse enfrente, alejándose como un tiro de arco; porque decía: No veré cuando el muchacho morirá: y sentóse enfrente, y alzó su voz y lloró. ¹⁷ Y oyó Dios la voz del muchacho; y el ángel de Dios llamó á Agar desde el cielo, y le dijo: ¿Qué tienes, Agar? No temas; porque Dios ha oído la voz del muchacho en donde está. ¹⁸ Levántate, alza al muchacho, y ásele de tu mano, porque en gran gente lo tengo de poner. ¹⁹ Entonces abrió Dios sus ojos, y vió una fuente de agua; y fué, y llenó el odre de agua, y dió de beber al muchacho. ²⁰ Y fué Dios con el muchacho; y creció, y habitó en el desierto, y fué tirador de arco. ²¹ Y habitó en el desierto de Parán; y su madre le tomó mujer de la tierra de Egipto. ²² Y aconteció en aquel mismo tiempo que habló Abimelech, y Phicol, príncipe de su ejército, á Abraham diciendo: Dios es contigo en todo cuanto haces: ²³ Ahora pues, júrame aquí por Dios, que no faltarás á mí, ni á mi hijo, ni á mi nieto; sino que conforme á la bondad que yo hice contigo, harás tú conmigo, y con la tierra donde has peregrinado. ²⁴ Y respondió Abraham: Yo juraré. ²⁵ Y Abraham reconvino á Abimelech á causa de un pozo de agua, que los siervos de Abimelech le habían quitado. ²⁶ Y respondió Abimelech: No sé quién haya hecho esto, ni tampoco tú me lo hiciste saber, ni yo lo he oído hasta hoy. ²⁷ Y tomó Abraham ovejas y vacas, y dió á Abimelech; é hicieron ambos alianza. ²⁸ Y puso Abraham siete corderas del rebaño aparte. ²⁹ Y dijo Abimelech á Abraham: ¿Qué significan esas siete corderas que has puesto aparte? ³⁰ Y él respondió: Que estas siete corderas tomarás de mi mano, para que me sean en testimonio de que yo cavé este pozo. ³¹ Por esto llamó á aquel lugar Beer-seba; porque allí juraron ambos. ³² Así hicieron alianza en Beer-seba: y levantóse Abimelech, y Phicol, príncipe de su ejército, y se volvieron á tierra de los Filisteos. ³³ Y plantó *Abraham* un bosque en Beer-seba, é invocó allí el nombre de Jehová Dios eterno. ³⁴ Y moró Abraham en tierra de los Filisteos muchos días.

22

¹ Y ACONTECIÓ después de estas cosas, que tentó Dios á Abraham, y le dijo: Abraham. Y él respondió: Heme aquí. ² Y dijo: Toma ahora tu hijo, tu único, Isaac, á quien amas, y vete á tierra de Moriah, y ofrécelo allí en holocausto sobre uno de los montes que yo te diré. ³ Y Abraham se levantó muy de mañana, y enalbardó su asno, y tomó consigo dos mozos suyos, y á Isaac su hijo: y cortó leña para el holocausto, y levantóse, y fué al lugar que Dios le dijo. ⁴ Al tercer día alzó Abraham sus ojos, y vió el lugar de lejos. ⁵ Entonces dijo Abraham á sus mozos: Esperaos aquí con el asno, y yo y el muchacho iremos hasta allí, y adoraremos, y volveremos á vosotros. ⁶ Y tomó Abraham la leña del holocausto, y púsola sobre Isaac su hijo: y él tomó en su mano el fuego y el cuchillo; y fueron ambos juntos. ⁷ Entonces habló Isaac á Abraham su padre, y dijo: Padre mío. Y él respondió: Heme aquí, mi hijo. Y él dijo: He aquí el fuego y la leña; mas ¿dónde está el cordero para el holocausto? ⁸ Y respondió Abraham: Dios se proveerá de cordero para el holocausto, hijo mío. E iban juntos. ⁹ Y como llegaron al lugar que Dios le había dicho, edificó allí Abraham un altar, y compuso la leña, y ató á Isaac su hijo, y púsole en el altar

sobre la leña. ¹⁰ Y extendió Abraham su mano, y tomó el cuchillo, para degollar á su hijo. ¹¹ Entonces el ángel de Jehová le dió voces del cielo, y dijo: Abraham, Abraham. Y él respondió: Heme aquí. ¹² Y dijo: No extiendas tu mano sobre el muchacho, ni le hagas nada; que ya conozco que temes á Dios, pues que no me rehusaste tu hijo, tu único. ¹³ Entonces alzó Abraham sus ojos, y miró, y he aquí un carnero á sus espaldas trabado en un zarzal por sus cuernos: y fué Abraham, y tomó el carnero, y ofrecióle en holocausto en lugar de su hijo. ¹⁴ Y llamó Abraham el nombre de aquel lugar, Jehová proveerá. Por tanto se dice hoy: En el monte de Jehová será provisto. ¹⁵ Y llamó el ángel de Jehová á Abraham segunda vez desde el cielo, ¹⁶ Y dijo: Por mí mismo he jurado, dice Jehová, que por cuanto has hecho esto, y no *me* has rehusado tu hijo, tu único; ¹⁷ Bendiciendo te bendeciré, y multiplicando multiplicaré tu simiente como las estrellas del cielo, y como la arena que está á la orilla del mar; y tu simiente poseerá las puertas de sus enemigos: ¹⁸ En tu simiente serán benditas todas las gentes de la tierra, por cuanto obedeciste á mi voz. ¹⁹ Y tornóse Abraham á sus mozos, y levantáronse y se fueron juntos á Beer-seba; y habitó Abraham en Beer-seba. ²⁰ Y aconteció después de estas cosas, que fué dada nueva á Abraham, diciendo: He aquí que también Milca ha parido hijos á Nachôr tu hermano: ²¹ A Huz su primogénito, y á Buz su hermano, y á Kemuel padre de Aram, ²² Y á Chêsed, y á Hazo, y á Pildas, y á Jidlaph, y á Bethuel. ²³ Y Bethuel engendró á Rebeca. Estos ocho parió Milca á Nachôr, hermano de Abraham. ²⁴ Y su concubina, que se llamaba Reúma, parió también á Teba, y á Gaham, y á Taas, y á Maachâ.

23

¹ Y FUÉ la vida de Sara ciento veintisiete años: tantos fueron los años de la vida de Sara. ² Y murió Sara en Kiriath-arba, que es Hebrón, en la tierra de Canaán: y vino Abraham á hacer el duelo á Sara, y á llorarla. ³ Y levantóse Abraham de delante de su muerto, y habló á los hijos de Heth, diciendo: ⁴ Peregrino y advenedizo soy entre vosotros; dadme heredad de sepultura con vosotros, y sepultaré mi muerto de delante de mí. ⁵ Y respondieron los hijos de Heth á Abraham, y dijéronle: ⁶ Oyenos, señor mío, eres un príncipe de Dios entre nosotros; en lo mejor de nuestras sepulturas sepulta á tu muerto; ninguno de nosotros te impedirá su sepultura, para que entierres tu muerto. ⁷ Y Abraham se levantó, é inclinóse al pueblo de aquella tierra, á los hijos de Heth; ⁸ Y habló con ellos, diciendo: Si tenéis voluntad que yo sepulte mi muerto de delante de mí, oidme, é interceded por mí con Ephrón, hijo de Zohar, ⁹ Para que me dé la cueva de Macpela, que tiene al cabo de su heredad: que por su justo precio me la dé, para posesión de sepultura en medio de vosotros. ¹⁰ Este Ephrón hallábase entre los hijos de Heth: y respondió Ephrón Hetheo á Abraham, en oídos de los hijos de Heth, de todos los que entraban por la puerta de su ciudad, diciendo: ¹¹ No, señor mío, óyeme: te doy la heredad, y te doy también la cueva que está en ella; delante de los hijos de mi pueblo te la doy; sepulta tu muerto. ¹² Y Abraham se inclinó delante del pueblo de la tierra. ¹³ Y respondió á Ephrón en oídos del pueblo de la tierra, diciendo: Antes, si te place, ruégote que me oigas; yo daré el precio de la heredad, tómalo de mí, y sepultaré en ella mi muerto. ¹⁴ Y respondió Ephrón á Abraham, diciéndole: ¹⁵ Señor mío, escúchame: la tierra vale cuatrocientos siclos de plata: ¿qué *es* esto entre mí y ti? entierra pues tu muerto. ¹⁶ Entonces Abraham se convino con Ephrón, y pesó Abraham á Ephrón el dinero que dijo, oyéndolo los hijos de Heth, cuatrocientos siclos de plata, de buena ley entre mercaderes. ¹⁷ Y quedó la heredad de Ephrón que estaba en Macpela enfrente de Mamre, la heredad y la cueva que estaba en ella, y todos los árboles que había en la heredad, y en todo su término al derredor, ¹⁸ Por de Abraham en posesión, á vista de los hijos de Heth, y de todos los que entraban por la puerta de la ciudad. ¹⁹ Y después de esto sepultó Abraham á Sara su mujer en la cueva de la heredad de Macpela enfrente

de Mamre, que es Hebrón en la tierra de Canaán. ²⁰ Y quedó la heredad y la cueva que en ella había, por de Abraham, en posesión de sepultura *adquirida* de los hijos de Heth.

24

¹ Y ABRAHAM era viejo, y bien entrado en días; y Jehová había bendecido á Abraham en todo. ² Y dijo Abraham á un criado suyo, el *más* viejo de su casa, que era el que gobernaba en todo lo que tenía: Pon ahora tu mano debajo de mi muslo, ³ Y te juramentaré por Jehová, Dios de los cielos y Dios de la tierra, que no has de tomar mujer para mi hijo de las hijas de los Cananeos, entre los cuales yo habito; ⁴ Sino que irás á mi tierra y á mi parentela, y tomarás mujer para mi hijo Isaac. ⁵ Y el criado le respondió: Quizá la mujer no querrá venir en pos de mí á esta tierra: ¿volveré, pues, tu hijo á la tierra de donde saliste? ⁶ Y Abraham le dijo: Guárdate que no vuelvas á mi hijo allá. ⁷ Jehová, Dios de los cielos, que me tomó de la casa de mi padre y de la tierra de mi parentela, y me habló y me juró, diciendo: A tu simiente daré esta tierra; él enviará su ángel delante de ti, y tú tomarás de allá mujer para mi hijo. ⁸ Y si la mujer no quisiere venir en pos de ti, serás libre de este mi juramento; solamente que no vuelvas allá á mi hijo. ⁹ Entonces el criado puso su mano debajo del muslo de Abraham su señor, y juróle sobre este negocio. ¹⁰ Y el criado tomó diez camellos de los camellos de su señor, y fuése, pues tenía á su disposición todos los bienes de su señor: y puesto en camino, llegó á Mesopotamia, á la ciudad de Nachôr. ¹¹ E hizo arrodillar los camellos fuera de la ciudad, junto á un pozo de agua, á la hora de la tarde, á la hora en que salen las mozas por agua. ¹² Y dijo: Jehová, Dios de mi señor Abraham, dame, te ruego, el tener hoy buen encuentro, y haz misericordia con mi señor Abraham. ¹³ He aquí yo estoy junto á la fuente de agua, y las hijas de los varones de esta ciudad salen por agua: ¹⁴ Sea, pues, que la moza á quien yo dijere: Baja tu cántaro, te ruego, para que yo beba; y ella respondiere: Bebe, y también daré de beber á tus camellos: que sea ésta la que tú has destinado para tu siervo Isaac; y en esto conoceré que habrás hecho misericordia con mi señor. ¹⁵ Y aconteció que antes que él acabase de hablar, he aquí Rebeca, que había nacido á Bethuel, hijo de Milca, mujer de Nachôr hermano de Abraham, la cual salía con su cántaro sobre su hombro. ¹⁶ Y la moza era de muy hermoso aspecto, virgen, á la que varón no había conocido; la cual descendió á la fuente, y llenó su cántaro, y se volvía. ¹⁷ Entonces el criado corrió hacia ella, y dijo: Ruégote que me des á beber un poco de agua de tu cántaro. ¹⁸ Y ella respondió: Bebe, señor mío: y dióse prisa á bajar su cántaro sobre su mano, y le dió á beber. ¹⁹ Y cuando acabó de darle á beber, dijo: También para tus camellos sacaré agua, hasta que acaben de beber. ²⁰ Y dióse prisa, y vació su cántaro en la pila, y corrió otra vez al pozo para sacar agua, y sacó para todos sus camellos. ²¹ Y el hombre estaba maravillado de ella, callando, para saber si Jehová había prosperado ó no su viaje. ²² Y fué que como los camellos acabaron de beber, presentóle el hombre un pendiente de oro que pesaba medio siclo, y dos brazaletes que pesaban diez: ²³ Y dijo: ¿De quién eres hija? Ruégote me digas, ¿hay lugar en casa de tu padre donde posemos? ²⁴ Y ella respondió: Soy hija de Bethuel, hijo de Milca, el cual parió ella á Nachôr. ²⁵ Y añadió: También hay en nuestra casa paja y mucho forraje, y lugar para posar. ²⁶ El hombre entonces se inclinó, y adoró á Jehová. ²⁷ Y dijo: Bendito sea Jehová, Dios de mi amo Abraham, que no apartó su misericordia y su verdad de mi amo, guiándome Jehová en el camino á casa de los hermanos de mi amo. ²⁸ Y la moza corrió, é hizo saber en casa de su madre estas cosas. ²⁹ Y Rebeca tenía un hermano que se llamaba Labán, el cual corrió afuera al hombre, á la fuente; ³⁰ Y fué que como vió el pendiente y los brazaletes en las manos de su hermana, que decía, Así me habló aquel hombre; vino á él: y he aquí que estaba junto á los camellos á la fuente. ³¹ Y díjole: Ven, bendito de Jehová; ¿por qué estás fuera? yo he limpiado la casa, y el lugar para los camellos.

32 Entonces el hombre vino á casa, y *Labán* desató los camellos; y dióles paja y forraje, y agua para lavar los piés de él, y los piés de los hombres que con él venían. 33 Y pusiéronle delante qué comer; mas él dijo: No comeré hasta que haya dicho mi mensaje. Y él le dijo: Habla. 34 Entonces dijo: Yo soy criado de Abraham; 35 Y Jehová ha bendecido mucho á mi amo, y él se ha engrandecido: y le ha dado ovejas y vacas, plata y oro, siervos y siervas, camellos y asnos. 36 Y Sara, mujer de mi amo, parió en su vejez un hijo á mi señor, quien le ha dado todo cuanto tiene. 37 Y mi amo me hizo jurar, diciendo: No tomarás mujer para mi hijo de las hijas de los Cananeos, en cuya tierra habito; 38 Sino que irás á la casa de mi padre, y á mi parentela, y tomarás mujer para mi hijo. 39 Y yo dije: Quizás la mujer no querrá seguirme. 40 Entonces él me respondió: Jehová, en cuya presencia he andado, enviará su ángel contigo, y prosperará tu camino; y tomarás mujer para mi hijo de mi linaje y de la casa de mi padre: 41 Entonces serás libre de mi juramento, cuando hubieres llegado á mi linaje; y si no te la dieren, serás libre de mi juramento. 42 Llegué, pues, hoy á la fuente, y dije: Jehová, Dios de mi señor Abraham, si tú prosperas ahora mi camino por el cual ando; 43 He aquí yo estoy junto á la fuente de agua; sea, pues, que la doncella que saliere por agua, á la cual dijere: Dame á beber, te ruego, un poco de agua de tu cántaro; 44 Y ella me respondiere, Bebe tú, y también para tus camellos sacaré agua: ésta sea la mujer que destinó Jehová para el hijo de mi señor. 45 Y antes que acabase de hablar en mi corazón, he aquí Rebeca, que salía con su cántaro sobre su hombro; y descendió á la fuente, y sacó agua; y le dije: Ruégote que me des á beber. 46 Y prestamente bajó su cántaro de encima de sí, y dijo: Bebe, y también á tus camellos daré á beber. Y bebí, y dió también de beber á mis camellos. 47 Entonces preguntéle, y dije: ¿De quién eres hija? Y ella respondió: Hija de Bethuel, hijo de Nachôr, que le parió Milca. Entonces púsele un pendiente sobre su nariz, y brazaletes sobre sus manos: 48 E inclinéme, y adoré á Jehová, y bendije á Jehová, Dios de mi señor Abraham, que me había guiado por camino de verdad para tomar la hija del hermano de mi señor para su hijo. 49 Ahora pues, si vosotros hacéis misericordia y verdad con mi señor, declarádmelo; y si no, declarádmelo; y echaré á la diestra ó á la siniestra. 50 Entonces Labán y Bethuel respondieron y dijeron: De Jehová ha salido esto; no podemos hablarte malo ni bueno. 51 He ahí Rebeca delante de ti; tómala y vete, y sea mujer del hijo de tu señor, como lo ha dicho Jehová. 52 Y fué, que como el criado de Abraham oyó sus palabras, inclinóse á tierra á Jehová. 53 Y sacó el criado vasos de plata, y vasos de oro y vestidos, y dió á Rebeca: también dió cosas preciosas á su hermano y á su madre. 54 Y comieron y bebieron él y los varones que venían con él, y durmieron; y levantándose de mañana, dijo: Enviadme á mi señor. 55 Entonces respondió su hermano y su madre: Espere la moza con nosotros á lo menos diez días, y después irá. 56 Y él les dijo: No me detengáis, pues que Jehová ha prosperado mi camino; despachadme para que me vaya á mi señor. 57 Ellos respondieron entonces: Llamemos la moza y preguntémosle. 58 Y llamaron á Rebeca, y dijéronle: ¿Irás tú con este varón? Y ella respondió: *Sí*, iré. 59 Entonces dejaron ir á Rebeca su hermana, y á su nodriza, y al criado de Abraham y á sus hombres. 60 Y bendijeron á Rebeca, y dijéronle: Nuestra hermana eres; seas en millares de millares, y tu generación posea la puerta de sus enemigos. 61 Levantóse entonces Rebeca y sus mozas, y subieron sobre los camellos, y siguieron al hombre; y el criado tomó á Rebeca, y fuése. 62 Y venía Isaac del pozo del Viviente que me ve; porque él habitaba en la tierra del Mediodía; 63 Y había salido Isaac á orar al campo, á la hora de la tarde; y alzando sus ojos miró, y he aquí los camellos que venían. 64 Rebeca también alzó sus ojos, y vió á Isaac, y descendió del camello; 65 Porque había preguntado al criado: ¿Quién es este varón que viene por el campo hacia nosotros? Y el siervo había respondido: Este es mi señor. Ella entonces tomó el velo, y cubrióse. 66 Entonces el criado contó á Isaac todo lo

que había hecho. ⁶⁷ E introdújola Isaac á la tienda de su madre Sara, y tomó á Rebeca por mujer; y amóla: y consolóse Isaac después de la muerte de su madre.

25

¹ Y ABRAHAM tomó otra mujer, cuyo nombre fué Cetura; ² La cual le parió á Zimram, y á Joksan, y á Medan, y á Midiam, y á Ishbak, y á Sua. ³ Y Joksan engendró á Seba, y á Dedán: é hijos de Dedán fueron Assurim, y Letusim, y Leummim. ⁴ E hijos de Midiam: Epha, y Epher, y Enech, y Abida, y Eldaa. Todos estos *fueron* hijos de Cetura. ⁵ Y Abraham dió todo cuanto tenía á Isaac. ⁶ Y á los hijos de sus concubinas dió Abraham dones, y enviólos de junto Isaac su hijo, mientras él vivía, hacia el oriente, á la tierra oriental. ⁷ Y estos fueron los días de vida que vivió Abraham: ciento setenta y cinco años. ⁸ Y exhaló el espíritu, y murió Abraham en buena vejez, anciano y lleno *de días*, y fué unido á su pueblo. ⁹ Y sepultáronlo Isaac é Ismael sus hijos en la cueva de Macpela, en la heredad de Ephrón, hijo de Zoar Hetheo, que está enfrente de Mamre; ¹⁰ Heredad que compró Abraham de los hijos de Heth; allí fué Abraham sepultado, y Sara su mujer. ¹¹ Y sucedió, después de muerto Abraham, que Dios bendijo á Isaac su hijo: y habitó Isaac junto al pozo del Viviente que me ve. ¹² Y estas son las generaciones de Ismael, hijo de Abraham, que le parió Agar Egipcia, sierva de Sara: ¹³ Estos, pues, son los nombres de los hijos de Ismael, por sus nombres, por sus linajes: El primogénito de Ismael, Nabaioth; luego Cedar, y Abdeel, y Mibsam, ¹⁴ Y Misma, y Duma, y Massa, ¹⁵ Hadad, y Tema, y Jetur, y Naphis, y Cedema. ¹⁶ Estos son los hijos de Ismael, y estos sus nombres, por sus villas y por sus campamentos; doce príncipes por sus familias. ¹⁷ Y estos fueron los años de la vida de Ismael, ciento treinta y siete años: y exhaló el espíritu Ismael, y murió; y fué unido á su pueblo. ¹⁸ Y habitaron desde Havila hasta Shur, que está enfrente de Egipto viniendo á Asiria; y murió en presencia de todos sus hermanos. ¹⁹ Y estas son las generaciones de Isaac, hijo de Abraham. Abraham engendró á Isaac: ²⁰ Y era Isaac de cuarenta años cuando tomó por mujer á Rebeca, hija de Bethuel Arameo de Padan-aram, hermana de Labán Arameo. ²¹ Y oró Isaac á Jehová por su mujer, que era estéril; y aceptólo Jehová, y concibió Rebeca su mujer. ²² Y los hijos se combatían dentro de ella; y dijo: Si es así ¿para qué vivo yo? Y fué á consultar á Jehová. ²³ Y respondióle Jehová: Dos gentes hay en tu seno, y dos pueblos serán divididos desde tus entrañas: y el un pueblo será más fuerte que el otro pueblo, y el mayor servirá al menor. ²⁴ Y como se cumplieron sus días para parir, he aquí mellizos en su vientre. ²⁵ Y salió el primero rubio, y todo él velludo como una pelliza; y llamaron su nombre Esaú. ²⁶ Y después salió su hermano, trabada su mano al calcañar de Esaú: y fué llamado su nombre Jacob. Y era Isaac de edad de sesenta años cuando ella los parió. ²⁷ Y crecieron los niños, y Esaú fué diestro en la caza, hombre del campo: Jacob empero era varón quieto, que habitaba en tiendas. ²⁸ Y amó Isaac á Esaú, porque comía de su caza; mas Rebeca amaba á Jacob. ²⁹ Y guisó Jacob un potaje; y volviendo Esaú del campo cansado, ³⁰ Dijo á Jacob: Ruégote que me des á comer de eso bermejo, pues estoy muy cansado. Por tanto fué llamado su nombre Edom. ³¹ Y Jacob respondió: Véndeme en este día tu primogenitura. ³² Entonces dijo Esaú: He aquí yo me voy á morir; ¿para qué, pues, me servirá la primogenitura? ³³ Y dijo Jacob: Júrame*lo* en este día. Y él le juró, y vendió á Jacob su primogenitura. ³⁴ Entonces Jacob dió á Esaú pan y del guisado de las lentejas; y él comió y bebió, y levantóse, y fuése. Así menospreció Esaú la primogenitura.

26

¹ Y HUBO hambre en la tierra, además de la primera hambre que fué en los días de Abraham: y fuése Isaac á Abimelech rey de los Filisteos, en Gerar. ² Y apareciósele Jehová, y díjole: No desciendas á Egipto: habita en la tierra que yo te diré; ³ Habita en

esta tierra, y seré contigo, y te bendeciré; porque á ti y á tu simiente daré todas estas tierras, y confirmaré el juramento que juré á Abraham tu padre: 4 Y multiplicaré tu simiente como las estrellas del cielo, y daré á tu simiente todas estas tierras; y todas las gentes de la tierra serán benditas en tu simiente: 5 Por cuanto oyó Abraham mi voz, y guardó mi precepto, mis mandamientos, mis estatutos y mis leyes. 6 Habitó, pues, Isaac en Gerar. 7 Y los hombres de aquel lugar le preguntaron acerca de su mujer; y él respondió: Es mi hermana; porque tuvo miedo de decir: Es mi mujer; que tal vez, *dijo*, los hombres del lugar me matarían por causa de Rebeca; porque era de hermoso aspecto. 8 Y sucedió que, después que él estuvo allí muchos días, Abimelech, rey de los Filisteos, mirando por una ventana, vió á Isaac que jugaba con Rebeca su mujer. 9 Y llamó Abimelech á Isaac, y dijo: He aquí ella es de cierto tu mujer: ¿cómo, pues, dijiste: Es mi hermana? E Isaac le respondió: Porque dije: Quizá moriré por causa de ella. 10 Y Abimelech dijo: ¿Por qué nos has hecho esto? Por poco hubiera dormido alguno del pueblo con tu mujer, y hubieras traído sobre nosotros el pecado. 11 Entonces Abimelech mandó á todo el pueblo, diciendo: El que tocare á este hombre ó á su mujer, de cierto morirá. 12 Y sembró Isaac en aquella tierra, y halló aquel año ciento por uno: y bendíjole Jehová. 13 Y el varón se engrandeció, y fué adelantando y engrandeciéndose, hasta hacerse muy poderoso: 14 Y tuvo hato de ovejas, y hato de vacas, y grande apero; y los Filisteos le tuvieron envidia. 15 Y todos los pozos que habían abierto los criados de Abraham su padre en sus días, los Filisteos los habían cegado y llenado de tierra. 16 Y dijo Abimelech á Isaac: Apártate de nosotros, porque mucho más poderoso que nosotros te has hecho. 17 E Isaac se fué de allí; y asentó sus tiendas en el valle de Gerar, y habitó allí. 18 Y volvió á abrir Isaac los pozos de agua que habían abierto en los días de Abraham su padre, y que los Filisteos habían cegado, muerto Abraham; y llamólos por los nombres que su padre los había llamado. 19 Y los siervos de Isaac cavaron en el valle, y hallaron allí un pozo de aguas vivas. 20 Y los pastores de Gerar riñeron con los pastores de Isaac, diciendo: El agua es nuestra: por eso llamó el nombre del pozo Esek, porque habían altercado con él. 21 Y abrieron otro pozo, y también riñeron sobre él: y llamó su nombre Sitnah. 22 Y apartóse de allí, y abrió otro pozo, y no riñeron sobre él: y llamó su nombre Rehoboth, y dijo: Porque ahora nos ha hecho ensanchar Jehová, y fructificaremos en la tierra. 23 Y de allí subió á Beer-seba. 24 Y apareciósele Jehová aquella noche, y dijo: Yo soy el Dios de Abraham tu padre; no temas, que yo soy contigo, y yo te bendeciré, y multiplicaré tu simiente por amor de Abraham mi siervo. 25 Y edificó allí un altar, é invocó el nombre de Jehová, y tendió allí su tienda: y abrieron allí los siervos de Isaac un pozo. 26 Y Abimelech vino á él desde Gerar, y Ahuzzath, amigo suyo, y Phicol, capitán de su ejército. 27 Y díjoles Isaac: ¿Por qué venís á mí, pues que me habéis aborrecido, y me echasteis de entre vosotros? 28 Y ellos respondieron: Hemos visto que Jehová es contigo; y dijimos: Haya ahora juramento entre nosotros, entre nosotros y ti, y haremos alianza contigo: 29 Que no nos hagas mal, como nosotros no te hemos tocado, y como solamente te hemos hecho bien, y te enviamos en paz: tú ahora, bendito de Jehová. 30 Entonces él les hizo banquete, y comieron y bebieron. 31 Y se levantaron de madrugada, y juraron el uno al otro; é Isaac los despidió, y ellos se partieron de él en paz. 32 Y en aquel día sucedió que vinieron los criados de Isaac, y diéronle nuevas acerca del pozo que habían abierto, y le dijeron: Agua hemos hallado. 33 Y llamólo Seba: por cuya causa el nombre de aquella ciudad es Beer-seba hasta este día. 34 Y cuando Esaú fué de cuarenta años, tomó por mujer á Judith hija de Beeri Hetheo, y á Basemat hija de Elón Hetheo: 35 Y fueron amargura de espíritu á Isaac y á Rebeca.

27

1 Y ACONTECIÓ que cuando hubo Isaac envejecido, y sus ojos se ofuscaron quedando

sin vista, llamó á Esaú, su hijo el mayor, y díjole: Mi hijo. Y él respondió: Heme aquí. ² Y él dijo: He aquí ya soy viejo, no sé el día de mi muerte: ³ Toma, pues, ahora tus armas, tu aljaba y tu arco, y sal al campo, y cógeme caza; ⁴ Y hazme un guisado, como yo gusto, y tráeme*lo*, y comeré; para que te bendiga mi alma antes que muera. ⁵ Y Rebeca estaba oyendo, cuando hablaba Isaac á Esaú su hijo: y fuése Esaú al campo para coger la caza que había de traer. ⁶ Entonces Rebeca habló á Jacob su hijo, diciendo: He aquí yo he oído á tu padre que hablaba con Esaú tu hermano, diciendo: ⁷ Tráeme caza, y hazme un guisado, para que coma, y te bendiga delante de Jehová antes que yo muera. ⁸ Ahora pues, hijo mío, obedece á mi voz en lo que te mando; ⁹ Ve ahora al ganado, y tráeme de allí dos buenos cabritos de las cabras, y haré de ellos viandas para tu padre, como él gusta; ¹⁰ Y tú las llevarás á tu padre, y comerá, para que te bendiga antes de su muerte. ¹¹ Y Jacob dijo á Rebeca su madre: He aquí, Esaú mi hermano es hombre velloso, y yo lampiño: ¹² Quizá me tentará mi padre, y me tendrá por burlador, y traeré sobre mí maldición y no bendición. ¹³ Y su madre respondió: Hijo mío, sobre mí tu maldición: solamente obedece á mi voz, y ve y tráemelos. ¹⁴ Entonces él fué, y tomó, y trájolos á su madre: y su madre hizo guisados, como su padre gustaba. ¹⁵ Y tomó Rebeca los vestidos de Esaú su hijo mayor, los preciosos, que ella tenía en casa, y vistió á Jacob su hijo menor: ¹⁶ E hízole vestir sobre sus manos, y sobre la cerviz donde no tenía vello, las pieles de los cabritos de las cabras; ¹⁷ Y entregó los guisados y el pan que había aderezado, en mano de Jacob su hijo. ¹⁸ Y él fué á su padre, y dijo: Padre mío: y él respondió: Heme aquí, ¿quién eres, hijo mío? ¹⁹ Y Jacob dijo á su padre: Yo soy Esaú tu primogénito; he hecho como me dijiste: levántate ahora, y siéntate, y come de mi caza, para que me bendiga tu alma. ²⁰ Entonces Isaac dijo á su hijo: ¿Cómo es que la hallaste tan presto, hijo mío? Y él respondió: Porque Jehová tu Dios hizo que se encontrase delante de mí. ²¹ E Isaac dijo á Jacob: Acércate ahora, y te palparé, hijo mío, por si eres mi hijo Esaú, ó no. ²² Y llegóse Jacob á su padre Isaac; y él le palpó, y dijo: La voz es la voz de Jacob, mas las manos, las manos de Esaú. ²³ Y no le conoció, porque sus manos eran vellosas como las manos de Esaú: y le bendijo. ²⁴ Y dijo: ¿Eres tú mi hijo Esaú? Y él respondió: Yo soy. ²⁵ Y dijo: Acércamela, y comeré de la caza de mi hijo, para que te bendiga mi alma; y él se *la* acercó, y comió: trájole también vino, y bebió. ²⁶ Y díjole Isaac su padre: Acércate ahora, y bésame, hijo mío. ²⁷ Y él se llegó, y le besó; y olió Isaac el olor de sus vestidos, y le bendijo, y dijo: Mira, el olor de mi hijo como el olor del campo que Jehová ha bendecido: ²⁸ Dios, pues, te dé del rocío del cielo, y de las grosuras de la tierra, y abundancia de trigo y de mosto. ²⁹ Sírvante pueblos, y naciones se inclinen á ti: sé señor de tus hermanos, e inclínense á ti los hijos de tu madre: malditos los que te maldijeren, y benditos los que te bendijeren. ³⁰ Y aconteció, luego que hubo Isaac acabado de bendecir á Jacob, y apenas había salido Jacob de delante de Isaac su padre, que Esaú su hermano vino de su caza. ³¹ E hizo él también guisados, y trajo á su padre, y díjole: Levántese mi padre, y coma de la caza de su hijo, para que me bendiga tu alma. ³² Entonces Isaac su padre le dijo: ¿Quién eres tú? Y él dijo: Yo soy tu hijo, tu primogénito, Esaú. ³³ Y estremecióse Isaac con grande estremecimiento, y dijo: ¿Quién es el que vino aquí, que cogió caza, y me trajo, y comí de todo antes que vinieses? Yo le bendije, y será bendito. ³⁴ Como Esaú oyó las palabras de su padre, clamó con una muy grande y muy amarga exclamación, y le dijo: Bendíceme también á mí, padre mío. ³⁵ Y él dijo: Vino tu hermano con engaño, y tomó tu bendición. ³⁶ Y él respondió: Bien llamaron su nombre Jacob, que ya me ha engañado dos veces; alzóse con mi primogenitura, y he aquí ahora ha tomado mi bendición. Y dijo: ¿No has guardado bendición para mí? ³⁷ Isaac respondió y dijo á Esaú: He aquí yo le he puesto por señor tuyo, y le he dado por siervos á todos sus hermanos: de trigo y de vino le he provisto: ¿qué, pues, te haré á ti ahora, hijo mío? ³⁸ Y Esaú respondió á su padre: ¿No tienes más que una sola bendición, padre mío? bendíceme también á mí, padre mío. Y alzó Esaú su voz, y lloró. ³⁹ Entonces Isaac su padre habló y díjole: He aquí será tu habitación en grosuras de la tierra, y del rocío de los cielos de arriba; ⁴⁰ Y por tu espada vivirás, y á tu hermano servirás: y sucederá cuando te enseñorees, que descargarás su yugo de tu cerviz. ⁴¹ Y aborreció Esaú á Jacob por la bendición con que le había bendecido, y dijo en su corazón: Llegarán los días del luto de mi padre, y yo mataré á Jacob mi hermano. ⁴² Y fueron dichas á Rebeca las palabras de Esaú su hijo mayor: y ella envió y llamó á Jacob su hijo menor, y díjole: He aquí, Esaú tu hermano se consuela acerca de ti *con la idea* de matarte. ⁴³ Ahora pues, hijo mío, obedece á mi voz; levántate, y húyete á Labán mi hermano, á Harán; ⁴⁴ Y mora con él algunos días, hasta que el enojo de tu hermano se mitigue; ⁴⁵ Hasta que se aplaque la ira de tu hermano contra ti, y se olvide de lo que le has hecho: yo enviaré entonces, y te traeré de allá: ¿por qué seré privada de vosotros ambos en un día? ⁴⁶ Y dijo Rebeca á Isaac: Fastidio tengo de mi vida, á causa de las hijas de Heth. Si Jacob toma mujer de las hijas de Heth, como éstas, de las hijas de esta tierra, ¿para qué quiero la vida?

28

¹ ENTONCES Isaac llamó á Jacob, y bendíjolo, y mandóle diciendo: No tomes mujer de las hijas de Canaán. ² Levántate, ve á Padan-aram, á casa de Bethuel, padre de tu madre, y toma allí mujer de las hijas de Labán, hermano de tu madre. ³ Y el Dios omnipotente te bendiga, y te haga fructificar, y te multiplique, hasta venir á ser congregación de pueblos; ⁴ Y te dé la bendición de Abraham, y á tu simiente contigo, para que heredes la tierra de tus peregrinaciones, que Dios dió á Abraham. ⁵ Así envió Isaac á Jacob, el cual fué á Padan-aram, á Labán, hijo de Bethuel Arameo, hermano de Rebeca, madre de Jacob y de Esaú. ⁶ Y vió Esaú cómo Isaac había bendecido á Jacob, y le había enviado á Padan-aram, para tomar para sí mujer de allí; y que cuando le bendijo, le había mandado, diciendo: No tomarás mujer de las hijas de Canaán; ⁷ Y que Jacob había obedecido á su padre y á su madre, y se había ido á Padan-aram. ⁸ Vió asimismo Esaú que las hijas de Canaán parecían mal á Isaac su padre; ⁹ Y fuése Esaú á Ismael, y tomó para sí por mujer á Mahaleth, hija de Ismael, hijo de Abraham, hermana de Nabaioth, además de sus otras mujeres. ¹⁰ Y salió Jacob de Beer-seba, y fué á Harán; ¹¹ Y encontró con un lugar, y durmió allí, porque ya el sol se había puesto: y tomó de las piedras de aquel paraje y puso á su cabecera, y acostóse en aquel lugar. ¹² Y soñó, y he aquí una escala que estaba *apoyada* en tierra, y su cabeza tocaba en el cielo: y he aquí ángeles de Dios que subían y descendían por ella. ¹³ Y he aquí, Jehová estaba en lo alto de ella, el cual dijo: Yo soy Jehová, el Dios de Abraham tu padre, y el Dios de Isaac: la tierra en que estás acostado te la daré á ti y á tu simiente. ¹⁴ Y será tu simiente como el polvo de la tierra, y te extenderás al occidente, y al oriente, y al aquilón, y al mediodía; y todas las familias de la tierra serán benditas en ti y en tu simiente. ¹⁵ Y he aquí, yo soy contigo, y te guardaré por donde quiera que fueres, y te volveré á esta tierra; porque no te dejaré hasta tanto que haya hecho lo que te he dicho. ¹⁶ Y despertó Jacob de su sueño, y dijo: Ciertamente Jehová está en este lugar, y yo no lo sabía. ¹⁷ Y tuvo miedo, y dijo: ¡Cuán terrible es este lugar! No es otra cosa que casa de Dios, y puerta del cielo. ¹⁸ Y levantóse Jacob de mañana, y tomó la piedra que había puesto de cabecera, y alzóla por título, y derramó aceite encima de ella. ¹⁹ Y llamó el nombre de aquel lugar Beth-el, bien que Luz era el nombre de la ciudad primero. ²⁰ E hizo Jacob voto, diciendo: Si fuere Dios conmigo, y me guardare en este viaje que voy, y me diere pan para comer y vestido para vestir, ²¹ Y si tornare en paz á casa de mi padre, Jehová será mi Dios, ²² Y esta piedra que he puesto por título, será casa de Dios: y de todo lo que me dieres, el diezmo lo he de apartar para ti.

29

¹ Y SIGUIÓ Jacob su camino, y fué á la tierra de los orientales. ² Y miró, y vió un pozo en el campo: y he aquí tres rebaños de ovejas que yacían cerca de él; porque de aquel pozo abrevaban los ganados: y había una gran piedra sobre la boca del pozo. ³ Y juntábanse allí todos los rebaños; y revolvían la piedra de sobre la boca del pozo, y abrevaban las ovejas; y volvían la piedra sobre la boca del pozo á su lugar. ⁴ Y díjoles Jacob: Hermanos míos, ¿de dónde sois? Y ellos respondieron: De Harán somos. ⁵ Y él les dijo: ¿Conocéis á Labán, hijo de Nachôr? Y ellos dijeron: Sí, le conocemos. ⁶ Y él les dijo: ¿Tiene paz? Y ellos dijeron: Paz; y he aquí Rachêl su hija viene con el ganado. ⁷ Y él dijo: He aquí el día es aún grande; no es tiempo todavía de recoger el ganado; abrevad las ovejas, é id á apacentarlas. ⁸ Y ellos respondieron: No podemos, hasta que se junten todos los ganados, y remuevan la piedra de sobre la boca del pozo, para que abrevemos las ovejas. ⁹ Estando aún él hablando con ellos, Rachêl vino con el ganado de su padre, porque ella era la pastora. ¹⁰ Y sucedió que, como Jacob vió á Rachêl, hija de Labán hermano de su madre, y á las ovejas de Labán el hermano de su madre, llegóse Jacob, y removió la piedra de sobre la boca del pozo, y abrevó el ganado de Labán hermano de su madre. ¹¹ Y Jacob besó á Rachêl, y alzó su voz, y lloró. ¹² Y Jacob dijo á Rachêl como él era hermano de su padre, y como era hijo de Rebeca: y ella corrió, y dió las nuevas á su padre. ¹³ Y así que oyó Labán las nuevas de Jacob, hijo de su hermana, corrió á recibirlo, y abrazólo, y besólo, y trájole á su casa: y él contó á Labán todas estas cosas. ¹⁴ Y Labán le dijo: Ciertamente hueso mío y carne mía eres. Y estuvo con él el tiempo de un mes. ¹⁵ Entonces dijo Labán á Jacob: ¿Por ser tú mi hermano, me has de servir de balde? declárame qué será tu salario. ¹⁶ Y Labán tenía dos hijas: el nombre de la mayor era Lea, y el nombre de la menor, Rachêl. ¹⁷ Y los ojos de Lea eran tiernos, pero Rachêl era de lindo semblante y de hermoso parecer. ¹⁸ Y Jacob amó á Rachêl, y dijo: Yo te serviré siete años por Rachêl tu hija menor. ¹⁹ Y Labán respondió: Mejor es que te la dé á ti, que no que la dé á otro hombre: estáte conmigo. ²⁰ Así sirvió Jacob por Rachêl siete años: y pareciéronle como pocos días, porque la amaba. ²¹ Y dijo Jacob á Labán: Dame mi mujer, porque mi tiempo es cumplido, para que cohabite con ella. ²² Entonces Labán juntó á todos los varones de aquel lugar, é hizo banquete. ²³ Y sucedió que á la noche tomó á Lea su hija, y se la trajo: y él entró á ella. ²⁴ Y dió Labán su sierva Zilpa á su hija Lea por criada. ²⁵ Y venida la mañana, he aquí que era Lea: y él dijo á Labán: ¿Qué es esto que me has hecho? ¿no te he servido por Rachêl? ¿por qué, pues, me has engañado? ²⁶ Y Labán respondió: No se hace así en nuestro lugar, que se dé la menor antes de la mayor. ²⁷ Cumple la semana de ésta, y se te dará también la otra, por el servicio que hicieres conmigo otros siete años. ²⁸ E hizo Jacob así, y cumplió la semana de aquélla: y él le dió á Rachêl su hija por mujer. ²⁹ Y dió Labán á Rachêl su hija por criada á su sierva Bilha. ³⁰ Y entró también á Rachêl: y amóla también más que á Lea: y sirvió con él aún otros siete años. ³¹ Y vió Jehová que Lea era aborrecida, y abrió su matriz: pero Rachêl era estéril. ³² Y concibió Lea, y parió un hijo, y llamó su nombre Rubén, porque dijo: Ya que ha mirado Jehová mi aflicción; ahora por tanto me amará mi marido. ³³ Y concibió otra vez, y parió un hijo, y dijo: Por cuanto oyó Jehová que yo era aborrecida, me ha dado también éste. Y llamó su nombre Simeón. ³⁴ Y concibió otra vez, y parió un hijo, y dijo: Ahora esta vez se unirá mi marido conmigo, porque le he parido tres hijos: por tanto, llamó su nombre Leví. ³⁵ Y concibió otra vez, y parió un hijo, y dijo: Esta vez alabaré á Jehová: por esto llamó su nombre Judá: y dejó de parir.

30

¹ Y VIENDO Rachêl que no daba hijos á Jacob, tuvo envidia de su hermana, y decía á Jacob: Dame hijos, ó si no, me muero. ² Y Jacob se enojaba contra Rachêl, y decía:

¿Soy yo en lugar de Dios, que te impidió el fruto de tu vientre? ³ Y ella dijo: He aquí mi sierva Bilha; entra á ella, y parirá sobre mis rodillas, y yo también tendré hijos de ella. ⁴ Así le dió á Bilha su sierva por mujer; y Jacob entró á ella. ⁵ Y concibió Bilha, y parió á Jacob un hijo. ⁶ Y dijo Rachêl: Juzgóme Dios, y también oyó mi voz, y dióme un hijo. Por tanto llamó su nombre Dan. ⁷ Y concibió otra vez Bilha, la sierva de Rachêl, y parió el hijo segundo á Jacob. ⁸ Y dijo Rachêl: Con luchas de Dios he contendido con mi hermana, y he vencido. Y llamó su nombre Nephtalí. ⁹ Y viendo Lea que había dejado de parir, tomó á Zilpa su sierva, y dióla á Jacob por mujer. ¹⁰ Y Zilpa, sierva de Lea, parió á Jacob un hijo. ¹¹ Y dijo Lea: Vino la ventura. Y llamó su nombre Gad. ¹² Y Zilpa, la sierva de Lea, parió otro hijo á Jacob. ¹³ Y dijo Lea: Para dicha mía; porque las mujeres me dirán dichosa: y llamó su nombre Aser. ¹⁴ Y fué Rubén en tiempo de la siega de los trigos, y halló mandrágoras en el campo, y trájolas á Lea su madre: y dijo Rachêl á Lea: Ruégote que me des de las mandrágoras de tu hijo. ¹⁵ Y ella respondió: ¿Es poco que hayas tomado mi marido, sino que también te has de llevar las mandrágoras de mi hijo? y dijo Rachêl: Pues dormirá contigo esta noche por las mandrágoras de tu hijo. ¹⁶ Y cuando Jacob volvía del campo á la tarde, salió Lea á él, y le dijo: A mí has de entrar, porque á la verdad te he alquilado por las mandrágoras de mi hijo. Y durmió con ella aquella noche. ¹⁷ Y oyó Dios á Lea: y concibió, y parió á Jacob el quinto hijo. ¹⁸ Y dijo Lea: Dios me ha dado mi recompensa, por cuanto dí mi sierva á mi marido: por eso llamó su nombre Issachâr. ¹⁹ Y concibió Lea otra vez, y parió el sexto hijo á Jacob. ²⁰ Y dijo Lea: Dios me ha dado una buena dote: ahora morará conmigo mi marido, porque le he parido seis hijos: y llamó su nombre Zabulón. ²¹ Y después parió una hija, y llamó su nombre Dina. ²² Y acordóse Dios de Rachêl, y oyóla Dios, y abrió su matriz. ²³ Y concibió, y parió un hijo: y dijo: Quitado ha Dios mi afrenta: ²⁴ Y llamó su nombre José, diciendo: Añádame Jehová otro hijo. ²⁵ Y aconteció, cuando Rachêl hubo parido á José, que Jacob dijo á Labán: Envíame, é iré á mi lugar, y á mi tierra. ²⁶ Dame mis mujeres y mis hijos, por las cuales he servido contigo, y déjame ir; pues tú sabes los servicios que te he hecho. ²⁷ Y Labán le respondió: Halle yo ahora gracia en tus ojos, *y quédate*; experimentado he que Jehová me ha bendecido por tu causa. ²⁸ Y dijo: Señálame tu salario, que yo lo daré. ²⁹ Y él respondió: Tú sabes cómo te he servido, y cómo ha estado tu ganado conmigo; ³⁰ Porque poco tenías antes de mi venida, y ha crecido en gran número; y Jehová te ha bendecido con mi llegada: y ahora ¿cuándo tengo de hacer yo también por mi propia casa? ³¹ Y él dijo: ¿Qué te daré? Y respondió Jacob: No me des nada: si hicieres por mí esto, volveré á apacentar tus ovejas. ³² Yo pasaré hoy por todas tus ovejas, poniendo aparte todas las reses manchadas y de color vario, y todas las reses de color oscuro entre las ovejas, y las manchadas y de color vario entre las cabras; y esto será mi salario. ³³ Así responderá por mí mi justicia mañana, cuando me viniere mi salario delante de ti: toda la que no fuere pintada ni manchada en las cabras y de color oscuro en las ovejas *mías*, se me ha de tener por de hurto. ³⁴ Y dijo Labán: Mira, ojalá fuese como tú dices. ³⁵ Y apartó aquel día los machos de cabrío rayados y manchados; y todas las cabras manchadas y de color vario, y toda res que tenía en sí algo de blanco, y todas las de color oscuro entre las ovejas, y púsolas en manos de sus hijos; ³⁶ Y puso tres días de camino entre sí y Jacob: y Jacob apacentaba las otras ovejas de Labán. ³⁷ Y tomóse Jacob varas de álamo verdes, y de avellano, y de castaño, y descortezó en ellas mondaduras blancas, descubriendo así lo blanco de las varas. ³⁸ Y puso las varas que había mondado en las pilas, delante del ganado, en los abrevaderos del agua donde venían á beber las ovejas, las cuales se recalentaban viniendo á beber. ³⁹ Y concebían las ovejas delante de las varas, y parían borregos listados, pintados y salpicados de diversos colores. ⁴⁰ Y apartaba Jacob los corderos, y poníalos con su rebaño, los listados, y todo lo que era oscuro en el hato de Labán. Y ponía su hato aparte, y no lo ponía con las ovejas de Labán. ⁴¹ Y sucedía que cuantas veces se recalentaban las tempranas, Jacob ponía las varas delante de las ovejas en las pilas, para que concibiesen á la vista de las varas. ⁴² Y cuando venían las ovejas tardías, no las ponía: así eran las tardías para Labán, y las tempranas para Jacob. ⁴³ Y acreció el varón muy mucho, y tuvo muchas ovejas, y siervas y siervos, y camellos y asnos.

31

¹ Y OÍA él las palabras de los hijos de Labán, que decían: Jacob ha tomado todo lo que era de nuestro padre; y de lo que era de nuestro padre ha adquirido toda esta grandeza. ² Miraba también Jacob el semblante de Labán, y veía que no era para con él como ayer y antes de ayer. ³ También Jehová dijo á Jacob: Vuélvete á la tierra de tus padres, y á tu parentela; que yo seré contigo. ⁴ Y envió Jacob, y llamó á Rachêl y á Lea al campo á sus ovejas, ⁵ Y díjoles: Veo que el semblante de vuestro padre no es para conmigo como ayer y antes de ayer: mas el Dios de mi padre ha sido conmigo. ⁶ Y vosotras sabéis que con todas mis fuerzas he servido á vuestro padre: ⁷ Y vuestro padre me ha engañado, y me ha mudado el salario diez veces: pero Dios no le ha permitido que me hiciese mal. ⁸ Si él decía así: Los pintados serán tu salario; entonces todas las ovejas parían pintados: y si decía así: Los listados serán tu salario; entonces todas las ovejas parían listados. ⁹ Así quitó Dios el ganado de vuestro padre, y diómelo á mí. ¹⁰ Y sucedió que al tiempo que las ovejas se recalentaban, alcé yo mis ojos y vi en sueños, y he aquí los machos que cubrían á las hembras *eran* listados, pintados y abigarrados. ¹¹ Y díjome el ángel de Dios en sueños: Jacob. Y yo dije: Heme aquí. ¹² Y él dijo: Alza ahora tus ojos, y verás todos los machos que cubren á las ovejas listados, pintados y abigarrados; porque yo he visto todo lo que Labán te ha hecho. ¹³ Yo soy el Dios de Beth-el, donde tú ungiste el título, y donde me hiciste un voto. Levántate ahora, y sal de esta tierra, y vuélvete á la tierra de tu naturaleza. ¹⁴ Y respondió Rachêl y Lea, y dijéronle: ¿Tenemos ya parte ni heredad en la casa de nuestro padre? ¹⁵ ¿No nos tiene ya como por extrañas, pues que nos vendió, y aun se ha comido del todo nuestro precio? ¹⁶ Porque toda la riqueza que Dios ha quitado á nuestro padre, nuestra es y de nuestros hijos: ahora pues, haz todo lo que Dios te ha dicho. ¹⁷ Entonces se levantó Jacob, y subió sus hijos y sus mujeres sobre los camellos. ¹⁸ Y puso en camino todo su ganado, y toda su hacienda que había adquirido, el ganado de su ganancia que había obtenido en Padan-aram, para volverse á Isaac su padre en la tierra de Canaán. ¹⁹ Y Labán había ido á trasquilar sus ovejas: y Rachêl hurtó los ídolos de su padre. ²⁰ Y recató Jacob el corazón de Labán Arameo, en no hacerle saber que se huía. ²¹ Huyó, pues, con todo lo que tenía; y levantóse, y pasó el río, y puso su rostro al monte de Galaad. ²² Y fué dicho á Labán al tercero día como Jacob se había huído. ²³ Entonces tomó á sus hermanos consigo, y fué tras él camino de siete días, y alcanzóle en el monte de Galaad. ²⁴ Y vino Dios á Labán Arameo en sueños aquella noche, y le dijo: Guárdate que no hables á Jacob descomedidamente. ²⁵ Alcanzó pues Labán á Jacob, y éste había fijado su tienda en el monte: y Labán plantó*la* con sus hermanos en el monte de Galaad. ²⁶ Y dijo Labán á Jacob: ¿Qué has hecho, que me hurtaste el corazón, y has traído á mis hijas como prisioneras de guerra? ²⁷ ¿Por qué te escondiste para huir, y me hurtaste, y no me diste noticia, para que yo te enviara con alegría y con cantares, con tamborín y vihuela? ²⁸ Que aun no me dejaste besar mis hijos y mis hijas. Ahora locamente has hecho. ²⁹ Poder hay en mi mano para haceros mal: mas el Dios de vuestro padre me habló anoche diciendo: Guárdate que no hables á Jacob descomedidamente. ³⁰ Y ya que te ibas, porque tenías deseo de la casa de tu padre, ¿por qué me hurtaste mis dioses? ³¹ Y Jacob respondió, y dijo á Labán: Porque tuve miedo; pues dije, que quizá me quitarías por fuerza tus hijas. ³² En quien hallares tus dioses, no viva: delante de nuestros hermanos reconoce lo que yo tuviere tuyo, y llévatelo. Jacob no sabía que

Rachêl los había hurtado. ³³ Y entró Labán en la tienda de Jacob, y en la tienda de Lea, y en la tienda de las dos siervas, y no los halló, y salió de la tienda de Lea, y vino á la tienda de Rachêl. ³⁴ Y tomó Rachêl los ídolos, y púsolos en una albarda de un camello, y sentóse sobre ellos: y tentó Labán toda la tienda, y no los halló. ³⁵ Y ella dijo á su padre: No se enoje mi señor, porque no me puedo levantar delante de ti; pues estoy con la costumbre de las mujeres. Y él buscó, pero no halló los ídolos. ³⁶ Entonces Jacob se enojó, y regañó con Labán; y respondió Jacob y dijo á Labán: ¿Qué prevaricación es la mía? ¿cuál es mi pecado, que con tanto ardor has venido en seguimiento mío? ³⁷ Pues que has tentado todos mis muebles, ¿qué has hallado de todas las alhajas de tu casa? Ponlo aquí delante de mis hermanos y tuyos, y juzguen entre nosotros ambos. ³⁸ Estos veinte años he estado contigo: tus ovejas y tus cabras nunca abortaron, ni yo comí carnero de tus ovejas. ³⁹ Nunca te traje lo arrebatado por las fieras; yo pagaba el daño; lo hurtado así de día como de noche, de mi mano lo requerías. ⁴⁰ De día me consumía el calor, y de noche la helada, y el sueño se huía de mis ojos. ⁴¹ Así he estado veinte años en tu casa: catorce años te serví por tus dos hijas, y seis años por tu ganado; y has mudado mi salario diez veces. ⁴² Si el Dios de mi padre, el Dios de Abraham, y el temor de Isaac, no fuera conmigo, de cierto me enviarías ahora vacío: vió Dios mi aflicción y el trabajo de mis manos, y reprendióte anoche. ⁴³ Y respondió Labán, y dijo á Jacob: Las hijas son hijas mías, y los hijos, hijos míos son, y las ovejas son mis ovejas, y todo lo que tú ves es mío: ¿y qué puedo yo hacer hoy á estas mis hijas, ó á sus hijos que ellas han parido? ⁴⁴ Ven pues ahora, y hagamos alianza yo y tú; y sea en testimonio entre mí y entre ti. ⁴⁵ Entonces Jacob tomó una piedra, y levantóla por título. ⁴⁶ Y dijo Jacob á sus hermanos: Coged piedras. Y tomaron piedras é hicieron un majano; y comieron allí sobre aquel majano. ⁴⁷ Y llamólo Labán Jegar Sahadutha: y lo llamó Jacob Galaad. ⁴⁸ Porque Labán dijo: Este majano es testigo hoy entre mí y entre ti; por eso fué llamado su nombre Galaad; ⁴⁹ Y Mizpa, por cuanto dijo: Atalaye Jehová entre mí y entre ti, cuando nos apartáremos el uno del otro. ⁵⁰ Si afligieres mis hijas, ó si tomares otras mujeres además de mis hijas, nadie está con nosotros; mira, Dios es testigo entre mí y entre ti. ⁵¹ Dijo más Labán á Jacob: He aquí este majano, y he aquí este título, que he erigido entre mí y ti. ⁵² Testigo sea este majano, y testigo sea este título, que ni yo pasaré contra ti este majano, ni tú pasarás contra mí este majano ni este título, para mal. ⁵³ El Dios de Abraham, y el Dios de Nachôr juzgue entre nosotros, el Dios de sus padres. Y Jacob juró por el temor de Isaac su padre. ⁵⁴ Entonces Jacob inmoló víctimas en el monte, y llamó á sus hermanos á comer pan: y comieron pan, y durmieron aquella noche en el monte. ⁵⁵ Y levantóse Labán de mañana, y besó sus hijos y sus hijas, y los bendijo; y retrocedió y volvióse á su lugar.

32

¹ Y JACOB se fué su camino, y saliéronle al encuentro ángeles de Dios. ² Y dijo Jacob cuando los vió: El campo de Dios es este: y llamó el nombre de aquel lugar Mahanaim. ³ Y envió Jacob mensajeros delante de sí á Esaú su hermano, á la tierra de Seir, campo de Edom. ⁴ Y mandóles diciendo: Así diréis á mi señor Esaú: Así dice tu siervo Jacob: Con Labán he morado, y detenídome hasta ahora; ⁵ Y tengo vacas, y asnos, y ovejas, y siervos y siervas; y envío á decirlo á mi señor, por hallar gracia en tus ojos. ⁶ Y los mensajeros volvieron á Jacob, diciendo: Vinimos á tu hermano Esaú, y él también viene á recibirte, y cuatrocientos hombres con él. ⁷ Entonces Jacob tuvo gran temor, y angustióse; y partió el pueblo que tenía consigo, y las ovejas y las vacas y los camellos, en dos cuadrillas; ⁸ Y dijo: Si viniere Esaú á la una cuadrilla y la hiriere, la otra cuadrilla escapará. ⁹ Y dijo Jacob: Dios de mi padre Abraham, y Dios de mi padre Isaac, Jehová, que me dijiste: Vuélvete á tu tierra y á tu parentela, y yo te haré bien; ¹⁰ Menor soy que todas las misericordias,

y que toda la verdad que has usado para con tu siervo; que con mi bordón pasé este Jordán, y ahora estoy sobre dos cuadrillas. ¹¹ Líbrame ahora de la mano de mi hermano, de la mano de Esaú, porque le temo; no venga quizá, y me hiera la madre con los hijos. ¹² Y tú has dicho: Yo te haré bien, y pondré tu simiente como la arena del mar, que no se puede contar por la multitud. ¹³ Y durmió allí aquella noche, y tomó de lo que le vino á la mano un presente para su hermano Esaú: ¹⁴ Doscientas cabras y veinte machos de cabrío, doscientas ovejas y veinte carneros, ¹⁵ Treinta camellas paridas, con sus hijos, cuarenta vacas y diez novillos, veinte asnas y diez borricos. ¹⁶ Y entrególo en mano de sus siervos, cada manada de por sí; y dijo á sus siervos: Pasad delante de mí, y poned espacio entre manada y manada. ¹⁷ Y mandó al primero, diciendo: Si Esaú mi hermano te encontrare, y te preguntare, diciendo: ¿De quién eres? ¿y adónde vas? ¿y para quién es esto que llevas delante de ti? ¹⁸ Entonces dirás: Presente es de tu siervo Jacob, que envía á mi señor Esaú; y he aquí también él viene tras nosotros. ¹⁹ Y mandó también al segundo, y al tercero, y á todos los que iban tras aquellas manadas, diciendo: Conforme á esto hablaréis á Esaú, cuando le hallareis. ²⁰ Y diréis también: He aquí tu siervo Jacob viene tras nosotros. Porque dijo: Apaciguaré su ira con el presente que va delante de mí, y después veré su rostro: quizá le seré acepto. ²¹ Y pasó el presente delante de él; y él durmió aquella noche en el campamento. ²² Y levantóse aquella noche, y tomó sus dos mujeres, y sus dos siervas, y sus once hijos, y pasó el vado de Jaboc. ²³ Tomólos pues, y pasólos el arroyo, é hizo pasar lo que tenía. ²⁴ Y quedóse Jacob solo, y luchó con él un varón hasta que rayaba el alba. ²⁵ Y como vió que no podía con él, tocó en el sitio del encaje de su muslo, y descoyuntóse el muslo de Jacob mientras con él luchaba. ²⁶ Y dijo: Déjame, que raya el alba. Y él dijo: No te dejaré, si no me bendices. ²⁷ Y él le dijo: ¿Cuál es tu nombre? Y él respondió: Jacob. ²⁸ Y él dijo: No se dirá más tu nombre Jacob, sino Israel: porque has peleado con Dios y con los hombres, y has vencido. ²⁹ Entonces Jacob le preguntó, y dijo: Declárame ahora tu nombre. Y él respondió: ¿Por qué preguntas por mi nombre? Y bendíjolo allí. ³⁰ Y llamó Jacob el nombre de aquel lugar, Peniel: porque vi á Dios cara á cara, y fué librada mi alma. ³¹ Y salióle el sol pasado que hubo á Peniel; y cojeaba de su anca. ³² Por esto no comen los hijos de Israel, hasta hoy día, del tendón que se contrajo, el cual está en el encaje del muslo: porque tocó á Jacob este sitio de su muslo en el tendón que se contrajo.

33

¹ Y ALZANDO Jacob sus ojos miró, y he aquí venía Esaú, y los cuatrocientos hombres con él: entonces repartió él los niños entre Lea y Rachêl y las dos siervas. ² Y puso las siervas y sus niños delante; luego á Lea y á sus niños; y á Rachêl y á José los postreros. ³ Y él pasó delante de ellos, é inclinóse á tierra siete veces, hasta que llegó á su hermano. ⁴ Y Esaú corrió á su encuentro, y abrazóle, y echóse sobre su cuello, y le besó; y lloraron. ⁵ Y alzó sus ojos, y vió las mujeres y los niños, y dijo: ¿Qué te tocan éstos? Y él respondió: Son los niños que Dios ha dado á tu siervo. ⁶ Y se llegaron las siervas, ellas y sus niños, é inclináronse. ⁷ Y llegóse Lea con sus niños, é inclináronse: y después llegó José y Rachêl, y también se inclinaron. ⁸ Y él dijo: ¿Qué te propones con todas estas cuadrillas que he encontrado? Y él respondió: El hallar gracia en los ojos de mi señor. ⁹ Y dijo Esaú: Harto tengo yo, hermano mío: sea para ti lo que es tuyo. ¹⁰ Y dijo Jacob: No, yo te ruego, si he hallado ahora gracia en tus ojos, toma mi presente de mi mano, pues que así he visto tu rostro, como si hubiera visto el rostro de Dios; y hazme placer. ¹¹ Toma, te ruego, mi dádiva que te es traída; porque Dios me ha hecho merced, y todo lo que hay *aquí* es mío. Y porfió con él, y tomóla. ¹² Y dijo: Anda, y vamos; y yo iré delante de ti. ¹³ Y él le dijo: Mi señor sabe que los niños son tiernos, y que tengo ovejas y vacas paridas; y si las fatigan, en un día morirán todas las ovejas. ¹⁴ Pase ahora mi señor delante de su siervo, y yo me

iré poco á poco al paso de la hacienda que va delante de mí, y al paso de los niños, hasta que llegue á mi señor á Seir. ¹⁵ Y Esaú dijo: Dejaré ahora contigo de la gente que viene conmigo. Y él dijo: ¿Para qué esto? halle yo gracia en los ojos de mi señor. ¹⁶ Así se volvió Esaú aquel día por su camino á Seir. ¹⁷ Y Jacob se partió á Succoth, y edificó allí casa para sí, é hizo cabañas para su ganado: por tanto llamó el nombre de aquel lugar Succoth. ¹⁸ Y vino Jacob sano á la ciudad de Sichêm, que está en la tierra de Canaán, cuando venía de Padan-aram; y acampó delante de la ciudad. ¹⁹ Y compró una parte del campo, donde tendió su tienda, de mano de los hijos de Hamor, padre de Sichêm, por cien piezas de moneda. ²⁰ Y erigió allí un altar, y llamóle: El Dios de Israel.

34

¹ Y SALIÓ Dina la hija de Lea, la cual había ésta parido á Jacob, á ver las hijas del país. ² Y vióla Sichêm, hijo de Hamor Heveo, príncipe de aquella tierra, y tomóla, y echóse con ella, y la deshonró. ³ Mas su alma se apegó á Dina la hija de Lea, y enamoróse de la moza, y habló al corazón de la joven. ⁴ Y habló Sichêm á Hamor su padre, diciendo: Tómame por mujer esta moza. ⁵ Y oyó Jacob que había *Sichêm* amancillado á Dina su hija: y estando sus hijos con su ganado en el campo, calló Jacob hasta que ellos viniesen. ⁶ Y dirigióse Hamor padre de Sichêm á Jacob, para hablar con él. ⁷ Y los hijos de Jacob vinieron del campo cuando lo supieron; y se entristecieron los varones, y se ensañaron mucho, porque hizo vileza en Israel echándose con la hija de Jacob, lo que no se debía haber hecho. ⁸ Y Hamor habló con ellos, diciendo: El alma de mi hijo Sichêm se ha apegado á vuestra hija; ruégoos que se la deis por mujer. ⁹ Y emparentad con nosotros; dadnos vuestras hijas, y tomad vosotros las nuestras. ¹⁰ Y habitad con nosotros; porque la tierra estará delante de vosotros; morad y negociad en ella, y tomad en ella posesión. ¹¹ Sichêm también dijo á su padre y á sus hermanos: Halle yo gracia en vuestros ojos, y daré lo que me dijereis. ¹² Aumentad á cargo mío mucho dote y dones, que yo daré cuanto me dijereis, y dadme la moza por mujer. ¹³ Y respondieron los hijos de Jacob á Sichêm y á Hamor su padre con engaño; y parlaron, por cuanto había amancillado á Dina su hermana. ¹⁴ Y dijéronles: No podemos hacer esto de dar nuestra hermana á hombre que tiene prepucio; porque entre nosotros es abominación. ¹⁵ Mas con esta condición os haremos placer: si habéis de ser como nosotros, que se circuncide entre vosotros todo varón; ¹⁶ Entonces os daremos nuestras hijas, y tomaremos nosotros las vuestras; y habitaremos con vosotros, y seremos un pueblo. ¹⁷ Mas si no nos prestareis oído para circuncidaros, tomaremos nuestra hija, y nos iremos. ¹⁸ Y parecieron bien sus palabras á Hamor y á Sichêm, hijo de Hamor. ¹⁹ Y no dilató el mozo hacer aquello, porque la hija de Jacob le había agradado: y él era el más honrado de toda la casa de su padre. ²⁰ Entonces Hamor y Sichêm su hijo vinieron á la puerta de su ciudad, y hablaron á los varones de su ciudad, diciendo: ²¹ Estos varones son pacíficos con nosotros, y habitarán en el país, y traficarán en él: pues he aquí la tierra es bastante ancha para ellos: nosotros tomaremos sus hijas por mujeres, y les daremos las nuestras. ²² Mas con esta condición nos harán estos hombres el placer de habitar con nosotros, para que seamos un pueblo: si se circuncidare en nosotros todo varón, así como ellos son circuncidados. ²³ Sus ganados, y su hacienda y todas sus bestias, serán nuestras: solamente convengamos con ellos, y habitarán con nosotros. ²⁴ Y obedecieron á Hamor y á Sichêm su hijo todos los que salían por la puerta de la ciudad, y circuncidaron á todo varón, á cuantos salían por la puerta de su ciudad. ²⁵ Y sucedió que al tercer día, cuando sentían ellos el mayor dolor, los dos hijos de Jacob, Simeón y Leví, hermanos de Dina, tomaron cada uno su espada, y vinieron contra la ciudad animosamente, y mataron á todo varón. ²⁶ Y á Hamor y á Sichêm su hijo los mataron á filo de espada: y tomaron á Dina de casa de Sichêm, y saliéronse. ²⁷ Y los hijos de Jacob vinieron á los muertos, y saquearon la ciudad; por

cuanto habían amancillado á su hermana. ²⁸ Tomaron sus ovejas y vacas y sus asnos, y lo que había en la ciudad y en el campo, ²⁹ Y toda su hacienda; se llevaron cautivos á todos sus niños y sus mujeres, y robaron todo lo que había en casa. ³⁰ Entonces dijo Jacob á Simeón y á Leví: Habéisme turbado con hacerme abominable á los moradores de aquesta tierra, el Cananeo y el Pherezeo; y teniendo yo pocos hombres, juntarse han contra mí, y me herirán, y seré destruído yo y mi casa. ³¹ Y ellos respondieron: ¿Había él de tratar á nuestra hermana como á una ramera?

35

¹ Y DIJO Dios á Jacob: Levántate, sube á Beth-el, y estáte allí; y haz allí un altar al Dios que te apareció cuando huías de tu hermano Esaú. ² Entonces Jacob dijo á su familia y á todos los que con él estaban: Quitad los dioses ajenos que hay entre vosotros, y limpiaos, y mudad vuestros vestidos. ³ Y levantémonos, y subamos á Beth-el; y haré allí altar al Dios que me respondió en el día de mi angustia, y ha sido conmigo en el camino que he andado. ⁴ Así dieron á Jacob todos los dioses ajenos que había en poder de ellos, y los zarzillos que estaban en sus orejas; y Jacob los escondió debajo de una encina, que estaba junto á Sichêm. ⁵ Y partiéronse, y el terror de Dios fué sobre las ciudades que había en sus alrededores, y no siguieron tras los hijos de Jacob. ⁶ Y llegó Jacob á Luz, que está en tierra de Canaán, (esta es Beth-el) él y todo el pueblo que con él estaba; ⁷ Y edificó allí un altar, y llamó al lugar El-Beth-el, porque allí le había aparecido Dios, cuando huía de su hermano. ⁸ Entonces murió Débora, ama de Rebeca, y fué sepultada á las raíces de Beth-el, debajo de una encina: y llamóse su nombre Allon-Bacuth. ⁹ Y aparecióse otra vez Dios á Jacob, cuando se había vuelto de Padan-aram, y bendíjole. ¹⁰ Y díjole Dios: Tu nombre es Jacob; no se llamará más tu nombre Jacob, sino Israel será tu nombre: y llamó su nombre Israel. ¹¹ Y díjole Dios: Yo soy el Dios Omnipotente: crece y multiplícate; una nación y conjunto de naciones procederá de ti, y reyes saldrán de tus lomos: ¹² Y la tierra que yo he dado á Abraham y á Isaac, la daré á ti: y á tu simiente después de ti daré la tierra. ¹³ Y fuése de él Dios, del lugar donde con él había hablado. ¹⁴ Y Jacob erigió un título en el lugar donde había hablado con él, un título de piedra, y derramó sobre él libación, y echó sobre él aceite. ¹⁵ Y llamó Jacob el nombre de aquel lugar donde Dios había hablado con él, Beth-el. ¹⁶ Y partieron de Beth-el, y había aún como media legua de tierra para llegar á Ephrata, cuando parió Rachêl, y hubo trabajo en su parto. ¹⁷ Y aconteció, que como había trabajo en su parir, díjole la partera: No temas, que también tendrás este hijo. ¹⁸ Y acaeció que al salírsele el alma, (pues murió) llamó su nombre Benoni; mas su padre lo llamó Benjamín. ¹⁹ Así murió Rachêl, y fué sepultada en el camino de Ephrata, la cual es Beth-lehem. ²⁰ Y puso Jacob un título sobre su sepultura: este es el título de la sepultura de Rachêl hasta hoy. ²¹ Y partió Israel, y tendió su tienda de la otra parte de Migdaleder. ²² Y acaeció, morando Israel en aquella tierra, que fué Rubén y durmió con Bilha la concubina de su padre; lo cual llegó á entender Israel. Ahora bien, los hijos de Israel fueron doce: ²³ Los hijos de Lea: Rubén el primogénito de Jacob, y Simeón, y Leví, y Judá, é Issachâr, y Zabulón. ²⁴ Los hijos de Rachêl: José, y Benjamín. ²⁵ Y los hijos de Bilha, sierva de Rachêl: Dan, y Nephtalí. ²⁶ Y los hijos de Zilpa, sierva de Lea: Gad, y Aser. Estos fueron los hijos de Jacob, que le nacieron en Padan-aram. ²⁷ Y vino Jacob á Isaac su padre á Mamre, á la ciudad de Arba, que es Hebrón, donde habitaron Abraham é Isaac. ²⁸ Y fueron los días de Isaac ciento ochenta años. ²⁹ Y exhaló Isaac el espíritu, y murió, y fué recogido á sus pueblos, viejo y harto de días; y sepultáronlo Esaú y Jacob sus hijos.

36

¹ Y ESTAS son las generaciones de Esaú, el cual es Edom. ² Esaú tomó sus mujeres

de las hijas de Canaán: á Ada, hija de Elón Hetheo, y á Aholibama, hija de Ana, hija de Zibeón el Heveo; ³ Y á Basemath, hija de Ismael, hermana de Navaioth. ⁴ Y Ada parió á Esaú á Eliphaz; y Basemath parió á Reuel. ⁵ Y Aholibama parió á Jeús, y á Jaalam, y á Cora: estos son los hijos de Esaú, que le nacieron en la tierra de Canaán. ⁶ Y Esaú tomó sus mujeres, y sus hijos, y sus hijas, y todas las personas de su casa, y sus ganados, y todas sus bestias, y toda su hacienda que había adquirido en la tierra de Canaán, y fuése á otra tierra de delante de Jacob su hermano: ⁷ Porque la hacienda de ellos era grande, y no podían habitar juntos, ni la tierra de su peregrinación los podía sostener á causa de sus ganados. ⁸ Y Esaú habitó en el monte de Seir: Esaú es Edom. ⁹ Estos son los linajes de Esaú, padre de Edom, en el monte de Seir. ¹⁰ Estos son los nombres de los hijos de Esaú: Eliphaz, hijo de Ada, mujer de Esaú; Reuel, hijo de Basemath, mujer de Esaú. ¹¹ Y los hijos de Eliphaz fueron Temán, Omar, Zepho, Gatam, y Cenaz. ¹² Y Timna fué concubina de Eliphaz, hijo de Esaú, la cual le parió á Amalec: estos son los hijos de Ada, mujer de Esaú. ¹³ Y los hijos de Reuel fueron Nahath, Zera, Samma, y Mizza: estos son los hijos de Basemath, mujer de Esaú. ¹⁴ Estos fueron los hijos de Aholibama, mujer de Esaú, hija de Ana, que fué hija de Zibeón: ella parió á Esaú á Jeús, Jaalam, y Cora. ¹⁵ Estos son los duques de los hijos de Esaú. Hijos de Eliphaz, primogénito de Esaú: el duque Temán, el duque Omar, el duque Zepho, el duque Cenaz, ¹⁶ El duque Cora, el duque Gatam, y el duque Amalec: estos son los duques de Eliphaz en la tierra de Edom; estos fueron los hijos de Ada. ¹⁷ Y estos son los hijos de Reuel, hijo de Esaú: el duque Nahath, el duque Zera, el duque Samma, y el duque Mizza: estos son los duques de la línea de Reuel en la tierra de Edom; estos hijos vienen de Basemath, mujer de Esaú. ¹⁸ Y estos son los hijos de Aholibama, mujer de Esaú: el duque Jeús, el duque Jaalam, y el duque Cora: estos fueron los duques que salieron de Aholibama, mujer de Esaú, hija de Ana. ¹⁹ Estos, pues, son los hijos de Esaú, y sus duques: él es Edom. ²⁰ Y estos son los hijos de Seir Horeo, moradores de aquella tierra: Lotán, Sobal, Zibeón, Ana, ²¹ Disón, Ezer, y Disán: estos son los duques de los Horeos, hijos de Seir en la tierra de Edom. ²² Los hijos de Lotán fueron Hori y Hemán; y Timna fué hermana de Lotán. ²³ Y los hijos de Sobal fueron Alván, Manahath, Ebal, Sepho, y Onán. ²⁴ Y los hijos de Zibeón fueron Aja, y Ana. Este Ana es el que descubrió los mulos en el desierto, cuando apacentaba los asnos de Zibeón su padre. ²⁵ Los hijos de Ana fueron Disón, y Aholibama, hija de Ana. ²⁶ Y estos fueron los hijos de Disón: Hemdán, Eshbán, Ithram, y Cherán. ²⁷ Y estos fueron los hijos de Ezer: Bilhán, Zaaván, y Acán. ²⁸ Estos fueron los hijos de Disán: Huz, y Arán. ²⁹ Y estos fueron los duques de los Horeos: el duque Lotán, el duque Sobal, el duque Zibeón, el duque Ana, ³⁰ El duque Disón, el duque Ezer, el duque Disán: estos fueron los duques de los Horeos: por sus ducados en la tierra de Seir. ³¹ Y los reyes que reinaron en la tierra de Edom, antes que reinase rey sobre los hijos de Israel, fueron estos: ³² Bela, hijo de Beor, reinó en Edom: y el nombre de su ciudad fué Dinaba. ³³ Y murió Bela, y reinó en su lugar Jobab, hijo de Zera, de Bosra. ³⁴ Y murió Jobab, y en su lugar reinó Husam, de tierra de Temán. ³⁵ Y murió Husam, y reinó en su lugar Adad, hijo de Badad, el que hirió á Midián en el campo de Moab: y el nombre de su ciudad fué Avith. ³⁶ Y murió Adad, y en su lugar reinó Samla, de Masreca. ³⁷ Y murió Samla, y reinó en su lugar Saúl, de Rehoboth del Río. ³⁸ Y murió Saúl, y en lugar suyo reinó Baalanán, hijo de Achbor. ³⁹ Y murió Baalanán, hijo de Achbor, y reinó Adar en lugar suyo: y el nombre de su ciudad fué Pau; y el nombre de su mujer Meetabel, hija de Matred, hija de Mezaab. ⁴⁰ Estos, pues, son los nombres de los duques de Esaú por sus linajes, por sus lugares, y sus nombres: el duque Timna, el duque Alva, el duque Jetheth, ⁴¹ El duque Aholibama, el duque Ela, el duque Pinón, ⁴² El duque Cenaz, el duque Temán, el duque Mibzar, ⁴³ El duque Magdiel, y el duque Hiram. Estos fueron los duques de Edom por sus habitaciones en la tierra de su posesión. Edom es el mismo Esaú, padre de los Idumeos.

37

¹ Y HABITÓ Jacob en la tierra donde peregrinó su padre, en la tierra de Canaán. ² Estas fueron las generaciones de Jacob. José, siendo de edad de diez y siete años apacentaba las ovejas con sus hermanos; y el joven estaba con los hijos de Bilha, y con los hijos de Zilpa, mujeres de su padre: y noticiaba José á su padre la mala fama de ellos. ³ Y amaba Israel á José más que á todos sus hijos, porque le había tenido en su vejez: y le hizo una ropa de diversos colores. ⁴ Y viendo sus hermanos que su padre lo amaba más que á todos sus hermanos, aborrecíanle, y no le podían hablar pacíficamente. ⁵ Y soñó José un sueño, y contólo á sus hermanos; y ellos vinieron á aborrecerle más todavía. ⁶ Y él les dijo: Oíd ahora este sueño que he soñado: ⁷ He aquí que atábamos manojos en medio del campo, y he aquí que mi manojo se levantaba, y estaba derecho, y que vuestros manojos estaban alrededor, y se inclinaban al mío. ⁸ Y respondiéronle sus hermanos: ¿Has de reinar tú sobre nosotros, ó te has de enseñorear sobre nosotros? Y le aborrecieron aún más á causa de sus sueños y de sus palabras. ⁹ Y soñó aún otro sueño, y contólo á sus hermanos, diciendo: He aquí que he soñado otro sueño, y he aquí que el sol y la luna y once estrellas se inclinaban á mí. ¹⁰ Y contólo á su padre y á sus hermanos: y su padre le reprendió, y díjole: ¿Qué sueño es este que soñaste? ¿Hemos de venir yo y tu madre, y tus hermanos, á inclinarnos á ti á tierra? ¹¹ Y sus hermanos le tenían envidia, mas su padre paraba la consideración en ello. ¹² Y fueron sus hermanos á apacentar las ovejas de su padre en Sichêm. ¹³ Y dijo Israel á José: Tus hermanos apacientan las ovejas en Sichêm: ven, y te enviaré á ellos. Y él respondió: Heme aquí. ¹⁴ Y él le dijo: Ve ahora, mira cómo están tus hermanos y cómo están las ovejas, y tráeme la respuesta. Y enviólo del valle de Hebrón, y llegó á Sichêm. ¹⁵ Y hallólo un hombre, andando él perdido por el campo, y preguntóle aquel hombre, diciendo: ¿Qué buscas? ¹⁶ Y él respondió: Busco á mis hermanos: ruégote que me muestres dónde pastan. ¹⁷ Y aquel hombre respondió: Ya se han ido de aquí; y yo les oí decir: Vamos á Dothán. Entonces José fué tras de sus hermanos, y hallólos en Dothán. ¹⁸ Y como ellos lo vieron de lejos, antes que cerca de ellos llegara, proyectaron contra él para matarle. ¹⁹ Y dijeron el uno al otro: He aquí viene el soñador; ²⁰ Ahora pues, venid, y matémoslo y echémosle en una cisterna, y diremos: Alguna mala bestia le devoró: y veremos qué serán sus sueños. ²¹ Y como Rubén oyó esto, librólo de sus manos, y dijo: No lo matemos. ²² Y díjoles Rubén: No derraméis sangre; echadlo en esta cisterna que está en el desierto, y no pongáis mano en él; por librarlo *así* de sus manos, para hacerlo volver á su padre. ²³ Y sucedió que, cuando llegó José á sus hermanos, ellos hicieron desnudar á José su ropa, la ropa de colores que tenía sobre sí; ²⁴ Y tomáronlo, y echáronle en la cisterna; mas la cisterna estaba vacía, no había en ella agua. ²⁵ Y sentáronse á comer pan: y alzando los ojos miraron, y he aquí una compañía de Ismaelitas que venía de Galaad, y sus camellos traían aromas y bálsamo y mirra, é iban á llevarlo á Egipto. ²⁶ Entonces Judá dijo á sus hermanos: ¿Qué provecho el que matemos á nuestro hermano y encubramos su muerte? ²⁷ Venid, y vendámosle á los Ismaelitas, y no sea nuestra mano sobre él; que nuestro hermano es nuestra carne. Y sus hermanos acordaron con él. ²⁸ Y como pasaban los Midianitas mercaderes, sacaron ellos á José de la cisterna, y trajéronle arriba, y le vendieron á los Ismaelitas por veinte piezas de plata. Y llevaron á José á Egipto. ²⁹ Y Rubén volvió á la cisterna, y no halló á José dentro, y rasgó sus vestidos. ³⁰ Y tornó á sus hermanos, y dijo: El mozo no parece; y yo, ¿adónde iré yo? ³¹ Entonces tomaron ellos la ropa de José, y degollaron un cabrito de las cabras, y tiñeron la ropa con la sangre; ³² Y enviaron la ropa de colores y trajéronla á su padre, y dijeron: Esta hemos hallado, reconoce ahora si es ó no la ropa de tu hijo. ³³ Y él la conoció, y dijo: La ropa de mi hijo es; alguna mala bestia le devoró; José ha

sido despedazado. ³⁴ Entonces Jacob rasgó sus vestidos, y puso saco sobre sus lomos, y enlutóse por su hijo muchos días. ³⁵ Y levantáronse todos sus hijos y todas sus hijas para consolarlo; mas él no quiso tomar consolación, y dijo: Porque yo tengo de descender á mi hijo enlutado hasta la sepultura. Y llorólo su padre. ³⁶ Y los Midianitas lo vendieron en Egipto á Potiphar, eunuco de Faraón, capitán de los de la guardia.

38

¹ Y ACONTECIÓ en aquel tiempo, que Judá descendió de con sus hermanos, y fuése á un varón Adullamita, que se llamaba Hira. ² Y vió allí Judá la hija de un hombre Cananeo, el cual se llamaba Súa; y tomóla, y entró á ella: ³ La cual concibió, y parió un hijo; y llamó su nombre Er. ⁴ Y concibió otra vez, y parió un hijo, y llamó su nombre Onán. ⁵ Y volvió á concebir, y parió un hijo, y llamó su nombre Sela. Y estaba en Chezib cuando lo parió. ⁶ Y Judá tomó mujer para su primogénito Er, la cual se llamaba Thamar. ⁷ Y Er, el primogénito de Judá, fué malo á los ojos de Jehová, y quitóle Jehová la vida. ⁸ Entonces Judá dijo á Onán: Entra á la mujer de tu hermano, y despósate con ella, y suscita simiente á tu hermano. ⁹ Y sabiendo Onán que la simiente no había de ser suya, sucedía que cuando entraba á la mujer de su hermano vertía en tierra, por no dar simiente á su hermano. ¹⁰ Y desagradó en ojos de Jehová lo que hacía, y también quitó á él la vida. ¹¹ Y Judá dijo á Thamar su nuera: Estáte viuda en casa de tu padre, hasta que crezca Sela mi hijo; porque dijo: Que quizá no muera él también como sus hermanos. Y fuése Thamar, y estúvose en casa de su padre. ¹² Y pasaron muchos días, y murió la hija de Súa, mujer de Judá; y Judá se consoló, y subía á los trasquiladores de sus ovejas á Timnath, él y su amigo Hira el Adullamita. ¹³ Y fué dado aviso á Thamar, diciendo: He aquí tu suegro sube á Timnath á trasquilar sus ovejas. ¹⁴ Entonces quitó ella de sobre sí los vestidos de su viudez, y cubrióse con un velo, y arrebozóse, y se puso á la puerta de las aguas que están junto al camino de Timnath; porque veía que había crecido Sela, y ella no era dada á él por mujer. ¹⁵ Y vióla Judá, y túvola por ramera, porque había ella cubierto su rostro. ¹⁶ Y apartóse del camino hacia ella, y díjole: Ea, pues, ahora entraré á ti; porque no sabía que era su nuera; y ella dijo: ¿Qué me has de dar, si entrares á mí? ¹⁷ El respondió: Yo te enviaré del ganado un cabrito de las cabras. Y ella dijo: Hasme de dar prenda hasta que lo envíes. ¹⁸ Entonces él dijo: ¿Qué prenda te daré? Ella respondió: Tu anillo, y tu manto, y tu bordón que tienes en tu mano. Y él se los dió, y entró á ella, la cual concibió de él. ¹⁹ Y levantóse, y fuése: y quitóse el velo de sobre sí, y vistióse las ropas de su viudez. ²⁰ Y Judá envió el cabrito de las cabras por mano de su amigo el Adullamita, para que tomase la prenda de mano de la mujer; mas no la halló. ²¹ Y preguntó á los hombres de aquel lugar, diciendo: ¿Dónde está la ramera de las aguas junto al camino? Y ellos le dijeron: No ha estado aquí ramera. ²² Entonces él se volvió á Judá, y dijo: No la he hallado; y también los hombres del lugar dijeron: Aquí no ha estado ramera. ²³ Y Judá dijo: Tómeselo para sí, porque no seamos menospreciados: he aquí yo he enviado este cabrito, y tú no la hallaste. ²⁴ Y acaeció que al cabo de unos tres meses fué dado aviso á Judá, diciendo: Thamar tu nuera ha fornicado, y aun cierto está preñada de las fornicaciones. Y Judá dijo: Sacadla, y sea quemada. ²⁵ Y ella, cuando la sacaban, envió á decir á su suegro: Del varón cuyas son estas cosas, estoy preñada: y dijo más: Mira ahora cúyas son estas cosas, el anillo, y el manto, y el bordón. ²⁶ Entonces Judá los reconoció, y dijo: Más justa es que yo, por cuanto no la he dado á Sela mi hijo. Y nunca más la conoció. ²⁷ Y aconteció que al tiempo del parir, he aquí había dos en su vientre. ²⁸ Y sucedió, cuando paría, que sacó la mano el uno, y la partera tomó y ató á su mano un hilo de grana, diciendo: Este salió primero. ²⁹ Empero fué que tornando él á meter la mano, he aquí su hermano salió; y ella dijo: ¿Por qué has hecho sobre ti rotura? Y llamó su nombre Phares. ³⁰ Y después salió su hermano, el que tenía en su mano el hilo de grana, y llamó su nombre Zara.

39

¹ Y LLEVADO José á Egipto, comprólo Potiphar, eunuco de Faraón, capitán de los de la guardia, varón Egipcio, de mano de los Ismaelitas que lo habían llevado allá. ² Mas Jehová fué con José, y fué varón prosperado: y estaba en la casa de su señor el Egipcio. ³ Y vió su señor que Jehová era con él, y que todo lo que él hacía, Jehová lo hacía prosperar en su mano. ⁴ Así halló José gracia en sus ojos, y servíale; y él le hizo mayordomo de su casa, y entregó en su poder todo lo que tenía. ⁵ Y aconteció que, desde cuando le dió el encargo de su casa, y de todo lo que tenía, Jehová bendijo la casa del Egipcio á causa de José; y la bendición de Jehová fué sobre todo lo que tenía, así en casa como en el campo. ⁶ Y dejó todo lo que tenía en mano de José; ni con él sabía de nada más que del pan que comía. Y era José de hermoso semblante y bella presencia. ⁷ Y aconteció después de esto, que la mujer de su señor puso sus ojos en José, y dijo: Duerme conmigo. ⁸ Y él no quiso, y dijo á la mujer de su señor: He aquí que mi señor no sabe conmigo lo que hay en casa, y ha puesto en mi mano todo lo que tiene: ⁹ No hay otro mayor que yo en esta casa, y ninguna cosa me ha reservado sino á ti, por cuanto tú eres su mujer; ¿cómo, pues, haría yo este grande mal, y pecaría contra Dios? ¹⁰ Y fué que hablando ella á José cada día, y no escuchándola él para acostarse al lado de ella, para estar con ella, ¹¹ Aconteció que entró él un día en casa para hacer su oficio, y no había nadie de los de casa allí en casa: ¹² Y asiólo ella por su ropa, diciendo: Duerme conmigo. Entonces dejóla él su ropa en las manos, y huyó, y salióse fuera. ¹³ Y acaeció que cuando vió ella que le había dejado su ropa en sus manos, y había huído fuera, ¹⁴ Llamó á los de casa, y hablóles diciendo: Mirad, nos ha traído un Hebreo, para que hiciese burla de nosotros: vino él á mí para dormir conmigo, y yo dí grandes voces; ¹⁵ Y viendo que yo alzaba la voz y gritaba, dejó junto á mí su ropa, y huyó, y salióse fuera. ¹⁶ Y ella puso junto á sí la ropa de él, hasta que vino su señor á su casa. ¹⁷ Entonces le habló ella semejantes palabras, diciendo: El siervo Hebreo que nos trajiste, vino á mí para deshonrarme; ¹⁸ Y como yo alcé mi voz y grité, él dejó su ropa junto á mí, y huyó fuera. ¹⁹ Y sucedió que como oyó su señor las palabras que su mujer le hablara, diciendo: Así me ha tratado tu siervo; encendióse su furor. ²⁰ Y tomó su señor á José, y púsole en la casa de la cárcel, donde estaban los presos del rey, y estuvo allí en la casa de la cárcel. ²¹ Mas Jehová fué con José, y extendió á él su misericordia, y dióle gracia en ojos del principal de la casa de la cárcel. ²² Y el principal de la casa de la cárcel entregó en mano de José todos los presos que había en aquella prisión; todo lo que hacían allí, él lo hacía. ²³ No veía el principal de la cárcel cosa alguna que en su mano estaba; porque Jehová era con él, y lo que él hacía, Jehová lo prosperaba.

40

¹ Y ACONTECIÓ después de estas cosas, que el copero del rey de Egipto y el panadero delinquieron contra su señor el rey de Egipto. ² Y enojóse Faraón contra sus dos eunucos, contra el principal de los coperos, y contra el principal de los panaderos: ³ Y púsolos en prisión en la casa del capitán de los de la guardia, en la casa de la cárcel donde José estaba preso. ⁴ Y el capitán de los de la guardia dió cargo de ellos á José, y él les servía: y estuvieron días en la prisión. ⁵ Y ambos á dos, el copero y el panadero del rey de Egipto, que estaban arrestados en la prisión, vieron un sueño, cada uno su sueño en una misma noche, cada uno conforme á la declaración de su sueño. ⁶ Y vino á ellos José por la mañana, y mirólos, y he aquí que estaban tristes. ⁷ Y él preguntó á aquellos eunucos de Faraón, que estaban con él en la prisión de la casa de su señor, diciendo: ¿Por qué parecen hoy mal vuestros semblantes? ⁸ Y ellos le dijeron: Hemos tenido un sueño, y no hay quien lo declare. Entonces les dijo José: ¿No son de Dios las declaraciones? Contádmelo ahora. ⁹ Entonces el principal de los coperos contó su sueño á José, y díjole: Yo soñaba que veía una vid delante de mí, ¹⁰ Y en la vid tres sarmientos; y ella como

que brotaba, y arrojaba su flor, viniendo á madurar sus racimos de uvas: ¹¹ Y que la copa de Faraón estaba en mi mano, y tomaba yo las uvas, y las exprimía en la copa de Faraón, y daba yo la copa en mano de Faraón. ¹² Y díjole José: Esta es su declaración: Los tres sarmientos son tres días: ¹³ Al cabo de tres días Faraón te hará levantar cabeza, y te restituirá á tu puesto: y darás la copa á Faraón en su mano, como solías cuando eras su copero. ¹⁴ Acuérdate, pues, de mí para contigo cuando tuvieres ese bien, y ruégote que uses conmigo de misericordia, y hagas mención de mí á Faraón, y me saques de esta casa: ¹⁵ Porque hurtado he sido de la tierra de los Hebreos; y tampoco he hecho aquí porqué me hubiesen de poner en la cárcel. ¹⁶ Y viendo el principal de los panaderos que había declarado para bien, dijo á José: También yo soñaba que veía tres canastillos blancos sobre mi cabeza; ¹⁷ Y en el canastillo más alto había de todas las viandas de Faraón, obra de panadero; y que las aves las comían del canastillo de sobre mi cabeza. ¹⁸ Entonces respondió José, y dijo: Esta es su declaración: Los tres canastillos tres días son; ¹⁹ Al cabo de tres días quitará Faraón tu cabeza de sobre ti, y te hará colgar en la horca, y las aves comerán tu carne de sobre ti. ²⁰ Y fué el tercero día el día del nacimiento de Faraón, é hizo banquete á todos sus sirvientes: y alzó la cabeza del principal de los coperos, y la cabeza del principal de los panaderos, entre sus servidores. ²¹ E hizo volver á su oficio al principal de los coperos; y dió él la copa en mano de Faraón. ²² Mas hizo ahorcar al principal de los panaderos, como le había declarado José. ²³ Y el principal de los coperos no se acordó de José, sino que le olvidó.

41

¹ Y ACONTECIÓ que pasados dos años tuvo Faraón un sueño: Parecíale que estaba junto al río; ² Y que del río subían siete vacas, hermosas á la vista, y muy gordas, y pacían en el prado: ³ Y que otras siete vacas subían tras ellas del río, de fea vista, y enjutas de carne, y se pararon cerca de las vacas hermosas á la orilla del río: ⁴ Y que las vacas de fea vista y enjutas de carne devoraban á las siete vacas hermosas y muy gordas. Y despertó Faraón. ⁵ Durmióse de nuevo, y soñó la segunda vez: Que siete espigas llenas y hermosas subían de una sola caña: ⁶ Y que otras siete espigas menudas y abatidas del Solano, salían después de ellas: ⁷ Y las siete espigas menudas devoraban á las siete espigas gruesas y llenas. Y despertó Faraón, y he aquí que era sueño. ⁸ Y acaeció que á la mañana estaba agitado su espíritu; y envió é hizo llamar á todos los magos de Egipto, y á todos sus sabios: y contóles Faraón sus sueños, mas no había quien á Faraón los declarase. ⁹ Entonces el principal de los coperos habló á Faraón, diciendo: Acuérdome hoy de mis faltas: ¹⁰ Faraón se enojó contra sus siervos, y á mí me echó á la prisión de la casa del capitán de los de la guardia, á mí y al principal de los panaderos: ¹¹ Y yo y él vimos un sueño una misma noche: cada uno soñó conforme á la declaración de su sueño. ¹² Y estaba allí con nosotros un mozo Hebreo, sirviente del capitán de los de la guardia; y se lo contamos, y él nos declaró nuestros sueños, y declaró á cada uno conforme á su sueño. ¹³ Y aconteció que como él nos declaró, así fué: á mí me hizo volver á mi puesto, é hizo colgar al otro. ¹⁴ Entonces Faraón envió y llamó á José; é hiciéronle salir corriendo de la cárcel, y le cortaron el pelo, y mudaron sus vestidos, y vino á Faraón. ¹⁵ Y dijo Faraón á José: Yo he tenido un sueño, y no hay quien lo declare; mas he oído decir de ti, que oyes sueños para declararlos. ¹⁶ Y respondió José á Faraón, diciendo: No está en mí; Dios será el que responda paz á Faraón. ¹⁷ Entonces Faraón dijo á José: En mi sueño parecíame que estaba á la orilla del río: ¹⁸ Y que del río subían siete vacas de gruesas carnes y hermosa apariencia, que pacían en el prado: ¹⁹ Y que otras siete vacas subían después de ellas, flacas y de muy fea traza; tan extenuadas, que no he visto otras semejantes en toda la tierra de Egipto en fealdad: ²⁰ Y las vacas flacas y feas devoraban á las siete primeras vacas gruesas: ²¹ Y entraban en sus entrañas, mas no se conocía que hubiesen

entrado en ellas, porque su parecer era aún malo, como de primero. Y yo desperté. ²² Vi también soñando, que siete espigas subían en una misma caña llenas y hermosas; ²³ Y que otras siete espigas menudas, marchitas, abatidas del Solano, subían después de ellas: ²⁴ Y las espigas menudas devoraban á las siete espigas hermosas: y helo dicho á los magos, mas no hay quien me lo declare. ²⁵ Entonces respondió José á Faraón: El sueño de Faraón es uno mismo: Dios ha mostrado á Faraón lo que va á hacer. ²⁶ Las siete vacas hermosas siete años son; y las espigas hermosas son siete años: el sueño es uno mismo. ²⁷ También las siete vacas flacas y feas que subían tras ellas, son siete años; y las siete espigas menudas y marchitas del Solano, siete años serán de hambre. ²⁸ Esto es lo que respondo á Faraón. Lo que Dios va á hacer, halo mostrado á Faraón. ²⁹ He aquí vienen siete años de grande hartura en toda la tierra de Egipto: ³⁰ Y levantarse han tras ellos siete años de hambre; y toda la hartura será olvidada en la tierra de Egipto; y el hambre consumirá la tierra; ³¹ Y aquella abundancia no se echará de ver á causa del hambre siguiente, la cual será gravísima. ³² Y el suceder el sueño á Faraón dos veces, significa que la cosa es firme de parte de Dios, y que Dios se apresura á hacerla. ³³ Por tanto, provéase ahora Faraón de un varón prudente y sabio, y póngalo sobre la tierra de Egipto. ³⁴ Haga *esto* Faraón, y ponga gobernadores sobre el país, y quinte la tierra de Egipto en los siete años de la hartura; ³⁵ Y junten toda la provisión de estos buenos años que vienen, y alleguen el trigo bajo la mano de Faraón para mantenimiento de las ciudades; y guárdenlo. ³⁶ Y esté aquella provisión en depósito para el país, para los siete años del hambre que serán en la tierra de Egipto; y el país no perecerá de hambre. ³⁷ Y el negocio pareció bien á Faraón, y á sus siervos. ³⁸ Y dijo Faraón á sus siervos: ¿Hemos de hallar otro hombre como éste, en quien haya espíritu de Dios? ³⁹ Y dijo Faraón á José: Pues que Dios te ha hecho saber todo esto, no hay entendido ni sabio como tú: ⁴⁰ Tú serás sobre mi casa, y por tu dicho se gobernará todo mi pueblo: solamente en el trono seré yo mayor que tú. ⁴¹ Dijo más Faraón á José: He aquí yo te he puesto sobre toda la tierra de Egipto. ⁴² Entonces Faraón quitó su anillo de su mano, y púsolo en la mano de José, é hízole vestir de ropas de lino finísimo, y puso un collar de oro en su cuello; ⁴³ E hízolo subir en su segundo carro, y pregonaron delante de él: Doblad la rodilla: y púsole sobre toda la tierra de Egipto. ⁴⁴ Y dijo Faraón á José: Yo Faraón; y sin ti ninguno alzará su mano ni su pie en toda la tierra de Egipto. ⁴⁵ Y llamó Faraón el nombre de José, Zaphnath-paaneah; y dióle por mujer á Asenath, hija de Potipherah, sacerdote de On. Y salió José por toda la tierra de Egipto. ⁴⁶ Y era José de edad de treinta años cuando fué presentado delante de Faraón, rey de Egipto: y salió José de delante de Faraón, y transitó por toda la tierra de Egipto. ⁴⁷ E hizo la tierra en aquellos siete años de hartura á montones. ⁴⁸ Y él juntó todo el mantenimiento de los siete años que fueron en la tierra de Egipto, y guardó mantenimiento en las ciudades, poniendo en cada ciudad el mantenimiento del campo de sus alrededores. ⁴⁹ Y acopió José trigo como arena de la mar, mucho en extremo, hasta no poderse contar, porque no tenía número. ⁵⁰ Y nacieron á José dos hijos antes que viniese el *primer* año del hambre, los cuales le parió Asenath, hija de Potipherah, sacerdote de On. ⁵¹ Y llamó José el nombre del primogénito Manasés; porque Dios (*dijo*) me hizo olvidar todo mi trabajo, y toda la casa de mi padre. ⁵² Y el nombre del segundo llamólo Ephraim; porque Dios (*dijo*) me hizo fértil en la tierra de mi aflicción. ⁵³ Y cumpliéronse los siete años de la hartura, que hubo en la tierra de Egipto. ⁵⁴ Y comenzaron á venir los siete años del hambre, como José había dicho: y hubo hambre en todos los países, mas en toda la tierra de Egipto había pan. ⁵⁵ Y cuando se sintió el hambre en toda la tierra de Egipto, el pueblo clamó á Faraón por pan. Y dijo Faraón á todos los Egipcios: Id á José, y haced lo que él os dijere. ⁵⁶ Y el hambre estaba por toda la extensión del país. Entonces abrió José todo granero donde había, y vendía á los Egipcios; porque había crecido el hambre en la tierra de Egipto. ⁵⁷ Y toda la tierra venía á Egipto para comprar de José, porque por toda la tierra había crecido el hambre.

42

¹ Y VIENDO Jacob que en Egipto había alimentos, dijo á sus hijos: ¿Por qué os estáis mirando? ² Y dijo: He aquí, yo he oído que hay víveres en Egipto; descended allá, y comprad de allí para nosotros, para que podamos vivir, y no nos muramos. ³ Y descendieron los diez hermanos de José á comprar trigo á Egipto. ⁴ Mas Jacob no envió á Benjamín hermano de José con sus hermanos; porque dijo: No sea acaso que le acontezca algún desastre. ⁵ Y vinieron los hijos de Israel á comprar entre los que venían: porque había hambre en la tierra de Canaán. ⁶ Y José era el señor de la tierra, que vendía á todo el pueblo de la tierra: y llegaron los hermanos de José, é inclináronse á él rostro por tierra. ⁷ Y José como vió á sus hermanos, conociólos; mas hizo que no los conocía, y hablóles ásperamente, y les dijo: ¿De dónde habéis venido? Ellos respondieron: De la tierra de Canaán á comprar alimentos. ⁸ José, pues, conoció á sus hermanos; pero ellos no le conocieron. ⁹ Entonces se acordó José de los sueños que había tenido de ellos, y díjoles: Espías sois; por ver lo descubierto del país habéis venido. ¹⁰ Y ellos le respondieron: No, señor mío: mas tus siervos han venido á comprar alimentos. ¹¹ Todos nosotros somos hijos de un varón: somos hombres de verdad: tus siervos nunca fueron espías. ¹² Y él les dijo: No; á ver lo descubierto del país habéis venido. ¹³ Y ellos respondieron: Tus siervos somos doce hermanos, hijos de un varón en la tierra de Canaán; y he aquí el menor está hoy con nuestro padre, y otro no parece. ¹⁴ Y José les dijo: Eso es lo que os he dicho, afirmando que sois espías: ¹⁵ En esto seréis probados: Vive Faraón que no saldréis de aquí, sino cuando vuestro hermano menor aquí viniere. ¹⁶ Enviad uno de vosotros, y traiga á vuestro hermano; y vosotros quedad presos, y vuestras palabras serán probadas, si hay verdad con vosotros: y si no, vive Faraón, que sois espías. ¹⁷ Y juntólos en la cárcel por tres días. ¹⁸ Y al tercer día díjoles José: Haced esto, y vivid: Yo temo á Dios: ¹⁹ Si sois hombres de verdad, quede preso en la casa de vuestra cárcel uno de vuestros hermanos; y vosotros id, llevad el alimento para el hambre de vuestra casa: ²⁰ Pero habéis de traerme á vuestro hermano menor, y serán verificadas vuestras palabras, y no moriréis. Y ellos lo hicieron así. ²¹ Y decían el uno al otro: Verdaderamente hemos pecado contra nuestro hermano, que vimos la angustia de su alma cuando nos rogaba, y no le oímos: por eso ha venido sobre nosotros esta angustia. ²² Entonces Rubén les respondió, diciendo: ¿No os hablé yo y dije: No pequéis contra el mozo; y no escuchasteis? He aquí también su sangre es requerida. ²³ Y ellos no sabían que los entendía José, porque había intérprete entre ellos. ²⁴ Y apartóse él de ellos, y lloró: después volvió á ellos, y les habló, y tomó de entre ellos á Simeón, y aprisionóle á vista de ellos. ²⁵ Y mandó José que llenaran sus sacos de trigo, y devolviesen el dinero de cada uno de ellos, poniéndolo en su saco, y les diesen comida para el camino: é hízose así con ellos. ²⁶ Y ellos pusieron su trigo sobre sus asnos, y fuéronse de allí. ²⁷ Y abriendo uno de ellos su saco para dar de comer á su asno en el mesón, vió su dinero que estaba en la boca de su costal. ²⁸ Y dijo á sus hermanos: Mi dinero se me ha devuelto, y aun helo aquí en mi saco. Sobresaltóseles entonces el corazón, y espantados dijeron el uno al otro: ¿Qué es esto que nos ha hecho Dios? ²⁹ Y venidos á Jacob su padre en tierra de Canaán, contáronle todo lo que les había acaecido, diciendo: ³⁰ Aquel varón, señor de la tierra, nos habló ásperamente, y nos trató como á espías de la tierra: ³¹ Y nosotros le dijimos: Somos hombres de verdad, nunca fuimos espías: ³² Somos doce hermanos, hijos de nuestro padre; uno no parece, y el menor está hoy con nuestro padre en la tierra de Canaán. ³³ Y aquel varón, señor de la tierra, nos dijo: En esto conoceré que sois hombres de verdad; dejad conmigo uno de vuestros hermanos, y tomad para el hambre de vuestras casas, y

andad, ³⁴ Y traedme á vuestro hermano el menor, para que yo sepa que no sois espías, sino hombres de verdad: *así* os daré á vuestro hermano, y negociaréis en la tierra. ³⁵ Y aconteció que vaciando ellos sus sacos, he aquí que en el saco de cada uno estaba el atado de su dinero: y viendo ellos y su padre los atados de su dinero, tuvieron temor. ³⁶ Entonces su padre Jacob les dijo: Habéisme privado de mis hijos; José no parece, ni Simeón tampoco, y á Benjamín le llevaréis: contra mí son todas estas cosas. ³⁷ Y Rubén habló á su padre, diciendo: Harás morir á mis dos hijos, si no te lo volviere; entrégalo en mi mano, que yo lo volveré á ti. ³⁸ Y él dijo: No descenderá mi hijo con vosotros; que su hermano es muerto, y él solo ha quedado: y si le aconteciere *algún* desastre en el camino por donde vais, haréis descender mis canas con dolor á la sepultura.

43

¹ Y EL hambre era grande en la tierra. ² Y aconteció que como acabaron de comer el trigo que trajeron de Egipto, díjoles su padre: Volved, *y* comprad para nosotros un poco de alimento. ³ Y respondió Judá, diciendo: Aquel varón nos protestó con ánimo resuelto, diciendo: No veréis mi rostro sin vuestro hermano con vosotros. ⁴ Si enviares á nuestro hermano con nosotros, descenderemos y te compraremos alimento: ⁵ Pero si no le enviares, no descenderemos: porque aquel varón nos dijo: No veréis mi rostro sin vuestro hermano con vosotros. ⁶ Y dijo Israel: ¿Por qué me hicisteis tanto mal, declarando al varón que teníais más hermano? ⁷ Y ellos respondieron: Aquel varón nos preguntó expresamente por nosotros, y por nuestra parentela, diciendo: ¿Vive aún vuestro padre? ¿tenéis otro hermano? y declarámosle conforme á estas palabras. ¿Podíamos nosotros saber que había de decir: Haced venir á vuestro hermano? ⁸ Entonces Judá dijo á Israel su padre: Envía al mozo conmigo, y nos levantaremos é iremos, á fin que vivamos y no muramos nosotros, y tú, y nuestros niños. ⁹ Yo lo fío; á mí me pedirás cuenta de él: si yo no te lo volviere y lo pusiere delante de ti, seré para ti el culpante todos los días: ¹⁰ Que si no nos hubiéramos detenido, cierto ahora hubiéramos ya vuelto dos veces. ¹¹ Entonces Israel su padre les respondió: Pues que así es, hacedlo; tomad de lo mejor de la tierra en vuestros vasos, y llevad á aquel varón un presente, un poco de bálsamo, y un poco de miel, aromas y mirra, nueces y almendras. ¹² Y tomad en vuestras manos doblado dinero, y llevad en vuestra mano el dinero vuelto en las bocas de vuestros costales; quizá fué yerro. ¹³ Tomad también á vuestro hermano, y levantaos, y volved á aquel varón. ¹⁴ Y el Dios Omnipotente os dé misericordias delante de aquel varón, y os suelte al otro vuestro hermano, y á este Benjamín. Y si he de ser privado de mis hijos, séalo. ¹⁵ Entonces tomaron aquellos varones el presente, y tomaron en su mano doblado dinero, y á Benjamín; y se levantaron, y descendieron á Egipto, y presentáronse delante de José. ¹⁶ Y vió José á Benjamín con ellos, y dijo al mayordomo de su casa: Mete en casa á esos hombres, y degüella víctima, y aderézala; porque estos hombres comerán conmigo al medio día. ¹⁷ E hizo el hombre como José dijo; y metió aquel hombre á los hombres en casa de José. ¹⁸ Y aquellos hombres tuvieron temor, cuando fueron metidos en casa de José, y decían: Por el dinero que fué vuelto en nuestros costales la primera vez nos han metido *aquí*, para revolver contra nosotros, y dar sobre nosotros, y tomarnos por siervos á nosotros, y á nuestros asnos. ¹⁹ Y llegáronse al mayordomo de la casa de José, y le hablaron á la entrada de la casa. ²⁰ Y dijeron: Ay, señor mío, nosotros en realidad de verdad descendimos al principio á comprar alimentos: ²¹ Y aconteció que como vinimos al mesón y abrimos nuestros costales, he aquí el dinero de cada uno estaba en la boca de su costal, nuestro dinero en su justo peso; y hémoslo vuelto en nuestras manos. ²² Hemos también traído en nuestras manos otro dinero para comprar alimentos: nosotros no sabemos quién haya puesto nuestro dinero en nuestros costales. ²³ Y él respondió: Paz á vosotros, no temáis; vuestro

Dios y el Dios de vuestro padre os dió el tesoro en vuestros costales: vuestro dinero vino á mí. Y sacó á Simeón á ellos. ²⁴ Y metió aquel varón á aquellos hombres en casa de José: y dióles agua, y lavaron sus pies: y dió de comer á sus asnos. ²⁵ Y ellos prepararon el presente entretanto que venía José al medio día, porque habían oído que allí habían de comer pan. ²⁶ Y vino José á casa, y ellos le trajeron el presente que tenían en su mano dentro de casa, é inclináronse á él hasta tierra. ²⁷ Entonces les preguntó él cómo estaban, y dijo: ¿Vuestro padre, el anciano que dijisteis, lo pasa bien? ¿vive todavía? ²⁸ Y ellos respondieron: Bien va á tu siervo nuestro padre; aun vive. Y se inclinaron, é hicieron reverencia. ²⁹ Y alzando él sus ojos vió á Benjamín su hermano, hijo de su madre, y dijo: ¿Es éste vuestro hermano menor, de quien me hablasteis? Y dijo: Dios tenga misericordia de ti, hijo mío. ³⁰ Entonces José se apresuró, porque se conmovieron sus entrañas á causa de su hermano, y procuró donde llorar: y entróse en su cámara, y lloró allí. ³¹ Y lavó su rostro, y salió fuera, y reprimióse, y dijo: Poned pan. ³² Y pusieron para él aparte, y separadamente para ellos, y aparte para los Egipcios que con él comían: porque los Egipcios no pueden comer pan con los Hebreos, lo cual es abominación á los Egipcios. ³³ Y sentáronse delante de él, el mayor conforme á su mayoría, y el menor conforme á su menoría; y estaban aquellos hombres atónitos *mirándose* el uno al otro. ³⁴ Y él tomó viandas de delante de sí para ellos; mas la porción de Benjamín era cinco veces como cualquiera de las de ellos. Y bebieron, y alegráronse con él.

44

¹ Y MANDÓ José al mayordomo de su casa, diciendo: Hinche los costales de aquestos varones de alimentos, cuanto pudieren llevar, y pon el dinero de cada uno en la boca de su costal: ² Y pondrás mi copa, la copa de plata, en la boca del costal del menor, con el dinero de su trigo. Y él hizo como dijo José. ³ Venida la mañana, los hombres fueron despedidos con sus asnos. ⁴ Habiendo ellos salido de la ciudad, *de la* que aun no se habían alejado, dijo José á su mayordomo: Levántate, y sigue á esos hombres; y cuando los alcanzares, diles: ¿Por qué habéis vuelto mal por bien? ⁵ ¿No es ésta en la que bebe mi señor, y por la que suele adivinar? habéis hecho mal en lo que hicisteis. ⁶ Y como él los alcanzó, díjoles estas palabras. ⁷ Y ellos le respondieron: ¿Por qué dice mi señor tales cosas? Nunca tal hagan tus siervos. ⁸ He aquí, el dinero que hallamos en la boca de nuestros costales, te lo volvimos á traer desde la tierra de Canaán; ¿cómo, pues, habíamos de hurtar de casa de tu señor plata ni oro? ⁹ Aquel de tus siervos en quien fuere hallada *la copa*, que muera, y aun nosotros seremos siervos de mi señor. ¹⁰ Y él dijo: También ahora sea conforme á vuestras palabras; aquél en quien se hallare, será mi siervo, y vosotros seréis sin culpa. ¹¹ Ellos entonces se dieron prisa, y derribando cada uno su costal en tierra, abrió cada cual el costal suyo. ¹² Y buscó; desde el mayor comenzó, y acabó en el menor; y la copa fué hallada en el costal de Benjamín. ¹³ Entonces ellos rasgaron sus vestidos, y cargó cada uno su asno, y volvieron á la ciudad. ¹⁴ Y llegó Judá con sus hermanos á casa de José, que aun estaba allí, y postráronse delante de él en tierra. ¹⁵ Y díjoles José: ¿Qué obra es esta que habéis hecho? ¿no sabéis que un hombre como yo sabe adivinar? ¹⁶ Entonces dijo Judá: ¿Qué diremos á mi señor? ¿qué hablaremos? ¿ó con qué nos justificaremos? Dios ha hallado la maldad de tus siervos: he aquí, nosotros somos siervos de mi señor, nosotros, y también aquél en cuyo poder fué hallada la copa. ¹⁷ Y él respondió: Nunca yo tal haga: el varón en cuyo poder fué hallada la copa, él será mi siervo; vosotros id en paz á vuestro padre. ¹⁸ Entonces Judá se llegó á él, y dijo: Ay señor mío, ruégote que hable tu siervo una palabra en oídos de mi señor, y no se encienda tu enojo contra tu siervo, pues que tú eres como Faraón. ¹⁹ Mi señor preguntó á sus siervos, diciendo: ¿Tenéis padre ó hermano? ²⁰ Y nosotros respondimos á mi señor: Tenemos un padre anciano, y un mozo que le nació en su vejez, pequeño *aún*; y un hermano suyo

murió, y él quedó solo de su madre, y su padre lo ama. ²¹ Y tú dijiste á tus siervos: Traédmelo, y pondré mis ojos sobre él. ²² Y nosotros dijimos á mi señor: El mozo no puede dejar á su padre, porque si le dejare, su padre morirá. ²³ Y dijiste á tus siervos: Si vuestro hermano menor no descendiere con vosotros, no veáis más mi rostro. ²⁴ Aconteció pues, que como llegamos á mi padre tu siervo, contámosle las palabras de mi señor. ²⁵ Y dijo nuestro padre: Volved á comprarnos un poco de alimento. ²⁶ Y nosotros respondimos: No podemos ir: si nuestro hermano fuere con nosotros, iremos; porque no podemos ver el rostro del varón, no estando con nosotros nuestro hermano el menor. ²⁷ Entonces tu siervo mi padre nos dijo: Vosotros sabéis que dos me parió mi mujer; ²⁸ Y el uno salió de conmigo, y pienso de cierto que fué despedazado, y hasta ahora no le he visto; ²⁹ Y si tomareis también éste de delante de mí, y le aconteciere *algún* desastre, haréis descender mis canas con dolor á la sepultura. ³⁰ Ahora, pues, cuando llegare yo á tu siervo mi padre, y el mozo no fuere conmigo, como su alma está ligada al alma de él, ³¹ Sucederá que cuando no vea al mozo, morirá: y tus siervos harán descender las canas de tu siervo nuestro padre con dolor á la sepultura. ³² Como tu siervo salió por fiador del mozo con mi padre, diciendo: Si no te lo volviere, entonces yo seré culpable para mi padre todos los días; ³³ Ruégote por tanto que quede ahora tu siervo por el mozo por siervo de mi señor, y que el mozo vaya con sus hermanos. ³⁴ Porque ¿cómo iré yo á mi padre sin el mozo? No podré, por no ver el mal que sobrevendrá á mi padre.

45

¹ NO podía ya José contenerse delante de todos los que estaban al lado suyo, y clamó: Haced salir de conmigo á todos. Y no quedó nadie con él, al darse á conocer José á sus hermanos. ² Entonces se dió á llorar á voz en grito; y oyeron los Egipcios, y oyó también la casa de Faraón. ³ Y dijo José á sus hermanos: Yo soy José: ¿vive aún mi padre? Y sus hermanos no pudieron responderle, porque estaban turbados delante de él. ⁴ Entonces dijo José á sus hermanos: Llegaos ahora á mí. Y ellos se llegaron. Y él dijo: Yo soy José vuestro hermano el que vendisteis para Egipto. ⁵ Ahora pues, no os entristezcáis, ni os pese de haberme vendido acá; que para preservación de vida me envió Dios delante de vosotros: ⁶ Que ya ha habido dos años de hambre en medio de la tierra, y aun quedan cinco años en que ni habrá arada ni siega. ⁷ Y Dios me envió delante de vosotros, para que vosotros quedaseis en la tierra, y para daros vida por medio de grande salvamento. ⁸ Así pues, no me enviasteis vosotros acá, sino Dios, que me ha puesto por padre de Faraón, y por señor de toda su casa, y por gobernador en toda la tierra de Egipto. ⁹ Daos priesa, id á mi padre y decidle: Así dice tu hijo José: Dios me ha puesto por señor de todo Egipto; ven á mí, no te detengas: ¹⁰ Y habitarás en la tierra de Gosén, y estarás cerca de mí, tú y tus hijos, y los hijos de tus hijos, tus ganados y tus vacas, y todo lo que tienes. ¹¹ Y allí te alimentaré, pues aun quedan cinco años de hambre, porque no perezcas de pobreza tú y tu casa, y todo lo que tienes: ¹² Y he aquí, vuestros ojos ven, y los ojos de mi hermano Benjamín, que mi boca os habla. ¹³ Haréis pues saber á mi padre toda mi gloria en Egipto, y todo lo que habéis visto: y daos priesa, y traed á mi padre acá. ¹⁴ Y echóse sobre el cuello de Benjamín su hermano, y lloró; y también Benjamín lloró sobre su cuello. ¹⁵ Y besó á todos sus hermanos, y lloró sobre ellos: y después sus hermanos hablaron con él. ¹⁶ Y oyóse la noticia en la casa de Faraón, diciendo: Los hermanos de José han venido. Y plugo en los ojos de Faraón y de sus siervos. ¹⁷ Y dijo Faraón á José: Di á tus hermanos: Haced esto: cargad vuestras bestias, é id, volved á la tierra de Canaán; ¹⁸ Y tomad á vuestro padre y vuestras familias, y venid á mí, que yo os daré lo bueno de la tierra de Egipto y comeréis la grosura de la tierra. ¹⁹ Y tú manda: Haced esto: tomaos de la tierra de Egipto carros para vuestros niños y vuestras mujeres; y tomad á vuestro padre, y venid. ²⁰ Y no se os dé nada de vuestras alhajas, porque el bien de la tierra de

Egipto será vuestro. ²¹ E hiciéronlo así los hijos de Israel: y dióles José carros conforme á la orden de Faraón, y suministróles víveres para el camino. ²² A cada uno de todos ellos dió mudas de vestidos, y á Benjamín dió trescientas piezas de plata, y cinco mudas de vestidos. ²³ Y á su padre envió esto: diez asnos cargados de lo mejor de Egipto, y diez asnas cargadas de trigo, y pan y comida, para su padre en el camino. ²⁴ Y despidió á sus hermanos, y fuéronse. Y él les dijo: No riñáis por el camino. ²⁵ Y subieron de Egipto, y llegaron á la tierra de Canaán á Jacob su padre. ²⁶ Y diéronle las nuevas, diciendo: José vive aún; y él es señor en toda la tierra de Egipto. Y su corazón se desmayó; pues no los creía. ²⁷ Y ellos le contaron todas las palabras de José, que él les había hablado; y viendo él los carros que José enviaba para llevarlo, el espíritu de Jacob su padre revivió. ²⁸ Entonces dijo Israel: Basta; José mi hijo vive todavía: iré, y le veré antes que yo muera.

46

¹ Y PARTIÓSE Israel con todo lo que tenía, y vino á Beer-seba, y ofreció sacrificios al Dios de su padre Isaac. ² Y habló Dios á Israel en visiones de noche, y dijo: Jacob, Jacob. Y él respondió: Heme aquí. ³ Y dijo: Yo soy Dios, el Dios de tu padre; no temas de descender á Egipto, porque yo te pondré allí en gran gente. ⁴ Yo descenderé contigo á Egipto, y yo también te haré volver: y José pondrá su mano sobre tus ojos. ⁵ Y levantóse Jacob de Beer-seba; y tomaron los hijos de Israel á su padre Jacob, y á sus niños, y á sus mujeres, en los carros que Faraón había enviado para llevarlo. ⁶ Y tomaron sus ganados, y su hacienda que había adquirido en la tierra de Canaán, y viniéronse á Egipto, Jacob, y toda su simiente consigo; ⁷ Sus hijos, y los hijos de sus hijos consigo; sus hijas, y las hijas de sus hijos, y á toda su simiente trajo consigo á Egipto. ⁸ Y estos son los nombres de los hijos de Israel, que entraron en Egipto, Jacob y sus hijos: Rubén, el primogénito de Jacob. ⁹ Y los hijos de Rubén: Hanoch, y Phallu, y Hezrón, y Carmi. ¹⁰ Y los hijos de Simeón: Jemuel, y Jamín, y Ohad, y Jachîn, y Zohar, y Saúl, hijo de la Cananea. ¹¹ Y los hijos de Leví: Gersón, y Coath, y Merari. ¹² Y los hijos de Judá: Er, y Onán, y Sela, y Phares, y Zara: mas Er y Onán, murieron en la tierra de Canaán. Y los hijos de Phares fueron Hezrón y Hamul. ¹³ Y los hijos de Issachâr: Thola, y Phua, y Job, y Simrón. ¹⁴ Y los hijos de Zabulón: Sered, y Elón, y Jahleel. ¹⁵ Estos fueron los hijos de Lea, los que parió á Jacob en Padan-aram, y además su hija Dina: treinta y tres las almas todas de sus hijos é hijas. ¹⁶ Y los hijos de Gad: Ziphión, y Aggi, y Ezbón, y Suni, y Heri, y Arodi, y Areli. ¹⁷ Y los hijos de Aser: Jimna, é Ishua, é Isui, y Beria, y Sera, hermana de ellos. Los hijos de Beria: Heber, y Malchîel. ¹⁸ Estos fueron los hijos de Zilpa, la que Labán dió á su hija Lea, y parió estos á Jacob; todas diez y seis almas. ¹⁹ Y los hijos de Rachêl, mujer de Jacob: José y Benjamín. ²⁰ Y nacieron á José en la tierra de Egipto Manasés y Ephraim, los que le parió Asenath, hija de Potipherah, sacerdote de On. ²¹ Y los hijos de Benjamín fueron Bela, y Bechêr y Asbel, y Gera, y Naamán, y Ehi, y Ros y Muppim, y Huppim, y Ard. ²² Estos fueron los hijos de Rachêl, que nacieron á Jacob: *en* todas, catorce almas. ²³ Y los hijos de Dan: Husim. ²⁴ Y los hijos de Nephtalí: Jahzeel, y Guni, y Jezer, y Shillem. ²⁵ Estos fueron los hijos de Bilha, la que dió Labán á Rachêl su hija, y parió estos á Jacob; todas siete almas. ²⁶ Todas las personas que vinieron con Jacob á Egipto, procedentes de sus lomos, sin las mujeres de los hijos de Jacob, todas las personas fueron sesenta y seis. ²⁷ Y los hijos de José, que le nacieron en Egipto, dos personas. Todas las almas de la casa de Jacob, que entraron en Egipto, fueron setenta. ²⁸ Y envió á Judá delante de sí á José, para que le viniese á ver á Gosén; y llegaron á la tierra de Gosén. ²⁹ Y José unció su carro y vino á recibir á Israel su padre á Gosén; y se manifestó á él, y echóse sobre su cuello, y lloró sobre su cuello bastante. ³⁰ Entonces Israel dijo á José: Muera yo ahora, ya que he visto tu rostro, pues aun vives. ³¹ Y José dijo á sus hermanos, y á la casa de su padre: Subiré y haré saber á Faraón, y diréle: Mis hermanos y la casa de mi padre, que estaban en la tierra de

Canaán, han venido á mí; ³² Y los hombres son pastores de ovejas, porque son hombres ganaderos: y han traído sus ovejas y sus vacas, y todo lo que tenían. ³³ Y cuando Faraón os llamare y dijere: ¿cuál es vuestro oficio? ³⁴ Entonces diréis: Hombres de ganadería han sido tus siervos desde nuestra mocedad hasta ahora, nosotros y nuestros padres; á fin que moréis en la tierra de Gosén, porque los Egipcios abominan todo pastor de ovejas.

47

¹ Y JOSÉ vino, é hizo saber á Faraón, y dijo: Mi padre y mis hermanos, y sus ovejas y sus vacas, con todo lo que tienen, han venido de la tierra de Canaán, y he aquí, están en la tierra de Gosén. ² Y de los postreros de sus hermanos tomó cinco varones, y presentólos delante de Faraón. ³ Y Faraón dijo á sus hermanos: ¿Cuál es vuestro oficio? Y ellos respondieron á Faraón: Pastores de ovejas son tus siervos, así nosotros como nuestros padres. ⁴ Dijeron además á Faraón: Por morar en esta tierra hemos venido; porque no hay pasto para las ovejas de tus siervos, pues el hambre es grave en la tierra de Canaán: por tanto, te rogamos ahora que habiten tus siervos en la tierra de Gosén. ⁵ Entonces Faraón habló á José, diciendo: Tu padre y tus hermanos han venido á ti; ⁶ La tierra de Egipto delante de ti está; en lo mejor de la tierra haz habitar á tu padre y á tus hermanos; habiten en la tierra de Gosén; y si entiendes que hay entre ellos hombres eficaces, ponlos por mayorales del ganado mío. ⁷ Y José introdujo á su padre, y presentólo delante de Faraón; y Jacob bendijo á Faraón. ⁸ Y dijo Faraón á Jacob: ¿Cuántos son los días de los años de tu vida? ⁹ Y Jacob respondió á Faraón: Los días de los años de mi peregrinación son ciento treinta años; pocos y malos han sido los días de los años de mi vida, y no han llegado á los días de los años de la vida de mis padres en los días de su peregrinación. ¹⁰ Y Jacob bendijo á Faraón, y salióse de delante de Faraón. ¹¹ Así José hizo habitar á su padre y á sus hermanos, y dióles posesión en la tierra de Egipto, en lo mejor de la tierra, en la tierra de Rameses como mandó Faraón. ¹² Y alimentaba José á su padre y á sus hermanos, y á toda la casa de su padre, de pan, hasta la boca del niño. ¹³ Y no había pan en toda la tierra, y el hambre era muy grave; por lo que desfalleció de hambre la tierra de Egipto y la tierra de Canaán. ¹⁴ Y recogió José todo el dinero que se halló en la tierra de Egipto y en la tierra de Canaán, por los alimentos que de él compraban; y metió José el dinero en casa de Faraón. ¹⁵ Y acabado el dinero de la tierra de Egipto y de la tierra de Canaán, vino todo Egipto á José diciendo: Danos pan: ¿por qué moriremos delante de ti, por haberse acabado el dinero? ¹⁶ Y José dijo: Dad vuestros ganados, y yo os daré por vuestros ganados, si se ha acabado el dinero. ¹⁷ Y ellos trajeron sus ganados á José; y José les dió alimentos por caballos, y por el ganado de las ovejas, y por el ganado de las vacas, y por asnos: y sustentólos de pan por todos sus ganados aquel año. ¹⁸ Y acabado aquel año, vinieron á él el segundo año, y le dijeron: No encubriremos á nuestro señor que el dinero ciertamente se ha acabado; también el ganado es *ya* de nuestro señor; nada ha quedado delante de nuestro señor sino nuestros cuerpos y nuestra tierra. ¹⁹ ¿Por qué moriremos delante de tus ojos, así nosotros como nuestra tierra? Cómpranos á nosotros y á nuestra tierra por pan, y seremos nosotros y nuestra tierra siervos de Faraón: y danos simiente para que vivamos y no muramos, y no sea asolada la tierra. ²⁰ Entonces compró José toda la tierra de Egipto para Faraón; pues los Egipcios vendieron cada uno sus tierras, porque se agravó el hambre sobre ellos: y la tierra vino á ser de Faraón. ²¹ Y al pueblo hízolo pasar á las ciudades desde el un cabo del término de Egipto hasta el otro cabo. ²² Solamente la tierra de los sacerdotes no compró, por cuanto los sacerdotes tenían ración de Faraón, y ellos comían su ración que Faraón les daba: por eso no vendieron su tierra. ²³ Y José dijo al pueblo: He aquí os he hoy comprado y á vuestra tierra para Faraón: ved aquí simiente, y sembraréis la tierra. ²⁴ Y será que de los frutos daréis el quinto á Faraón, y las cuatro partes serán vuestras

para sembrar las tierras, y para vuestro mantenimiento, y de los que están en vuestras casas, y para que coman vuestros niños. ²⁵ Y ellos respondieron: La vida nos has dado: hallemos gracia en ojos de mi señor, y seamos siervos de Faraón. ²⁶ Entonces José lo puso por fuero hasta hoy sobre la tierra de Egipto, *señalando* para Faraón el quinto; excepto sólo la tierra de los sacerdotes, que no fué de Faraón. ²⁷ Así habitó Israel en la tierra de Egipto, en la tierra de Gosén; y aposesionáronse en ella, y se aumentaron, y multiplicaron en gran manera. ²⁸ Y vivió Jacob en la tierra de Egipto diecisiete años: y fueron los días de Jacob, los años de su vida, ciento cuarenta y siete años. ²⁹ Y llegáronse los días de Israel para morir, y llamó á José su hijo, y le dijo: Si he hallado ahora gracia en tus ojos, ruégote que pongas tu mano debajo de mi muslo, y harás conmigo misericordia y verdad; ruégote que no me entierres en Egipto; ³⁰ Mas cuando durmiere con mis padres, llevarme has de Egipto, y me sepultarás en el sepulcro de ellos. Y él respondió: Yo haré como tú dices. ³¹ Y él dijo: Júramelo. Y él le juró. Entonces Israel se inclinó sobre la cabecera de la cama.

48

¹ Y SUCEDIÓ después de estas cosas el haberse dicho á José: He aquí tu padre está enfermo. Y él tomó consigo sus dos hijos Manasés y Ephraim. ² Y se hizo saber á Jacob, diciendo: He aquí tu hijo José viene á ti. Entonces se esforzó Israel, y sentóse sobre la cama; ³ Y dijo á José: El Dios Omnipotente me apareció en Luz en la tierra de Canaán, y me bendijo, ⁴ Y díjome: He aquí, yo te haré crecer, y te multiplicaré, y te pondré por estirpe de pueblos: y daré esta tierra á tu simiente después de ti por heredad perpetua. ⁵ Y ahora tus dos hijos Ephraim y Manasés, que te nacieron en la tierra de Egipto, antes que viniese á ti á la tierra de Egipto, míos son; como Rubén y Simeón, serán míos: ⁶ Y los que después de ellos has engendrado, serán tuyos; por el nombre de sus hermanos serán llamados en sus heredades. ⁷ Porque cuando yo venía de Padan-aram, se me murió Rachêl en la tierra de Canaán, en el camino, como media legua de tierra viniendo á Ephrata; y sepultéla allí en el camino de Ephrata, que es Bethlehem. ⁸ Y vió Israel los hijos de José, y dijo: ¿Quiénes son éstos? ⁹ Y respondió José á su padre: Son mis hijos, que Dios me ha dado aquí. Y él dijo: Allégalos ahora á mí, y los bendeciré. ¹⁰ Y los ojos de Israel estaban tan agravados de la vejez, que no podía ver. Hízoles, pues, llegar á él, y él los besó y abrazó. ¹¹ Y dijo Israel á José: No pensaba yo ver tu rostro, y he aquí Dios me ha hecho ver también tu simiente. ¹² Entonces José los sacó de entre sus rodillas, é inclinóse á tierra. ¹³ Y tomólos José á ambos, Ephraim á su diestra, á la siniestra de Israel; y á Manasés á su izquierda, á la derecha de Israel; é hízoles llegar á él. ¹⁴ Entonces Israel extendió su diestra, y púsola sobre la cabeza de Ephraim, que era el menor, y su siniestra sobre la cabeza de Manasés, colocando *así* sus manos adrede, aunque Manasés era el primogénito. ¹⁵ Y bendijo á José, y dijo: El Dios en cuya presencia anduvieron mis padres Abraham é Isaac, el Dios que me mantiene desde que yo soy hasta este día, ¹⁶ El Angel que me liberta de todo mal, bendiga á estos mozos: y mi nombre sea llamado en ellos, y el nombre de mis padres Abraham é Isaac: y multipliquen en gran manera en medio de la tierra. ¹⁷ Entonces viendo José que su padre ponía la mano derecha sobre la cabeza de Ephraim, causóle esto disgusto; y asió la mano de su padre, para mudarla de sobre la cabeza de Ephraim á la cabeza de Manasés. ¹⁸ Y dijo José á su padre: No así, padre mío, porque éste es el primogénito; pon tu diestra sobre su cabeza. ¹⁹ Mas su padre no quiso, y dijo: Lo sé, hijo mío, lo sé: también él vendrá á ser un pueblo, y será también acrecentado; pero su hermano menor será más grande que él, y su simiente será plenitud de gentes. ²⁰ Y bendíjolos aquel día, diciendo: En ti bendecirá Israel, diciendo: Póngate Dios como á Ephraim y como á Manasés. Y puso á Ephraim delante de Manasés. ²¹ Y dijo Israel á José: He aquí, yo muero, mas Dios será con vosotros, y os

hará volver á la tierra de vuestros padres. ²² Y yo te he dado á ti una parte sobre tus hermanos, la cual tomé yo de mano del Amorrheo con mi espada y con mi arco.

49

¹ Y LLAMÓ Jacob á sus hijos, y dijo: Juntaos, y os declararé lo que os ha de acontecer en los postreros días. ² Juntaos y oid, hijos de Jacob; y escuchad á vuestro padre Israel. ³ Rubén, tú eres mi primogénito, mi fortaleza, y el principio de mi vigor; principal en dignidad, principal en poder. ⁴ Corriente como las aguas, no seas el principal; por cuanto subiste al lecho de tu padre: entonces te envileciste, subiendo á mi estrado. ⁵ Simeón y Leví, hermanos: armas de iniquidad sus armas. ⁶ En su secreto no entre mi alma, ni mi honra se junte en su compañía; que en su furor mataron varón, y en su voluntad arrancaron muro. ⁷ Maldito su furor, que fué fiero; y su ira, que fué dura: yo los apartaré en Jacob, y los esparciré en Israel. ⁸ Judá, alabarte han tus hermanos: tu mano en la cerviz de tus enemigos: los hijos de tu padre se inclinarán á ti. ⁹ Cachorro de león Judá: de la presa subiste, hijo mío: encorvóse, echóse como león, así como león viejo; ¿quién lo despertará? ¹⁰ No será quitado el cetro de Judá, y el legislador de entre sus piés, hasta que venga Shiloh; y á él se congregarán los pueblos. ¹¹ Atando á la vid su pollino, y á la cepa el hijo de su asna, lavó en el vino su vestido, y en la sangre de uvas su manto: ¹² Sus ojos bermejos del vino, y los dientes blancos de la leche. ¹³ Zabulón en puertos de mar habitará, y será para puerto de navíos; y su término hasta Sidón. ¹⁴ Issachâr, asno huesudo echado entre dos tercios: ¹⁵ Y vió que el descanso era bueno, y que la tierra era deleitosa; y bajó su hombro para llevar, y sirvió en tributo. ¹⁶ Dan juzgará á su pueblo, como una de las tribus de Israel. ¹⁷ Será Dan serpiente junto al camino, cerasta junto á la senda, que muerde los talones de los caballos, y hace caer por detrás al cabalgador de ellos. ¹⁸ Tu salud esperé, oh Jehová. ¹⁹ Gad, ejército lo acometerá; mas él acometerá al fin. ²⁰ El pan de Aser será grueso, y él dará deleites al rey. ²¹ Nephtalí, sierva dejada, que dará dichos hermosos. ²² Ramo fructífero José, ramo fructífero junto á fuente, cuyos vástagos se extienden sobre el muro. ²³ Y causáronle amargura, y asaeteáronle, y aborreciéronle los archeros: ²⁴ Mas su arco quedó en fortaleza, y los brazos de sus manos se corroboraron por las manos del Fuerte de Jacob, (de allí el pastor, y la piedra de Israel,) ²⁵ Del Dios de tu padre, el cual te ayudará, y del Omnipotente, el cual te bendecirá con bendiciones de los cielos de arriba, con bendiciones del abismo que está abajo, con bendiciones del seno y de la matriz. ²⁶ Las bendiciones de tu padre fueron mayores que las bendiciones de mis progenitores: hasta el término de los collados eternos serán sobre la cabeza de José, y sobre la mollera del Nazareo de sus hermanos. ²⁷ Benjamín, lobo arrebatador: á la mañana comerá la presa, y á la tarde repartirá los despojos. ²⁸ Todos estos fueron las doce tribus de Israel: y esto fué lo que su padre les dijo, y bendíjolos; á cada uno por su bendición los bendijo. ²⁹ Mandóles luego, y díjoles: Yo voy á ser reunido con mi pueblo: sepultadme con mis padres en la cueva que está en el campo de Ephrón el Hetheo; ³⁰ En la cueva que está en el campo de Macpela, que está delante de Mamre en la tierra de Canaán, la cual compró Abraham con el mismo campo de Ephrón el Hetheo, para heredad de sepultura. ³¹ Allí sepultaron á Abraham y á Sara su mujer; allí sepultaron á Isaac y á Rebeca su mujer; allí también sepulté yo á Lea. ³² La compra del campo y de la cueva que está en él, fué de los hijos de Heth. ³³ Y como acabó Jacob de dar órdenes á sus hijos, encogió sus piés en la cama, y espiró: y fué reunido con sus padres.

50

¹ ENTONCES se echó José sobre el rostro de su padre, y lloró sobre él, y besólo. ² Y mandó José á sus médicos familiares que embalsamasen á su padre: y los médicos embalsamaron á Israel. ³ Y cumpliéronle cuarenta días, porque así cumplían los días de

los embalsamados, y lloráronlo los Egipcios setenta días. 4 Y pasados los días de su luto, habló José á los de la casa de Faraón, diciendo: Si he hallado ahora gracia en vuestros ojos, os ruego que habléis en oídos de Faraón, diciendo: 5 Mi padre me conjuró diciendo: He aquí yo muero; en mi sepulcro que yo cavé para mí en la tierra de Canaán, allí me sepultarás; ruego pues que vaya yo ahora, y sepultaré á mi padre, y volveré. 6 Y Faraón dijo: Ve, y sepulta á tu padre, como él te conjuró. 7 Entonces José subió á sepultar á su padre; y subieron con él todos los siervos de Faraón, los ancianos de su casa, y todos los ancianos de la tierra de Egipto, 8 Y toda la casa de José, y sus hermanos, y la casa de su padre: solamente dejaron en la tierra de Gosén sus niños, y sus ovejas y sus vacas. 9 Y subieron también con él carros y gente de á caballo, é hízose un escuadrón muy grande. 10 Y llegaron hasta la era de Atad, que está á la otra parte del Jordán, y endecharon allí con grande y muy grave lamentación: y José hizo á su padre duelo por siete días. 11 Y viendo los moradores de la tierra, los Cananeos, el llanto en la era de Atad, dijeron: Llanto grande es este de los Egipcios: por eso fué llamado su nombre Abelmizraim, que está á la otra parte del Jordán. 12 Hicieron, pues, sus hijos con él, según les había mandado: 13 Pues lleváronlo sus hijos á la tierra de Canaán, y le sepultaron en la cueva del campo de Macpela, la que había comprado Abraham con el mismo campo, para heredad de sepultura, de Ephrón el Hetheo, delante de Mamre. 14 Y tornóse José á Egipto, él y sus hermanos, y todos los que subieron con él á sepultar á su padre, después que le hubo sepultado. 15 Y viendo los hermanos de José que su padre era muerto, dijeron: Quizá nos aborrecerá José, y nos dará el pago de todo el mal que le hicimos. 16 Y enviaron á decir á José: Tu padre mandó antes de su muerte, diciendo: 17 Así diréis á José: Ruégote que perdones ahora la maldad de tus hermanos y su pecado, porque mal te trataron: por tanto ahora te rogamos que perdones la maldad de los siervos del Dios de tu padre. Y José lloró mientras hablaban. 18 Y vinieron también sus hermanos, y postráronse delante de él, y dijeron: Henos aquí por tus siervos. 19 Y respondióles José: No temáis: ¿estoy yo en lugar de Dios? 20 Vosotros pensasteis mal sobre mí, mas Dios lo encaminó á bien, para hacer lo que vemos hoy, para mantener en vida á mucho pueblo. 21 Ahora, pues, no tengáis miedo; yo os sustentaré á vosotros y á vuestros hijos. Así los consoló, y les habló al corazón. 22 Y estuvo José en Egipto, él y la casa de su padre: y vivió José ciento diez años. 23 Y vió José los hijos de Ephraim hasta la tercera generación: también los hijos de Machîr, hijo de Manasés, fueron criados sobre las rodillas de José. 24 Y José dijo á sus hermanos: Yo me muero; mas Dios ciertamente os visitará, y os hará subir de aquesta tierra á la tierra que juró á Abraham, á Isaac, y á Jacob. 25 Y conjuró José á los hijos de Israel, diciendo: Dios ciertamente os visitará, y haréis llevar de aquí mis huesos. 26 Y murió José de edad de ciento diez años; y embalsamáronlo, y fué puesto en un ataúd en Egipto.

Éxodo

¹ ESTOS son los nombres de los hijos de Israel, que entraron en Egipto con Jacob; cada uno entró con su familia. ² Rubén, Simeón, Leví y Judá; ³ Issachâr, Zabulón y Benjamín; ⁴ Dan y Nephtalí, Gad y Aser. ⁵ Y todas las almas de los que salieron del muslo de Jacob, fueron setenta. Y José estaba en Egipto. ⁶ Y murió José, y todos sus hermanos, y toda aquella generación. ⁷ Y los hijos de Israel crecieron, y multiplicaron, y fueron aumentados y corroborados en extremo; y llenóse la tierra de ellos. ⁸ Levantóse entretanto un nuevo rey sobre Egipto, que no conocía á José; el cual dijo á su pueblo: ⁹ He aquí, el pueblo de los hijos de Israel es mayor y más fuerte que nosotros: ¹⁰ Ahora, pues, seamos sabios para con él, porque no se multiplique, y acontezca que viniendo guerra, él también se junte con nuestros enemigos, y pelee contra nosotros, y se vaya de la tierra. ¹¹ Entonces pusieron sobre él comisarios de tributos que los molestasen con sus cargas; y edificaron á Faraón las ciudades de los bastimentos, Phithom y Raamses. ¹² Empero cuanto más los oprimían, tanto más se multiplicaban y crecían: así que estaban ellos fastidiados de los hijos de Israel. ¹³ Y los Egipcios hicieron servir á los hijos de Israel con dureza: ¹⁴ Y amargaron su vida con dura servidumbre, en *hacer* barro y ladrillo, y en toda labor del campo, y en todo su servicio, al cual los obligaban con rigorismo. ¹⁵ Y habló el rey de Egipto á las parteras de las Hebreas, una de las cuales se llamaba Siphra, y otra Phúa, y díjoles: ¹⁶ Cuando parteareis á las Hebreas, y mirareis los asientos, si fuere hijo, matadlo; y si fuere hija, entonces viva. ¹⁷ Mas las parteras temieron á Dios, y no hicieron como les mandó el rey de Egipto, sino que reservaban la vida á los niños. ¹⁸ Y el rey de Egipto hizo llamar á las parteras, y díjoles: Por qué habéis hecho esto, que habéis reservado la vida á los niños? ¹⁹ Y las parteras respondieron á Faraón: Porque las mujeres Hebreas no son como las Egipcias: porque son robustas, y paren antes que la partera venga á ellas. ²⁰ Y Dios hizo bien á las parteras: y el pueblo se multiplicó, y se corroboraron en gran manera. ²¹ Y por haber las parteras temido á Dios, él les hizo casas. ²² Entonces Faraón mandó á todo su pueblo, diciendo: Echad en el río todo hijo que naciere, y á toda hija reservad la vida.

2

¹ UN varón de la familia de Leví fué, y tomó por mujer una hija de Leví: ² La cual concibió, y parió un hijo: y viéndolo que era hermoso, túvole escondido tres meses. ³ Pero no pudiendo ocultarle más tiempo, tomó una arquilla de juncos, y calafateóla con pez y betún, y colocó en ella al niño, y púsolo en un carrizal á la orilla del río: ⁴ Y paróse una hermana suya á lo lejos, para ver lo que le acontecería. ⁵ Y la hija de Faraón descendió á lavarse al río, y paseándose sus doncellas por la ribera del río, vió ella la arquilla en el carrizal, y envió una criada suya á que la tomase. ⁶ Y como la abrió, vió al niño; y he aquí que el niño lloraba. Y teniendo compasión de él, dijo: De los niños de los Hebreos es éste. ⁷ Entonces su hermana dijo á la hija de Faraón: ¿Iré á llamarte un ama de las Hebreas, para que te críe este niño? ⁸ Y la hija de Faraón respondió: Ve. Entonces fué la doncella, y llamó á la madre del niño; ⁹ A la cual dijo la hija de Faraón: Lleva este niño, y críamelo, y yo te lo pagaré. Y la mujer tomó al niño, y criólo. ¹⁰ Y como creció el niño, ella lo trajo á la hija de Faraón, la cual lo prohijó, y púsole por nombre Moisés, diciendo: Porque de las aguas lo saqué. ¹¹ Y en aquellos días acaeció que, crecido ya Moisés, salió á sus hermanos, y vió sus cargas: y observó á un Egipcio que hería á uno de los Hebreos, sus hermanos. ¹² Y miró á todas partes, y viendo que no parecía nadie, mató al Egipcio, y escondiólo en la arena. ¹³ Y salió al día siguiente, y viendo á dos Hebreos que reñían, dijo al que hacía

la injuria: ¿Por qué hieres á tu prójimo? ¹⁴ Y él respondió: ¿Quién te ha puesto á ti por príncipe y juez sobre nosotros? ¿piensas matarme como mataste al Egipcio? Entonces Moisés tuvo miedo, y dijo: Ciertamente esta cosa es descubierta. ¹⁵ Y oyendo Faraón este negocio, procuró matar á Moisés: mas Moisés huyó de delante de Faraón, y habitó en la tierra de Madián; y sentóse junto á un pozo. ¹⁶ Tenía el sacerdote de Madián siete hijas, las cuales vinieron á sacar agua, para llenar las pilas y dar de beber á las ovejas de su padre. ¹⁷ Mas los pastores vinieron, y echáronlas: Entonces Moisés se levantó y defendiólas, y abrevó sus ovejas. ¹⁸ Y volviendo ellas á Ragüel su padre, díjoles él: ¿Por qué habéis hoy venido tan presto? ¹⁹ Y ellas respondieron: Un varón Egipcio nos defendió de mano de los pastores, y también nos sacó el agua, y abrevó las ovejas. ²⁰ Y dijo á sus hijas: ¿Y dónde está? ¿por qué habéis dejado ese hombre? llamadle para que coma pan. ²¹ Y Moisés acordó en morar con aquel varón; y él dió á Moisés á su hija Séphora: ²² La cual le parió un hijo, y él le puso por nombre Gersom: porque dijo: Peregrino soy en tierra ajena. ²³ Y aconteció que después de muchos días murió el rey de Egipto, y los hijos de Israel suspiraron á causa de la servidumbre, y clamaron: y subió á Dios el clamor de ellos con motivo de su servidumbre. ²⁴ Y oyó Dios el gemido de ellos, y acordóse de su pacto con Abraham, Isaac y Jacob. ²⁵ Y miró Dios á los hijos de Israel, y reconociólos Dios.

3

¹ Y APACENTANDO Moisés las ovejas de Jethro su suegro, sacerdote de Madián, llevó las ovejas detrás del desierto, y vino á Horeb, monte de Dios. ² Y apareciósele el Angel de Jehová en una llama de fuego en medio de una zarza: y él miró, y vió que la zarza ardía en fuego, y la zarza no se consumía. ³ Entonces Moisés dijo: Iré yo ahora, y veré esta grande visión, por qué causa la zarza no se quema. ⁴ Y viendo Jehová que iba á ver, llamólo Dios de en medio de la zarza, y dijo: ¡Moisés, Moisés! Y él respondió: Heme aquí. ⁵ Y dijo: No te llegues acá: quita tus zapatos de tus pies, porque el lugar en que tú estás, tierra santa es. ⁶ Y dijo: Yo soy el Dios de tu padre, Dios de Abraham, Dios de Isaac, Dios de Jacob. Entonces Moisés cubrió su rostro, porque tuvo miedo de mirar á Dios. ⁷ Y dijo Jehová: Bien he visto la aflicción de mi pueblo que está en Egipto, y he oído su clamor á causa de sus exactores; pues tengo conocidas sus angustias: ⁸ Y he descendido para librarlos de mano de los Egipcios, y sacarlos de aquella tierra á una tierra buena y ancha, á tierra que fluye leche y miel, á los lugares del Cananeo, del Hetheo, del Amorrheo, del Pherezeo, del Heveo, y del Jebuseo. ⁹ El clamor, pues, de los hijos de Israel ha venido delante de mí, y también he visto la opresión con que los Egipcios los oprimen. ¹⁰ Ven por tanto ahora, y enviarte he á Faraón, para que saques á mi pueblo, los hijos de Israel, de Egipto. ¹¹ Entonces Moisés respondió á Dios: ¿Quién soy yo, para que vaya á Faraón, y saque de Egipto á los hijos de Israel? ¹² Y él *le* respondió: *Ve*, porque yo seré contigo; y esto te será por señal de que yo te he enviado: luego que hubieres sacado este pueblo de Egipto, serviréis á Dios sobre este monte. ¹³ Y dijo Moisés á Dios: He aquí que llego yo á los hijos de Israel, y les digo, El Dios de vuestros padres me ha enviado á vosotros; si ellos me preguntaren: ¿Cuál es su nombre? ¿qué les responderé? ¹⁴ Y respondió Dios á Moisés: YO SOY EL QUE SOY. Y dijo: Así dirás á los hijos de Israel: YO SOY me ha enviado á vosotros. ¹⁵ Y dijo más Dios á Moisés: Así dirás á los hijos de Israel: Jehová, el Dios de vuestros padres, el Dios de Abraham, Dios de Isaac y Dios de Jacob, me ha enviado á vosotros. Este es mi nombre para siempre, este es mi memorial por todos los siglos. ¹⁶ Ve, y junta los ancianos de Israel, y diles: Jehová, el Dios de vuestros padres, el Dios de Abraham, de Isaac, y de Jacob, me apareció, diciendo: De cierto os he visitado, y *visto* lo que se os hace en Egipto; ¹⁷ Y he dicho: Yo os sacaré de la aflicción de Egipto á la tierra del Cananeo, y del Hetheo, y del Amorrheo, y del Pherezeo, y del Heveo, y del Jebuseo, á una tierra que fluye leche y miel. ¹⁸ Y oirán tu voz; é irás tú, y los ancianos de Israel,

al rey de Egipto, y le diréis: Jehová, el Dios de los Hebreos, nos ha encontrado; por tanto nosotros iremos ahora camino de tres días por el desierto, para que sacrifiquemos á Jehová nuestro Dios. ¹⁹ Mas yo sé que el rey de Egipto no os dejará ir sino por mano fuerte. ²⁰ Empero yo extenderé mi mano, y heriré á Egipto con todas mis maravillas que haré en él, y entonces os dejará ir. ²¹ Y yo daré á este pueblo gracia en los ojos de los Egipcios, para que cuando os partiereis, no salgáis vacíos: ²² Sino que demandará cada mujer á su vecina y á su huéspeda vasos de plata, vasos de oro, y vestidos: los cuales pondréis sobre vuestros hijos y vuestras hijas; y despojaréis á Egipto.

4

¹ ENTONCES Moisés respondió, y dijo: He aquí que ellos no me creerán, ni oirán mi voz; porque dirán: No te ha aparecido Jehová. ² Y Jehová dijo: ¿Qué es eso que tienes en tu mano? Y él respondió: Una vara. ³ Y él le dijo: Échala en tierra. Y él la echó en tierra, y tornóse una culebra: y Moisés huía de ella. ⁴ Entonces dijo Jehová á Moisés: Extiende tu mano, y tómala por la cola. Y él extendió su mano, y tomóla, y tornóse vara en su mano. ⁵ Por esto creerán que se te ha aparecido Jehová, el Dios de tus padres, el Dios de Abraham, Dios de Isaac y Dios de Jacob. ⁶ Y díjole más Jehová: Mete ahora tu mano en tu seno. Y él metió la mano en su seno; y como la sacó, he aquí que su mano estaba leprosa como la nieve. ⁷ Y dijo: Vuelve á meter tu mano en tu seno: y él volvió á meter su mano en su seno; y volviéndola á sacar del seno, he aquí que se había vuelto como la otra carne. ⁸ Sí aconteciere, que no te creyeren, ni obedecieren á la voz de la primera señal, creerán á la voz de la postrera. ⁹ Y si aun no creyeren á estas dos señales, ni oyeren tu voz, tomarás de las aguas del río, y derrámalas en tierra; y volverse han aquellas aguas que tomarás del río, se volverán sangre en la tierra. ¹⁰ Entonces dijo Moisés á Jehová: ¡Ay Señor! yo no soy hombre de palabras de ayer ni de anteayer, ni aun desde que tú hablas á tu siervo; porque soy tardo en el habla y torpe de lengua. ¹¹ Y Jehová le respondió: ¿Quién dió la boca al hombre? ¿ó quién hizo al mudo y al sordo, al que ve y al ciego? ¿no soy yo Jehová? ¹² Ahora pues, ve, que yo seré en tu boca, y te enseñaré lo que hayas de hablar. ¹³ Y él dijo: ¡Ay Señor! envía por mano del que has de enviar. ¹⁴ Entonces Jehová se enojó contra Moisés, y dijo: ¿No conozco yo á tu hermano Aarón, Levita, y que él hablará? Y aun he aquí que él te saldrá á recibir, y en viéndote, se alegrará en su corazón. ¹⁵ Tú hablarás á él, y pondrás en su boca las palabras, y yo seré en tu boca y en la suya, y os enseñaré lo que hayáis de hacer. ¹⁶ Y él hablará por ti al pueblo; y él te será á ti en lugar de boca, y tú serás para él en lugar de Dios. ¹⁷ Y tomarás esta vara en tu mano, con la cual harás las señales. ¹⁸ Así se fué Moisés, y volviendo á su suegro Jethro, díjole: Iré ahora, y volveré á mis hermanos que están en Egipto, para ver si aun viven. Y Jethro dijo á Moisés: Ve en paz. ¹⁹ Dijo también Jehová á Moisés en Madián: Ve, y vuélvete á Egipto, porque han muerto todos los que procuraban tu muerte. ²⁰ Entonces Moisés tomó su mujer y sus hijos, y púsolos sobre un asno, y volvióse á tierra de Egipto: tomó también Moisés la vara de Dios en su mano. ²¹ Y dijo Jehová á Moisés: Cuando hubiereis vuelto á Egipto, mira que hagas delante de Faraón todas las maravillas que he puesto en tu mano: yo empero endureceré su corazón, de modo que no dejará ir al pueblo. ²² Y dirás á Faraón: Jehová ha dicho así: Israel es mi hijo, mi primogénito. ²³ Ya te he dicho que dejes ir á mi hijo, para que me sirva, mas no has querido dejarlo ir: he aquí yo voy á matar á tu hijo, tu primogénito. ²⁴ Y aconteció en el camino, que en una posada le salió al encuentro Jehová, y quiso matarlo. ²⁵ Entonces Séphora cogió un afilado pedernal, y cortó el prepucio de su hijo, y echólo á sus pies, diciendo: A la verdad tú me eres un esposo de sangre. ²⁶ Así le dejó luego ir. Y ella dijo: Esposo de sangre, á causa de la circuncisión. ²⁷ Y Jehová dijo á Aarón: Ve á recibir á Moisés al desierto. Y él fué, y encontrólo en el monte de Dios, y besóle. ²⁸ Entonces contó Moisés á Aarón todas

las palabras de Jehová que le enviaba, y todas las señales que le había dado. ²⁹ Y fueron Moisés y Aarón, y juntaron todos los ancianos de los hijos de Israel: ³⁰ Y habló Aarón todas las palabras que Jehová había dicho á Moisés, é hizo las señales delante de los ojos del pueblo. ³¹ Y el pueblo creyó: y oyendo que Jehová había visitado los hijos de Israel, y que había visto su aflicción, inclináronse y adoraron.

5

¹ DESPUÉS entraron Moisés y Aarón á Faraón, y le dijeron: Jehová, el Dios de Israel, dice así: Deja ir á mi pueblo á celebrarme fiesta en el desierto. ² Y Faraón respondió: ¿Quién es Jehová, para que yo oiga su voz y deje ir á Israel? Yo no conozco á Jehová, ni tampoco dejaré ir á Israel. ³ Y ellos dijeron: El Dios de los Hebreos nos ha encontrado: iremos, pues, ahora camino de tres días por el desierto, y sacrificaremos á Jehová nuestro Dios; porque no venga sobre nosotros con pestilencia ó con espada. ⁴ Entonces el rey de Egipto les dijo: Moisés y Aarón, ¿por qué hacéis cesar al pueblo de su obra? idos á vuestros cargos. ⁵ Dijo también Faraón: He aquí el pueblo de la tierra es ahora mucho, y vosotros les hacéis cesar de sus cargos. ⁶ Y mandó Faraón aquel mismo día á los cuadrilleros del pueblo que le tenían á su cargo, y á sus gobernadores, diciendo: ⁷ De aquí adelante no daréis paja al pueblo para hacer ladrillo, como ayer y antes de ayer; vayan ellos y recojan por sí mismos la paja: ⁸ Y habéis de ponerles la tarea del ladrillo que hacían antes, y no les disminuiréis nada; porque están ociosos, y por eso levantan la voz diciendo: Vamos y sacrificaremos á nuestro Dios. ⁹ Agrávese la servidumbre sobre ellos, para que se ocupen en ella, y no atiendan á palabras de mentira. ¹⁰ Y saliendo los cuadrilleros del pueblo y sus gobernadores, hablaron al pueblo, diciendo: Así ha dicho Faraón: Yo no os doy paja. ¹¹ Id vosotros, y recoged paja donde la hallareis; que nada se disminuirá de vuestra tarea. ¹² Entonces el pueblo se derramó por toda la tierra de Egipto á coger rastrojo en lugar de paja. ¹³ Y los cuadrilleros los apremiaban, diciendo: Acabad vuestra obra, la tarea del día en su día, como cuando se os daba paja. ¹⁴ Y azotaban á los capataces de los hijos de Israel, que los cuadrilleros de Faraón habían puesto sobre ellos, diciendo: ¿Por qué no habéis cumplido vuestra tarea de ladrillo ni ayer ni hoy, como antes? ¹⁵ Y los capataces de los hijos de Israel vinieron á Faraón, y se quejaron á él, diciendo: ¿Por qué lo haces así con tus siervos? ¹⁶ No se da paja á tus siervos, y con todo nos dicen: Haced el ladrillo. Y he aquí tus siervos son azotados, y tu pueblo cae en falta. ¹⁷ Y él respondió: Estáis ociosos, *sí,* ociosos, y por eso decís: Vamos y sacrifiquemos á Jehová. ¹⁸ Id pues ahora, y trabajad. No se os dará paja, y habéis de dar la tarea del ladrillo. ¹⁹ Entonces los capataces de los hijos de Israel se vieron en aflicción, habiéndoseles dicho: No se disminuirá nada de vuestro ladrillo, de la tarea de cada día. ²⁰ Y encontrando á Moisés y á Aarón, que estaban á la vista de ellos cuando salían de Faraón, ²¹ Dijéronles: Mire Jehová sobre vosotros, y juzgue; pues habéis hecho heder nuestro olor delante de Faraón y de sus siervos, dándoles el cuchillo en las manos para que nos maten. ²² Entonces Moisés se volvió á Jehová, y dijo: Señor, ¿por qué afliges á este pueblo? ¿para qué me enviaste? ²³ Porque desde que yo vine á Faraón para hablarle en tu nombre, ha afligido á este pueblo; y tú tampoco has librado á tu pueblo.

6

¹ JEHOVÁ respondió á Moisés: Ahora verás lo que yo haré á Faraón; porque con mano fuerte los ha de dejar ir; y con mano fuerte los ha de echar de su tierra. ² Habló todavía Dios á Moisés, y díjole: Yo soy JEHOVÁ; ³ Y aparecí á Abraham, á Isaac y á Jacob bajo *el nombre de* Dios Omnipotente, mas en mi nombre JEHOVÁ no me notifiqué á ellos. ⁴ Y también establecí mi pacto con ellos, de darles la tierra de Canaán, la tierra en que fueron extranjeros, y en la cual peregrinaron. ⁵ Y asimismo yo he oído el gemido de los

hijos de Israel, á quienes hacen servir los Egipcios, y heme acordado de mi pacto. ⁶ Por tanto dirás á los hijos de Israel: Yo JEHOVÁ; y yo os sacaré de debajo de las cargas de Egipto, y os libraré de su servidumbre, y os redimiré con brazo extendido, y con juicios grandes: ⁷ Y os tomaré por mi pueblo y seré vuestro Dios: y vosotros sabréis que yo soy Jehová vuestro Dios, que os saco de debajo de las cargas de Egipto: ⁸ Y os meteré en la tierra, por la cual alcé mi mano que la daría á Abraham, á Isaac y á Jacob: y yo os la daré por heredad. Yo JEHOVÁ. ⁹ De esta manera habló Moisés á los hijos de Israel: mas ellos no escuchaban á Moisés á causa de la congoja de espíritu, y de la dura servidumbre. ¹⁰ Y habló Jehová á Moisés, diciendo: ¹¹ Entra, y habla á Faraón rey de Egipto, que deje ir de su tierra á los hijos de Israel. ¹² Y respondió Moisés delante de Jehová, diciendo: He aquí, los hijos de Israel no me escuchan: ¿cómo pues me escuchará Faraón, mayormente siendo yo incircunciso de labios? ¹³ Entonces Jehová habló á Moisés y á Aarón, y dióles mandamiento para los hijos de Israel, y para Faraón rey de Egipto, para que sacasen á los hijos de Israel de la tierra de Egipto. ¹⁴ Estas son las cabezas de las familias de sus padres. Los hijos de Rubén, el primogénito de Israel: Hanoch y Phallú, Hezrón y Carmi: estas son las familias de Rubén. ¹⁵ Los hijos de Simeón: Jemuel, y Jamín, y Ohad, y Jachîn, y Zoar, y Saúl, hijo de una Cananea: estas son las familias de Simeón. ¹⁶ Y estos son los nombres de los hijos de Leví por sus linajes: Gersón, y Coath, y Merari. Y los años de la vida de Leví fueron ciento treinta y siete años. ¹⁷ Y los hijos de Gersón: Libni, y Shimi, por sus familias. ¹⁸ Y los hijos de Coath: Amram, é Izhar, y Hebrón, y Uzziel. Y los años de la vida de Coath fueron ciento treinta y tres años. ¹⁹ Y los hijos de Merari: Mahali, y Musi: estas son las familias de Leví por sus linajes. ²⁰ Y Amram tomó por mujer á Jochêbed su tía; la cual le parió á Aarón y á Moisés. Y los años de la vida de Amram fueron ciento treinta y siete años. ²¹ Y los hijos de Izhar: Cora, y Nepheg y Zithri. ²² Y los hijos de Uzziel: Misael, y Elzaphán y Zithri. ²³ Y tomóse Aarón por mujer á Elisabeth, hija de Aminadab, hermana de Naasón; la cual le parió á Nadab, y á Abiú, y á Eleazar y á Ithamar. ²⁴ Y los hijos de Cora: Assir, y Elcana, y Abiasaph: estas son las familias de los Coritas. ²⁵ Y Eleazar, hijo de Aarón, tomó para sí mujer de las hijas de Phutiel, la cual le parió á Phinees: y estas son las cabezas de los padres de los Levitas por sus familias. ²⁶ Este es aquel Aarón y aquel Moisés, á los cuales Jehová dijo: Sacad á los hijos de Israel de la tierra de Egipto por sus escuadrones. ²⁷ Estos son los que hablaron á Faraón rey de Egipto, para sacar de Egipto á los hijos de Israel. Moisés y Aarón fueron estos. ²⁸ Cuando Jehová habló á Moisés en la tierra de Egipto, ²⁹ Entonces Jehová habló á Moisés, diciendo: Yo soy JEHOVÁ; di á Faraón rey de Egipto todas las cosas que yo te digo á ti. ³⁰ Y Moisés respondió delante de Jehová: He aquí, yo soy incircunciso de labios, ¿cómo pues me ha de oir Faraón?

7

¹ Y JEHOVÁ dijo á Moisés: Mira, yo te he constituído dios para Faraón, y tu hermano Aarón será tu profeta. ² Tú dirás todas las cosas que yo te mandaré, y Aarón tu hermano hablará á Faraón, para que deje ir de su tierra á los hijos de Israel. ³ Y yo endureceré el corazón de Faraón, y multiplicaré en la tierra de Egipto mis señales y mis maravillas. ⁴ Y Faraón no os oirá; mas yo pondré mi mano sobre Egipto, y sacaré á mis ejércitos, mi pueblo, los hijos de Israel, de la tierra de Egipto, con grandes juicios. ⁵ Y sabrán los Egipcios que yo soy Jehová, cuando extenderé mi mano sobre Egipto, y sacaré los hijos de Israel de en medio de ellos. ⁶ E hizo Moisés y Aarón como Jehová les mandó: hiciéronlo así. ⁷ Y era Moisés de edad de ochenta años, y Aarón de edad de ochenta y tres, cuando hablaron á Faraón. ⁸ Y habló Jehová á Moisés y á Aarón, diciendo: ⁹ Si Faraón os respondiere diciendo, Mostrad milagro; dirás á Aarón: Toma tu vara, y échala delante de Faraón, para que se torne culebra. ¹⁰ Vinieron, pues, Moisés y Aarón á Faraón, é hicieron

como Jehová lo había mandado: y echó Aarón su vara delante de Faraón y de sus siervos, y tornóse culebra. ¹¹ Entonces llamó también Faraón sabios y encantadores; é hicieron también lo mismo los encantadores de Egipto con sus encantamientos; ¹² Pues echó cada uno su vara, las cuales se volvieron culebras: mas la vara de Aarón devoró las varas de ellos. ¹³ Y el corazón de Faraón se endureció, y no los escuchó; como Jehová lo había dicho. ¹⁴ Entonces Jehová dijo á Moisés: El corazón de Faraón está agravado, que no quiere dejar ir al pueblo. ¹⁵ Ve por la mañana á Faraón, he aquí que él sale á las aguas; y tú ponte á la orilla del río delante de él, y toma en tu mano la vara que se volvió culebra, ¹⁶ Y dile: Jehová el Dios de los Hebreos me ha enviado á ti, diciendo: Deja ir á mi pueblo, para que me sirvan en el desierto; y he aquí que hasta ahora no has querido oir. ¹⁷ Así ha dicho Jehová: En esto conocerás que yo soy Jehová: he aquí, yo heriré con la vara que tengo en mi mano el agua que está en el río, y se convertirá en sangre: ¹⁸ Y los peces que hay en el río morirán, y hederá el río, y tendrán asco los Egipcios de beber el agua del río. ¹⁹ Y Jehová dijo á Moisés: Di á Aarón: Toma tu vara, y extiende tu mano sobre las aguas de Egipto, sobre sus ríos, sobre sus arroyos y sobre sus estanques, y sobre todos sus depósitos de aguas, para que se conviertan en sangre, y haya sangre por toda la región de Egipto, así en los vasos de madera como en los de piedra. ²⁰ Y Moisés y Aarón hicieron como Jehová lo mandó; y alzando la vara hirió las aguas que había en el río, en presencia de Faraón y de sus siervos; y todas las aguas que había en el río se convirtieron en sangre. ²¹ Asimismo los peces que había en el río murieron; y el río se corrompió, que los Egipcios no podían beber de él: y hubo sangre por toda la tierra de Egipto. ²² Y los encantadores de Egipto hicieron lo mismo con sus encantamientos: y el corazón de Faraón se endureció, y no los escuchó; como Jehová lo había dicho. ²³ Y tornando Faraón volvióse á su casa, y no puso su corazón aun en esto. ²⁴ Y en todo Egipto hicieron pozos alrededor del río para beber, porque no podían beber de las aguas del río. ²⁵ Y cumpliéronse siete días después que Jehová hirió el río.

8

¹ ENTONCES Jehová dijo á Moisés: Entra á Faraón, y dile: Jehová ha dicho así: Deja ir á mi pueblo, para que me sirvan. ² Y si no lo quisieres dejar ir, he aquí yo heriré con ranas todos tus términos: ³ Y el río criará ranas, las cuales subirán, y entrarán en tu casa, y en la cámara de tu cama, y sobre tu cama, y en las casas de tus siervos, y en tu pueblo, y en tus hornos, y en tus artesas: ⁴ Y las ranas subirán sobre ti, y sobre tu pueblo, y sobre todos tus siervos. ⁵ Y Jehová dijo á Moisés: Di á Aarón: Extiende tu mano con tu vara sobre los ríos, arroyos, y estanques, para que haga venir ranas sobre la tierra de Egipto. ⁶ Entonces Aarón extendió su mano sobre las aguas de Egipto, y subieron ranas que cubrieron la tierra de Egipto. ⁷ Y los encantadores hicieron lo mismo con sus encantamientos, é hicieron venir ranas sobre la tierra de Egipto. ⁸ Entonces Faraón llamó á Moisés y á Aarón, y díjoles: Orad á Jehová que quite las ranas de mí y de mi pueblo; y dejaré ir al pueblo, para que sacrifique á Jehová. ⁹ Y dijo Moisés á Faraón: Gloríate sobre mí: ¿cuándo oraré por ti, y por tus siervos, y por tu pueblo, para que las ranas sean quitadas de ti, y de tus casas, y que solamente se queden en el río? ¹⁰ Y él dijo: Mañana. Y *Moisés* respondió: Se hará conforme á tu palabra, para que conozcas que no hay como Jehová nuestro Dios: ¹¹ Y las ranas se irán de ti, y de tus casas, y de tus siervos, y de tu pueblo, y solamente se quedarán en el río. ¹² Entonces salieron Moisés y Aarón de con Faraón, y clamó Moisés á Jehová sobre el negocio de las ranas que había puesto á Faraón. ¹³ E hizo Jehová conforme á la palabra de Moisés, y murieron las ranas de las casas, de los cortijos, y de los campos. ¹⁴ Y las juntaron en montones, y apestaban la tierra. ¹⁵ Y viendo Faraón que le habían dado reposo, agravó su corazón, y no los escuchó; como Jehová lo había dicho. ¹⁶ Entonces Jehová dijo á Moisés: Di á Aarón: Extiende tu vara, y hiere el polvo

de la tierra, para que se vuelva piojos por todo el país de Egipto. ¹⁷ Y ellos lo hicieron así; y Aarón extendió su mano con su vara, é hirió el polvo de la tierra, el cual se volvió piojos, así en los hombres como en las bestias: todo el polvo de la tierra se volvió piojos en todo el país de Egipto. ¹⁸ Y los encantadores hicieron así también, para sacar piojos con sus encantamientos; mas no pudieron. Y había piojos así en los hombres como en las bestias. ¹⁹ Entonces los magos dijeron á Faraón: Dedo de Dios es este. Mas el corazón de Faraón se endureció, y no los escuchó; como Jehová lo había dicho. ²⁰ Y Jehová dijo á Moisés: Levántate de mañana y ponte delante de Faraón, he aquí él sale á las aguas; y dile: Jehová ha dicho así: Deja ir á mi pueblo, para que me sirva. ²¹ Porque si no dejares ir á mi pueblo, he aquí yo enviaré sobre ti, y sobre tus siervos, y sobre tu pueblo, y sobre tus casas toda suerte de moscas; y las casas de los Egipcios se henchirán de toda suerte de moscas, y asimismo la tierra donde ellos estuvieren. ²² Y aquel día yo apartaré la tierra de Gosén, en la cual mi pueblo habita, para que ninguna suerte de moscas haya en ella; á fin de que sepas que yo soy Jehová en medio de la tierra. ²³ Y yo pondré redención entre mi pueblo y el tuyo. Mañana será esta señal. ²⁴ Y Jehová lo hizo así: que vino toda suerte de moscas molestísimas sobre la casa de Faraón, y sobre las casas de sus siervos, y sobre todo el país de Egipto; y la tierra fué corrompida á causa de ellas. ²⁵ Entonces Faraón llamó á Moisés y á Aarón, y díjoles: Andad, sacrificad á vuestro Dios en la tierra. ²⁶ Y Moisés respondió: No conviene que hagamos así, porque sacrificaríamos á Jehová nuestro Dios la abominación de los Egipcios. He aquí, si sacrificáramos la abominación de los Egipcios delante de ellos, ¿no nos apedrearían? ²⁷ Camino de tres días iremos por el desierto, y sacrificaremos á Jehová nuestro Dios, como él nos dirá. ²⁸ Y dijo Faraón: Yo os dejaré ir para que sacrifiquéis á Jehová vuestro Dios en el desierto, con tal que no vayáis más lejos: orad por mí. ²⁹ Y respondió Moisés: He aquí, en saliendo yo de contigo, rogaré á Jehová que las diversas suertes de moscas se vayan de Faraón, y de sus siervos, y de su pueblo mañana; con tal que Faraón no falte más, no dejando ir al pueblo á sacrificar á Jehová. ³⁰ Entonces Moisés salió de con Faraón, y oró á Jehová. ³¹ Y Jehová hizo conforme á la palabra de Moisés; y quitó todas aquellas moscas de Faraón, y de sus siervos, y de su pueblo, sin que quedara una. ³² Mas Faraón agravó aún esta vez su corazón, y no dejó ir al pueblo.

9

¹ ENTONCES Jehová dijo á Moisés: Entra á Faraón, y dile: Jehová, el Dios de los Hebreos, dice así: Deja ir á mi pueblo, para que me sirvan; ² Porque si no lo quieres dejar ir, y los detuvieres aún, ³ He aquí la mano de Jehová será sobre tus ganados que están en el campo, caballos, asnos, camellos, vacas y ovejas, con pestilencia gravísima: ⁴ Y Jehová hará separación entre los ganados de Israel y los de Egipto, de modo que nada muera de todo lo de los hijos de Israel. ⁵ Y Jehová señaló tiempo, diciendo: Mañana hará Jehová esta cosa en la tierra. ⁶ Y el día siguiente Jehová hizo aquello, y murió todo el ganado de Egipto; mas del ganado de los hijos de Israel no murió uno. ⁷ Entonces Faraón envió, y he aquí que del ganado de los hijos de Israel no había muerto uno. Mas el corazón de Faraón se agravó, y no dejó ir al pueblo. ⁸ Y Jehová dijo á Moisés y á Aarón: Tomad puñados de ceniza de un horno, y espárzala Moisés hacia el cielo delante de Faraón: ⁹ Y vendrá á ser polvo sobre toda la tierra de Egipto, el cual originará sarpullido que cause tumores apostemados en los hombres y en las bestias, por todo el país de Egipto. ¹⁰ Y tomaron la ceniza del horno, y pusiéronse delante de Faraón, y esparcióla Moisés hacia el cielo; y vino un sarpullido que causaba tumores apostemados así en los hombres como en las bestias. ¹¹ Y los magos no podían estar delante de Moisés á causa de los tumores, porque hubo sarpullido en los magos y en todos los Egipcios. ¹² Y Jehová endureció el corazón de Faraón, y no los oyó; como Jehová lo había dicho á Moisés. ¹³ Entonces Jehová dijo

á Moisés: Levántate de mañana, y ponte delante de Faraón, y dile: Jehová, el Dios de los Hebreos, dice así: Deja ir á mi pueblo, para que me sirva. ¹⁴ Porque yo enviaré esta vez todas mis plagas á tu corazón, sobre tus siervos, y sobre tu pueblo, para que entiendas que no hay otro como yo en toda la tierra. ¹⁵ Porque ahora yo extenderé mi mano para herirte á ti y á tu pueblo de pestilencia, y serás quitado de la tierra. ¹⁶ Y á la verdad yo te he puesto para declarar en ti mi potencia, y que mi Nombre sea contado en toda la tierra. ¹⁷ ¿Todavía te ensalzas tú contra mi pueblo, para no dejarlos ir? ¹⁸ He aquí que mañana á estas horas yo haré llover granizo muy grave, cual nunca fué en Egipto, desde el día que se fundó hasta ahora. ¹⁹ Envía, pues, á recoger tu ganado, y todo lo que tienes en el campo; porque todo hombre ó animal que se hallare en el campo, y no fuere recogido á casa, el granizo descenderá sobre él, y morirá. ²⁰ De los siervos de Faraón el que temió la palabra de Jehová, hizo huir sus criados y su ganado á casa: ²¹ Mas el que no puso en su corazón la palabra de Jehová, dejó sus criados y sus ganados en el campo. ²² Y Jehová dijo á Moisés: Extiende tu mano hacia el cielo, para que venga granizo en toda la tierra de Egipto sobre los hombres, y sobre las bestias, y sobre toda la hierba del campo en el país de Egipto. ²³ Y Moisés extendió su vara hacia el cielo, y Jehová hizo tronar y granizar, y el fuego discurría por la tierra; y llovió Jehová granizo sobre la tierra de Egipto. ²⁴ Hubo pues granizo, y fuego mezclado con el granizo, tan grande, cual nunca hubo en toda la tierra de Egipto desde que fué habitada. ²⁵ Y aquel granizo hirió en toda la tierra de Egipto todo lo que estaba en el campo, así hombres como bestias; asimismo hirió el granizo toda la hierba del campo, y desgajó todos los árboles del país. ²⁶ Solamente en la tierra de Gosén, donde los hijos de Israel estaban, no hubo granizo. ²⁷ Entonces Faraón envió á llamar á Moisés y á Aarón, y les dijo: He pecado esta vez: Jehová es justo, y yo y mi pueblo impíos. ²⁸ Orad á Jehová: y cesen los truenos de Dios y el granizo; y yo os dejaré ir, y no os detendréis más. ²⁹ Y respondióle Moisés: En saliendo yo de la ciudad extenderé mis manos á Jehová, y los truenos cesarán, y no habrá más granizo; para que sepas que de Jehová es la tierra. ³⁰ Mas yo sé que ni tú ni tus siervos temeréis todavía la presencia del Dios Jehová. ³¹ El lino, pues, y la cebada fueron heridos; porque la cebada estaba ya espigada, y el lino en caña. ³² Mas el trigo y el centeno no fueron heridos; porque eran tardíos. ³³ Y salido Moisés de con Faraón de la ciudad, extendió sus manos á Jehová, y cesaron los truenos y el granizo; y la lluvia no cayó más sobre la tierra. ³⁴ Y viendo Faraón que la lluvia había cesado y el granizo y los truenos, perseveró en pecar, y agravó su corazón, él y sus siervos. ³⁵ Y el corazón de Faraón se endureció, y no dejó ir á los hijos de Israel; como Jehová lo había dicho por medio de Moisés.

10

¹ Y JEHOVÁ dijo á Moisés: Entra á Faraón; porque yo he agravado su corazón, y el corazón de sus siervos, para dar entre ellos estas mis señales; ² Y para que cuentes á tus hijos y á tus nietos las cosas que yo hice en Egipto, y mis señales que dí entre ellos; y para que sepáis que yo soy Jehová. ³ Entonces vinieron Moisés y Aarón á Faraón, y le dijeron: Jehová, el Dios de los Hebreos, ha dicho así: ¿Hasta cuándo no querrás humillarte delante de mí? Deja ir á mi pueblo para que me sirvan. ⁴ Y si aun rehusas dejarlo ir, he aquí que yo traeré mañana langosta en tus términos, ⁵ La cual cubrirá la faz de la tierra, de modo que no pueda verse la tierra; y ella comerá lo que quedó salvo, lo que os ha quedado del granizo; comerá asimismo todo árbol que os produce *fruto* en el campo: ⁶ Y llenarse han tus casas, y las casas de todos tus siervos, y las casas de todos los Egipcios, cual nunca vieron tus padres ni tus abuelos, desde que ellos fueron sobre la tierra hasta hoy. Y volvióse, y salió de con Faraón. ⁷ Entonces los siervos de Faraón le dijeron: ¿Hasta cuándo nos ha de ser éste por lazo? Deja ir á estos hombres, para que sirvan á Jehová su Dios; ¿aun no sabes que Egipto está destruído? ⁸ Y Moisés y Aarón volvieron á ser llamados á

Faraón, el cual les dijo: Andad, servid á Jehová vuestro Dios. ¿Quién y quién son los que han de ir? 9 Y Moisés respondió: Hemos de ir con nuestros niños y con nuestros viejos, con nuestros hijos y con nuestras hijas: con nuestras ovejas y con nuestras vacas hemos de ir; porque tenemos solemnidad de Jehová. 10 Y él les dijo: Así sea Jehová con vosotros como yo os dejaré ir á vosotros y á vuestros niños: mirad como el mal está delante de vuestro rostro. 11 No *será* así: id ahora vosotros los varones, y servid á Jehová: pues esto es lo que vosotros demandasteis. Y echáronlos de delante de Faraón. 12 Entonces Jehová dijo á Moisés: Extiende tu mano sobre la tierra de Egipto para langosta, á fin de que suba sobre el país de Egipto, y consuma todo lo que el granizo dejó. 13 Y extendió Moisés su vara sobre la tierra de Egipto, y Jehová trajo un viento oriental sobre el país todo aquel día y toda aquella noche; y á la mañana el viento oriental trajo la langosta: 14 Y subió la langosta sobre toda la tierra de Egipto, y asentóse en todos los términos de Egipto, en gran manera grave: antes de ella no hubo langosta semejante, ni después de ella vendrá otra tal; 15 Y cubrió la faz de todo el país, y oscurecióse la tierra; y consumió toda la hierba de la tierra, y todo el fruto de los árboles que había dejado el granizo; que no quedó cosa verde en árboles ni en hierba del campo, por toda la tierra de Egipto. 16 Entonces Faraón hizo llamar apriesa á Moisés y á Aarón, y dijo: He pecado contra Jehová vuestro Dios, y contra vosotros. 17 Mas ruego ahora que perdones mi pecado solamente esta vez, y que oréis á Jehová vuestro Dios que quite de mí solamente esta muerte. 18 Y salió de con Faraón, y oró á Jehová. 19 Y Jehová volvió un viento occidental fortísimo, y quitó la langosta, y arrojóla en el mar Bermejo: ni una langosta quedó en todo el término de Egipto. 20 Mas Jehová endureció el corazón de Faraón; y no envió los hijos de Israel. 21 Y Jehová dijo á Moisés: Extiende tu mano hacia el cielo, para que haya tinieblas sobre la tierra de Egipto, tales que cualquiera las palpe. 22 Y extendió Moisés su mano hacia el cielo, y hubo densas tinieblas tres días por toda la tierra de Egipto. 23 Ninguno vió á su prójimo, ni nadie se levantó de su lugar en tres días; mas todos los hijos de Israel tenían luz en sus habitaciones. 24 Entonces Faraón hizo llamar á Moisés, y dijo: Id, servid á Jehová; solamente queden vuestras ovejas y vuestras vacas: vayan también vuestros niños con vosotros. 25 Y Moisés respondió: Tú también nos entregarás sacrificios y holocaustos que sacrifiquemos á Jehová nuestro Dios. 26 Nuestros ganados irán también con nosotros; no quedará ni una uña; porque de ellos hemos de tomar para servir á Jehová nuestro Dios; y no sabemos con qué hemos de servir á Jehová, hasta que lleguemos allá. 27 Mas Jehová endureció el corazón de Faraón, y no quiso dejarlos ir. 28 Y díjole Faraón: Retírate de mí: guárdate que no veas más mi rostro, porque en cualquier día que vieres mi rostro, morirás. 29 Y Moisés respondió: Bien has dicho; no veré más tu rostro.

11

1 Y JEHOVÁ dijo á Moisés: Una plaga traeré aún sobre Faraón, y sobre Egipto; después de la cual él os dejará ir de aquí; y seguramente os echará de aquí del todo. 2 Habla ahora al pueblo, y que cada uno demande á su vecino, y cada una á su vecina, vasos de plata y de oro. 3 Y Jehová dió gracia al pueblo en los ojos de los Egipcios. También Moisés era muy gran varón en la tierra de Egipto, á los ojos de los siervos de Faraón, y á los ojos del pueblo. 4 Y dijo Moisés: Jehová ha dicho así: A la media noche yo saldré por medio de Egipto, 5 Y morirá todo primogénito en tierra de Egipto, desde el primogénito de Faraón que se sienta en su trono, hasta el primogénito de la sierva que está tras la muela; y todo primogénito de las bestias. 6 Y habrá gran clamor por toda la tierra de Egipto, cual nunca fué, ni jamás será. 7 Mas entre todos los hijos de Israel, desde el hombre hasta la bestia, ni un perro moverá su lengua: para que sepáis que hará diferencia Jehová entre los Egipcios y los Israelitas. 8 Y descenderán á mí todos estos tus siervos, é inclinados delante de mí dirán: Sal tú, y todo el pueblo que está bajo de ti; y después de esto yo saldré. Y

salióse muy enojado de con Faraón. 9 Y Jehová dijo á Moisés: Faraón no os oirá, para que mis maravillas se multipliquen en la tierra de Egipto. 10 Y Moisés y Aarón hicieron todos estos prodigios delante de Faraón: mas Jehová había endurecido el corazón de Faraón, y no envió á los hijos de Israel fuera de su país.

12

1 Y HABLÓ Jehová á Moisés y á Aarón en la tierra de Egipto, diciendo: 2 Este mes os será principio de los meses; será este para vosotros el primero en los meses del año. 3 Hablad á toda la congregación de Israel, diciendo: En el diez de aqueste mes tómese cada uno un cordero por las familias de los padres, un cordero por familia: 4 Mas si la familia fuere pequeña que no baste á comer el cordero, entonces tomará á su vecino inmediato á su casa, y según el número de las personas, cada uno conforme á su comer, echaréis la cuenta sobre el cordero. 5 El cordero será sin defecto, macho de un año: tomaréislo de las ovejas ó de las cabras: 6 Y habéis de guardarlo hasta el día catorce de este mes; y lo inmolará toda la congregación del pueblo de Israel entre las dos tardes. 7 Y tomarán de la sangre, y pondrán en los dos postes y en el dintel de las casas en que lo han de comer. 8 Y aquella noche comerán la carne asada al fuego, y panes sin levadura: con hierbas amargas lo comerán. 9 Ninguna cosa comeréis de él cruda, ni cocida en agua, sino asada al fuego; su cabeza con sus pies y sus intestinos. 10 Ninguna cosa dejaréis de él hasta la mañana; y lo que habrá quedado hasta la mañana, habéis de quemarlo en el fuego. 11 Y así habéis de comerlo: ceñidos vuestros lomos, vuestros zapatos en vuestros pies, y vuestro bordón en vuestra mano; y lo comeréis apresuradamente: es la Pascua de Jehová. 12 Pues yo pasaré aquella noche por la tierra de Egipto, y heriré á todo primogénito en la tierra de Egipto, así en los hombres como en las bestias: y haré juicios en todos los dioses de Egipto. Yo JEHOVÁ. 13 Y la sangre os será por señal en las casas donde vosotros estéis; y veré la sangre, y pasaré de vosotros, y no habrá en vosotros plaga de mortandad, cuando heriré la tierra de Egipto. 14 Y este día os ha de ser en memoria, y habéis de celebrarlo como solemne á Jehová durante vuestras generaciones: por estatuto perpetuo lo celebraréis. 15 Siete días comeréis panes sin levadura; y así el primer día haréis que no haya levadura en vuestras casas: porque cualquiera que comiere leudado desde el primer día hasta el séptimo, aquella alma será cortada de Israel. 16 El primer día habrá santa convocación, y asimismo en el séptimo día tendréis una santa convocación: ninguna obra se hará en ellos, excepto solamente que aderecéis lo que cada cual hubiere de comer. 17 Y guardaréis la *fiesta de* los ázimos, porque en aqueste mismo día saqué vuestros ejércitos de la tierra de Egipto: por tanto guardaréis este día en vuestras generaciones por costumbre perpetua. 18 En el *mes* primero, el día catorce del mes por la tarde, comeréis los panes sin levadura, hasta el veintiuno del mes por la tarde. 19 Por siete días no se hallará levadura en vuestras casas, porque cualquiera que comiere leudado, así extranjero como natural del país, aquella alma será cortada de la congregación de Israel. 20 Ninguna cosa leudada comeréis; en todas vuestras habitaciones comeréis panes sin levadura. 21 Y Moisés convocó á todos los ancianos de Israel, y díjoles: Sacad, y tomaos corderos por vuestras familias, y sacrificad la pascua. 22 Y tomad un manojo de hisopo, y mojadle en la sangre que estará en una jofaina, y untad el dintel y los dos postes con la sangre que estará en la jofaina; y ninguno de vosotros salga de las puertas de su casa hasta la mañana. 23 Porque Jehová pasará hiriendo á los Egipcios; y como verá la sangre en el dintel y en los dos postes, pasará Jehová aquella puerta, y no dejará entrar al heridor en vuestras casas para herir. 24 Y guardaréis esto por estatuto para vosotros y para vuestros hijos para siempre. 25 Y será, cuando habréis entrado en la tierra que Jehová os dará, como tiene hablado, que guardaréis este rito. 26 Y cuando os dijeren vuestros hijos: ¿Qué rito es este vuestro?

27 Vosotros responderéis: Es la víctima de la Pascua de Jehová, el cual pasó las casas de los hijos de Israel en Egipto, cuando hirió á los Egipcios, y libró nuestras casas. Entonces el pueblo se inclinó y adoró. 28 Y los hijos de Israel se fueron, é hicieron puntualmente así; como Jehová había mandado á Moisés y á Aarón. 29 Y aconteció que á la medianoche Jehová hirió á todo primogénito en la tierra de Egipto, desde el primogénito de Faraón que se sentaba sobre su trono, hasta el primogénito del cautivo que estaba en la cárcel, y todo primogénito de los animales. 30 Y levantóse aquella noche Faraón, él y todos sus siervos, y todos los Egipcios; y había un gran clamor en Egipto, porque no había casa donde no hubiese muerto. 31 E hizo llamar á Moisés y á Aarón de noche, y díjoles: Salid de en medio de mi pueblo vosotros, y los hijos de Israel; é id, servid á Jehová, como habéis dicho. 32 Tomad también vuestras ovejas y vuestras vacas, como habéis dicho, é idos; y bendecidme también á mí. 33 Y los Egipcios apremiaban al pueblo, dándose priesa á echarlos de la tierra; porque decían: Todos somos muertos. 34 Y llevó el pueblo su masa antes que se leudase, sus masas envueltas en sus sábanas sobre sus hombros. 35 E hicieron los hijos de Israel conforme al mandamiento de Moisés, demandando á los Egipcios vasos de plata, y vasos de oro, y vestidos. 36 Y Jehová dió gracia al pueblo delante de los Egipcios, y prestáronles; y ellos despojaron á los Egipcios. 37 Y partieron los hijos de Israel de Rameses á Succoth, como seiscientos mil hombres de á pie, sin contar los niños. 38 Y también subió con ellos grande multitud de diversa suerte de gentes; y ovejas, y ganados muy muchos. 39 Y cocieron tortas sin levadura de la masa que habían sacado de Egipto; porque no había leudado, por cuanto echándolos los Egipcios, no habían podido detenerse, ni aun prepararse comida. 40 El tiempo que los hijos de Israel habitaron en Egipto, fué cuatrocientos treinta años. 41 Y pasados cuatrocientos treinta años, en el mismo día salieron todos los ejércitos de Jehová de la tierra de Egipto. 42 Es noche de guardar á Jehová, por haberlos sacado en ella de la tierra de Egipto. Esta noche deben guardar á Jehová todos los hijos de Israel en sus generaciones. 43 Y Jehová dijo á Moisés y á Aarón: Esta es la ordenanza de la Pascua: Ningún extraño comerá de ella: 44 Mas todo siervo humano comprado por dinero, comerá de ella después que lo hubieres circuncidado. 45 El extranjero y el asalariado no comerán de ella. 46 En una casa se comerá, y no llevarás de aquella carne fuera de casa, ni quebraréis hueso suyo. 47 Toda la congregación de Israel le sacrificará. 48 Mas si algún extranjero peregrinare contigo, y quisiere hacer la pascua á Jehová, séale circuncidado todo varón, y entonces se llegará á hacerla, y será como el natural de la tierra; pero ningún incircunciso comerá de ella. 49 La misma ley será para el natural y para el extranjero que peregrinare entre vosotros. 50 Así lo hicieron todos los hijos de Israel; como mandó Jehová á Moisés y á Aarón, así lo hicieron. 51 Y en aquel mismo día sacó Jehová á los hijos de Israel de la tierra de Egipto por sus escuadrones.

13

1 Y JEHOVÁ habló á Moisés, diciendo: 2 Santifícame todo primogénito, cualquiera que abre matriz entre los hijos de Israel, así de los hombres como de los animales: mío es. 3 Y Moisés dijo al pueblo: Tened memoria de aqueste día, en el cual habéis salido de Egipto, de la casa de servidumbre; pues Jehová os ha sacado de aquí con mano fuerte: por tanto, no comeréis leudado. 4 Vosotros salís hoy en el mes de Abib. 5 Y cuando Jehová te hubiere metido en la tierra del Cananeo, y del Hetheo, y del Amorrheo, y del Hebeo, y del Jebuseo, la cual juró á tus padres que te daría, tierra que destila leche y miel, harás este servicio en aqueste mes. 6 Siete días comerás por leudar, y el séptimo día será fiesta á Jehová. 7 Por los siete días se comerán los panes sin levadura; y no se verá contigo leudado, ni levadura en todo tu término. 8 Y contarás en aquel día á tu hijo, diciendo: Hácese esto con motivo de lo que Jehová hizo conmigo cuando me sacó de Egipto. 9 Y

serte ha como una señal sobre tu mano, y como una memoria delante de tus ojos, para que la ley de Jehová esté en tu boca; por cuanto con mano fuerte te sacó Jehová de Egipto. [10] Por tanto, tú guardarás este rito en su tiempo de año en año. [11] Y cuando Jehová te hubiere metido en la tierra del Cananeo, como te ha jurado á ti y á tus padres, y cuando te la hubiere dado, [12] Harás pasar á Jehová todo lo que abriere la matriz, asimismo todo primerizo que abriere la matriz de tus animales: los machos serán de Jehová. [13] Mas todo primogénito de asno redimirás con un cordero; y si no lo redimieres, le degollarás: asimismo redimirás todo humano primogénito de tus hijos. [14] Y cuando mañana te preguntare tu hijo, diciendo: ¿Qué es esto? decirle has: Jehová nos sacó con mano fuerte de Egipto, de casa de servidumbre; [15] Y endureciéndose Faraón en no dejarnos ir, Jehová mató en la tierra de Egipto á todo primogénito, desde el primogénito humano hasta el primogénito de la bestia: y por esta causa yo sacrifico á Jehová todo primogénito macho, y redimo todo primogénito de mis hijos. [16] Serte ha, pues, como una señal sobre tu mano, y por una memoria delante de tus ojos; ya que Jehová nos sacó de Egipto con mano fuerte. [17] Y luego que Faraón dejó ir al pueblo, Dios no los llevó por el camino de la tierra de los Filisteos, que estaba cerca; porque dijo Dios: Que quizá no se arrepienta el pueblo cuando vieren la guerra, y se vuelvan á Egipto: [18] Mas hizo Dios al pueblo que rodease por el camino del desierto del mar Bermejo. Y subieron los hijos de Israel de Egipto armados. [19] Tomó también consigo Moisés los huesos de José, el cual había juramentado á los hijos de Israel, diciendo: Dios ciertamente os visitará, y haréis subir mis huesos de aquí con vosotros. [20] Y partidos de Succoth, asentaron campo en Etham, á la entrada del desierto. [21] Y Jehová iba delante de ellos de día en una columna de nube, para guiarlos por el camino; y de noche en una columna de fuego para alumbrarles; á fin de que anduviesen de día y de noche. [22] Nunca se partió de delante del pueblo la columna de nube de día, ni de noche la columna de fuego.

14

[1] Y HABLÓ Jehová á Moisés, diciendo: [2] Habla á los hijos de Israel que den la vuelta, y asienten su campo delante de Pihahiroth, entre Migdol y la mar hacia Baalzephón: delante de él asentaréis el campo, junto á la mar. [3] Porque Faraón dirá de los hijos de Israel: Encerrados están en la tierra, el desierto los ha encerrado. [4] Y yo endureceré el corazón de Faraón para que los siga; y seré glorificado en Faraón y en todo su ejército; y sabrán los Egipcios que yo soy Jehová. Y ellos lo hicieron así. [5] Y fué dado aviso al rey de Egipto cómo el pueblo se huía: y el corazón de Faraón y de sus siervos se volvió contra el pueblo, y dijeron: ¿Cómo hemos hecho esto de haber dejado ir á Israel, para que no nos sirva? [6] Y unció su carro, y tomó consigo su pueblo; [7] Y tomó seiscientos carros escogidos, y todos los carros de Egipto, y los capitanes sobre ellos. [8] Y endureció Jehová el corazón de Faraón rey de Egipto, y siguió á los hijos de Israel; pero los hijos de Israel habían salido con mano poderosa. [9] Siguiéndolos, pues, los Egipcios, con toda la caballería y carros de Faraón, su gente de á caballo, y todo su ejército, alcanzáronlos asentando el campo junto á la mar, al lado de Pihahiroth, delante de Baalzephón. [10] Y cuando Faraón se hubo acercado, los hijos de Israel alzaron sus ojos, y he aquí los Egipcios que venían tras ellos; por lo que temieron en gran manera, y clamaron los hijos de Israel á Jehová. [11] Y dijeron á Moisés: ¿No había sepulcros en Egipto, que nos has sacado para que muramos en el desierto? ¿Por qué lo has hecho así con nosotros, que nos has sacado de Egipto? [12] ¿No es esto lo que te hablamos en Egipto, diciendo: Déjanos servir á los Egipcios? Que mejor nos fuera servir á los Egipcios, que morir nosotros en el desierto. [13] Y Moisés dijo al pueblo: No temáis; estáos quedos, y ved la salud de Jehová, que él hará hoy con vosotros; porque los Egipcios que hoy habéis visto, nunca más para siempre los veréis. [14] Jehová peleará por vosotros, y vosotros estaréis quedos. [15] Entonces Jehová dijo á Moisés: ¿Por

qué clamas á mí? di á los hijos de Israel que marchen: [16] Y tú alza tu vara, y extiende tu mano sobre la mar, y divídela; y entren los hijos de Israel por medio de la mar en seco. [17] Y yo, he aquí yo endureceré el corazón de los Egipcios, para que los sigan: y yo me glorificaré en Faraón, y en todo su ejército, y en sus carros, y en su caballería; [18] Y sabrán los Egipcios que yo soy Jehová, cuando me glorificaré en Faraón, en sus carros, y en su gente de á caballo. [19] Y el ángel de Dios que iba delante del campo de Israel, se apartó, é iba en pos de ellos; y asimismo la columna de nube que iba delante de ellos, se apartó, y púsose á sus espaldas: [20] E iba entre el campo de los Egipcios y el campo de Israel; y era nube y tinieblas *para aquéllos*, y alumbraba *á Israel* de noche: y en toda aquella noche nunca llegaron los unos á los otros. [21] Y extendió Moisés su mano sobre la mar, é hizo Jehová que la mar se retirase por recio viento oriental toda aquella noche; y tornó la mar en seco, y las aguas quedaron divididas. [22] Entonces los hijos de Israel entraron por medio de la mar en seco, teniendo las aguas como muro á su diestra y á su siniestra: [23] Y siguiéndolos los Egipcios, entraron tras ellos hasta el medio de la mar, toda la caballería de Faraón, sus carros, y su gente de á caballo. [24] Y aconteció á la vela de la mañana, que Jehová miró al campo de los Egipcios desde la columna de fuego y nube, y perturbó el campo de los Egipcios. [25] Y quitóles las ruedas de sus carros, y trastornólos gravemente. Entonces los Egipcios dijeron: Huyamos de delante de Israel, porque Jehová pelea por ellos contra los Egipcios. [26] Y Jehová dijo á Moisés: Extiende tu mano sobre la mar, para que las aguas vuelvan sobre los Egipcios, sobre sus carros, y sobre su caballería. [27] Y Moisés extendió su mano sobre la mar, y la mar se volvió en su fuerza cuando amanecía; y los Egipcios iban hacia ella: y Jehová derribó á los Egipcios en medio de la mar. [28] Y volvieron las aguas, y cubrieron los carros y la caballería, y todo el ejército de Faraón que había entrado tras ellos en la mar; no quedó de ellos ni uno. [29] Y los hijos de Israel fueron por medio de la mar en seco, teniendo las aguas por muro á su diestra y á su siniestra. [30] Así salvó Jehová aquel día á Israel de mano de los Egipcios; é Israel vió á los Egipcios muertos á la orilla de la mar. [31] Y vió Israel aquel grande hecho que Jehová ejecutó contra los Egipcios: y el pueblo temió á Jehová, y creyeron á Jehová y á Moisés su siervo.

15

[1] ENTONCES cantó Moisés y los hijos de Israel este cántico á Jehová, y dijeron: Cantaré yo á Jehová, porque se ha magnificado grandemente, echando en la mar al caballo y al que en él subía. [2] Jehová es mi fortaleza, y mi canción, y hame sido por salud: éste es mi Dios, y á éste engrandeceré; Dios de mi padre, y á éste ensalzaré. [3] Jehová, varón de guerra; Jehová es su nombre. [4] Los carros de Faraón y á su ejército echó en la mar; y sus escogidos príncipes fueron hundidos en el mar Bermejo. [5] Los abismos los cubrieron; como piedra descendieron á los profundos. [6] Tu diestra, oh Jehová, ha sido magnificada en fortaleza; tu diestra, oh Jehová, ha quebrantado al enemigo. [7] Y con la grandeza de tu poder has trastornado á los que se levantaron contra ti: enviaste tu furor; los tragó como á hojarasca. [8] Con el soplo de tus narices se amontonaron las aguas; paráronse las corrientes como en un montón; los abismos se cuajaron en medio de la mar. [9] El enemigo dijo: Perseguiré, prenderé, repartiré despojos; mi alma se henchirá de ellos; sacaré mi espada, destruirlos ha mi mano. [10] Soplaste con tu viento, cubriólos la mar: hundiéronse como plomo en las impetuosas aguas. [11] ¿Quién como tú, Jehová, entre los dioses? ¿quién como tú, magnífico en santidad, terrible en loores, hacedor de maravillas? [12] Extendiste tu diestra; la tierra los tragó. [13] Condujiste en misericordia á este pueblo, al cual salvaste; llevástelo con tu fortaleza á la habitación de tu santuario. [14] Oiránlo los pueblos, y temblarán; apoderarse ha dolor de los moradores de Palestina. [15] Entonces los príncipes de Edom se turbarán; á los robustos de Moab

los ocupará temblor; abatirse han todos los moradores de Canaán. ¹⁶ Caiga sobre ellos temblor y espanto; á la grandeza de tu brazo enmudezcan como una piedra; hasta que haya pasado tu pueblo, oh Jehová, hasta que haya pasado este pueblo que tú rescataste. ¹⁷ Tú los introducirás y los plantarás en el monte de tu heredad, en el lugar de tu morada, que tú has aparejado, oh Jehová; en el santuario del Señor, que han afirmado tus manos. ¹⁸ Jehová reinará por los siglos de los siglos. ¹⁹ Porque Faraón entró cabalgando con sus carros y su gente de á caballo en la mar, y Jehová volvió á traer las aguas de la mar sobre ellos; mas los hijos de Israel fueron en seco por medio de la mar. ²⁰ Y María la profetisa, hermana de Aarón, tomó un pandero en su mano, y todas las mujeres salieron en pos de ella con panderos y danzas; ²¹ Y María les respondía: Cantad á Jehová; porque en extremo se ha engrandecido, echando en la mar al caballo, y al que en él subía. ²² E hizo Moisés que partiese Israel del mar Bermejo, y salieron al desierto de Shur; y anduvieron tres días por el desierto sin hallar agua. ²³ Y llegaron á Mara, y no pudieron beber las aguas de Mara, porque eran amargas; por eso le pusieron el nombre de Mara. ²⁴ Entonces el pueblo murmuró contra Moisés, y dijo: ¿Qué hemos de beber? ²⁵ Y Moisés clamó á Jehová; y Jehová le mostró un árbol, el cual metídolo que hubo dentro de las aguas, las aguas se endulzaron. Allí les dió estatutos y ordenanzas, y allí los probó; ²⁶ Y dijo: Si oyeres atentamente la voz de Jehová tu Dios, é hicieres lo recto delante de sus ojos, y dieres oído á sus mandamientos, y guardares todos sus estatutos, ninguna enfermedad de las que envié á los Egipcios te enviaré á ti; porque yo soy Jehová tu Sanador. ²⁷ Y llegaron á Elim, donde había doce fuentes de aguas, y setenta palmas; y asentaron allí junto á las aguas.

16

¹ Y PARTIENDO de Elim toda la congregación de los hijos de Israel, vino al desierto de Sin, que está entre Elim y Sinaí, á los quince días del segundo mes después que salieron de la tierra de Egipto. ² Y toda la congregación de los hijos de Israel murmuró contra Moisés y Aarón en el desierto; ³ Y decíanles los hijos de Israel: Ojalá hubiéramos muerto por mano de Jehová en la tierra de Egipto, cuando nos sentábamos á las ollas de las carnes, cuando comíamos pan en hartura; pues nos habéis sacado á este desierto, para matar de hambre á toda esta multitud. ⁴ Y Jehová dijo á Moisés: He aquí yo os haré llover pan del cielo; y el pueblo saldrá, y cogerá para cada un día, para que yo le pruebe si anda en mi ley, ó no. ⁵ Mas al sexto día aparejarán lo que han de encerrar, que será el doble de lo que solían coger cada día. ⁶ Entonces dijo Moisés y Aarón á todos los hijos de Israel: A la tarde sabréis que Jehová os ha sacado de la tierra de Egipto: ⁷ Y á la mañana veréis la gloria de Jehová; porque él ha oído vuestras murmuraciones contra Jehová; que nosotros, ¿qué somos, para que vosotros murmuréis contra nosotros? ⁸ Y dijo Moisés: Jehová os dará á la tarde carne para comer, y á la mañana pan en hartura; por cuanto Jehová ha oído vuestras murmuraciones con que habéis murmurado contra él: que nosotros, ¿qué somos? vuestras murmuraciones no son contra nosotros, sino contra Jehová. ⁹ Y dijo Moisés á Aarón: Di á toda la congregación de los hijos de Israel: Acercaos á la presencia de Jehová; que él ha oído vuestras murmuraciones. ¹⁰ Y hablando Aarón á toda la congregación de los hijos de Israel, miraron hacia el desierto, y he aquí la gloria de Jehová, que apareció en la nube. ¹¹ Y Jehová habló á Moisés, diciendo: ¹² Yo he oído las murmuraciones de los hijos de Israel; háblales, diciendo: Entre las dos tardes comeréis carne, y por la mañana os hartaréis de pan, y sabréis que yo soy Jehová vuestro Dios. ¹³ Y venida la tarde subieron codornices que cubrieron el real; y á la mañana descendió rocío en derredor del real. ¹⁴ Y como el rocío cesó de descender, he aquí sobre la haz del desierto una cosa menuda, redonda, menuda como una helada sobre la tierra. ¹⁵ Y viéndolo los hijos de Israel, se dijeron unos á otros: ¿Qué es esto? porque no sabían qué

era. Entonces Moisés les dijo: Es el pan que Jehová os da para comer. ¹⁶ Esto es lo que Jehová ha mandado: cogeréis de él cada uno según pudiere comer; un gomer por cabeza, conforme al número de vuestras personas, tomaréis cada uno para los que están en su tienda. ¹⁷ Y los hijos de Israel lo hicieron así: y recogieron unos más, otros menos: ¹⁸ Y medíanlo por gomer, y no sobraba al que había recogido mucho, ni faltaba al que había recogido poco: cada uno recogió conforme á lo que había de comer. ¹⁹ Y díjoles Moisés: Ninguno deje nada de ello para mañana. ²⁰ Mas ellos no obedecieron á Moisés, sino que algunos dejaron de ello para otro día, y crió gusanos, y pudrióse; y enojóse contra ellos Moisés. ²¹ Y recogíanlo cada mañana, cada uno según lo que había de comer: y luego que el sol calentaba, derretíase. ²² En el sexto día recogieron doblada comida, dos gomeres para cada uno: y todos los príncipes de la congregación vinieron á Moisés, y se lo hicieron saber. ²³ Y él les dijo: Esto es lo que ha dicho Jehová: Mañana es el santo sábado, el reposo de Jehová: lo que hubiereis de cocer, cocedlo hoy, y lo que hubiereis de cocinar, cocinadlo; y todo lo que os sobrare, guardadlo para mañana. ²⁴ Y ellos lo guardaron hasta la mañana, según que Moisés había mandado, y no se pudrió, ni hubo en él gusano. ²⁵ Y dijo Moisés: Comedlo hoy, porque hoy es sábado de Jehová: hoy no hallaréis en el campo. ²⁶ En los seis días lo recogeréis; mas el séptimo día es sábado, en el cual no se hallará. ²⁷ Y aconteció que algunos del pueblo salieron en el séptimo día á recoger, y no hallaron. ²⁸ Jehová dijo á Moisés: ¿Hasta cuándo no querréis guardar mis mandamientos y mis leyes? ²⁹ Mirad que Jehová os dió el sábado, y por eso os da en el sexto día pan para dos días. Estése, pues, cada uno en su estancia, y nadie salga de su lugar en el séptimo día. ³⁰ Así el pueblo reposó el séptimo día. ³¹ Y la casa de Israel lo llamó Maná; y era como simiente de culantro, blanco, y su sabor como de hojuelas con miel. ³² Y dijo Moisés: Esto es lo que Jehová ha mandado: Henchirás un gomer de él para que se guarde para vuestros descendientes, á fin de que vean el pan que yo os dí á comer en el desierto, cuando yo os saqué de la tierra de Egipto. ³³ Y dijo Moisés á Aarón: Toma un vaso, y pon en él un gomer lleno de maná, y ponlo delante de Jehová, para que sea guardado para vuestros descendientes. ³⁴ Y Aarón lo puso delante del Testimonio para guardarlo, como Jehová lo mandó á Moisés. ³⁵ Así comieron los hijos de Israel maná cuarenta años, hasta que entraron en la tierra habitada: maná comieron hasta que llegaron al término de la tierra de Canaán. ³⁶ Y un gomer es la décima parte del epha.

17

¹ Y TODA la congregación de los hijos de Israel partió del desierto de Sin, por sus jornadas, al mandamiento de Jehová, y asentaron el campo en Rephidim: y no había agua para que el pueblo bebiese. ² Y altercó el pueblo con Moisés, y dijeron: Danos agua que bebamos. Y Moisés les dijo: ¿Por qué altercáis conmigo? ¿por qué tentáis á Jehová? ³ Así que el pueblo tuvo allí sed de agua, y murmuró contra Moisés, y dijo: ¿Por qué nos hiciste subir de Egipto, para matarnos de sed á nosotros, y á nuestros hijos, y á nuestros ganados? ⁴ Entonces clamó Moisés á Jehová, diciendo: ¿Qué haré con este pueblo? de aquí á un poco me apedrearán. ⁵ Y Jehová dijo á Moisés: Pasa delante del pueblo, y toma contigo de los ancianos de Israel; y toma también en tu mano tu vara, con que heriste el río, y ve: ⁶ He aquí que yo estoy delante de ti allí sobre la peña en Horeb; y herirás la peña, y saldrán de ella aguas, y beberá el pueblo. Y Moisés lo hizo así en presencia de los ancianos de Israel. ⁷ Y llamó el nombre de aquel lugar Massah y Meribah, por la rencilla de los hijos de Israel, y porque tentaron á Jehová, diciendo: ¿Está, pues, Jehová entre nosotros, ó no? ⁸ Y vino Amalec, y peleó con Israel en Rephidim. ⁹ Y dijo Moisés á Josué: Escógenos varones, y sal, pelea con Amalec: mañana yo estaré sobre la cumbre del collado, y la vara de Dios en mi mano. ¹⁰ E hizo Josué como le dijo Moisés, peleando con Amalec; y Moisés y Aarón y Hur subieron á la cumbre del collado. ¹¹ Y sucedía

que cuando alzaba Moisés su mano, Israel prevalecía; mas cuando él bajaba su mano, prevalecía Amalec. 12 Y las manos de Moisés estaban pesadas; por lo que tomaron una piedra, y pusiéronla debajo de él, y se sentó sobre ella: y Aarón y Hur sustentaban sus manos, el uno de una parte y el otro de otra; así hubo en sus manos firmeza hasta que se puso el sol. 13 Y Josué deshizo á Amalec y á su pueblo á filo de espada. 14 Y Jehová dijo á Moisés: Escribe esto para memoria en un libro, y di á Josué que del todo tengo de raer la memoria de Amalec de debajo del cielo. 15 Y Moisés edificó un altar, y llamó su nombre Jehová-nissi; 16 Y dijo: Por cuanto la mano sobre el trono de Jehová, Jehová tendrá guerra con Amalec de generación en generación.

18

1 Y OYÓ Jethro, sacerdote de Madián, suegro de Moisés, todas las cosas que Dios había hecho con Moisés, y con Israel su pueblo, y cómo Jehová había sacado á Israel de Egipto: 2 Y tomó Jethro, suegro de Moisés, á Séphora la mujer de Moisés, después que él la envió, 3 Y á sus dos hijos; el uno se llamaba Gersom, porque dijo, Peregrino he sido en tierra ajena; 4 Y el otro se llamaba Eliezer, porque *dijo*, El Dios de mi padre me ayudó, y me libró del cuchillo de Faraón. 5 Y Jethro, el suegro de Moisés, con sus hijos y su mujer, llegó á Moisés en el desierto, donde tenía el campo junto al monte de Dios; 6 Y dijo á Moisés: Yo tu suegro Jethro vengo á ti, con tu mujer, y sus dos hijos con ella. 7 Y Moisés salió á recibir á su suegro, é inclinóse, y besólo: y preguntáronse el uno al otro cómo estaban, y vinieron á la tienda. 8 Y Moisés contó á su suegro todas las cosas que Jehová había hecho á Faraón y á los Egipcios por amor de Israel, y todo el trabajo que habían pasado en el camino, y cómo los había librado Jehová. 9 Y alegróse Jethro de todo el bien que Jehová había hecho á Israel, que lo había librado de mano de los Egipcios. 10 Y Jethro dijo: Bendito sea Jehová, que os libró de mano de los Egipcios, y de la mano de Faraón, y que libró al pueblo de la mano de los Egipcios. 11 Ahora conozco que Jehová es grande más que todos los dioses; hasta en lo que se ensoberbecieron contra ellos. 12 Y tomó Jethro, suegro de Moisés, holocaustos y sacrificios para Dios: y vino Aarón y todos los ancianos de Israel á comer pan con el suegro de Moisés delante de Dios. 13 Y aconteció que otro día se sentó Moisés á juzgar al pueblo; y el pueblo estuvo delante de Moisés desde la mañana hasta la tarde. 14 Y viendo el suegro de Moisés todo lo que él hacía con el pueblo, dijo: ¿Qué es esto que haces tú con el pueblo? ¿por qué te sientas tú solo, y todo el pueblo está delante de ti desde la mañana hasta la tarde? 15 Y Moisés respondió á su suegro: Porque el pueblo viene á mí para consultar á Dios: 16 Cuando tienen negocios, vienen á mí; y yo juzgo entre el uno y el otro, y declaro las ordenanzas de Dios y sus leyes. 17 Entonces el suegro de Moisés le dijo: No haces bien: 18 Desfallecerás del todo, tú, y también este pueblo que está contigo; porque el negocio es demasiado pesado para ti; no podrás hacerlo tú solo. 19 Oye ahora mi voz, yo te aconsejaré, y Dios será contigo. Está tú por el pueblo delante de Dios, y somete tú los negocios á Dios. 20 Y enseña á ellos las ordenanzas y las leyes, y muéstrales el camino por donde anden, y lo que han de hacer. 21 Además inquiere tú de entre todo el pueblo varones de virtud, temerosos de Dios, varones de verdad, que aborrezcan la avaricia; y constituirás á éstos sobre ellos caporales sobre mil, sobre ciento, sobre cincuenta y sobre diez. 22 Los cuales juzgarán al pueblo en todo tiempo; y será que todo negocio grave lo traerán á ti, y ellos juzgarán todo negocio pequeño: alivia así *la carga* de sobre ti, y llevarla han ellos contigo. 23 Si esto hicieres, y Dios te lo mandare, tú podrás persistir, y todo este pueblo se irá también en paz á su lugar. 24 Y oyó Moisés la voz de su suegro, é hizo todo lo que dijo. 25 Y escogió Moisés varones de virtud de todo Israel, y púsolos por cabezas sobre el pueblo, caporales sobre mil, sobre ciento, sobre cincuenta, y sobre diez; 26 Y juzgaban al pueblo en todo

tiempo: el negocio arduo traíanlo á Moisés, y ellos juzgaban todo negocio pequeño. ²⁷ Y despidió Moisés á su suegro, y fuése á su tierra.

19

¹ AL mes tercero de la salida de los hijos de Israel de la tierra de Egipto, en aquel día vinieron al desierto de Sinaí. ² Porque partieron de Rephidim, y llegaron al desierto de Sinaí, y asentaron en el desierto; y acampó allí Israel delante del monte. ³ Y Moisés subió á Dios; y Jehová lo llamó desde el monte, diciendo: Así dirás á la casa de Jacob, y denunciarás á los hijos de Israel: ⁴ Vosotros visteis lo que hice á los Egipcios, y cómo os tomé sobre alas de águilas, y os he traído á mí. ⁵ Ahora pues, si diereis oído á mi voz, y guardareis mi pacto, vosotros seréis mi especial tesoro sobre todos los pueblos; porque mía es toda la tierra. ⁶ Y vosotros seréis mi reino de sacerdotes, y gente santa. Estas son las palabras que dirás á los hijos de Israel. ⁷ Entonces vino Moisés, y llamó á los ancianos del pueblo, y propuso en presencia de ellos todas estas palabras que Jehová le había mandado. ⁸ Y todo el pueblo respondió á una, y dijeron: Todo lo que Jehová ha dicho haremos. Y Moisés refirió las palabras del pueblo á Jehová. ⁹ Y Jehová dijo á Moisés: He aquí, yo vengo á ti en una nube espesa, para que el pueblo oiga mientras yo hablo contigo, y también para que te crean para siempre. Y Moisés denunció las palabras del pueblo á Jehová. ¹⁰ Y Jehová dijo á Moisés: Ve al pueblo, y santifícalos hoy y mañana, y laven sus vestidos; ¹¹ Y estén apercibidos para el día tercero, porque al tercer día Jehová descenderá, á ojos de todo el pueblo, sobre el monte de Sinaí. ¹² Y señalarás término al pueblo en derredor, diciendo: Guardaos, no subáis al monte, ni toquéis á su término: cualquiera que tocare el monte, de seguro morirá: ¹³ No le tocará mano, mas será apedreado ó asaeteado; sea animal ó sea hombre, no vivirá. En habiendo sonado largamente la bocina, subirán al monte. ¹⁴ Y descendió Moisés del monte al pueblo, y santificó al pueblo; y lavaron sus vestidos. ¹⁵ Y dijo al pueblo: Estad apercibidos para el tercer día; no lleguéis á mujer. ¹⁶ Y aconteció al tercer día cuando vino la mañana, que vinieron truenos y relámpagos, y espesa nube sobre el monte, y sonido de bocina muy fuerte; y estremecióse todo el pueblo que estaba en el real. ¹⁷ Y Moisés sacó del real al pueblo á recibir á Dios; y pusiéronse á lo bajo del monte. ¹⁸ Y todo el monte de Sinaí humeaba, porque Jehová había descendido sobre él en fuego: y el humo de él subía como el humo de un horno, y todo el monte se estremeció en gran manera. ¹⁹ Y el sonido de la bocina iba esforzándose en extremo: Moisés hablaba, y Dios le respondía en voz. ²⁰ Y descendió Jehová sobre el monte de Sinaí, sobre la cumbre del monte: y llamó Jehová á Moisés á la cumbre del monte, y Moisés subió. ²¹ Y Jehová dijo á Moisés: Desciende, requiere al pueblo que no traspasen el término por ver á Jehová, porque caerá multitud de ellos. ²² Y también los sacerdotes que se llegan á Jehová, se santifiquen, porque Jehová no haga en ellos estrago. ²³ Y Moisés dijo á Jehová: El pueblo no podrá subir al monte de Sinaí, porque tú nos has requerido diciendo: Señala términos al monte, y santifícalo. ²⁴ Y Jehová le dijo: Ve, desciende, y subirás tú, y Aarón contigo: mas los sacerdotes y el pueblo no traspasen el término por subir á Jehová, porque no haga en ellos estrago. ²⁵ Entonces Moisés descendió al pueblo, y habló con ellos.

20

¹ Y HABLÓ Dios todas estas palabras, diciendo: ² Yo soy JEHOVÁ tu Dios, que te saqué de la tierra de Egipto, de casa de siervos. ³ No tendrás dioses ajenos delante de mí. ⁴ No te harás imagen, ni ninguna semejanza *de cosa* que esté arriba en el cielo, ni abajo en la tierra, ni en las aguas debajo de la tierra: ⁵ No te inclinarás á ellas, ni las honrarás; porque yo soy Jehová tu Dios, fuerte, celoso, que visito la maldad de los padres sobre los hijos, sobre los terceros y sobre los cuartos, á los que me aborrecen, ⁶ Y que

hago misericordia en millares á los que me aman, y guardan mis mandamientos. 7 No tomarás el nombre de Jehová tu Dios en vano; porque no dará por inocente Jehová al que tomare su nombre en vano. 8 Acordarte has del día del reposo, para santificarlo: 9 Seis días trabajarás, y harás toda tu obra; 10 Mas el séptimo día será reposo para Jehová tu Dios: no hagas *en él* obra alguna, tú, ni tu hijo, ni tu hija, ni tu siervo, ni tu criada ni tu bestia, ni tu extranjero que está dentro de tus puertas: 11 Porque en seis días hizo Jehová los cielos y la tierra, la mar y todas las cosas que en ellos hay, y reposó en el séptimo día: por tanto Jehová bendijo el día del reposo y lo santificó. 12 Honra á tu padre y á tu madre, porque tus días se alarguen en la tierra que Jehová tu Dios te da. 13 No matarás. 14 No cometerás adulterio. 15 No hurtarás. 16 No hablarás contra tu prójimo falso testimonio. 17 No codiciarás la casa de tu prójimo, no codiciarás la mujer de tu prójimo, ni su siervo, ni su criada, ni su buey, ni su asno, ni cosa alguna de tu prójimo. 18 Todo el pueblo consideraba las voces, y las llamas, y el sonido de la bocina, y el monte que humeaba: y viéndolo el pueblo, temblaron, y pusiéronse de lejos. 19 Y dijeron á Moisés: Habla tú con nosotros, que nosotros oiremos; mas no hable Dios con nosotros, porque no muramos. 20 Y Moisés respondió al pueblo: No temáis; que por probaros vino Dios, y porque su temor esté en vuestra presencia para que no pequéis. 21 Entonces el pueblo se puso de lejos, y Moisés se llegó á la osbcuridad, en la cual estaba Dios. 22 Y Jehová dijo á Moisés: Así dirás á los hijos de Israel: Vosotros habéis visto que he hablado desde el cielo con vosotros. 23 No hagáis conmigo dioses de plata, ni dioses de oro os haréis. 24 Altar de tierra harás para mí, y sacrificarás sobre él tus holocaustos y tus pacíficos, tus ovejas y tus vacas: en cualquier lugar donde yo hiciere que esté la memoria de mi nombre, vendré á ti, y te bendeciré. 25 Y si me hicieres altar de piedras, no las labres de cantería; porque si alzares tu pico sobre él, tú lo profanarás. 26 Y no subirás por gradas á mi altar, porque tu desnudez no sea junto á él descubierta.

21

1 Y ESTOS son los derechos que les propondrás. 2 Si comprares siervo hebreo, seis años servirá; mas el séptimo saldrá horro de balde. 3 Si entró solo, solo saldrá: si tenía mujer, saldrá él y su mujer con él. 4 Si su amo le hubiere dado mujer, y ella le hubiere parido hijos ó hijas, la mujer y sus hijos serán de su amo, y él saldrá solo. 5 Y si el siervo dijere: Yo amo á mi señor, á mi mujer y á mis hijos, no saldré libre: 6 Entonces su amo lo hará llegar á los jueces, y harále llegar á la puerta ó al poste; y su amo le horadará la oreja con lesna, y será su siervo para siempre. 7 Y cuando alguno vendiere su hija por sierva, no saldrá como suelen salir los siervos. 8 Si no agradare á su señor, por lo cual no la tomó por esposa, permitirle ha que se rescate, y no la podrá vender á pueblo extraño cuando la desechare. 9 Mas si la hubiere desposado con su hijo, hará con ella según la costumbre de las hijas. 10 Si le tomare otra, no disminuirá su alimento, ni su vestido, ni el débito conyugal. 11 Y si ninguna de estas tres cosas hiciere, ella saldrá de gracia sin dinero. 12 El que hiriere á alguno, haciéndole así morir, él morirá. 13 Mas el que no armó asechanzas, sino que Dios *lo* puso en sus manos, entonces yo te señalaré lugar al cual ha de huir. 14 Además, si alguno se ensoberbeciere contra su prójimo, y lo matare con alevosía, de mi altar lo quitarás para que muera. 15 Y el que hiriere á su padre ó á su madre, morirá. 16 Asimismo el que robare una persona, y la vendiere, ó se hallare en sus manos, morirá. 17 Igualmente el que maldijere á su padre ó á su madre, morirá. 18 Además, si algunos riñeren, y alguno hiriere á su prójimo con piedra ó con el puño, y no muriere, pero cayere en cama; 19 Si se levantare y anduviere fuera sobre su báculo, entonces será el que le hirió absuelto: solamente le satisfará lo que estuvo parado, y hará que le curen. 20 Y si alguno hiriere á su siervo ó á su sierva con palo, y muriere bajo de su mano, será castigado: 21 Mas si durare por un día ó dos, no será

castigado, porque su dinero es. ²² Si algunos riñeren, é hiriesen á mujer preñada, y ésta abortare, pero sin haber muerte, será penado conforme á lo que le impusiere el marido de la mujer y juzgaren los árbitros. ²³ Mas si hubiere muerte, entonces pagarás vida por vida, ²⁴ Ojo por ojo, diente por diente, mano por mano, pie por pie, ²⁵ Quemadura por quemadura, herida por herida, golpe por golpe. ²⁶ Y cuando alguno hiriere el ojo de su siervo, ó el ojo de su sierva, y lo entortare, daréle libertad por razón de su ojo. ²⁷ Y si sacare el diente de su siervo, ó el diente de su sierva, por su diente le dejará ir libre. ²⁸ Si un buey acorneare hombre ó mujer, y de resultas muriere, el buey será apedreado, y no se comerá su carne; mas el dueño del buey será absuelto. ²⁹ Pero si el buey era acorneador desde ayer y antes de ayer, y á su dueño le fué hecho requerimiento, y no lo hubiere guardado, y matare hombre ó mujer, el buey será apedreado, y también morirá su dueño. ³⁰ Si le fuere impuesto rescate, entonces dará por el rescate de su persona cuanto le fuere impuesto. ³¹ Haya acorneado hijo, ó haya acorneado hija, conforme á este juicio se hará con él. ³² Si el buey acorneare siervo ó sierva, pagará treinta siclos de plata su señor, y el buey será apedreado. ³³ Y si alguno abriere hoyo, ó cavare cisterna, y no la cubriere, y cayere allí buey ó asno, ³⁴ El dueño de la cisterna pagará el dinero, resarciendo á su dueño, y lo que fué muerto será suyo. ³⁵ Y si el buey de alguno hiriere al buey de su prójimo, y éste muriere, entonces venderán el buey vivo, y partirán el dinero de él, y también partirán el muerto. ³⁶ Mas si era notorio que el buey era acorneador de ayer y antes de ayer, y su dueño no lo hubiere guardado, pagará buey por buey, y el muerto será suyo.

22

¹ CUANDO alguno hurtare buey ú oveja, y le degollare ó vendiere, por aquel buey pagará cinco bueyes, y por aquella oveja cuatro ovejas. ² Si el ladrón fuere hallado forzando una casa, y fuere herido y muriere, el que le hirió no será culpado de su muerte. ³ Si el sol hubiere sobre él salido, el *matador* será reo de homicidio: *el ladrón* habrá de restituir cumplidamente; si no tuviere, será vendido por su hurto. ⁴ Si fuere hallado con el hurto en la mano, sea buey ó asno ú oveja vivos, pagará el duplo. ⁵ Si alguno hiciere pacer campo ó viña, y metiere su bestia, y comiere la tierra de otro, de lo mejor de su tierra y de lo mejor de su viña pagará. ⁶ Cuando rompiere un fuego, y hallare espinas, y fuere quemado montón, ó haza, ó campo, el que encendió el fuego pagará lo quemado. ⁷ Cuando alguno diere á su prójimo plata ó alhajas á guardar, y fuere hurtado de la casa de aquel hombre, si el ladrón se hallare, pagará el doble. ⁸ Si el ladrón no se hallare, entonces el dueño de la casa será presentado á los jueces, *para ver* si ha metido su mano en la hacienda de su prójimo. ⁹ Sobre todo negocio de fraude, sobre buey, sobre asno, sobre oveja, sobre vestido, sobre toda cosa perdida, cuando uno dijere: Esto es mío, la causa de ambos vendrá delante de los jueces; y el que los jueces condenaren, pagará el doble á su prójimo. ¹⁰ Si alguno hubiere dado á su prójimo asno, ó buey, ú oveja, ó cualquier otro animal á guardar, y se muriere, ó se perniquebrare, ó fuere llevado sin verlo nadie; ¹¹ Juramento de Jehová tendrá lugar entre ambos de que no echó su mano á la hacienda de su prójimo: y su dueño lo aceptará, y el otro no pagará. ¹² Mas si le hubiere sido hurtado, resarcirá á su dueño. ¹³ Y si le hubiere sido arrebatado por fiera, traerle ha testimonio, y no pagará lo arrebatado. ¹⁴ Pero si alguno hubiere tomado prestada *bestia* de su prójimo, y fuere estropeada ó muerta, ausente su dueño, deberá pagar*la*. ¹⁵ Si el dueño estaba presente, no la pagará. Si era alquilada, él vendrá por su alquiler. ¹⁶ Y si alguno engañare á alguna doncella que no fuere desposada, y durmiere con ella, deberá dotarla y tomarla por mujer. ¹⁷ Si su padre no quisiere dársela, él le pesará plata conforme al dote de las vírgenes. ¹⁸ A la hechicera no dejarás que viva. ¹⁹ Cualquiera que tuviere ayuntamiento con bestia, morirá. ²⁰ El que

sacrificare á dioses, excepto á sólo Jehová, será muerto. ²¹ Y al extranjero no engañarás, ni angustiarás, porque extranjeros fuisteis vosotros en la tierra de Egipto. ²² A ninguna viuda ni huérfano afligiréis. ²³ Que si tú llegas á afligirle, y él á mí clamare, ciertamente oiré yo su clamor; ²⁴ Y mi furor se encenderá, y os mataré á cuchillo, y vuestras mujeres serán viudas, y huérfanos vuestros hijos. ²⁵ Si dieres á mi pueblo dinero emprestado, al pobre que está contigo, no te portarás con él como logrero, ni le impondrás usura. ²⁶ Si tomares en prenda el vestido de tu prójimo, á puestas del sol se lo volverás: ²⁷ Porque sólo aquello es su cubierta, es aquél el vestido para cubrir sus carnes, en el que ha de dormir: y será que cuando él á mí clamare, yo entonces le oiré, porque soy misericordioso. ²⁸ No denostarás á los jueces, ni maldecirás al príncipe de tu pueblo. ²⁹ No dilatarás la primicia de tu cosecha, ni de tu licor: me darás el primogénito de tus hijos. ³⁰ Así harás con el de tu buey y de tu oveja: siete días estará con su madre, y al octavo día me lo darás. ³¹ Y habéis de serme varones santos: y no comeréis carne arrebatada de las fieras en el campo; á los perros la echaréis.

23

¹ NO admitirás falso rumor. No te concertarás con el impío para ser testigo falso. ² No seguirás á los muchos para mal hacer; ni responderás en litigio inclinándote á los más para hacer agravios; ³ Ni al pobre distinguirás en su causa. ⁴ Si encontrares el buey de tu enemigo ó su asno extraviado, vuelve á llevárselo. ⁵ Si vieres el asno del que te aborrece caído debajo de su carga, ¿le dejarás entonces desamparado? Sin falta ayudarás con él á levantarlo. ⁶ No pervertirás el derecho de tu mendigo en su pleito. ⁷ De palabra de mentira te alejarás, y no matarás al inocente y justo; porque yo no justificaré al impío. ⁸ No recibirás presente; porque el presente ciega á los que ven, y pervierte las palabras justas. ⁹ Y no angustiarás al extranjero: pues vosotros sabéis cómo se halla el alma del extranjero, ya que extranjeros fuisteis en la tierra de Egipto. ¹⁰ Seis años sembrarás tu tierra, y allegarás su cosecha: ¹¹ Mas el séptimo la dejarás vacante y soltarás, para que coman los pobres de tu pueblo; y de lo que quedare comerán las bestias del campo; así harás de tu viña y de tu olivar. ¹² Seis días harás tus negocios, y al séptimo día holgarás, á fin que descanse tu buey y tu asno, y tome refrigerio el hijo de tu sierva, y el extranjero. ¹³ Y en todo lo que os he dicho seréis avisados. Y nombre de otros dioses no mentaréis, ni se oirá de vuestra boca. ¹⁴ Tres veces en el año me celebraréis fiesta. ¹⁵ La fiesta de los ázimos guardarás: siete días comerás los panes sin levadura, como yo te mandé, en el tiempo del mes de Abib; porque en él saliste de Egipto: y ninguno comparecerá vacío delante de mí: ¹⁶ También la fiesta de la siega, los primeros frutos de tus labores que hubieres sembrado en el campo; y la fiesta de la cosecha á la salida del año, cuando habrás recogido tus labores del campo. ¹⁷ Tres veces en el año parecerá todo varón tuyo delante del Señor Jehová. ¹⁸ No ofrecerás con pan leudo la sangre de mi sacrificio; ni el sebo de mi víctima quedará de la noche hasta la mañana. ¹⁹ Las primicias de los primeros frutos de tu tierra traerás á la casa de Jehová tu Dios. No guisarás el cabrito con la leche de su madre. ²⁰ He aquí yo envío el Angel delante de ti para que te guarde en el camino, y te introduzca en el lugar que yo he preparado. ²¹ Guárdate delante de él, y oye su voz; no le seas rebelde; porque él no perdonará vuestra rebelión: porque mi nombre está en él. ²² Pero si en verdad oyeres su voz, é hicieres todo lo que yo te dijere, seré enemigo á tus enemigos, y afligiré á los que te afligieren. ²³ Porque mi Angel irá delante de ti, y te introducirá al Amorrheo, y al Hetheo, y al Pherezeo, y al Cananeo, y al Heveo, y al Jebuseo, á los cuales yo haré destruir. ²⁴ No te inclinarás á sus dioses, ni los servirás, ni harás como ellos hacen; antes los destruirás del todo, y quebrantarás enteramente sus estatuas. ²⁵ Mas á Jehová vuestro Dios serviréis, y él bendecirá tu pan y tus aguas; y yo quitaré toda enfermedad de en medio de ti. ²⁶ No habrá mujer que aborte, ni estéril en

tu tierra; y yo cumpliré el número de tus días. ²⁷ Yo enviaré mi terror delante de ti, y consternaré á todo pueblo donde tú entrares, y te daré la cerviz de todos tus enemigos. ²⁸ Yo enviaré la avispa delante de ti, que eche fuera al Heveo, y al Cananeo, y al Hetheo, de delante de ti: ²⁹ No los echaré de delante de ti en un año, porque no quede la tierra desierta, y se aumenten contra ti las bestias del campo. ³⁰ Poco á poco los echaré de delante de ti, hasta que te multipliques y tomes la tierra por heredad. ³¹ Y yo pondré tu término desde el mar Bermejo hasta la mar de Palestina, y desde el desierto hasta el río: porque pondré en vuestras manos los moradores de la tierra, y tú los echarás de delante de ti. ³² No harás alianza con ellos, ni con sus dioses. ³³ En tu tierra no habitarán, no sea que te hagan pecar contra mí sirviendo á sus dioses: porque te será de tropiezo.

24

¹ Y DIJO á Moisés: Sube á Jehová, tú, y Aarón, Nadab, y Abiú, y setenta de los ancianos de Israel; y os inclinaréis desde lejos. ² Mas Moisés sólo se llegará á Jehová; y ellos no se lleguen cerca, ni suba con él el pueblo. ³ Y Moisés vino y contó al pueblo todas las palabras de Jehová, y todos los derechos: y todo el pueblo respondió á una voz, y dijeron: Ejecutaremos todas las palabras que Jehová ha dicho. ⁴ Y Moisés escribió todas las palabras de Jehová, y levantándose de mañana edificó un altar al pie del monte, y doce columnas, según las doce tribus de Israel. ⁵ Y envió á los mancebos de los hijos de Israel, los cuales ofrecieron holocaustos, y sacrificaron pacíficos á Jehová, becerros. ⁶ Y Moisés tomó la mitad de la sangre, y púsola en tazones, y esparció la otra mitad de la sangre sobre el altar. ⁷ Y tomó el libro de la alianza, y leyó á oídos del pueblo, el cual dijo: Haremos todas las cosas que Jehová ha dicho, y obedeceremos. ⁸ Entonces Moisés tomó la sangre, y roció sobre el pueblo, y dijo: He aquí la sangre de la alianza que Jehová ha hecho con vosotros sobre todas estas cosas. ⁹ Y subieron Moisés y Aarón, Nadab y Abiú, y setenta de los ancianos de Israel; ¹⁰ Y vieron al Dios de Israel; y había debajo de sus pies como un embaldosado de zafiro, semejante al cielo cuando está sereno. ¹¹ Mas no extendió su mano sobre los príncipes de los hijos de Israel: y vieron á Dios, y comieron y bebieron. ¹² Entonces Jehová dijo á Moisés: Sube á mí al monte, y espera allá, y te daré tablas de piedra, y la ley, y mandamientos que he escrito para enseñarlos. ¹³ Y levantóse Moisés, y Josué su ministro; y Moisés subió al monte de Dios. ¹⁴ Y dijo á los ancianos: Esperadnos aquí hasta que volvamos á vosotros: y he aquí Aarón y Hur están con vosotros: el que tuviere negocios, lléguese á ellos. ¹⁵ Entonces Moisés subió al monte, y una nube cubrió el monte. ¹⁶ Y la gloria de Jehová reposó sobre el monte Sinaí, y la nube lo cubrió por seis días: y al séptimo día llamó á Moisés de en medio de la nube. ¹⁷ Y el parecer de la gloria de Jehová era como un fuego abrasador en la cumbre del monte, á los ojos de los hijos de Israel. ¹⁸ Y entró Moisés en medio de la nube, y subió al monte: y estuvo Moisés en el monte cuarenta días y cuarenta noches.

25

¹ Y JEHOVÁ habló á Moisés, diciendo: ² Di á los hijos de Israel que tomen para mí ofrenda: de todo varón que la diere de su voluntad, de corazón, tomaréis mi ofrenda. ³ Y esta es la ofrenda que tomaréis de ellos: Oro, y plata, y cobre, ⁴ Y jacinto, y púrpura, y carmesí, y lino fino, y *pelo* de cabras, ⁵ Y cueros de carneros teñidos de rojo, y cueros de tejones, y madera de Sittim; ⁶ Aceite para la luminaria, especias para el aceite de la unción, y para el sahumerio aromático; ⁷ Piedras de onix, y piedras de engastes, para el ephod, y para el racional. ⁸ Y hacerme han un santuario, y yo habitaré entre ellos. ⁹ Conforme á todo lo que yo te mostrare, el diseño del tabernáculo, y el diseño de todos sus vasos, así lo haréis. ¹⁰ Harán también un arca de madera de Sittim, cuya longitud será de dos codos y medio, y su anchura de codo y medio, y su altura de codo y medio. ¹¹ Y la

cubrirás de oro puro; por dentro y por fuera la cubrirás; y harás sobre ella una cornisa de oro alrededor. ¹² Y para ella harás de fundición cuatro anillos de oro, que pondrás á sus cuatro esquinas; dos anillos al un lado de ella, y dos anillos al otro lado. ¹³ Y harás unas varas de madera de Sittim, las cuales cubrirás de oro: ¹⁴ Y meterás las varas por los anillos á los lados del arca, para llevar el arca con ellas. ¹⁵ Las varas se estarán en los anillos del arca: no se quitarán de ella. ¹⁶ Y pondrás en el arca el testimonio que yo te daré. ¹⁷ Y harás una cubierta de oro fino, cuya longitud *será* de dos codos y medio, y su anchura de codo y medio. ¹⁸ Harás también dos querubines de oro, labrados á martillo los harás, en los dos cabos de la cubierta. ¹⁹ Harás, pues, un querubín al extremo de un lado, y un querubín al otro extremo del lado opuesto: de la calidad de la cubierta harás los querubines en sus dos extremidades. ²⁰ Y los querubines extenderán por encima las alas, cubriendo con sus alas la cubierta: sus caras la una enfrente de la otra, mirando á la cubierta las caras de los querubines. ²¹ Y pondrás la cubierta encima del arca, y en el arca pondrás el testimonio que yo te daré. ²² Y de allí me declararé á ti, y hablaré contigo de sobre la cubierta, de entre los dos querubines que están sobre el arca del testimonio, todo lo que yo te mandaré para los hijos de Israel. ²³ Harás asimismo una mesa de madera de Sittim: su longitud será de dos codos, y de un codo su anchura, y su altura de codo y medio. ²⁴ Y la cubrirás de oro puro, y le has de hacer una cornisa de oro alrededor. ²⁵ Hacerle has también una moldura alrededor, del ancho de una mano, á la cual moldura harás una cornisa de oro en circunferencia. ²⁶ Y le harás cuatro anillos de oro, los cuales pondrás á las cuatro esquinas que corresponden á sus cuatro pies. ²⁷ Los anillos estarán antes de la moldura, por lugares de las varas, para llevar la mesa. ²⁸ Y harás las varas de madera de Sittim, y las cubrirás de oro, y con ellas será llevada la mesa. ²⁹ Harás también sus platos, y sus cucharas, y sus cubiertas, y sus tazones, con que se libará: de oro fino los harás. ³⁰ Y pondrás sobre la mesa el pan de la proposición delante de mí continuamente. ³¹ Harás además un candelero de oro puro; labrado á martillo se hará el candelero: su pie, y su caña, sus copas, sus manzanas, y sus flores, serán de lo mismo: ³² Y saldrán seis brazos de sus lados: tres brazos del candelero del un lado suyo, y tres brazos del candelero del otro su lado: ³³ Tres copas en forma de almendras en el un brazo, una manzana y una flor; y tres copas, figura de almendras, en el otro brazo, una manzana y una flor: así pues, en los seis brazos que salen del candelero: ³⁴ Y en el candelero cuatro copas en forma de almendras, sus manzanas y sus flores. ³⁵ Habrá una manzana debajo de los dos brazos de lo mismo, otra manzana debajo de los otros dos brazos de lo mismo, y otra manzana debajo de los *otros* dos brazos de lo mismo, en conformidad á los seis brazos que salen del candelero. ³⁶ Sus manzanas y sus brazos serán de lo mismo, todo ello una pieza labrada á martillo, de oro puro. ³⁷ Y hacerle has siete candilejas, las cuales encenderás para que alumbren á la parte de su delantera: ³⁸ También sus despabiladeras y sus platillos, de oro puro. ³⁹ De un talento de oro fino lo harás, con todos estos vasos. ⁴⁰ Y mira, y hazlos conforme á su modelo, que te ha sido mostrado en el monte.

26

¹ Y HARÁS el tabernáculo de diez cortinas de lino torcido, cárdeno, y púrpura, y carmesí: y harás querubines de obra delicada. ² La longitud de la una cortina de veintiocho codos, y la anchura de la misma cortina de cuatro codos: todas las cortinas tendrán una medida. ³ Cinco cortinas estarán juntas la una con la otra, y cinco cortinas unidas la una con la otra. ⁴ Y harás lazadas de cárdeno en la orilla de la una cortina, en el borde, en la juntura: y así harás en la orilla de la postrera cortina en la juntura segunda. ⁵ Cincuenta lazadas harás en la una cortina, y cincuenta lazadas harás en el borde de la cortina que está en la segunda juntura: las lazadas estarán contrapuestas la una á la otra. ⁶ Harás

también cincuenta corchetes de oro, con los cuales juntarás las cortinas la una con la otra, y se formará un tabernáculo. ⁷ Harás asimismo cortinas de *pelo* de cabras para una cubierta sobre el tabernáculo; once cortinas harás. ⁸ La longitud de la una cortina será de treinta codos, y la anchura de la misma cortina de cuatro codos: una medida tendrán las once cortinas. ⁹ Y juntarás las cinco cortinas aparte y las otras seis cortinas separadamente; y doblarás la sexta cortina delante de la faz del tabernáculo. ¹⁰ Y harás cincuenta lazadas en la orilla de la una cortina, al borde en la juntura, y cincuenta lazadas en la orilla de la segunda cortina en la *otra* juntura. ¹¹ Harás asimismo cincuenta corchetes de alambre, los cuales meterás por las lazadas: y juntarás la tienda, para que se haga una sola cubierta. ¹² Y el sobrante que resulta en las cortinas de la tienda, la mitad de la una cortina que sobra, quedará á las espaldas del tabernáculo. ¹³ Y un codo de la una parte, y otro codo de la otra que sobra en la longitud de las cortinas de la tienda, cargará sobre los lados del tabernáculo de la una parte y de la otra, para cubrirlo. ¹⁴ Harás también á la tienda una cubierta de cueros de carneros, teñidos de rojo, y una cubierta de cueros de tejones encima. ¹⁵ Y harás para el tabernáculo tablas de madera de Sittim, que estén derechas. ¹⁶ La longitud de cada tabla será de diez codos, y de codo y medio la anchura de cada tabla. ¹⁷ Dos quicios tendrá cada tabla, trabadas la una con la otra; así harás todas las tablas del tabernáculo. ¹⁸ Harás, pues, las tablas del tabernáculo: veinte tablas al lado del mediodía, al austro. ¹⁹ Y harás cuarenta basas de plata debajo de las veinte tablas; dos basas debajo de la una tabla para sus dos quicios, y dos basas debajo de la otra tabla para sus dos quicios. ²⁰ Y al otro lado del tabernáculo, á la parte del aquilón, veinte tablas; ²¹ Y sus cuarenta basas de plata: dos basas debajo de la una tabla, y dos basas debajo de la otra tabla. ²² Y para el lado del tabernáculo, al occidente, harás seis tablas. ²³ Harás además dos tablas para las esquinas del tabernáculo en los dos ángulos posteriores; ²⁴ Las cuales se unirán por abajo, y asimismo se juntarán por su alto á un gozne: así será de las otras dos *que* estarán á las dos esquinas. ²⁵ De suerte que serán ocho tablas, con sus basas de plata, diez y seis basas; dos basas debajo de la una tabla, y dos basas debajo de la otra tabla. ²⁶ Harás también cinco barras de madera de Sittim, para las tablas del un lado del tabernáculo, ²⁷ Y cinco barras para las tablas del otro lado del tabernáculo, y cinco barras para el otro lado del tabernáculo, que está al occidente. ²⁸ Y la barra del medio pasará por medio de las tablas, del un cabo al otro. ²⁹ Y cubrirás las tablas de oro, y harás sus anillos de oro para meter por ellos las barras: también cubrirás las barras de oro. ³⁰ Y alzarás el tabernáculo conforme á su traza que te fué mostrada en el monte. ³¹ Y harás también un velo de cárdeno, y púrpura, y carmesí, y de lino torcido: será hecho de primorosa labor, con querubines: ³² Y has de ponerlo sobre cuatro columnas de madera de Sittim cubiertas de oro; sus capiteles de oro, sobre basas de plata. ³³ Y pondrás el velo debajo de los corchetes, y meterás allí, del velo adentro, el arca del testimonio; y aquel velo os hará separación entre el lugar santo y el santísimo. ³⁴ Y pondrás la cubierta sobre el arca del testimonio en el lugar santísimo. ³⁵ Y pondrás la mesa fuera del velo, y el candelero enfrente de la mesa al lado del tabernáculo al mediodía; y pondrás la mesa al lado del aquilón. ³⁶ Y harás á la puerta del tabernáculo una cortina de cárdeno, y púrpura, y carmesí, y lino torcido, obra de bordador. ³⁷ Y harás para la cortina cinco columnas de madera de Sittim, las cuales cubrirás de oro, con sus capiteles de oro: y hacerlas has de fundición cinco basas de metal.

27

¹ HARÁS también altar de madera de Sittim de cinco codos de longitud, y de cinco codos de anchura: será cuadrado el altar, y su altura de tres codos. ² Y harás sus cuernos á sus cuatro esquinas; los cuernos serán de lo mismo; y lo cubrirás de metal. ³ Harás también sus calderas para echar su ceniza; y sus paletas, y sus tazones, y sus garfios, y

sus braseros: harás todos sus vasos de metal. ⁴ Y le harás un enrejado de metal de obra de malla; y sobre el enrejado harás cuatro anillos de metal á sus cuatro esquinas. ⁵ Y lo has de poner dentro del cerco del altar abajo; y llegará el enrejado hasta el medio del altar. ⁶ Harás también varas para el altar, varas de madera de Sittim, las cuales cubrirás de metal. ⁷ Y sus varas se meterán por los anillos: y estarán aquellas varas á ambos lados del altar, cuando hubiere de ser llevado. ⁸ De tablas lo harás, hueco: de la manera que te fué mostrado en el monte, así lo harás. ⁹ Asimismo harás el atrio del tabernáculo: al lado del mediodía, al austro, tendrá el atrio cortinas de lino torcido, de cien codos de longitud cada un lado; ¹⁰ Sus veinte columnas, y sus veinte basas serán de metal; los capiteles de las columnas y sus molduras, de plata. ¹¹ Y de la misma manera al lado del aquilón habrá á lo largo cortinas de cien codos de longitud, y sus veinte columnas, con sus veinte basas de metal; los capiteles de sus columnas y sus molduras, de plata. ¹² Y el ancho del atrio del lado occidental tendrá cortinas de cincuenta codos; sus columnas diez, con sus diez basas. ¹³ Y en el ancho del atrio por la parte de levante, al oriente, habrá cincuenta codos. ¹⁴ Y las cortinas del un lado serán de quince codos; sus columnas tres, con sus tres basas. ¹⁵ Al otro lado quince codos de cortinas; sus columnas tres, con sus tres basas. ¹⁶ Y á la puerta del atrio habrá un pabellón de veinte codos, de cárdeno, y púrpura, y carmesí, y lino torcido, de obra de bordador: sus columnas cuatro, con sus cuatro basas. ¹⁷ Todas las columnas del atrio en derredor serán ceñidas de plata; sus capiteles de plata, y sus basas de metal. ¹⁸ La longitud del atrio será de cien codos, y la anchura cincuenta por un lado y cincuenta por el otro, y la altura de cinco codos: *sus cortinas* de lino torcido, y sus basas de metal. ¹⁹ Todos los vasos del tabernáculo en todo su servicio, y todos sus clavos, y todos los clavos del atrio, serán de metal. ²⁰ Y tú mandarás á los hijos de Israel que te traigan aceite puro de olivas, molido, para la luminaria, para hacer arder continuamente las lámparas. ²¹ En el tabernáculo del testimonio, afuera del velo que está delante del testimonio, las pondrá en orden Aarón y sus hijos, delante de Jehová desde la tarde hasta la mañana, como estatuto perpetuo de los hijos de Israel por sus generaciones.

28

¹ Y TÚ allega á ti á Aarón tu hermano, y á sus hijos consigo, de entre los hijos de Israel, para que sean mis sacerdotes; á Aarón, Nadab y Abiú, Eleazar é Ithamar, hijos de Aarón. ² Y harás vestidos sagrados á Aarón tu hermano, para honra y hermosura. ³ Y tú hablarás á todos los sabios de corazón, á quienes yo he henchido de espíritu de sabiduría, á fin que hagan los vestidos de Aarón, para consagrarle á que me sirva de sacerdote. ⁴ Los vestidos que harán son estos: el racional, y el ephod, y el manto, y la túnica labrada, la mitra, y el cinturón. Hagan, pues, los sagrados vestidos á Aarón tu hermano, y á sus hijos, para que sean mis sacerdotes. ⁵ Tomarán oro, y cárdeno, y púrpura, y carmesí, y lino torcido. ⁶ Y harán el ephod de oro y cárdeno, y púrpura, y carmesí, y lino torcido de obra de bordador. ⁷ Tendrá dos hombreras que se junten á sus dos lados, y se juntará. ⁸ Y el artificio de su cinto que está sobre él, será de su misma obra, de lo mismo; de oro, cárdeno, y púrpura, y carmesí, y lino torcido. ⁹ Y tomarás dos piedras oniquinas, y grabarás en ellas los nombres de los hijos de Israel: ¹⁰ Los seis de sus nombres en la una piedra, y los otros seis nombres en la otra piedra, conforme al nacimiento de ellos. ¹¹ De obra de escultor en piedra á modo de grabaduras de sello, harás grabar aquellas dos piedras con los nombres de los hijos de Israel; harásles alrededor engastes de oro. ¹² Y pondrás aquellas dos piedras sobre los hombros del ephod, para piedras de memoria á los hijos de Israel; y Aarón llevará los nombres de ellos delante de Jehová en sus dos hombros por memoria. ¹³ Harás pues, engastes de oro, ¹⁴ Y dos cadenillas de oro fino; las cuales harás de hechura de trenza; y fijarás las cadenas de hechura de trenza en los engastes.

¹⁵ Harás asimismo el racional del juicio de primorosa obra, le has de hacer conforme á la obra del ephod, de oro, y cárdeno, y púrpura, y carmesí, y lino torcido. ¹⁶ Será cuadrado y doble, de un palmo de largo y un palmo de ancho: ¹⁷ Y lo llenarás de pedrería con cuatro órdenes de piedras: un orden de una piedra sárdica, un topacio, y un carbunclo; será el primer orden; ¹⁸ El segundo orden, una esmeralda, un zafiro, y un diamante; ¹⁹ El tercer orden, un rubí, un ágata, y una amatista; ²⁰ Y el cuarto orden, un berilo, un onix, y un jaspe: estarán engastadas en oro en sus encajes. ²¹ Y serán aquellas piedras según los nombres de los hijos de Israel, doce según sus nombres; como grabaduras de sello cada una con su nombre, vendrán á ser según las doce tribus. ²² Harás también en el racional cadenetas de hechura de trenzas de oro fino. ²³ Y harás en el racional dos anillos de oro, los cuales dos anillos pondrás á las dos puntas del racional. ²⁴ Y pondrás las dos trenzas de oro en los dos anillos á las dos puntas del racional: ²⁵ Y los dos cabos de las dos trenzas sobre los dos engastes, y las pondrás á los lados del ephod en la parte delantera. ²⁶ Harás también dos anillos de oro, los cuales pondrás á las dos puntas del racional, en su orilla que está al lado del ephod de la parte de dentro. ²⁷ Harás asimismo dos anillos de oro, los cuales pondrás á los dos lados del ephod abajo en la parte delantera, delante de su juntura sobre el cinto del ephod. ²⁸ Y juntarán el racional con sus anillos á los anillos del ephod con un cordón de jacinto, para que esté sobre el cinto del ephod, y no se aparte el racional del ephod. ²⁹ Y llevará Aarón los nombres de los hijos de Israel en el racional del juicio sobre su corazón, cuando entrare en el santuario, para memoria delante de Jehová continuamente. ³⁰ Y pondrás en el racional del juicio Urim y Thummim, para que estén sobre el corazón de Aarón cuando entrare delante de Jehová: y llevará siempre Aarón el juicio de los hijos de Israel sobre su corazón delante de Jehová. ³¹ Harás el manto del ephod todo de jacinto: ³² Y en medio de él por arriba habrá una abertura, la cual tendrá un borde alrededor de obra de tejedor, como el cuello de un coselete, *para* que no se rompa. ³³ Y *abajo* en sus orillas harás granadas de jacinto, y púrpura, y carmesí, por sus bordes alrededor; y entre ellas campanillas de oro alrededor: ³⁴ Una campanilla de oro y una granada, campanilla de oro y granada, por las orillas del manto alrededor. ³⁵ Y estará sobre Aarón cuando ministrare; y oiráse su sonido cuando él entrare en el santuario delante de Jehová y cuando saliere, porque no muera. ³⁶ Harás además una plancha de oro fino, y grabarás en ella grabadura de sello, SANTIDAD Á JEHOVÁ. ³⁷ Y la pondrás con un cordón de jacinto, y estará sobre la mitra; por el frente anterior de la mitra estará. ³⁸ Y estará sobre la frente de Aarón: y llevará Aarón el pecado de las cosas santas, que los hijos de Israel hubieren consagrado en todas sus santas ofrendas; y sobre su frente estará continuamente para que hayan gracia delante de Jehová. ³⁹ Y bordarás una túnica de lino, y harás una mitra de lino; harás también un cinto de obra de recamador. ⁴⁰ Y para los hijos de Aarón harás túnicas; también les harás cintos, y les formarás chapeos (tiaras) para honra y hermosura. ⁴¹ Y con ellos vestirás á Aarón tu hermano, y á sus hijos con él: y los ungirás, y los consagrarás, y santificarás, para que sean mis sacerdotes. ⁴² Y les harás pañetes de lino para cubrir la carne vergonzosa; serán desde los lomos hasta los muslos: ⁴³ Y estarán sobre Aarón y sobre sus hijos cuando entraren en el tabernáculo del testimonio, ó cuando se llegaren al altar para servir en el santuario, porque no lleven pecado, y mueran. Estatuto perpetuo para él, y para su simiente después de él.

29

¹ Y ESTO es lo que les harás para consagrarlos, para que sean mis sacerdotes: Toma un becerro de la vacada, y dos carneros sin tacha; ² Y panes sin levadura, y tortas sin levadura amasadas con aceite, y hojaldres sin levadura untadas con aceite; las cuales cosas harás de flor de harina de trigo: ³ Y las pondrás en un canastillo, y en el canastillo

las ofrecerás, con el becerro y los dos carneros. ⁴ Y harás llegar á Aarón y á sus hijos á la puerta del tabernáculo del testimonio, y los lavarás con agua. ⁵ Y tomarás las vestiduras, y vestirás á Aarón la túnica y el manto del ephod, y el ephod, y el racional, y le ceñirás con el cinto del ephod; ⁶ Y pondrás la mitra sobre su cabeza, y sobre la mitra pondrás la diadema santa. ⁷ Y tomarás el aceite de la unción, y derramarás sobre su cabeza, y le ungirás. ⁸ Y harás llegar sus hijos, y les vestirás las túnicas. ⁹ Y les ceñirás el cinto, á Aarón y á sus hijos, y les atarás los chapeos (tiaras), y tendrán el sacerdocio por fuero perpetuo: y henchirás las manos de Aarón y de sus hijos. ¹⁰ Y harás llegar el becerro delante del tabernáculo del testimonio, y Aarón y sus hijos pondrán sus manos sobre la cabeza del becerro. ¹¹ Y matarás el becerro delante de Jehová á la puerta del tabernáculo del testimonio. ¹² Y tomarás de la sangre del becerro, y pondrás sobre los cuernos del altar con tu dedo, y derramarás toda la demás sangre al pie del altar. ¹³ Tomarás también todo el sebo que cubre los intestinos, y el redaño de sobre el hígado, y los dos riñones, y el sebo que está sobre ellos, y los quemarás sobre el altar. ¹⁴ Empero consumirás á fuego fuera del campo la carne del becerro, y su pellejo, y su estiércol: es expiación. ¹⁵ Asimismo tomarás el un carnero, y Aarón y sus hijos pondrán sus manos sobre la cabeza del carnero. ¹⁶ Y matarás el carnero, y tomarás su sangre, y rociarás sobre el altar alrededor. ¹⁷ Y cortarás el carnero en pedazos, y lavarás sus intestinos y sus piernas, y las pondrás sobre sus trozos y sobre su cabeza. ¹⁸ Y quemarás todo el carnero sobre el altar: es holocausto á Jehová, olor grato, es ofrenda quemada á Jehová. ¹⁹ Tomarás luego el otro carnero, y Aarón y sus hijos pondrán sus manos sobre la cabeza del carnero: ²⁰ Y matarás el carnero, y tomarás de su sangre, y pondrás sobre la ternilla de la oreja derecha de Aarón, y sobre la ternilla de las orejas de sus hijos, y sobre el dedo pulgar de las manos derechas de ellos, y sobre el dedo pulgar de los pies derechos de ellos, y esparcirás la sangre sobre el altar alrededor. ²¹ Y tomarás de la sangre que hay sobre el altar, y del aceite de la unción, y esparcirás sobre Aarón, y sobre sus vestiduras, y sobre sus hijos, y sobre las vestimentas de éstos; y él será santificado, y sus vestiduras, y sus hijos, y las vestimentas de sus hijos con él. ²² Luego tomarás del carnero el sebo, y la cola, y el sebo que cubre los intestinos, y el redaño del hígado, y los dos riñones, y el sebo que está sobre ellos, y la espaldilla derecha; porque es carnero de consagraciones: ²³ También una torta de pan, y una hojaldre amasada con aceite, y una lasaña del canastillo de los ázimos presentado á Jehová; ²⁴ Y lo has de poner todo en las manos de Aarón, y en las manos de sus hijos; y lo mecerás agitándolo delante de Jehová. ²⁵ Después lo tomarás de sus manos, y lo harás arder sobre el altar en holocausto, por olor agradable delante de Jehová. Es ofrenda encendida á Jehová. ²⁶ Y tomarás el pecho del carnero de las consagraciones, que fué inmolado para la de Aarón, y lo mecerás por ofrenda agitada delante de Jehová; y será porción tuya. ²⁷ Y apartarás el pecho de la ofrenda mecida, y la espaldilla de la santificación, lo que fué mecido y lo que fué santificado del carnero de las consagraciones de Aarón y de sus hijos: ²⁸ Y será para Aarón y para sus hijos por estatuto perpetuo de los hijos de Israel, porque es porción elevada; y será tomada de los hijos de Israel de sus sacrificios pacíficos, porción de ellos elevada en ofrenda á Jehová. ²⁹ Y las vestimentas santas, que son de Aarón, serán de sus hijos después de él, para ser ungidos con ellas, y para ser con ellas consagrados. ³⁰ Por siete días las vestirá el sacerdote de sus hijos, que en su lugar viniere al tabernáculo del testimonio á servir en el santuario. ³¹ Y tomarás el carnero de las consagraciones, y cocerás su carne en el lugar del santuario. ³² Y Aarón y sus hijos comerán la carne del carnero, y el pan que está en el canastillo, á la puerta del tabernáculo del testimonio. ³³ Y comerán aquellas cosas con las cuales se hizo expiación, para henchir sus manos para ser santificados: mas el extranjero no comerá, porque es cosa santa. ³⁴ Y si sobrare algo de la carne de las consagraciones y del pan hasta la mañana, quemarás al fuego lo que hubiere sobrado: no se comerá, porque es cosa santa. ³⁵ Así pues harás á Aarón y á sus hijos, conforme á todas las cosas que yo te he mandado: por siete días los consagrarás. ³⁶ Y sacrificarás el becerro de la expiación en cada día para las expiaciones; y purificarás el altar en habiendo hecho expiación por él, y lo ungirás para santificarlo. ³⁷ Por siete días expiarás el altar, y lo santificarás, y será un altar santísimo: cualquiera cosa que tocare al altar, será santificada. ³⁸ Y esto es lo que ofrecerás sobre el altar: dos corderos de un año cada día, sin intermisión. ³⁹ Ofrecerás el un cordero á la mañana, y el otro cordero ofrecerás á la caída de la tarde: ⁴⁰ Además una décima parte *de un epha* de flor de harina amasada con la cuarta parte de un hin de aceite molido: y la libación será la cuarta parte de un hin de vino con cada cordero. ⁴¹ Y ofrecerás el otro cordero á la caída de la tarde, haciendo conforme á la ofrenda de la mañana, y conforme á su libación, en olor de suavidad; será ofrenda encendida á Jehová. ⁴² Esto será holocausto continuo por vuestras generaciones á la puerta del tabernáculo del testimonio delante de Jehová, en el cual me concertaré con vosotros, para hablaros allí, ⁴³ Y allí testificaré de mí á los hijos de Israel, y *el lugar* será santificado con mi gloria. ⁴⁴ Y santificaré el tabernáculo del testimonio y el altar: santificaré asimismo á Aarón y á sus hijos, para que sean mis sacerdotes. ⁴⁵ Y habitaré entre los hijos de Israel, y seré su Dios. ⁴⁶ Y conocerán que yo soy Jehová su Dios, que los saqué de la tierra de Egipto, para habitar en medio de ellos: Yo Jehová su Dios.

30

¹ HARÁS asimismo un altar de sahumerio de perfume: de madera de Sittim lo harás. ² Su longitud será de un codo, y su anchura de un codo: será cuadrado: y su altura de dos codos: y sus cuernos serán de lo mismo. ³ Y cubrirlo has de oro puro, su techado, y sus paredes en derredor, y sus cuernos: y le harás en derredor una corona de oro. ⁴ Le harás también dos anillos de oro debajo de su corona á sus dos esquinas en ambos lados suyos, para meter los varales con que será llevado. ⁵ Y harás los varales de madera de Sittim, y los cubrirás de oro. ⁶ Y lo pondrás delante del velo que está junto al arca del testimonio, delante de la cubierta que está sobre el testimonio, donde yo te testificaré de mí. ⁷ Y quemará sobre él Aarón sahumerio de aroma cada mañana: cuando aderezare las lámparas lo quemará. ⁸ Y cuando Aarón encenderá las lámparas al anochecer, quemará el sahumerio: rito perpetuo delante de Jehová por vuestras edades. ⁹ No ofreceréis sobre él sahumerio extraño, ni holocausto, ni presente; ni tampoco derramaréis sobre él libación. ¹⁰ Y sobre sus cuernos hará Aarón expiación una vez en el año con la sangre de la expiación para las reconciliaciones: una vez en el año hará expiación sobre él en vuestras edades: será muy santo á Jehová. ¹¹ Y habló Jehová á Moisés, diciendo: ¹² Cuando tomares el número de los hijos de Israel conforme á la cuenta de ellos, cada uno dará á Jehová el rescate de su persona, cuando los contares, y no habrá en ellos mortandad por haberlos contado. ¹³ Esto dará cualquiera que pasare por la cuenta, medio siclo conforme al siclo del santuario. El siclo es de veinte óbolos: la mitad de un siclo *será* la ofrenda á Jehová. ¹⁴ Cualquiera que pasare por la cuenta, de veinte años arriba, dará la ofrenda á Jehová. ¹⁵ Ni el rico aumentará, ni el pobre disminuirá de medio siclo, cuando dieren la ofrenda á Jehová para hacer expiación por vuestras personas. ¹⁶ Y tomarás de los hijos de Israel el dinero de las expiaciones, y lo darás para la obra del tabernáculo del testimonio: y será por memoria á los hijos de Israel delante de Jehová, para expiar vuestras personas. ¹⁷ Habló más Jehová á Moisés, diciendo: ¹⁸ Harás también una fuente de metal, con su basa de metal, para lavar; y la has de poner entre el tabernáculo del testimonio y el altar; y pondrás en ella agua. ¹⁹ Y de ella se lavarán Aarón y sus hijos sus manos y sus pies: ²⁰ Cuando entraren en el tabernáculo del testimonio, se han de lavar con agua, y no morirán: y cuando se llegaren al altar para ministrar, para encender á Jehová la ofrenda que se ha de consumir al fuego, ²¹ También se lavarán

las manos y los pies, y no morirán. Y lo tendrán por estatuto perpetuo él y su simiente por sus generaciones. 22 Habló más Jehová á Moisés, diciendo: 23 Y tú has de tomar de las principales drogas; de mirra excelente quinientos *siclos*, y de canela aromática la mitad, esto es, doscientos y cincuenta, y de cálamo aromático doscientos y cincuenta, 24 Y de casia quinientos, al peso del santuario, y de aceite de olivas un hin: 25 Y harás de ello el aceite de la santa unción, superior ungüento, obra de perfumador, el cual será el aceite de la unción sagrada. 26 Con él ungirás el tabernáculo del testimonio, y el arca del testimonio, 27 Y la mesa, y todos sus vasos, y el candelero, y todos sus vasos, y el altar del perfume, 28 Y el altar del holocausto, todos sus vasos, y la fuente y su basa. 29 Así los consagrarás, y serán cosas santísimas: todo lo que tocare en ellos, será santificado. 30 Ungirás también á Aarón y á sus hijos, y los consagrarás para que sean mis sacerdotes. 31 Y hablarás á los hijos de Israel, diciendo: Este será mi aceite de la santa unción por vuestras edades. 32 Sobre carne de hombre no será untado, ni haréis otro semejante, conforme á su composición: santo es; por santo habéis de tenerlo vosotros. 33 Cualquiera que compusiere ungüento semejante, y que pusiere de él sobre extraño, será cortado de sus pueblos. 34 Dijo aún Jehová á Moisés: Tómate aromas, estacte y uña olorosa y gálbano aromático é incienso limpio; de todo en igual peso: 35 Y harás de ello una confección aromática de obra de perfumador, *bien* mezclada, pura y santa: 36 Y molerás alguna de ella pulverizándola, y la pondrás delante del testimonio en el tabernáculo del testimonio, donde yo te testificaré de mí. Os será cosa santísima. 37 Como la confección que harás, no os haréis otra según su composición: te será cosa sagrada para Jehová. 38 Cualquiera que hiciere otra como ella para olerla, será cortado de sus pueblos.

31

1 Y HABLÓ Jehová á Moisés, diciendo: 2 Mira, yo he llamado por su nombre á Bezaleel, hijo de Uri, hijo de Hur, de la tribu de Judá; 3 Y lo he henchido de espíritu de Dios, en sabiduría, y en inteligencia, y en ciencia, y en todo artificio, 4 Para inventar diseños, para trabajar en oro, y en plata, y en metal, 5 Y en artificio de piedras para engastar*las*, y en artificio de madera; para obrar en toda suerte de labor. 6 Y he aquí que yo he puesto con él á Aholiab, hijo de Ahisamac, de la tribu de Dan: y he puesto sabiduría en el ánimo de todo sabio de corazón, para que hagan todo lo que te he mandado: 7 El tabernáculo del testimonio, y el arca del testimonio, y la cubierta que está sobre ella, y todos los vasos del tabernáculo; 8 Y la mesa y sus vasos, y el candelero limpio y todos sus vasos, y el altar del perfume; 9 Y el altar del holocausto y todos sus vasos, y la fuente y su basa; 10 Y los vestidos del servicio, y las santas vestiduras para Aarón el sacerdote, y las vestiduras de sus hijos, para que ejerzan el sacerdocio; 11 Y el aceite de la unción, y el perfume aromático para el santuario: harán conforme á todo lo que te he mandado. 12 Habló además Jehová á Moisés, diciendo: 13 Y tú hablarás á los hijos de Israel, diciendo: Con todo eso vosotros guardaréis mis sábados: porque es señal entre mí y vosotros por vuestras edades, para que sepáis que yo soy Jehová que os santifico. 14 Así que guardaréis el sábado, porque santo es á vosotros: el que lo profanare, de cierto morirá; porque cualquiera que hiciere obra alguna en él, aquella alma será cortada de en medio de sus pueblos. 15 Seis días se hará obra, mas el día séptimo es sábado de reposo consagrado á Jehová; cualquiera que hiciere obra el día del sábado, morirá ciertamente. 16 Guardarán, pues, el sábado los hijos de Israel: celebrándolo por sus edades por pacto perpetuo: 17 Señal es para siempre entre mí y los hijos de Israel; porque en seis días hizo Jehová los cielos y la tierra, y en el séptimo día cesó, y reposó. 18 Y dió á Moisés, como acabó de hablar con él en el monte de Sinaí, dos tablas del testimonio, tablas de piedra escritas con el dedo de Dios.

32

¹ MAS viendo el pueblo que Moisés tardaba en descender del monte, allegóse entonces á Aarón, y dijéronle: Levántate, haznos dioses que vayan delante de nosotros; porque á este Moisés, aquel varón que nos sacó de la tierra de Egipto, no sabemos qué le haya acontecido. ² Y Aarón les dijo: Apartad los zarcillos de oro que están en las orejas de vuestras mujeres, y de vuestros hijos, y de vuestras hijas, y traédmelos. ³ Entonces todo el pueblo apartó los zarcillos de oro que tenían en sus orejas, y trajéronlos á Aarón: ⁴ El cual los tomó de las manos de ellos, y formólo con buril, é hizo de ello un becerro de fundición. Entonces dijeron: Israel, estos son tus dioses, que te sacaron de la tierra de Egipto. ⁵ Y viendo *esto* Aarón, edificó un altar delante del becerro; y pregonó Aarón, y dijo: Mañana será fiesta á Jehová. ⁶ Y el día siguiente madrugaron, y ofrecieron holocaustos, y presentaron pacíficos: y sentóse el pueblo á comer y á beber, y levantáronse á regocijarse. ⁷ Entonces Jehová dijo á Moisés: Anda, desciende, porque tu pueblo que sacaste de tierra de Egipto se ha corrompido: ⁸ Presto se han apartado del camino que yo les mandé, y se han hecho un becerro de fundición, y lo han adorado, y han sacrificado á él, y han dicho: Israel, estos son tus dioses, que te sacaron de la tierra de Egipto. ⁹ Dijo más Jehová á Moisés: Yo he visto á este pueblo, que por cierto es pueblo de dura cerviz: ¹⁰ Ahora pues, déjame que se encienda mi furor en ellos, y los consuma: y á ti yo te pondré sobre gran gente. ¹¹ Entonces Moisés oró á la faz de Jehová su Dios, y dijo: Oh Jehová, ¿por qué se encenderá tu furor en tu pueblo, que tú sacaste de la tierra de Egipto con gran fortaleza, y con mano fuerte? ¹² ¿Por qué han de hablar los Egipcios, diciendo: Para mal los sacó, para matarlos en los montes, y para raerlos de sobre la haz de la tierra? Vuélvete del furor de tu ira, y arrepiéntete del mal de tu pueblo. ¹³ Acuérdate de Abraham, de Isaac, y de Israel, tus siervos, á los cuales has jurado por ti mismo, y dícholes: Yo multiplicaré vuestra simiente como las estrellas del cielo; y daré á vuestra simiente toda esta tierra que he dicho, y la tomarán por heredad para siempre. ¹⁴ Entonces Jehová se arrepintió del mal que dijo que había de hacer á su pueblo. ¹⁵ Y volvióse Moisés, y descendió del monte trayendo en su mano las dos tablas del testimonio, las tablas escritas por ambos lados; de una parte y de otra estaban escritas. ¹⁶ Y las tablas eran obra de Dios, y la escritura era escritura de Dios grabada sobre las tablas. ¹⁷ Y oyendo Josué el clamor del pueblo que gritaba, dijo á Moisés: Alarido de pelea hay en el campo. ¹⁸ Y él respondió: No es eco de algazara de fuertes, ni eco de alaridos de flacos: algazara de cantar oigo yo. ¹⁹ Y aconteció, que como llegó él al campo, y vió el becerro y las danzas, enardeciósele la ira á Moisés, y arrojó las tablas de sus manos, y quebrólas al pie del monte. ²⁰ Y tomó el becerro que habían hecho, y quemólo en el fuego, y molióle hasta reducirlo á polvo, que esparció sobre las aguas, y diólo á beber á los hijos de Israel. ²¹ Y dijo Moisés á Aarón: ¿Qué te ha hecho este pueblo, que has traído sobre él tan gran pecado? ²² Y respondió Aarón: No se enoje mi señor; tú conoces el pueblo, que es inclinado á mal. ²³ Porque me dijeron: Haznos dioses que vayan delante de nosotros, que á este Moisés, el varón que nos sacó de tierra de Egipto, no sabemos qué le ha acontecido. ²⁴ Y yo les respondí: ¿Quién tiene oro? apartadlo. Y diéronmelo, y echélo en el fuego, y salió este becerro. ²⁵ Y viendo Moisés que el pueblo estaba despojado, porque Aarón lo había despojado para vergüenza entre sus enemigos, ²⁶ Púsose Moisés á la puerta del real, y dijo: ¿Quién es de Jehová? *júntese* conmigo. Y juntáronse con él todos los hijos de Leví. ²⁷ Y él les dijo: Así ha dicho Jehová, el Dios de Israel: Poned cada uno su espada sobre su muslo: pasad y volved de puerta á puerta por el campo, y matad cada uno á su hermano, y á su amigo, y á su pariente. ²⁸ Y los hijos de Leví lo hicieron conforme al dicho de Moisés: y cayeron del pueblo en aquel día como tres mil hombres. ²⁹ Entonces Moisés dijo: Hoy os habéis consagrado á Jehová, porque cada uno se ha consagrado en su hijo, y en su hermano, para que dé él hoy bendición sobre vosotros. ³⁰ Y aconteció que el día siguiente dijo

Moisés al pueblo: Vosotros habéis cometido un gran pecado: mas yo subiré ahora á Jehová; quizá le aplacaré acerca de vuestro pecado. 31 Entonces volvió Moisés á Jehová, y dijo: Ruégote, pues este pueblo ha cometido un gran pecado, porque se hicieron dioses de oro, 32 Que perdones ahora su pecado, y si no, ráeme ahora de tu libro que has escrito. 33 Y Jehová respondió á Moisés: Al que pecare contra mí, á éste raeré yo de mi libro. 34 Ve pues ahora, lleva á este pueblo donde te he dicho: he aquí mi ángel irá delante de ti; que en el día de mi visitación yo visitaré en ellos su pecado. 35 Y Jehová hirió al pueblo, porque habían hecho el becerro que formó Aarón.

33

1 Y JEHOVÁ dijo á Moisés: Ve, sube de aquí, tú y el pueblo que sacaste de la tierra de Egipto, á la tierra de la cual juré á Abraham, Isaac, y Jacob, diciendo: A tu simiente la daré: 2 Y yo enviaré delante de ti el ángel, y echaré fuera al Cananeo y al Amorrheo, y al Hetheo, y al Pherezeo, y al Heveo y al Jebuseo: 3 (A la tierra que fluye leche y miel); porque yo no subiré en medio de ti, porque eres pueblo de dura cerviz, no sea que te consuma en el camino. 4 Y oyendo el pueblo esta sensible palabra, vistieron luto, y ninguno se puso sus atavíos: 5 Pues Jehová dijo á Moisés: Di á los hijos de Israel: Vosotros sois pueblo de dura cerviz: en un momento subiré en medio de ti, y te consumiré: quítate pues ahora tus atavíos, que yo sabré lo que te tengo de hacer. 6 Entonces los hijos de Israel se despojaron de sus atavíos desde el monte Horeb. 7 Y Moisés tomó el tabernáculo, y extendiólo fuera del campo, lejos del campo, y llamólo el Tabernáculo del Testimonio. Y fué, que cualquiera que requería á Jehová, salía al tabernáculo del testimonio, que estaba fuera del campo. 8 Y sucedía que, cuando salía Moisés al tabernáculo, todo el pueblo se levantaba, y estaba cada cual en pie á la puerta de su tienda, y miraban en pos de Moisés, hasta que él entraba en el tabernáculo. 9 Y cuando Moisés entraba en el tabernáculo, la columna de nube descendía, y poníase á la puerta del tabernáculo, y *Jehová* hablaba con Moisés. 10 Y viendo todo el pueblo la columna de la nube, que estaba á la puerta del tabernáculo, levantábase todo el pueblo, cada uno á la puerta de su tienda, y adoraba. 11 Y hablaba Jehová á Moisés cara á cara, como habla cualquiera á su compañero. Y volvíase al campo; mas el joven Josué, su criado, hijo de Nun, nunca se apartaba de en medio del tabernáculo. 12 Y dijo Moisés á Jehová: Mira, tú me dices á mí: Saca este pueblo: y tú no me has declarado á quién has de enviar conmigo: sin embargo tú dices: Yo te he conocido por tu nombre, y has hallado también gracia en mis ojos. 13 Ahora, pues, si he hallado gracia en tus ojos, ruégote que me muestres ahora tu camino, para que te conozca, porque halle gracia en tus ojos: y mira que tu pueblo es aquesta gente. 14 Y él dijo: Mi rostro irá *contigo*, y te haré descansar. 15 Y él respondió: Si tu rostro no ha de ir *conmigo*, no nos saques de aquí. 16 ¿Y en qué se conocerá aquí que he hallado gracia en tus ojos, yo y tu pueblo, sino en andar tú con nosotros, y que yo y tu pueblo seamos apartados de todos los pueblos que están sobre la faz de la tierra? 17 Y Jehová dijo á Moisés: También haré esto que has dicho, por cuanto has hallado gracia en mis ojos, y te he conocido por tu nombre. 18 El entonces dijo: Ruégote que me muestres tu gloria. 19 Y respondióle: Yo haré pasar todo mi bien delante de tu rostro, y proclamaré el nombre de Jehová delante de ti; y tendré misericordia del que tendré misericordia, y seré clemente para con el que seré clemente. 20 Dijo más: No podrás ver mi rostro: porque no me verá hombre, y vivirá. 21 Y dijo aún Jehová: He aquí lugar junto á mí, y tú estarás sobre la peña: 22 Y será que, cuando pasare mi gloria, yo te pondré en una hendidura de la peña, y te cubriré con mi mano hasta que haya pasado: 23 Después apartaré mi mano, y verás mis espaldas; mas no se verá mi rostro.

34

¹ Y JEHOVÁ dijo á Moisés: Alísate dos tablas de piedra como las primeras, y escribiré sobre esas tablas las palabras que estaban en las tablas primeras que quebraste. ² Apercíbete, pues, para mañana, y sube por la mañana al monte de Sinaí, y estáme allí sobre la cumbre del monte. ³ Y no suba hombre contigo, ni parezca alguno en todo el monte; ni ovejas ni bueyes pazcan delante del monte. ⁴ Y Moisés alisó dos tablas de piedra como las primeras; y levantóse por la mañana, y subió al monte de Sinaí, como le mandó Jehová, y llevó en su mano las dos tablas de piedra. ⁵ Y Jehová descendió en la nube, y estuvo allí con él, proclamando el nombre de Jehová. ⁶ Y pasando Jehová por delante de él, proclamó: Jehová, Jehová, fuerte, misericordioso, y piadoso; tardo para la ira, y grande en benignidad y verdad; ⁷ Que guarda la misericordia en millares, que perdona la iniquidad, la rebelión, y el pecado, y que de ningún modo justificará al malvado; que visita la iniquidad de los padres sobre los hijos y sobre los hijos de los hijos, sobre los terceros, y sobre los cuartos. ⁸ Entonces Moisés, apresurándose, bajó la cabeza hacia el suelo y encorvóse; ⁹ Y dijo: Si ahora, Señor, he hallado gracia en tus ojos, vaya ahora el Señor en medio de nosotros; porque este es pueblo de dura cerviz; y perdona nuestra iniquidad y nuestro pecado, y poséenos. ¹⁰ Y él dijo: He aquí, yo hago concierto delante de todo tu pueblo: haré maravillas que no han sido hechas en toda la tierra, ni en nación alguna; y verá todo el pueblo en medio del cual estás tú, la obra de Jehová; porque ha de ser cosa terrible la que yo haré contigo. ¹¹ Guarda lo que yo te mando hoy; he aquí que yo echo de delante de tu presencia al Amorrheo, y al Cananeo, y al Hetheo, y al Pherezeo, y al Heveo, y al Jebuseo. ¹² Guárdate que no hagas alianza con los moradores de la tierra donde has de entrar, porque no sean por tropezadero en medio de tí: ¹³ Mas derribaréis sus altares, y quebraréis sus estatuas, y taláréis sus bosques: ¹⁴ Porque no te has de inclinar á dios ajeno; que Jehová, cuyo nombre es Celoso, Dios celoso es. ¹⁵ Por tanto no harás alianza con los moradores de aquella tierra; porque fornicarán en pos de sus dioses, y sacrificarán á sus dioses, y te llamarán, y comerás de sus sacrificios; ¹⁶ O tomando de sus hijas para tus hijos, y fornicando sus hijas en pos de sus dioses, harán también fornicar á tus hijos en pos de los dioses de ellas. ¹⁷ No harás dioses de fundición para ti. ¹⁸ La fiesta de los ázimos guardarás: siete días comerás por leudar, según te he mandado, en el tiempo del mes de Abib; porque en el mes de Abib saliste de Egipto. ¹⁹ Todo lo que abre matriz, mío es; y de tu ganado todo primerizo de vaca ó de oveja que fuere macho. ²⁰ Empero redimirás con cordero el primerizo del asno; y si no lo redimieres, le has de cortar la cabeza. Redimirás todo primogénito de tus hijos, y no serán vistos vacíos delante de mí. ²¹ Seis días trabajarás, mas en el séptimo día cesarás: cesarás aun en la arada y en la siega. ²² Y te harás la fiesta de las semanas á los principios de la siega del trigo: y la fiesta de la cosecha á la vuelta del año. ²³ Tres veces en el año será visto todo varón tuyo delante del Señoreador Jehová, Dios de Israel. ²⁴ Porque yo arrojaré las gentes de tu presencia, y ensancharé tu término: y ninguno codiciará tu tierra, cuando tú subieres para ser visto delante de Jehová tu Dios tres veces en el año. ²⁵ No ofrecerás con leudo la sangre de mi sacrificio; ni quedará de la noche para la mañana el sacrificio de la fiesta de la pascua. ²⁶ La primicia de los primeros frutos de tu tierra meterás en la casa de Jehová tu Dios. No cocerás el cabrito en la leche de su madre. ²⁷ Y Jehová dijo á Moisés: Escribe tú estas palabras; porque conforme á estas palabras he hecho la alianza contigo y con Israel. ²⁸ Y él estuvo allí con Jehová cuarenta días y cuarenta noches: no comió pan, ni bebió agua; y escribió en tablas las palabras de la alianza, las diez palabras. ²⁹ Y aconteció, que descendiendo Moisés del monte Sinaí con las dos tablas del testimonio en su mano, mientras descendía del monte, no sabía él que la tez de su rostro resplandecía, después que hubo con El hablado. ³⁰ Y miró Aarón y todos los hijos de Israel á Moisés, y he aquí la tez de su rostro era resplandeciente; y

tuvieron miedo de llegarse á él. ³¹ Y llamólos Moisés; y Aarón y todos los príncipes de la congregación volvieron á él, y Moisés les habló. ³² Y después se llegaron todos los hijos de Israel, á los cuales mandó todas las cosas que Jehová le había dicho en el monte de Sinaí. ³³ Y cuando hubo acabado Moisés de hablar con ellos, puso un velo sobre su rostro. ³⁴ Y cuando venía Moisés delante de Jehová para hablar con él, quitábase el velo hasta que salía; y saliendo, hablaba con los hijos de Israel lo que le era mandado; ³⁵ Y veían los hijos de Israel el rostro de Moisés, que la tez de su rostro era resplandeciente; y volvía Moisés á poner el velo sobre su rostro, hasta que entraba á hablar con El.

35

¹ Y MOISÉS hizo juntar toda la congregación de los hijos de Israel, y díjoles: Estas son las cosas que Jehová ha mandado que hagáis. ² Seis días se hará obra, mas el día séptimo os será santo, sábado de reposo á Jehová: cualquiera que en él hiciere obra, morirá. ³ No encenderéis fuego en todas vuestras moradas en el día del sábado. ⁴ Y habló Moisés á toda la congregación de los hijos de Israel, diciendo: Esto es lo que Jehová ha mandado, diciendo: ⁵ Tomad de entre vosotros ofrenda para Jehová: todo liberal de corazón la traerá á Jehová: oro, plata, metal; ⁶ Y cárdeno, y púrpura, y carmesí, y lino fino, y *pelo* de cabras; ⁷ Y cueros rojos de carneros, y cueros de tejones, y madera de Sittim; ⁸ Y aceite para la luminaria, y especias aromáticas para el aceite de la unción, y para el perfume aromático; ⁹ Y piedras de onix, y demás pedrería, para el ephod, y para el racional. ¹⁰ Y todo sabio de corazón entre vosotros, vendrá y hará todas las cosas que Jehová ha mandado: ¹¹ El tabernáculo, su tienda, y su cubierta, y sus anillos, y sus tablas, sus barras, sus columnas, y sus basas; ¹² El arca, y sus varas, la cubierta, y el velo de la tienda; ¹³ La mesa, y sus varas, y todos sus vasos, y el pan de la proposición. ¹⁴ El candelero de la luminaria, y sus vasos, y sus candilejas, y el aceite para la luminaria; ¹⁵ Y el altar del perfume, y sus varas, y el aceite de la unción, y el perfume aromático, y el pabellón de la puerta, para la entrada del tabernáculo; ¹⁶ El altar del holocausto, y su enrejado de metal, y sus varas, y todos sus vasos, y la fuente con su basa; ¹⁷ Las cortinas del atrio, sus columnas, y sus basas, y el pabellón de la puerta del atrio; ¹⁸ Las estacas del tabernáculo, y las estacas del atrio, y sus cuerdas; ¹⁹ Las vestiduras del servicio para ministrar en el santuario, las sagradas vestiduras de Aarón el sacerdote, y las vestiduras de sus hijos para servir en el sacerdocio. ²⁰ Y salió toda la congregación de los hijos de Israel de delante de Moisés. ²¹ Y vino todo varón á quien su corazón estimuló, y todo aquel á quien su espíritu le dió voluntad, y trajeron ofrenda á Jehová para la obra del tabernáculo del testimonio, y para toda su fábrica, y para las sagradas vestiduras. ²² Y vinieron así hombres como mujeres, todo voluntario de corazón, y trajeron cadenas y zarcillos, sortijas y brazaletes, y toda joya de oro; y cualquiera ofrecía ofrenda de oro á Jehová. ²³ Todo hombre que se hallaba con jacinto, ó púrpura, ó carmesí, ó lino fino, ó *pelo* de cabras, ó cueros rojos de carneros, ó cueros de tejones, lo traía. ²⁴ Cualquiera que ofrecía ofrenda de plata ó de metal, traía á Jehová la ofrenda: y todo el que se hallaba con madera de Sittim, traíala para toda la obra del servicio. ²⁵ Además todas las mujeres sabias de corazón hilaban de sus manos, y traían lo que habían hilado: cárdeno, ó púrpura, ó carmesí, ó lino fino. ²⁶ Y todas las mujeres cuyo corazón las levantó en sabiduría, hilaron *pelos* de cabras. ²⁷ Y los príncipes trajeron piedras de onix, y las piedras de los engastes para el ephod y el racional; ²⁸ Y la especia aromática y aceite, para la luminaria, y para el aceite de la unción, y para el perfume aromático. ²⁹ De los hijos de Israel, así hombres como mujeres, todos los que tuvieron corazón voluntario para traer para toda la obra, que Jehová había mandado por medio de Moisés que hiciesen, trajeron ofrenda voluntaria á Jehová. ³⁰ Y dijo Moisés á los hijos de Israel: Mirad, Jehová ha nombrado á Bezaleel, hijo de Uri, hijo de Hur, de la tribu de Judá; ³¹ Y lo ha henchido de espíritu de

Dios, en sabiduría, en inteligencia, y en ciencia, y en todo artificio, ³² Para proyectar inventos, para trabajar en oro, y en plata, y en metal, ³³ Y en obra de pedrería para engastar, y en obra de madera, para trabajar en toda invención ingeniosa. ³⁴ Y ha puesto en su corazón el que pueda enseñar, así él como Aholiab, hijo de Ahisamac, de la tribu de Dan: ³⁵ Y los ha henchido de sabiduría de corazón, para que hagan toda obra de artificio, y de invención, y de recamado en jacinto, y en púrpura, y en carmesí, y en lino fino, y en telar; para que hagan toda labor, é inventen todo diseño.

36

¹ HIZO, pues, Bezaleel y Aholiab, y todo hombre sabio de corazón, á quien Jehová dió sabiduría é inteligencia para que supiesen hacer toda la obra del servicio del santuario, todas las cosas que había mandado Jehová. ² Y Moisés llamó á Bezaleel y á Aholiab, y á todo varón sabio de corazón, en cuyo corazón había dado Jehová sabiduría, y á todo hombre á quien su corazón le movió á llegarse á la obra, para trabajar en ella; ³ Y tomaron de delante de Moisés toda la ofrenda que los hijos de Israel habían traído para la obra del servicio del santuario, á fin de hacerla. Y ellos le traían aún ofrenda voluntaria cada mañana. ⁴ Vinieron, por tanto, todos los maestros que hacían toda la obra del santuario, cada uno de la obra que hacía. ⁵ Y hablaron á Moisés, diciendo: El pueblo trae mucho más de lo que es menester para la atención de hacer la obra que Jehová ha mandado que se haga. ⁶ Entonces Moisés mandó pregonar por el campo, diciendo: Ningún hombre ni mujer haga más obra para ofrecer para el santuario. Y así fué el pueblo impedido de ofrecer; ⁷ Pues tenía material abundante para hacer toda la obra, y sobraba. ⁸ Y todos los sabios de corazón entre los que hacían la obra, hicieron el tabernáculo de diez cortinas, de lino torcido, y de jacinto, y de púrpura y carmesí; las cuales hicieron de obra prima, con querubines. ⁹ La longitud de la una cortina era de veintiocho codos, y la anchura de cuatro codos: todas las cortinas tenían una misma medida. ¹⁰ Y juntó las cinco cortinas la una con la otra: asimismo unió las otras cinco cortinas la una con la otra. ¹¹ E hizo las lazadas de color de jacinto en la orilla de la una cortina, en el borde, á la juntura; y así hizo en la orilla al borde de la segunda cortina, en la juntura. ¹² Cincuenta lazadas hizo en la una cortina, y otras cincuenta en la segunda cortina, en el borde, en la juntura; las unas lazadas enfrente de las otras. ¹³ Hizo también cincuenta corchetes de oro, con los cuales juntó las cortinas, la una con la otra; é hízose un tabernáculo. ¹⁴ Hizo asimismo cortinas de *pelo* de cabras para la tienda sobre el tabernáculo, é hízolas *en número* de once. ¹⁵ La longitud de la una cortina era de treinta codos, y la anchura de cuatro codos: las once cortinas tenían una misma medida. ¹⁶ Y juntó las cinco cortinas de por sí, y las seis cortinas aparte. ¹⁷ Hizo además cincuenta lazadas en la orilla de la postrera cortina en la juntura, y otras cincuenta lazadas en la orilla de la otra cortina en la juntura. ¹⁸ Hizo también cincuenta corchetes de metal para juntar la tienda, de modo que fuese una. ¹⁹ E hizo una cubierta para la tienda de cueros rojos de carneros, y una cubierta encima de cueros de tejones. ²⁰ Además hizo las tablas para el tabernáculo de madera de Sittim, para estar derechas. ²¹ La longitud de cada tabla de diez codos, y de codo y medio la anchura. ²² Cada tabla tenía dos quicios enclavijados el uno delante del otro: así hizo todas las tablas del tabernáculo. ²³ Hizo, pues, las tablas para el tabernáculo: veinte tablas al lado del austro, al mediodía. ²⁴ Hizo también las cuarenta basas de plata debajo de las veinte tablas: dos basas debajo de la una tabla para sus dos quicios, y dos basas debajo de la otra tabla para sus dos quicios. ²⁵ Y para el otro lado del tabernáculo, á la parte del aquilón, hizo veinte tablas, ²⁶ Con sus cuarenta basas de plata: dos basas debajo de la una tabla, y dos basas debajo de la otra tabla. ²⁷ Y para el lado occidental del tabernáculo hizo seis tablas. ²⁸ Para las esquinas del tabernáculo en los dos lados hizo dos tablas, ²⁹ Las cuales se juntaban por abajo, y

asimismo por arriba á un gozne: y así hizo á la una y á la otra en las dos esquinas. ³⁰Eran, pues, ocho tablas, y sus basas de plata dieciséis; dos basas debajo de cada tabla. ³¹ Hizo también las barras de madera de Sittim; cinco para las tablas del un lado del tabernáculo, ³² Y cinco barras para las tablas del otro lado del tabernáculo, y cinco barras para las tablas del lado del tabernáculo á la parte occidental. ³³ E hizo que la barra del medio pasase por medio de las tablas del un cabo al otro. ³⁴ Y cubrió las tablas de oro, é hizo de oro los anillos de ellas por donde pasasen las barras: cubrió también de oro las barras. ³⁵ Hizo asimismo el velo de cárdeno, y púrpura, y carmesí, y lino torcido, el cual hizo con querubines de delicada obra. ³⁶ Y para él hizo cuatro columnas de madera de Sittim; y cubriólas de oro, los capiteles de las cuales eran de oro; é hizo para ellas cuatro basas de plata de fundición. ³⁷ Hizo también el velo para la puerta del tabernáculo, de jacinto, y púrpura, y carmesí, y lino torcido, obra de recamador; ³⁸ Y sus cinco columnas con sus capiteles: y cubrió las cabezas de ellas y sus molduras de oro: pero sus cinco basas las hizo de metal.

37

¹ HIZO también Bezaleel el arca de madera de Sittim: su longitud era de dos codos y medio, y de codo y medio su anchura, y su altura de otro codo y medio: ² Y cubrióla de oro puro por de dentro y por de fuera, é hízole una cornisa de oro en derredor. ³ Hízole además de fundición cuatro anillos de oro á sus cuatro esquinas; en el un lado dos anillos y en el otro lado dos anillos. ⁴ Hizo también las varas de madera de Sittim, y cubriólas de oro. ⁵ Y metió las varas por los anillos á los lados del arca, para llevar el arca. ⁶ Hizo asimismo la cubierta de oro puro: su longitud de dos codos y medio, y su anchura de codo y medio. ⁷ Hizo también los dos querubines de oro, hízolos labrados á martillo, á los dos cabos de la cubierta: ⁸ El un querubín de esta parte al un cabo, y el otro querubín de la otra parte al otro cabo de la cubierta: hizo los querubines á sus dos cabos. ⁹ Y los querubines extendían sus alas por encima, cubriendo con sus alas la cubierta: y sus rostros el uno enfrente del otro, hacia la cubierta los rostros de los querubines. ¹⁰ Hizo también la mesa de madera de Sittim; su longitud de dos codos, y su anchura de un codo, y de codo y medio su altura; ¹¹ Y cubrióla de oro puro, é hízole una cornisa de oro en derredor. ¹² Hízole también una moldura alrededor, del ancho de una mano, á la cual moldura hizo la cornisa de oro en circunferencia. ¹³ Hízole asimismo de fundición cuatro anillos de oro, y púsolos á las cuatro esquinas que correspondían á los cuatro pies de ella. ¹⁴ Delante de la moldura estaban los anillos, por los cuales se metiesen las varas para llevar la mesa. ¹⁵ E hizo las varas de madera de Sittim para llevar la mesa, y cubriólas de oro. ¹⁶ También hizo los vasos que *habían de estar* sobre la mesa, sus platos, y sus cucharas, y sus cubiertos y sus tazones con que se había de libar, de oro fino. ¹⁷ Hizo asimismo el candelero de oro puro, é hízolo labrado á martillo: su pie y su caña, sus copas, sus manzanas y sus flores eran de lo mismo. ¹⁸ De sus lados salían seis brazos; tres brazos del un lado del candelero, y otros tres brazos del otro lado del candelero: ¹⁹ En el un brazo, tres copas figura de almendras, una manzana y una flor; y en el otro brazo tres copas figura de almendras, una manzana y una flor: y así en los seis brazos que salían del candelero. ²⁰ Y en el candelero había cuatro copas figura de almendras, sus manzanas y sus flores: ²¹ Y una manzana debajo de los dos brazos de lo mismo, y otra manzana debajo de los otros dos brazos de lo mismo, y otra manzana debajo de los *otros* dos brazos de lo mismo, conforme á los seis brazos que salían de él. ²² Sus manzanas y sus brazos eran de lo mismo; todo era una pieza labrada á martillo, de oro puro. ²³ Hizo asimismo sus siete candelejas, y sus despabiladeras, y sus platillos, de oro puro; ²⁴ De un talento de oro puro lo hizo, con todos sus vasos. ²⁵ Hizo también el altar del perfume de madera de Sittim: un codo su longitud, y otro codo su anchura,

era cuadrado; y su altura de dos codos; y sus cuernos de la misma pieza. ²⁶ Y cubriólo de oro puro, su mesa y sus paredes alrededor, y sus cuernos: é hízole una corona de oro alrededor. ²⁷ Hízole también dos anillos de oro debajo de la corona en las dos esquinas á los dos lados, para pasar por ellos las varas con que había de ser conducido. ²⁸ E hizo las varas de madera de Sittim, y cubriólas de oro. ²⁹ Hizo asimismo el aceite santo de la unción, y el fino perfume aromático, de obra de perfumador.

38

¹ IGUALMENTE hizo el altar del holocausto de madera de Sittim: su longitud de cinco codos, y su anchura de otros cinco codos, cuadrado, y de tres codos de altura. ² E hízole sus cuernos á sus cuatro esquinas, los cuales eran de la misma pieza, y cubriólo de metal. ³ Hizo asimismo todos los vasos del altar: calderas, y tenazas, y tazones, y garfios, y palas: todos sus vasos hizo de metal. ⁴ E hizo para el altar el enrejado de metal, de hechura de red, *que puso* en su cerco por debajo hasta el medio del altar. ⁵ Hizo también cuatro anillos de fundición á los cuatro cabos del enrejado de metal, para meter las varas. ⁶ E hizo las varas de madera de Sittim, y cubriólas de metal. ⁷ Y metió las varas por los anillos á los lados del altar, para llevarlo con ellas: hueco lo hizo, de tablas. ⁸ También hizo la fuente de metal, con su basa de metal, de los espejos de las que velaban á la puerta del tabernáculo del testimonio. ⁹ Hizo asimismo el atrio; á la parte austral del mediodía las cortinas del atrio eran de cien codos, de lino torcido: ¹⁰ Sus columnas veinte, con sus veinte basas de metal: los capiteles de las columnas y sus molduras, de plata. ¹¹ Y á la parte del aquilón *cortinas de* cien codos: sus columnas veinte, con sus veinte basas de metal; los capiteles de las columnas y sus molduras, de plata. ¹² A la parte del occidente cortinas de cincuenta codos: sus columnas diez, y sus diez basas; los capiteles de las columnas y sus molduras, de plata. ¹³ Y á la parte oriental, al levante, cortinas de cincuenta codos: ¹⁴ Al un lado cortinas de quince codos, sus tres columnas, y sus tres basas; ¹⁵ Al otro lado, de la una parte y de la otra de la puerta del atrio, cortinas de á quince codos, sus tres columnas, y sus tres basas. ¹⁶ Todas las cortinas del atrio alrededor eran de lino torcido. ¹⁷ Y las basas de las columnas eran de metal; los capiteles de las columnas y sus molduras, de plata; asimismo las cubiertas de las cabezas de ellas, de plata: y todas las columnas del atrio tenían molduras de plata. ¹⁸ Y el pabellón de la puerta del atrio fué de obra de recamado, de jacinto, y púrpura, y carmesí, y lino torcido: la longitud de veinte codos, y la altura en el ancho de cinco codos, conforme á las cortinas del atrio. ¹⁹ Y sus columnas fueron cuatro con sus cuatro basas de metal: y sus capiteles de plata; y las cubiertas de los capiteles de ellas y sus molduras, de plata. ²⁰ Y todas las estacas del tabernáculo y del atrio alrededor fueron de metal. ²¹ Estas son las cuentas del tabernáculo, del tabernáculo del testimonio, lo que fué contado de orden de Moisés por mano de Ithamar, hijo de Aarón sacerdote, para el ministerio de los Levitas. ²² Y Bezaleel, hijo de Uri, hijo de Hur, de la tribu de Judá, hizo todas las cosas que Jehová mandó á Moisés. ²³ Y con él estaba Aholiab, hijo de Ahisamac, de la tribu de Dan, artífice, y diseñador, y recamador en jacinto, y púrpura, y carmesí, y lino fino. ²⁴ Todo el oro empleado en la obra, en toda la obra del santuario, el cual fué oro de ofrenda, fué veintinueve talentos, y setecientos y treinta siclos, según el siclo del santuario. ²⁵ Y la plata de los contados de la congregación fué cien talentos, y mil setecientos setenta y cinco siclos, según el siclo del santuario: ²⁶ Medio por cabeza, medio siclo, según el siclo del santuario, á todos los que pasaron por cuenta de edad de veinte años y arriba, que fueron seiscientos tres mil quinientos cincuenta. ²⁷ Hubo además cien talentos de plata para hacer de fundición las basas del santuario y las basas del velo: en cien basas cien talentos, á talento por basa. ²⁸ Y de los mil setecientos setenta y cinco *siclos* hizo los capiteles de las columnas, y cubrió los capiteles de ellas, y las ciñó. ²⁹ Y el metal de la

ofrenda fué setenta talentos, y dos mil cuatrocientos siclos; ³⁰ Del cual hizo las basas de la puerta del tabernáculo del testimonio, y el altar de metal, y su enrejado de metal, y todos los vasos del altar. ³¹ Y las basas del atrio alrededor, y las basas de la puerta del atrio, y todas las estacas del tabernáculo, y todas las estacas del atrio alrededor.

39

¹ Y DEL jacinto, y púrpura, y carmesí, hicieron las vestimentas del ministerio para ministrar en el santuario, y asimismo hicieron las vestiduras sagradas para Aarón; como Jehová lo había mandado á Moisés. ² Hizo también el ephod de oro, de cárdeno y púrpura y carmesí, y lino torcido. ³ Y extendieron las planchas de oro, y cortaron hilos para tejerlos entre el jacinto, y entre la púrpura, y entre el carmesí, y entre el lino, con delicada obra. ⁴ Hiciéronle las hombreras que se juntasen; y uníanse en sus dos lados. ⁵ Y el cinto del ephod que estaba sobre él, era de lo mismo, conforme á su obra; de oro, jacinto, y púrpura, y carmesí, y lino torcido; como Jehová lo había mandado á Moisés. ⁶ Y labraron las piedras oniquinas cercadas de engastes de oro, grabadas de grabadura de sello con los nombres de los hijos de Israel: ⁷ Y púsolas sobre las hombreras del ephod, por piedras de memoria á los hijos de Israel; como Jehová lo había á Moisés mandado. ⁸ Hizo también el racional de primorosa obra, como la obra del ephod, de oro, jacinto, y púrpura, y carmesí, y lino torcido. ⁹ Era cuadrado: doblado hicieron el racional: su longitud era de un palmo, y de un palmo su anchura, doblado. ¹⁰ Y engastaron en él cuatro órdenes de piedras. El primer orden era un sardio, un topacio, y un carbunclo: este el primer orden. ¹¹ El segundo orden, una esmeralda, un zafiro, y un diamante. ¹² El tercer orden, un ligurio, un ágata, y un amatista. ¹³ Y el cuarto orden, un berilo, un onix, y un jaspe: cercadas y encajadas en sus engastes de oro. ¹⁴ Las cuales piedras eran conforme á los nombres de los hijos de Israel, doce según los nombres de ellos; como grabaduras de sello, cada una con su nombre según las doce tribus. ¹⁵ Hicieron también sobre el racional las cadenas pequeñas de hechura de trenza, de oro puro. ¹⁶ Hicieron asimismo los dos engastes y los dos anillos, de oro; los cuales dos anillos de oro pusieron en los dos cabos del racional. ¹⁷ Y pusieron las dos trenzas de oro en aquellos dos anillos á los cabos del racional. ¹⁸ Y fijaron los dos cabos de las dos trenzas en los dos engastes, que pusieron sobre las hombreras del ephod, en la parte delantera de él. ¹⁹ E hicieron dos anillos de oro, que pusieron en los dos cabos del racional en su orilla, á la parte baja del ephod. ²⁰ Hicieron además dos anillos de oro, los cuales pusieron en las dos hombreras del ephod, abajo en la parte delantera, delante de su juntura, sobre el cinto del ephod. ²¹ Y ataron el racional de sus anillos á los anillos del ephod con un cordón de jacinto, para que estuviese sobre el cinto del mismo ephod, y no se apartase el racional del ephod; como Jehová lo había mandado á Moisés. ²² Hizo también el manto del ephod de obra de tejedor, todo de jacinto, ²³ Con su abertura en medio de él, como el cuello de un coselete, con un borde en derredor de la abertura, porque no se rompiese. ²⁴ E hicieron en las orillas del manto las granadas de jacinto, y púrpura, y carmesí, y lino torcido. ²⁵ Hicieron también las campanillas de oro puro, las cuales campanillas pusieron entre las granadas por las orillas del manto alrededor entre las granadas: ²⁶ Una campanilla y una granada, una campanilla y una granada alrededor, en las orillas del manto, para ministrar; como Jehová lo mandó á Moisés. ²⁷ Igualmente hicieron las túnicas de lino fino de obra de tejedor, para Aarón y para sus hijos; ²⁸ Asimismo la mitra de lino fino, y los adornos de los chapeos (tiaras) de lino fino, y los pañetes de lino, de lino torcido; ²⁹ También el cinto de lino torcido, y de jacinto, y púrpura, y carmesí, de obra de recamador; como Jehová lo mandó á Moisés. ³⁰ Hicieron asimismo la plancha de la diadema santa de oro puro, y escribieron en ella de grabadura de sello, el rótulo, SANTIDAD Á JEHOVÁ. ³¹ Y pusieron en ella un cordón de

jacinto, para colocarla en alto sobre la mitra; como Jehová lo había mandado á Moisés. ³² Y fué acabada toda la obra del tabernáculo, del tabernáculo del testimonio: é hicieron los hijos de Israel como Jehová lo había mandado á Moisés: así lo hicieron. ³³ Y trajeron el tabernáculo á Moisés, el tabernáculo y todos sus vasos; sus corchetes, sus tablas, sus barras, y sus columnas, y sus basas; ³⁴ Y la cubierta de pieles rojas de carneros, y la cubierta de pieles de tejones, y el velo del pabellón; ³⁵ El arca del testimonio, y sus varas, y la cubierta; ³⁶ La mesa, todos sus vasos, y el pan de la proposición; ³⁷ El candelero limpio, sus candilejas, las lámparas que debían mantenerse en orden, y todos sus vasos, y el aceite para la luminaria; ³⁸ Y el altar de oro, y el aceite de la unción, y el perfume aromático, y el pabellón para la puerta del tabernáculo; ³⁹ El altar de metal, con su enrejado de metal, sus varas, y todos sus vasos; y la fuente, y su basa; ⁴⁰ Las cortinas del atrio, y sus columnas, y sus basas, y el pabellón para la puerta del atrio, y sus cuerdas, y sus estacas, y todos los vasos del servicio del tabernáculo, del tabernáculo del testimonio; ⁴¹ Las vestimentas del servicio para ministrar en el santuario, las sagradas vestiduras para Aarón el sacerdote, y las vestiduras de sus hijos, para ministrar en el sacerdocio. ⁴² En conformidad á todas las cosas que Jehová había mandado á Moisés, así hicieron los hijos de Israel toda la obra. ⁴³ Y vió Moisés toda la obra, y he aquí que la habían hecho como Jehová había mandado; y bendíjolos.

40

¹ Y JEHOVÁ habló á Moisés, diciendo: ² En el primer día del mes primero harás levantar el tabernáculo, el tabernáculo del testimonio: ³ Y pondrás en él el arca del testimonio, y la cubrirás con el velo: ⁴ Y meterás la mesa, y la pondrás en orden: meterás también el candelero, y encenderás sus lámparas: ⁵ Y pondrás el altar de oro para el perfume delante del arca del testimonio, y pondrás el pabellón delante de la puerta del tabernáculo. ⁶ Después pondrás el altar del holocausto delante de la puerta del tabernáculo, del tabernáculo del testimonio. ⁷ Luego pondrás la fuente entre el tabernáculo del testimonio y el altar; y pondrás agua en ella. ⁸ Finalmente pondrás el atrio en derredor, y el pabellón de la puerta del atrio. ⁹ Y tomarás el aceite de la unción, y ungirás el tabernáculo, y todo lo que está en él; y le santificarás con todos sus vasos, y será santo. ¹⁰ Ungirás también el altar del holocausto y todos sus vasos: y santificarás el altar, y será un altar santísimo. ¹¹ Asimismo ungirás la fuente y su basa, y la santificarás. ¹² Y harás llegar á Aarón y á sus hijos á la puerta del tabernáculo del testimonio, y los lavarás con agua. ¹³ Y harás vestir á Aarón las vestiduras sagradas, y lo ungirás, y lo consagrarás, para que sea mi sacerdote. ¹⁴ Después harás llegar sus hijos, y les vestirás las túnicas: ¹⁵ Y los ungirás como ungiste á su padre, y serán mis sacerdotes: y será que su unción les servirá por sacerdocio perpetuo por sus generaciones. ¹⁶ Y Moisés hizo conforme á todo lo que Jehová le mandó; así lo hizo. ¹⁷ Y así en el día primero del primer mes, en el segundo año, el tabernáculo fué erigido. ¹⁸ Y Moisés hizo levantar el tabernáculo, y asentó sus basas, y colocó sus tablas, y puso sus barras, é hizo alzar sus columnas. ¹⁹ Y extendió la tienda sobre el tabernáculo, y puso la sobrecubierta encima del mismo; como Jehová había mandado á Moisés. ²⁰ Y tomó y puso el testimonio dentro del arca, y colocó las varas en el arca, y encima la cubierta sobre el arca: ²¹ Y metió el arca en el tabernáculo, y puso el velo de la tienda, y cubrió el arca del testimonio; como Jehová había mandado á Moisés. ²² Y puso la mesa en el tabernáculo del testimonio, al lado septentrional del pabellón, fuera del velo: ²³ Y sobre ella puso por orden los panes delante de Jehová, como Jehová había mandado á Moisés. ²⁴ Y puso el candelero en el tabernáculo del testimonio, enfrente de la mesa, al lado meridional del pabellón. ²⁵ Y encendió las lámparas delante de Jehová; como Jehová había mandado á Moisés. ²⁶ Puso también el altar de oro en el tabernáculo del testimonio, delante del velo: ²⁷ Y encendió sobre él el perfume

aromático; como Jehová había mandado á Moisés. ²⁸ Puso asimismo la cortina de la puerta del tabernáculo. ²⁹ Y colocó el altar del holocausto á la puerta del tabernáculo, del tabernáculo del testimonio; y ofreció sobre él holocausto y presente; como Jehová había mandado á Moisés. ³⁰ Y puso la fuente entre el tabernáculo del testimonio y el altar; y puso en ella agua para lavar. ³¹ Y Moisés y Aarón y sus hijos lavaban en ella sus manos y sus pies. ³² Cuando entraban en el tabernáculo del testimonio, y cuando se llegaban al altar, se lavaban; como Jehová había mandado á Moisés. ³³ Finalmente erigió el atrio en derredor del tabernáculo y del altar, y puso la cortina de la puerta del atrio. Y así acabó Moisés la obra. ³⁴ Entonces una nube cubrió el tabernáculo del testimonio, y la gloria de Jehová hinchió el tabernáculo. ³⁵ Y no podía Moisés entrar en el tabernáculo del testimonio, porque la nube estaba sobre él, y la gloria de Jehová lo tenía lleno. ³⁶ Y cuando la nube se alzaba del tabernáculo, los hijos de Israel se movían en todas sus jornadas: ³⁷ Pero si la nube no se alzaba, no se partían hasta el día en que ella se alzaba. ³⁸ Porque la nube de Jehová estaba de día sobre el tabernáculo, y el fuego estaba de noche en él, á vista de toda la casa de Israel, en todas sus jornadas.

Levítico

¹ Y LLAMÓ Jehová á Moisés, y habló con él desde el tabernáculo del testimonio, diciendo: ² Habla á los hijos de Israel, y diles: Cuando alguno de entre vosotros ofreciere ofrenda á Jehová, de ganado vacuno ú ovejuno haréis vuestra ofrenda. ³ Si su ofrenda fuere holocausto de vacas, macho sin tacha lo ofrecerá: de su voluntad lo ofrecerá á la puerta del tabernáculo del testimonio delante de Jehová. ⁴ Y pondrá su mano sobre la cabeza del holocausto; y él lo aceptará para expiarle. ⁵ Entonces degollará el becerro en la presencia de Jehová; y los sacerdotes, hijos de Aarón, ofrecerán la sangre, y la rociarán alrededor sobre el altar, el cual está á la puerta del tabernáculo del testimonio. ⁶ Y desollará el holocausto, y lo dividirá en sus piezas. ⁷ Y los hijos de Aarón sacerdote pondrán fuego sobre el altar, y compondrán la leña sobre el fuego. ⁸ Luego los sacerdotes, hijos de Aarón, acomodarán las piezas, la cabeza y el redaño, sobre la leña que está sobre el fuego, que habrá encima del altar: ⁹ Y lavará con agua sus intestinos y sus piernas: y el sacerdote hará arder todo sobre el altar: holocausto es, ofrenda encendida de olor suave á Jehová. ¹⁰ Y si su ofrenda para holocausto fuere de ovejas, de los corderos, ó de las cabras, macho sin defecto lo ofrecerá. ¹¹ Y ha de degollarlo al lado septentrional del altar delante de Jehová: y los sacerdotes, hijos de Aarón, rociarán su sangre sobre el altar alrededor. ¹² Y lo dividirá en sus piezas, con su cabeza y su redaño; y el sacerdote las acomodará sobre la leña que está sobre el fuego, que habrá encima del altar; ¹³ Y lavará sus entrañas y sus piernas con agua; y el sacerdote lo ofrecerá todo, y harálo arder sobre el altar; holocausto es, ofrenda encendida de olor suave á Jehová. ¹⁴ Y si el holocausto se hubiere de ofrecer á Jehová de aves, presentará su ofrenda de tórtolas, ó de palominos. ¹⁵ Y el sacerdote la ofrecerá sobre el altar, y ha de quitarle la cabeza, y hará que arda en el altar; y su sangre será exprimida sobre la pared del altar. ¹⁶ Y le ha de quitar el buche y las plumas, lo cual echará junto al altar, hacia el oriente, en el lugar de las cenizas. ¹⁷ Y la henderá por sus alas, mas no la dividirá en dos: y el sacerdote la hará arder sobre el altar, sobre la leña que estará en el fuego; holocausto es, ofrenda encendida de olor suave á Jehová.

2

¹ Y CUANDO alguna persona ofreciere oblación de presente á Jehová, su ofrenda será flor de harina, sobre la cual echará aceite, y pondrá sobre ella incienso: ² Y la traerá á los sacerdotes, hijos de Aarón; y de ello tomará el sacerdote su puño lleno de su flor de harina y de su aceite, con todo su incienso, y lo hará arder sobre el altar: ofrenda encendida para recuerdo, de olor suave á Jehová. ³ Y la sobra del presente será de Aarón y de sus hijos: es cosa santísima de las ofrendas que se queman á Jehová. ⁴ Y cuando ofrecieres ofrenda de presente cocida en horno, será de tortas de flor de harina sin levadura, amasadas con aceite, y hojaldres sin levadura untadas con aceite. ⁵ Mas si tu presente fuere ofrenda de sartén, será de flor de harina sin levadura, amasada con aceite, ⁶ La cual partirás en piezas, y echarás sobre ella aceite: es presente. ⁷ Y si tu presente fuere ofrenda *cocida* en cazuela, hárase de flor de harina con aceite. ⁸ Y traerás á Jehová la ofrenda que se hará de estas cosas, y la presentarás al sacerdote, el cual la llegará al altar. ⁹ Y tomará el sacerdote de aquel presente, en memoria del mismo, y harálo arder sobre el altar; ofrenda encendida, de suave olor á Jehová. ¹⁰ Y lo restante del presente será de Aarón y de sus hijos: es cosa santísima de las ofrendas que se queman á Jehová. ¹¹ Ningún presente que ofreciereis á Jehová, será con levadura: porque de ninguna cosa leuda, ni de ninguna miel, se ha de quemar ofrenda á Jehová.

¹² En la ofrenda de las primicias las ofreceréis á Jehová: mas no subirán sobre el altar en olor de suavidad. ¹³ Y sazonarás toda ofrenda de tu presente con sal; y no harás que falte jamás de tu presente la sal de la alianza de tu Dios: en toda ofrenda tuya ofrecerás sal. ¹⁴ Y si ofrecieres á Jehová presente de primicias, tostarás al fuego las espigas verdes, y el grano desmenuzado ofrecerás por ofrenda de tus primicias. ¹⁵ Y pondrás sobre ella aceite, y pondrás sobre ella incienso: es presente. ¹⁶ Y el sacerdote hará arder, en memoria del don, parte de su grano desmenuzado, y de su aceite con todo su incienso; es ofrenda encendida á Jehová.

3

¹ Y SI su ofrenda fuere sacrificio de paces, si hubiere de ofrecerlo de ganado vacuno, sea macho ó hembra, sin defecto lo ofrecerá delante de Jehová: ² Y pondrá su mano sobre la cabeza de su ofrenda, y la degollará á la puerta del tabernáculo del testimonio; y los sacerdotes, hijos de Aarón, rociarán su sangre sobre el altar en derredor. ³ Luego ofrecerá del sacrificio de las paces, por ofrenda encendida á Jehová, el sebo que cubre los intestinos, y todo el sebo que está sobre las entrañas, ⁴ Y los dos riñones, y el sebo que está sobre ellos, y sobre los ijares, y con los riñones quitará el redaño que está sobre el hígado. ⁵ Y los hijos de Aarón harán arder esto en el altar, sobre el holocausto que estará sobre la leña que habrá encima del fuego; es ofrenda de olor suave á Jehová. ⁶ Mas si de ovejas fuere su ofrenda para sacrificio de paces á Jehová, sea macho ó hembra, ofrecerála sin tacha. ⁷ Si ofreciere cordero por su ofrenda, ha de ofrecerlo delante de Jehová: ⁸ Y pondrá su mano sobre la cabeza de su ofrenda, y después la degollará delante del tabernáculo del testimonio; y los hijos de Aarón rociarán su sangre sobre el altar en derredor. ⁹ Y del sacrificio de las paces ofrecerá por ofrenda encendida á Jehová, su sebo, y la cola entera, la cual quitará á raíz del espinazo, y el sebo que cubre los intestinos, y todo el sebo que está sobre las entrañas: ¹⁰ Asimismo los dos riñones, y el sebo que está sobre ellos, y el que está sobre los ijares, y con los riñones quitará el redaño de sobre el hígado. ¹¹ Y el sacerdote hará arder esto sobre el altar; vianda de ofrenda encendida á Jehová. ¹² Y si fuere cabra su ofrenda ofrecerála delante de Jehová: ¹³ Y pondrá su mano sobre la cabeza de ella, y la degollará delante del tabernáculo del testimonio; y los hijos de Aarón rociarán su sangre sobre el altar en derredor. ¹⁴ Después ofrecerá de ella su ofrenda encendida á Jehová; el sebo que cubre los intestinos, y todo el sebo que está sobre las entrañas, ¹⁵ Y los dos riñones, y el sebo que está sobre ellos, y el que está sobre los ijares, y con los riñones quitará el redaño de sobre el hígado. ¹⁶ Y el sacerdote hará arder esto sobre el altar; es vianda de ofrenda que se quema en olor de suavidad á Jehová: el sebo todo es de Jehová. ¹⁷ Estatuto perpetuo por vuestras edades; en todas vuestras moradas, ningún sebo ni ninguna sangre comeréis.

4

¹ Y HABLÓ Jehová á Moisés, diciendo: ² Habla á los hijos de Israel, diciendo: Cuando alguna persona pecare por yerro en alguno de los mandamientos de Jehová sobre cosas que no se han de hacer, y obrare contra alguno de ellos; ³ Si sacerdote ungido pecare según el pecado del pueblo, ofrecerá á Jehová, por su pecado que habrá cometido, un becerro sin tacha para expiación. ⁴ Y traerá el becerro á la puerta del tabernáculo del testimonio delante de Jehová, y pondrá su mano sobre la cabeza del becerro, y lo degollará delante de Jehová. ⁵ Y el sacerdote ungido tomará de la sangre del becerro, y la traerá al tabernáculo del testimonio; ⁶ Y mojará el sacerdote su dedo en la sangre, y rociará de aquella sangre siete veces delante de Jehová, hacia el velo del santuario. ⁷ Y pondrá el sacerdote de la sangre sobre los cuernos del altar del perfume aromático, que está en el tabernáculo del testimonio delante de Jehová: y echará toda la sangre

del becerro al pie del altar del holocausto, que está á la puerta del tabernáculo del testimonio. ⁸ Y tomará del becerro para la expiación todo su sebo, el sebo que cubre los intestinos, y todo el sebo que está sobre las entrañas, ⁹ Y los dos riñones, y el sebo que está sobre ellos, y el que está sobre los ijares, y con los riñones quitará el redaño de sobre el hígado, ¹⁰ De la manera que se quita del buey del sacrificio de las paces: y el sacerdote lo hará arder sobre el altar del holocausto. ¹¹ Y el cuero del becerro, y toda su carne, con su cabeza, y sus piernas, y sus intestinos, y su estiércol, ¹² En fin, todo el becerro sacará fuera del campo, á un lugar limpio, donde se echan las cenizas, y lo quemará al fuego sobre la leña: en donde se echan las cenizas será quemado. ¹³ Y si toda la congregación de Israel hubiere errado, y el negocio estuviere oculto á los ojos del pueblo, y hubieren hecho algo contra alguno de los mandamientos de Jehová en cosas que no se han de hacer, y fueren culpables; ¹⁴ Luego que fuere entendido el pecado sobre que delinquieron, la congregación ofrecerá un becerro por expiación, y lo traerán delante del tabernáculo del testimonio. ¹⁵ Y los ancianos de la congregación pondrán sus manos sobre la cabeza del becerro delante de Jehová; y en presencia de Jehová degollarán aquel becerro. ¹⁶ Y el sacerdote ungido meterá de la sangre del becerro en el tabernáculo del testimonio: ¹⁷ Y mojará el sacerdote su dedo en la misma sangre, y rociará siete veces delante de Jehová hacia el velo. ¹⁸ Y de aquella sangre pondrá sobre los cuernos del altar que está delante de Jehová en el tabernáculo del testimonio, y derramará toda la sangre al pie del altar del holocausto, que está á la puerta del tabernáculo del testimonio. ¹⁹ Y le quitará todo el sebo, y harálo arder sobre el altar. ²⁰ Y hará de aquel becerro como hizo con el becerro de la expiación; lo mismo hará de él: así hará el sacerdote expiación por ellos, y obtendrán perdón. ²¹ Y sacará el becerro fuera del campamento, y lo quemará como quemó el primer becerro; expiación de la congregación. ²² Y cuando pecare el príncipe, é hiciere por yerro algo contra alguno de todos los mandamientos de Jehová su Dios, sobre cosas que no se han de hacer, y pecare; ²³ Luego que le fuere conocido su pecado en que ha delinquido, presentará por su ofrenda un macho cabrío sin defecto; ²⁴ Y pondrá su mano sobre la cabeza del macho cabrío, y lo degollará en el lugar donde se degüella el holocausto delante de Jehová; es expiación. ²⁵ Y tomará el sacerdote con su dedo de la sangre de la expiación, y pondrá sobre los cuernos del altar del holocausto, y derramará la sangre al pie del altar del holocausto: ²⁶ Y quemará todo su sebo sobre el altar, como el sebo del sacrificio de las paces: así hará el sacerdote por él la expiación de su pecado, y tendrá perdón. ²⁷ Y si alguna persona del común del pueblo pecare por yerro, haciendo algo contra alguno de los mandamientos de Jehová en cosas que no se han de hacer, y delinquiere; ²⁸ Luego que le fuere conocido su pecado que cometió, traerá por su ofrenda una hembra de las cabras, una cabra sin defecto, por su pecado que habrá cometido: ²⁹ Y pondrá su mano sobre la cabeza de la expiación, y la degollará en el lugar del holocausto. ³⁰ Luego tomará el sacerdote en su dedo de su sangre, y pondrá sobre los cuernos del altar del holocausto, y derramará toda su sangre al pie del altar: ³¹ Y le quitará todo su sebo, de la manera que fué quitado el sebo del sacrificio de las paces; y el sacerdote lo hará arder sobre el altar en olor de suavidad á Jehová: así hará el sacerdote expiación por él, y será perdonado. ³² Y si trajere cordero para su ofrenda por el pecado, hembra sin defecto traerá: ³³ Y pondrá su mano sobre la cabeza de la expiación, y la degollará por expiación en el lugar donde se degüella el holocausto. ³⁴ Después tomará el sacerdote con su dedo de la sangre de la expiación, y pondrá sobre los cuernos del altar del holocausto; y derramará toda la sangre al pie del altar: ³⁵ Y le quitará todo su sebo, como fué quitado el sebo del sacrificio de las paces, y harálo el sacerdote arder en el altar sobre la ofrenda encendida á Jehová: y le hará el sacerdote expiación de su pecado que habrá cometido, y será perdonado.

5

¹ Y CUANDO alguna persona pecare, que hubiere oído la voz del que juró, y él fuere testigo que vió, ó supo, si no lo denunciare, él llevará su pecado. ² Asimismo la persona que hubiere tocado en cualquiera cosa inmunda, sea cuerpo muerto de bestia inmunda, ó cuerpo muerto de animal inmundo, ó cuerpo muerto de reptil inmundo, bien que no lo supiere, será inmunda y habrá delinquido: ³ O si tocare á hombre inmundo en cualquiera inmundicia suya de que es inmundo, y no lo echare de ver; si después llega á saberlo, será culpable. ⁴ También la persona que jurare, pronunciando con sus labios hacer mal ó bien, en cualesquiera cosas que el hombre profiere con juramento, y él no lo conociere; si *después* lo entiende, será culpado en una de estas *cosas*. ⁵ Y será que cuando pecare en alguna de estas *cosas*, confesará aquello en que pecó: ⁶ Y para su expiación traerá á Jehová por su pecado que ha cometido, una hembra de los rebaños, una cordera ó una cabra como ofrenda de expiación; y el sacerdote hará expiación por él de su pecado. ⁷ Y si no le alcanzare para un cordero, traerá en expiación por su pecado que cometió, dos tórtolas ó dos palominos á Jehová; el uno para expiación, y el otro para holocausto. ⁸ Y ha de traerlos al sacerdote, el cual ofrecerá primero el que es para expiación, y desunirá su cabeza de su cuello, mas no la apartará del todo: ⁹ Y rociará de la sangre de la expiación sobre la pared del altar; y lo que sobrare de la sangre lo exprimirá al pie del altar; es expiación. ¹⁰ Y del otro hará holocausto conforme al rito; y hará por él el sacerdote expiación de su pecado que cometió, y será perdonado. ¹¹ Mas si su posibilidad no alcanzare para dos tórtolas, ó dos palominos, el que pecó traerá por su ofrenda la décima parte de un epha de flor de harina por expiación. No pondrá sobre ella aceite, ni sobre ella pondrá incienso, porque es expiación. ¹² Traerála, pues, al sacerdote, y el sacerdote tomará de ella su puño lleno, en memoria suya, y la hará arder en el altar sobre las ofrendas encendidas á Jehová: es expiación. ¹³ Y hará el sacerdote expiación por él de su pecado que cometió en alguna de estas cosas, y será perdonado; y *el sobrante* será del sacerdote, como el presente de vianda. ¹⁴ Habló más Jehová á Moisés, diciendo: ¹⁵ Cuando alguna persona cometiere falta, y pecare por yerro en las cosas santificadas á Jehová, traerá su expiación á Jehová, un carnero sin tacha de los rebaños, conforme á tu estimación, en siclos de plata del siclo del santuario, en ofrenda por el pecado: ¹⁶ Y pagará aquello de las cosas santas en que hubiere pecado, y añadirá á ello el quinto, y lo dará al sacerdote: y el sacerdote hará expiación por él con el carnero del sacrificio por el pecado, y será perdonado. ¹⁷ Finalmente, si una persona pecare, ó hiciere alguna de todas aquellas cosas que por mandamiento de Jehová no se han de hacer, aun sin hacerlo á sabiendas, es culpable, y llevará su pecado. ¹⁸ Traerá, pues, al sacerdote por expiación, según tú lo estimes, un carnero sin tacha de los rebaños: y el sacerdote hará expiación por él de su yerro que cometió por ignorancia, y será perdonado. ¹⁹ Es infracción, y ciertamente delinquió contra Jehová.

6

¹ Y HABLÓ Jehová á Moisés, diciendo: ² Cuando una persona pecare, é hiciere prevaricación contra Jehová, y negare á su prójimo lo encomendado, ó dejado en su mano, ó bien robare, ó calumniare á su prójimo; ³ O sea que hallando lo perdido, después lo negare, y jurare en falso, en alguna de todas aquellas cosas en que suele pecar el hombre: ⁴ Entonces será que, puesto habrá pecado y ofendido, restituirá aquello que robó, ó por el daño de la calumnia, ó el depósito que se le encomendó, ó lo perdido que halló, ⁵ O todo aquello sobre que hubiere jurado falsamente; lo restituirá, pues, por entero, y añadirá á ello la quinta parte, que ha de pagar á aquel á quien pertenece en el día de su expiación. ⁶ Y por su expiación traerá á Jehová un carnero sin tacha de los rebaños, conforme á tu estimación, al sacerdote para la expiación: ⁷ Y el sacerdote hará

expiación por él delante de Jehová, y obtendrá perdón de cualquiera de todas las cosas en que suele ofender. ⁸ Habló aún Jehová á Moisés, diciendo: ⁹ Manda á Aarón y á sus hijos diciendo: Esta es la ley del holocausto: (es holocausto, porque se quema sobre el altar toda la noche hasta la mañana, y el fuego del altar arderá en él:) ¹⁰ El sacerdote se pondrá su vestimenta de lino, y se vestirá pañetes de lino sobre su carne; y cuando el fuego hubiere consumido el holocausto, apartará él las cenizas de sobre el altar, y pondrálas junto al altar. ¹¹ Después se desnudará de sus vestimentas, y se pondrá otras vestiduras, y sacará las cenizas fuera del real al lugar limpio. ¹² Y el fuego encendido sobre el altar no ha de apagarse, sino que el sacerdote pondrá en él leña cada mañana, y acomodará sobre él el holocausto, y quemará sobre él los sebos de las paces. ¹³ El fuego ha de arder continuamente en el altar; no se apagará. ¹⁴ Y esta es la ley del presente: Han de ofrecerlo los hijos de Aarón delante de Jehová, delante del altar. ¹⁵ Y tomará de él un puñado de la flor de harina del presente, y de su aceite, y todo el incienso que está sobre el presente, y harálo arder sobre el altar por memoria, en olor suavísimo á Jehová. ¹⁶ Y el sobrante de ella lo comerán Aarón y sus hijos: sin levadura se comerá en el lugar santo; en el atrio del tabernáculo del testimonio lo comerán. ¹⁷ No se cocerá con levadura: helo dado á ellos por su porción de mis ofrendas encendidas; es cosa santísima, como la expiación por el pecado, y como la expiación por la culpa. ¹⁸ Todos los varones de los hijos de Aarón comerán de ella. Estatuto perpetuo será para vuestras generaciones tocante á las ofrendas encendidas de Jehová: toda cosa que tocare en ellas será santificada. ¹⁹ Y habló Jehová á Moisés, diciendo: ²⁰ Esta es la ofrenda de Aarón y de sus hijos, que ofrecerán á Jehová el día que serán ungidos: la décima parte de un epha de flor de harina, presente perpetuo, la mitad á la mañana y la mitad á la tarde. ²¹ En sartén se aderezará con aceite; frita la traerás, y los pedazos cocidos del presente ofrecerás á Jehová en olor de suavidad. ²² Y el sacerdote que en lugar de Aarón fuere ungido de entre sus hijos, hará la ofrenda; estatuto perpetuo de Jehová: toda ella será quemada. ²³ Y todo presente de sacerdote será enteramente quemado; no se comerá. ²⁴ Y habló Jehová á Moisés, diciendo: ²⁵ Habla á Aarón y á sus hijos, diciendo: Esta es la ley de la expiación: en el lugar donde será degollado el holocausto, será degollada la expiación por el pecado delante de Jehová: es cosa santísima. ²⁶ El sacerdote que la ofreciere por expiación, la comerá: en el lugar santo será comida, en el atrio del tabernáculo del testimonio. ²⁷ Todo lo que en su carne tocare, será santificado; y si cayere de su sangre sobre el vestido, lavarás aquello sobre que cayere, en el lugar santo. ²⁸ Y la vasija de barro en que fuere cocida, será quebrada: y si fuere cocida en vasija de metal, será fregada y lavada con agua. ²⁹ Todo varón de entre los sacerdotes la comerá: es cosa santísima. ³⁰ Mas no se comerá de expiación alguna, de cuya sangre se metiere en el tabernáculo del testimonio para reconciliar en el santuario: al fuego será quemada.

7

¹ ASIMISMO esta es la ley de la expiación de la culpa: es cosa muy santa. ² En el lugar donde degollaren el holocausto, degollarán la víctima por la culpa; y rociará su sangre en derredor sobre el altar: ³ Y de ella ofrecerá todo su sebo, la cola, y el sebo que cubre los intestinos. ⁴ Y los dos riñones, y el sebo que está sobre ellos, y el que está sobre los ijares; y con los riñones quitará el redaño de sobre el hígado. ⁵ Y el sacerdote lo hará arder sobre el altar; ofrenda encendida á Jehová: es expiación de la culpa. ⁶ Todo varón de entre los sacerdotes la comerá: será comida en el lugar santo: es cosa muy santa. ⁷ Como la expiación por el pecado, así es la expiación de la culpa: una misma ley tendrán: será del sacerdote que habrá hecho la reconciliación con ella. ⁸ Y el sacerdote que ofreciere holocausto de alguno, el cuero del holocausto que ofreciere, será para él. ⁹ Asimismo todo presente que se cociere en horno, y todo el que fuere aderezado en sartén, ó en

cazuela, será del sacerdote que lo ofreciere. ¹⁰ Y todo presente amasado con aceite, y seco, será de todos los hijos de Aarón, tanto al uno como al otro. ¹¹ Y esta es la ley del sacrificio de las paces, que se ofrecerá á Jehová: ¹² Si se ofreciere en hacimiento de gracias, ofrecerá por sacrificio de hacimiento de gracias tortas sin levadura amasadas con aceite, y hojaldres sin levadura untadas con aceite, y flor de harina frita en tortas amasadas con aceite. ¹³ Con tortas de pan leudo ofrecerá su ofrenda en el sacrificio de hacimientos de gracias de sus paces. ¹⁴ Y de toda la ofrenda presentará una parte por ofrenda elevada á Jehová, y será del sacerdote que rociare la sangre de los pacíficos. ¹⁵ Y la carne del sacrificio de sus pacíficos en hacimiento de gracias, se comerá en el día que fuere ofrecida: no dejarán de ella nada para otro día. ¹⁶ Mas si el sacrificio de su ofrenda fuere voto, ó voluntario, el día que ofreciere su sacrificio será comido; y lo que de él quedare, comerse ha el día siguiente: ¹⁷ Y lo que quedare para el tercer día de la carne del sacrificio, será quemado en el fuego. ¹⁸ Y si se comiere de la carne del sacrificio de sus paces el tercer día, el que lo ofreciere no será acepto, ni le será imputado; abominación será, y la persona que de él comiere llevará su pecado. ¹⁹ Y la carne que tocare á alguna cosa inmunda, no se comerá; al fuego será quemada; mas cualquiera limpio comerá de aquesta carne. ²⁰ Y la persona que comiere la carne del sacrificio de paces, el cual es de Jehová, estando inmunda, aquella persona será cortada de sus pueblos. ²¹ Además, la persona que tocare alguna cosa inmunda, en inmundicia de hombre, ó en animal inmundo, ó en cualquiera abominación inmunda, y comiere la carne del sacrificio de las paces, el cual es de Jehová, aquella persona será cortada de sus pueblos. ²² Habló aún Jehová á Moisés, diciendo: ²³ Habla á los hijos de Israel, diciendo: Ningún sebo de buey, ni de cordero, ni de cabra, comeréis. ²⁴ El sebo de animal mortecino, y el sebo del que fué arrebatado *de fieras*, se aparejará para cualquiera otro uso, mas no lo comeréis. ²⁵ Porque cualquiera que comiere sebo de animal, del cual se ofrece á Jehová ofrenda encendida, la persona que lo comiere, será cortada de sus pueblos. ²⁶ Además, ninguna sangre comeréis en todas vuestras habitaciones, así de aves como de bestias. ²⁷ Cualquiera persona que comiere alguna sangre, la tal persona será cortada de sus pueblos. ²⁸ Habló más Jehová á Moisés, diciendo: ²⁹ Habla á los hijos de Israel, diciendo: El que ofreciere sacrificio de sus paces á Jehová, traerá su ofrenda del sacrificio de sus paces á Jehová; ³⁰ Sus manos traerán las ofrendas que se han de quemar á Jehová: traerá el sebo con el pecho: el pecho para que éste sea agitado, como sacrificio agitado delante de Jehová; ³¹ Y el sebo lo hará arder el sacerdote en el altar; mas el pecho será de Aarón y de sus hijos. ³² Y daréis al sacerdote para ser elevada en ofrenda, la espaldilla derecha de los sacrificios de vuestras paces. ³³ El que de los hijos de Aarón ofreciere la sangre de las paces, y el sebo, de él será en porción la espaldilla derecha; ³⁴ Porque he tomado de los hijos de Israel, de los sacrificios de sus paces, el pecho que se agita, y la espaldilla elevada en ofrenda, y lo he dado á Aarón el sacerdote y á sus hijos, por estatuto perpetuo de los hijos de Israel. ³⁵ Esta es por la unción de Aarón y la unción de sus hijos, la parte de ellos en las ofrendas encendidas á Jehová, desde el día que él los allegó para ser sacerdotes de Jehová: ³⁶ Lo cual mandó Jehová que les diesen, desde el día que él los ungió de entre los hijos de Israel, por estatuto perpetuo en sus generaciones. ³⁷ Esta es la ley del holocausto, del presente, de la expiación por el pecado, y de la culpa, y de las consagraciones, y del sacrificio de las paces: ³⁸ La cual intimó Jehová á Moisés, en el monte de Sinaí, el día que mandó á los hijos de Israel que ofreciesen sus ofrendas á Jehová en el desierto de Sinaí.

8

¹ Y HABLÓ Jehová á Moisés, diciendo: ² Toma á Aarón y á sus hijos con él, y las vestimentas, y el aceite de la unción, y el becerro de la expiación, y los dos carneros,

y el canastillo de los ázimos; ³ Y reune toda la congregación á la puerta del tabernáculo del testimonio. ⁴ Hizo, pues, Moisés como Jehová le mandó, y juntóse la congregación á la puerta del tabernáculo del testimonio. ⁵ Y dijo Moisés á la congregación: Esto es lo que Jehová ha mandado hacer. ⁶ Entonces Moisés hizo llegar á Aarón y á sus hijos, y lavólos con agua. ⁷ Y puso sobre él la túnica, y ciñólo con el cinto; vistióle después el manto, y puso sobre él el ephod, y ciñólo con el cinto del ephod, y ajustólo con él. ⁸ Púsole luego encima el racional, y en él puso el Urim y Thummim. ⁹ Después puso la mitra sobre su cabeza; y sobre la mitra en su frente delantero puso la plancha de oro, la diadema santa; como Jehová había mandado á Moisés. ¹⁰ Y tomó Moisés el aceite de la unción, y ungió el tabernáculo, y todas las cosas que estaban en él, y santificólas. ¹¹ Y roció de él sobre el altar siete veces, y ungió el altar y todos sus vasos, y la fuente y su basa, para santificarlos. ¹² Y derramó del aceite de la unción sobre la cabeza de Aarón, y ungiólo para santificarlo. ¹³ Después Moisés hizo llegar los hijos de Aarón, y vistióles las túnicas, y ciñólos con cintos, y ajustóles los chapeos (tiaras), como Jehová lo había mandado á Moisés. ¹⁴ Hizo luego llegar el becerro de la expiación, y Aarón y sus hijos pusieron sus manos sobre la cabeza del becerro de la expiación. ¹⁵ Y degollólo; y Moisés tomó la sangre, y puso con su dedo sobre los cuernos del altar alrededor, y purificó el altar; y echó la demás sangre al pie del altar, y santificólo para reconciliar sobre él. ¹⁶ Después tomó todo el sebo que estaba sobre los intestinos, y el redaño del hígado, y los dos riñones, y el sebo de ellos, é hízolo Moisés arder sobre el altar. ¹⁷ Mas el becerro, y su cuero, y su carne, y su estiércol, quemólo al fuego fuera del real; como Jehová lo había mandado á Moisés. ¹⁸ Después hizo llegar el carnero del holocausto, y Aarón y sus hijos pusieron sus manos sobre la cabeza del carnero: ¹⁹ Y degollólo; y roció Moisés la sangre sobre el altar en derredor. ²⁰ Y cortó el carnero en trozos; y Moisés hizo arder la cabeza, y los trozos, y el sebo. ²¹ Lavó luego con agua los intestinos y piernas, y quemó Moisés todo el carnero sobre el altar: holocausto en olor de suavidad, ofrenda encendida á Jehová; como lo había Jehová mandado á Moisés. ²² Después hizo llegar el otro carnero, el carnero de las consagraciones, y Aarón y sus hijos pusieron sus manos sobre la cabeza del carnero: ²³ Y degollólo; y tomó Moisés de su sangre, y puso sobre la ternilla de la oreja derecha de Aarón, y sobre el dedo pulgar de su mano derecha, y sobre el dedo pulgar de su pie derecho. ²⁴ Hizo llegar luego los hijos de Aarón, y puso Moisés de la sangre sobre la ternilla de sus orejas derechas, y sobre los pulgares de sus manos derechas, y sobre los pulgares de sus pies derechos: y roció Moisés la sangre sobre el altar en derredor; ²⁵ Y después tomó el sebo, y la cola, y todo el sebo que estaba sobre los intestinos, y el redaño del hígado, y los dos riñones, y el sebo de ellos, y la espaldilla derecha; ²⁶ Y del canastillo de los ázimos, que estaba delante de Jehová, tomó una torta sin levadura, y una torta de pan de aceite, y una lasaña, y púsolo con el sebo y con la espaldilla derecha; ²⁷ Y púsolo todo en las manos de Aarón, y en las manos de sus hijos, é hízolo mecer: ofrenda agitada delante de Jehová. ²⁸ Después tomó aquellas cosas Moisés de las manos de ellos, é hízolas arder en el altar sobre el holocausto: las consagraciones en olor de suavidad, ofrenda encendida á Jehová. ²⁹ Y tomó Moisés el pecho, y meciólo, ofrenda agitada delante de Jehová: del carnero de las consagraciones aquélla fué la parte de Moisés; como Jehová lo había mandado á Moisés. ³⁰ Luego tomó Moisés del aceite de la unción, y de la sangre que estaba sobre el altar, y roció sobre Aarón, y sobre sus vestiduras, sobre sus hijos, y sobre las vestiduras de sus hijos con él; y santificó á Aarón, y sus vestiduras, y á sus hijos, y las vestiduras de sus hijos con él. ³¹ Y dijo Moisés á Aarón y á sus hijos: Comed la carne á la puerta del tabernáculo del testimonio; y comedla allí con el pan que está en el canastillo de las consagraciones, según yo he mandado, diciendo: Aarón y sus hijos la comerán. ³² Y lo que sobrare de la carne y del pan, habéis de quemarlo al fuego. ³³ De la puerta del tabernáculo del testimonio no saldréis en siete días, hasta el día que se cumplieren los días de vuestras consagraciones: porque por siete días seréis consagrados. ³⁴ De la manera que hoy se ha hecho, mandó hacer Jehová para expiaros. ³⁵ A la puerta, pues, del tabernáculo del testimonio estaréis día y noche por siete días, y guardaréis la ordenanza delante de Jehová, para que no muráis; porque así me ha sido mandado. ³⁶ Y Aarón y sus hijos hicieron todas las cosas que mandó Jehová por medio de Moisés.

9

¹ Y FUÉ en el día octavo, que Moisés llamó á Aarón y á sus hijos, y á los ancianos de Israel; ² Y dijo á Aarón: Toma de la vacada un becerro para expiación, y un carnero para holocausto, sin defecto, y ofrécelos delante de Jehová. ³ Y á los hijos de Israel hablarás, diciendo: Tomad un macho cabrío para expiación, y un becerro y un cordero de un año, sin tacha, para holocausto; ⁴ Asimismo un buey y un carnero para sacrificio de paces, que inmoléis delante de Jehová; y un presente amasado con aceite: porque Jehová se aparecerá hoy á vosotros. ⁵ Y llevaron lo que mandó Moisés delante del tabernáculo del testimonio, y llegóse toda la congregación, y pusiéronse delante de Jehová. ⁶ Entonces Moisés dijo: Esto es lo que mandó Jehová; hacedlo, y la gloria de Jehová se os aparecerá. ⁷ Y dijo Moisés á Aarón: Llégate al altar, y haz tu expiación, y tu holocausto, y haz la reconciliación por ti y por el pueblo: haz también la ofrenda del pueblo, y haz la reconciliación por ellos; como ha mandado Jehová. ⁸ Entonces llegóse Aarón al altar; y degolló su becerro de la expiación que era por él. ⁹ Y los hijos de Aarón le trajeron la sangre; y él mojó su dedo en la sangre, y puso sobre los cuernos del altar, y derramó la demás sangre al pie del altar; ¹⁰ Y el sebo y riñones y redaño del hígado, de la expiación, hízolos arder sobre el altar; como Jehová lo había mandado á Moisés. ¹¹ Mas la carne y el cuero los quemó al fuego fuera del real. ¹² Degolló asimismo el holocausto, y los hijos de Aarón le presentaron la sangre, la cual roció él alrededor sobre el altar. ¹³ Presentáronle después el holocausto, á trozos, y la cabeza; é hízolos quemar sobre el altar. ¹⁴ Luego lavó los intestinos y las piernas, y quemólos sobre el holocausto en el altar. ¹⁵ Ofreció también la ofrenda del pueblo, y tomó el macho cabrío que era para la expiación del pueblo, y degollólo, y lo ofreció por el pecado como el primero. ¹⁶ Y ofreció el holocausto, é hizo según el rito. ¹⁷ Ofreció asimismo el presente, é hinchió de él su mano, y lo hizo quemar sobre el altar, además del holocausto de la mañana. ¹⁸ Degolló también el buey y el carnero en sacrificio de paces, que era del pueblo: y los hijos de Aarón le presentaron la sangre (la cual roció él sobre el altar alrededor), ¹⁹ Y los sebos del buey; y del carnero la cola con lo que cubre *las entrañas*, y los riñones, y el redaño del hígado: ²⁰ Y pusieron los sebos sobre los pechos, y él quemó los sebos sobre el altar: ²¹ Empero los pechos, con la espaldilla derecha, meciólos Aarón por ofrenda agitada delante de Jehová; como Jehová lo había mandado á Moisés. ²² Después alzó Aarón sus manos hacia el pueblo y bendíjolos: y descendió de hacer la expiación, y el holocausto, y el sacrificio de las paces. ²³ Y entraron Moisés y Aarón en el tabernáculo del testimonio; y salieron, y bendijeron al pueblo: y la gloria de Jehová se apareció á todo el pueblo. ²⁴ Y salió fuego de delante de Jehová, y consumió el holocausto y los sebos sobre el altar; y viéndolo todo el pueblo, alabaron, y cayeron sobre sus rostros.

10

¹ Y LOS hijos de Aarón, Nadab y Abiú, tomaron cada uno su incensario, y pusieron fuego en ellos, sobre el cual pusieron perfume, y ofrecieron delante de Jehová fuego extraño, que él nunca les mandó. ² Y salió fuego de delante de Jehová que los quemó, y murieron delante de Jehová. ³ Entonces dijo Moisés á Aarón: Esto es lo que habló Jehová, diciendo: En mis allegados me santificaré, y en presencia de todo el pueblo seré glorificado. Y Aarón calló. ⁴ Y llamó Moisés á Misael, y á Elzaphán, hijos de Uzziel, tío de

Aarón, y díjoles: Llegaos y sacad á vuestros hermanos de delante del santuario fuera del campo. ⁵ Y ellos llegaron, y sacáronlos con sus túnicas fuera del campo, como dijo Moisés. ⁶ Entonces Moisés dijo á Aarón, y á Eleazar y á Ithamar, sus hijos: No descubráis vuestras cabezas, ni rasguéis vuestros vestidos, porque no muráis, ni se levante la ira sobre toda la congregación: empero vuestros hermanos, toda la casa de Israel, lamentarán el incendio que Jehová ha hecho. ⁷ Ni saldréis de la puerta del tabernáculo del testimonio, porque moriréis; por cuanto el aceite de la unción de Jehová está sobre vosotros. Y ellos hicieron conforme al dicho de Moisés. ⁸ Y Jehová habló á Aarón, diciendo: ⁹ Tú, y tus hijos contigo, no beberéis vino ni sidra, cuando hubiereis de entrar en el tabernáculo del testimonio, porque no muráis: estatuto perpetuo por vuestras generaciones; ¹⁰ Y para poder discernir entre lo santo y lo profano, y entre lo inmundo y lo limpio; ¹¹ Y para enseñar á los hijos de Israel todos los estatutos que Jehová les ha dicho por medio de Moisés. ¹² Y Moisés dijo á Aarón, y á Eleazar y á Ithamar, sus hijos que habían quedado: Tomad el presente que queda de las ofrendas encendidas á Jehová, y comedlo sin levadura junto al altar, porque es cosa muy santa. ¹³ Habéis, pues, de comerlo en el lugar santo: porque esto es fuero para ti, y fuero para tus hijos, de las ofrendas encendidas á Jehová, pues que así me ha sido mandado. ¹⁴ Comeréis asimismo en lugar limpio, tú y tus hijos y tus hijas contigo, el pecho de la mecida, y la espaldilla elevada, porque por fuero para ti, y fuero para tus hijos, son dados de los sacrificios de las paces de los hijos de Israel. ¹⁵ Con las ofrendas de los sebos que se han de encender, traerán la espaldilla que se ha de elevar, y el pecho que será mecido, para que lo mezas por ofrenda agitada delante de Jehová: y será por fuero perpetuo tuyo, y de tus hijos contigo, como Jehová lo ha mandado. ¹⁶ Y Moisés demandó el macho cabrío de la expiación, y hallóse que era quemado: y enojóse contra Eleazar é Ithamar, los hijos de Aarón que habían quedado, diciendo: ¹⁷ ¿Por qué no comisteis la expiación en el lugar santo? porque es muy santa, y dióla él á vosotros para llevar la iniquidad de la congregación, para que sean reconciliados delante de Jehová. ¹⁸ Veis que su sangre no fué metida dentro del santuario: habíais de comerla en el lugar santo, como yo mandé. ¹⁹ Y respondió Aarón á Moisés: He aquí hoy han ofrecido su expiación y su holocausto delante de Jehová: pero me han acontecido estas cosas: pues si comiera yo hoy de la expiación, ¿hubiera sido acepto á Jehová? ²⁰ Y cuando Moisés oyó esto, dióse por satisfecho.

11

¹ Y HABLÓ Jehová á Moisés y á Aarón, diciéndoles: ² Hablad á los hijos de Israel, diciendo: Estos son los animales que comeréis de todos los animales que están sobre la tierra. ³ De entre los animales, todo el de pezuña, y que tiene las pezuñas hendidas, y que rumia, éste comeréis. ⁴ Estos empero no comeréis de los que rumian, y de los que tienen pezuña: el camello, porque rumia mas no tiene pezuña hendida, habéis de tenerlo por inmundo; ⁵ También el conejo, porque rumia, mas no tiene pezuña, tendréislo por inmundo; ⁶ Asimismo la liebre, porque rumia, mas no tiene pezuña, tendréisla por inmunda; ⁷ También el puerco, porque tiene pezuñas, y es de pezuñas hendidas, mas no rumia, tendréislo por inmundo. ⁸ De la carne de ellos no comeréis, ni tocaréis su cuerpo muerto: tendréislos por inmundos. ⁹ Esto comeréis de todas las cosas que están en las aguas: todas las cosas que tienen aletas y escamas en las aguas de la mar, y en los ríos, aquellas comeréis; ¹⁰ Mas todas las cosas que no tienen aletas ni escamas en la mar y en los ríos, así de todo reptil de agua como de toda cosa viviente que está en las aguas, las tendréis en abominación. ¹¹ Os serán, pues, en abominación: de su carne no comeréis, y abominaréis sus cuerpos muertos. ¹² Todo lo que no tuviere aletas y escamas en las aguas, tendréislo en abominación. ¹³ Y de las aves, éstas tendréis en abominación; no se comerán, serán abominación: el águila, el quebrantahuesos, el esmerejón, ¹⁴ El milano, y

el buitre según su especie; ¹⁵ Todo cuervo según su especie; ¹⁶ El avestruz, y la lechuza, y el laro, y el gavilán según su especie, ¹⁷ Y el buho, y el somormujo, y el ibis, ¹⁸ Y el calamón, y el cisne, y el onocrótalo, ¹⁹ Y el herodión, y el caradrión, según su especie, y la abubilla, y el murciélago. ²⁰ Todo reptil alado que anduviere sobre cuatro pies, tendréis en abominación. ²¹ Empero esto comeréis de todo reptil alado que anda sobre cuatro pies, que tuviere piernas además de sus pies para saltar con ellas sobre la tierra; ²² Estos comeréis de ellos: la langosta según su especie, y el langostín según su especie, y el aregol según su especie, y el haghab según su especie. ²³ Todo reptil alado que tenga cuatro pies, tendréis en abominación. ²⁴ Y por estas cosas seréis inmundos: cualquiera que tocare á sus cuerpos muertos, será inmundo hasta la tarde: ²⁵ Y cualquiera que llevare de sus cuerpos muertos, lavará sus vestidos, y será inmundo hasta la tarde. ²⁶ Todo animal de pezuña, pero que no tiene pezuña hendida, ni rumia, tendréis por inmundo: cualquiera que los tocare será inmundo. ²⁷ Y de todos los animales que andan á cuatro pies, tendréis por inmundo cualquiera que ande sobre sus garras: cualquiera que tocare sus cuerpos muertos, será inmundo hasta la tarde. ²⁸ Y el que llevare sus cuerpos muertos, lavará sus vestidos, y será inmundo hasta la tarde: habéis de tenerlos por inmundos. ²⁹ Y estos tendréis por inmundos de los reptiles que van arrastrando sobre la tierra: la comadreja, y el ratón, y la rana según su especie, ³⁰ Y el erizo, y el lagarto, y el caracol, y la babosa, y el topo. ³¹ Estos tendréis por inmundos de todos los reptiles: cualquiera que los tocare, cuando estuvieren muertos, será inmundo hasta la tarde. ³² Y todo aquello sobre que cayere alguno de ellos después de muertos, será inmundo; así vaso de madera, como vestido, ó piel, ó saco, cualquier instrumento con que se hace obra, será metido en agua, y será inmundo hasta la tarde, y así será limpio. ³³ Y toda vasija de barro dentro de la cual cayere alguno de ellos, todo lo que estuviere en ella será inmundo, y quebraréis la vasija: ³⁴ Toda vianda que se come, sobre la cual viniere el agua de *tales vasijas*, será inmunda: y toda bebida que se bebiere, será en todas *esas* vasijas inmunda: ³⁵ Y todo aquello sobre que cayere algo del cuerpo muerto de ellos, será inmundo: el horno ú hornillos se derribarán; son inmundos, y por inmundos los tendréis. ³⁶ Con todo, la fuente y la cisterna donde se recogen aguas, serán limpias: mas lo que hubiere tocado en sus cuerpos muertos será inmundo. ³⁷ Y si cayere de sus cuerpos muertos sobre alguna simiente que se haya de sembrar, será limpia. ³⁸ Mas si se hubiere puesto agua en la simiente, y cayere de sus cuerpos muertos sobre ella, tendréisla por inmunda. ³⁹ Y si algún animal que tuviereis para comer se muriere, el que tocare su cuerpo muerto será inmundo hasta la tarde: ⁴⁰ Y el que comiere de su cuerpo muerto, lavará sus vestidos, y será inmundo hasta la tarde: asimismo el que sacare su cuerpo muerto, lavará sus vestidos, y será inmundo hasta la tarde. ⁴¹ Y todo reptil que va arrastrando sobre la tierra, es abominación; no se comerá. ⁴² Todo lo que anda sobre el pecho, y todo lo que anda sobre cuatro ó más pies, de todo reptil que anda arrastrando sobre la tierra, no lo comeréis, porque es abominación. ⁴³ No ensuciéis vuestras personas con ningún reptil que anda arrastrando, ni os contaminéis con ellos, ni seáis inmundos por ellos. ⁴⁴ Pues que yo soy Jehová vuestro Dios, vosotros por tanto os santificaréis, y seréis santos, porque yo soy santo: así que no ensuciéis vuestras personas con ningún reptil que anduviere arrastrando sobre la tierra. ⁴⁵ Porque yo soy Jehová, que os hago subir de la tierra de Egipto para seros por Dios: seréis pues santos, porque yo soy santo. ⁴⁶ Esta es la ley de los animales y de las aves, y de todo ser viviente que se mueve en las aguas, y de todo animal que anda arrastrando sobre la tierra; ⁴⁷ Para hacer diferencia entre inmundo y limpio, y entre los animales que se pueden comer y los animales que no se pueden comer.

12

¹ Y HABLÓ Jehová á Moisés, diciendo: ² Habla á los hijos de Israel, diciendo: La mujer cuando concibiere y pariere varón, será inmunda siete días; conforme á los días que está separada por su menstruo, será inmunda. ³ Y al octavo día circuncidará la carne de su prepucio. ⁴ Mas ella permanecerá treinta y tres días en la sangre de *su* purgación: ninguna cosa santa tocará, ni vendrá al santuario, hasta que sean cumplidos los días de su purgación. ⁵ Y si pariere hembra será inmunda dos semanas, conforme á su separación, y sesenta y seis días estará purificándose de su sangre. ⁶ Y cuando los días de su purgación fueren cumplidos, por hijo ó por hija, traerá un cordero de un año para holocausto, y un palomino ó una tórtola para expiación, á la puerta del tabernáculo del testimonio, al sacerdote: ⁷ Y él ofrecerá delante de Jehová, y hará expiación por ella, y será limpia del flujo de su sangre. Esta es la ley de la que pariere varón ó hembra. ⁸ Y si no alcanzare su mano lo suficiente para un cordero, tomará entonces dos tórtolas ó dos palominos, uno para holocausto, y otro para expiación: y el sacerdote hará expiación por ella, y será limpia.

13

¹ Y HABLÓ Jehová á Moisés y á Aarón, diciendo: ² Cuando el hombre tuviere en la piel de su carne hinchazón, ó postilla, ó mancha blanca, y hubiere en la piel de su carne como llaga de lepra, será traído á Aarón el sacerdote, ó á uno de los sacerdotes sus hijos: ³ Y el sacerdote mirará la llaga en la piel de la carne: si el pelo en la llaga se ha vuelto blanco, y pareciere la llaga más hundida que la tez de la carne, llaga de lepra es; y el sacerdote le reconocerá, y le dará por inmundo. ⁴ Y si en la piel de su carne hubiere mancha blanca, pero no pareciere más hundida que la tez, ni su pelo se hubiere vuelto blanco, entonces el sacerdote encerrará al llagado por siete días; ⁵ Y al séptimo día el sacerdote lo mirará; y si la llaga á su parecer se hubiere estancado, no habiéndose extendido en la piel, entonces el sacerdote le volverá á encerrar por otros siete días. ⁶ Y al séptimo día el sacerdote le reconocerá de nuevo; y si parece haberse oscurecido la llaga, y que no ha cundido en la piel, entonces el sacerdote lo dará por limpio: era postilla; y lavará sus vestidos, y será limpio. ⁷ Mas si hubiere ido creciendo la postilla en la piel, después que fué mostrado al sacerdote para ser limpio, será visto otra vez del sacerdote: ⁸ Y si reconociéndolo el sacerdote, ve que la postilla ha crecido en la piel, el sacerdote lo dará por inmundo: es lepra. ⁹ Cuando hubiere llaga de lepra en el hombre, será traído al sacerdote; ¹⁰ Y el sacerdote mirará, y si pareciere tumor blanco en la piel, el cual haya mudado el color del pelo, y se descubre asimismo la carne viva, ¹¹ Lepra es envejecida en la piel de su carne; y le dará por inmundo el sacerdote, y no le encerrará, porque es inmundo. ¹² Mas si brotare la lepra cundiendo por el cutis, y ella cubriere toda la piel del llagado desde su cabeza hasta sus pies, á toda vista de ojos del sacerdote; ¹³ Entonces el sacerdote le reconocerá; y si la lepra hubiere cubierto toda su carne, dará por limpio al llagado: hase vuelto toda ella blanca; y él es limpio. ¹⁴ Mas el día que apareciere en él la carne viva, será inmundo. ¹⁵ Y el sacerdote mirará la carne viva, y lo dará por inmundo. Es inmunda la carne viva: es lepra. ¹⁶ Mas cuando la carne viva se mudare y volviere blanca, entonces vendrá al sacerdote; ¹⁷ Y el sacerdote mirará, y si la llaga se hubiere vuelto blanca, el sacerdote dará por limpio *al que tenía* la llaga, y será limpio. ¹⁸ Y cuando en la carne, en su piel, hubiere apostema, y se sanare, ¹⁹ Y sucediere en el lugar de la apostema tumor blanco, ó mancha blanca embermejecida, será mostrado al sacerdote: ²⁰ Y el sacerdote mirará; y si pareciere estar más baja que su piel, y su pelo se hubiere vuelto blanco, darálo el sacerdote por inmundo: es llaga de lepra que se originó en la apostema. ²¹ Y si el sacerdote la considerare, y no pareciere en ella pelo blanco, ni estuviere más baja que la piel, sino oscura, entonces el sacerdote lo encerrará por siete

días: ²² Y si se fuere extendiendo por la piel, entonces el sacerdote lo dará por inmundo: es llaga. ²³ Empero si la mancha blanca se estuviere en su lugar, que no haya cundido, es la costra de la apostema; y el sacerdote lo dará por limpio. ²⁴ Asimismo cuando la carne tuviere en su piel quemadura de fuego, y hubiere en lo sanado del fuego mancha blanquecina, bermejiza ó blanca, ²⁵ El sacerdote la mirará; y si el pelo se hubiere vuelto blanco en la mancha, y pareciere estar más hundida que la piel, es lepra que salió en la quemadura; y el sacerdote declarará al sujeto inmundo, por ser llaga de lepra. ²⁶ Mas si el sacerdote la mirare, y no pareciere en la mancha pelo blanco, ni estuviere más baja que la tez, sino que está oscura, le encerrará el sacerdote por siete días; ²⁷ Y al séptimo día el sacerdote la reconocerá: si se hubiere ido extendiendo por la piel, el sacerdote lo dará por inmundo: es llaga de lepra. ²⁸ Empero si la mancha se estuviere en su lugar, y no se hubiere extendido en la piel, sino que está oscura, hinchazón es de la quemadura: darálo el sacerdote por limpio; que señal de la quemadura es. ²⁹ Y al hombre ó mujer que le saliere llaga en la cabeza, ó en la barba, ³⁰ El sacerdote mirará la llaga; y si pareciere estar más profunda que la tez, y el pelo en ella fuera rubio y adelgazado, entonces el sacerdote lo dará por inmundo: es tiña, es lepra de la cabeza ó de la barba. ³¹ Mas cuando el sacerdote hubiere mirado la llaga de la tiña, y no pareciere estar más profunda que la tez, ni fuere en ella pelo negro, el sacerdote encerrará al llagado de la tiña por siete días: ³² Y al séptimo día el sacerdote mirará la llaga: y si la tiña no pareciere haberse extendido, ni hubiere en ella pelo rubio, ni pareciere la tiña más profunda que la tez, ³³ Entonces lo trasquilarán, mas no trasquilarán el lugar de la tiña: y encerrará el sacerdote *al que tiene* la tiña por otros siete días. ³⁴ Y al séptimo día mirará el sacerdote la tiña; y si la tiña no hubiere cundido en la piel, ni pareciere estar más profunda que la tez, el sacerdote lo dará por limpio; y lavará sus vestidos, y será limpio. ³⁵ Empero si la tiña se hubiere ido extendiendo en la piel después de su purificación, ³⁶ Entonces el sacerdote la mirará; y si la tiña hubiere cundido en la piel, no busque el sacerdote el pelo rubio, es inmundo. ³⁷ Mas si le pareciere que la tiña está detenida, y que ha salido en ella el pelo negro, la tiña está sanada; él está limpio, y por limpio lo dará el sacerdote. ³⁸ Asimismo el hombre ó mujer, cuando en la piel de su carne tuviere manchas, manchas blancas, ³⁹ El sacerdote mirará: y si en la piel de su carne parecieren manchas blancas algo oscurecidas, es empeine que brotó en la piel, está limpia la persona. ⁴⁰ Y el hombre, cuando se le pelare la cabeza, es calvo, *mas* limpio. ⁴¹ Y si á la parte de su rostro se le pelare la cabeza, es calvo por delante, *pero* limpio. ⁴² Mas cuando en la calva ó en la antecalva hubiere llaga blanca rojiza, lepra es que brota en su calva ó en su antecalva. ⁴³ Entonces el sacerdote lo mirará, y si pareciere la hinchazón de la llaga blanca rojiza en su calva ó en su antecalva, como el parecer de la lepra de la tez de la carne, ⁴⁴ Leproso es, es inmundo; el sacerdote lo dará luego por inmundo; en su cabeza tiene su llaga. ⁴⁵ Y el leproso en quien hubiere llaga, sus vestidos serán deshechos y su cabeza descubierta, y embozado pregonará: ¡Inmundo! ¡inmundo! ⁴⁶ Todo el tiempo que la llaga estuviere en él, será inmundo; estará impuro: habitará solo; fuera del real será su morada. ⁴⁷ Y cuando en el vestido hubiere plaga de lepra, en vestido de lana, ó en vestido de lino; ⁴⁸ O en estambre ó en trama, de lino ó de lana, ó en piel, ó en cualquiera obra de piel; ⁴⁹ Y que la plaga sea verde, ó bermeja, en vestido ó en piel, ó en estambre ó en trama, ó en cualquiera obra de piel; plaga es de lepra, y se ha de mostrar al sacerdote. ⁵⁰ Y el sacerdote mirará la plaga, y encerrará la cosa plagada por siete días. ⁵¹ Y al séptimo día mirará la plaga: y si hubiere cundido la plaga en el vestido, ó estambre, ó en la trama, ó en piel, ó en cualquiera obra que se hace de pieles, lepra roedora es la plaga; inmunda será. ⁵² Será quemado el vestido, ó estambre ó trama, de lana ó de lino, ó cualquiera obra de pieles en que hubiere tal plaga; porque lepra roedora es: al fuego será quemada. ⁵³ Y si el sacerdote mirare, y no pareciere que la plaga se haya extendido en el vestido, ó estambre, ó en la trama, ó en cualquiera obra de pieles; ⁵⁴ Entonces el sacerdote mandará que laven donde está la plaga, y lo encerrará otra vez por siete días. ⁵⁵ Y el sacerdote mirará después que la plaga fuere lavada; y si pareciere que la plaga no ha mudado su aspecto, bien que no haya cundido la plaga, inmunda es; la quemarás al fuego; corrosión es penetrante, esté lo raído en la haz ó en el revés de aquella cosa. ⁵⁶ Mas si el sacerdote la viere, y pareciere que la plaga se ha oscurecido después que fué lavada, la cortará del vestido, ó de la piel, ó del estambre, ó de la trama. ⁵⁷ Y si apareciere más en el vestido, ó estambre, ó trama, ó en cualquiera cosa de pieles, reverdeciendo en ella, quemarás al fuego aquello donde estuviere la plaga. ⁵⁸ Empero el vestido, ó estambre, ó trama, ó cualquiera cosa de piel que lavares, y que se le quitare la plaga, lavarse ha segunda vez, y entonces será limpia. ⁵⁹ Esta es la ley de la plaga de la lepra del vestido de lana ó de lino, ó del estambre, ó de la trama, ó de cualquiera cosa de piel, para que sea dada por limpia ó por inmunda.

14

¹ Y HABLÓ Jehová á Moisés, diciendo: ² Esta será la ley del leproso cuando se limpiare: Será traído al sacerdote: ³ Y el sacerdote saldrá fuera del real; y mirará el sacerdote, y viendo que está sana la plaga de la lepra del leproso, ⁴ El sacerdote mandará luego que se tomen para el que se purifica dos avecillas vivas, limpias, y palo de cedro, y grana, é hisopo; ⁵ Y mandará el sacerdote matar la una avecilla en un vaso de barro sobre aguas vivas; ⁶ Después tomará la avecilla viva, y el palo de cedro, y la grana, y el hisopo, y lo mojará con la avecilla viva en la sangre de la avecilla muerta sobre las aguas vivas: ⁷ Y rociará siete veces sobre el que se purifica de la lepra, y le dará por limpio; y soltará la avecilla viva sobre la haz del campo. ⁸ Y el que se purifica lavará sus vestidos, y raerá todos sus pelos, y se ha de lavar con agua, y será limpio: y después entrará en el real, y morará fuera de su tienda siete días. ⁹ Y será, que al séptimo día raerá todos sus pelos, su cabeza, y su barba, y las cejas de sus ojos; finalmente, raerá todo su pelo, y lavará sus vestidos, y lavará su carne en aguas, y será limpio. ¹⁰ Y el día octavo tomará dos corderos sin defecto, y una cordera de un año sin tacha; y tres décimas de flor de harina para presente, amasada con aceite, y un log de aceite. ¹¹ Y el sacerdote que le purifica presentará con aquellas cosas al que se ha de limpiar delante de Jehová, á la puerta del tabernáculo del testimonio: ¹² Y tomará el sacerdote el un cordero, y ofrecerálo por la culpa, con el log de aceite, y lo mecerá como ofrenda agitada delante de Jehová: ¹³ Y degollará el cordero en el lugar donde degüellan la víctima por el pecado y el holocausto, en el lugar del santuario: porque como la víctima por el pecado, así también la víctima por la culpa es del sacerdote: es cosa muy sagrada. ¹⁴ Y tomará el sacerdote de la sangre de la víctima por la culpa, y pondrá el sacerdote sobre la ternilla de la oreja derecha del que se purifica, y sobre el pulgar de su mano derecha, y sobre el pulgar de su pie derecho. ¹⁵ Asimismo tomará el sacerdote del log de aceite, y echará sobre la palma de su mano izquierda: ¹⁶ Y mojará su dedo derecho en el aceite que tiene en su mano izquierda, y esparcirá del aceite con su dedo siete veces delante de Jehová: ¹⁷ Y de lo que quedare del aceite que tiene en su mano, pondrá el sacerdote sobre la ternilla de la oreja derecha del que se purifica, y sobre el pulgar de su mano derecha, y sobre el pulgar de su pie derecho, sobre la sangre de la expiación por la culpa: ¹⁸ Y lo que quedare del aceite que tiene en su mano, pondrá sobre la cabeza del que se purifica: y hará el sacerdote expiación por él delante de Jehová. ¹⁹ Ofrecerá luego el sacerdote el sacrificio por el pecado, y hará expiación por el que se ha de purificar de su inmundicia, y después degollará el holocausto: ²⁰ Y hará subir el sacerdote el holocausto y el presente sobre el altar. Así hará el sacerdote expiación por él, y será limpio. ²¹ Mas si fuere pobre, que no alcanzare su mano á tanto, entonces tomará un cordero para ser ofrecido como ofrenda agitada por la culpa, para reconciliarse, y una décima de flor de harina

amasada con aceite para presente, y un log de aceite; ²² Y dos tórtolas, ó dos palominos, lo que alcanzare su mano: y el uno será para expiación por el pecado, y el otro para holocausto; ²³ Las cuales cosas traerá al octavo día de su purificación al sacerdote, á la puerta del tabernáculo del testimonio delante de Jehová. ²⁴ Y el sacerdote tomará el cordero de la expiación por la culpa, y el log de aceite, y mecerálo el sacerdote como ofrenda agitada delante de Jehová; ²⁵ Luego degollará el cordero de la culpa, y tomará el sacerdote de la sangre de la culpa, y pondrá sobre la ternilla de la oreja derecha del que se purifica, y sobre el pulgar de su mano derecha, y sobre el pulgar de su pie derecho. ²⁶ Y el sacerdote echará del aceite sobre la palma de su mano izquierda; ²⁷ Y con su dedo derecho rociará el sacerdote del aceite que tiene en su mano izquierda, siete veces delante de Jehová. ²⁸ También pondrá el sacerdote del aceite que tiene en su mano sobre la ternilla de la oreja derecha del que se purifica, y sobre el pulgar de su mano derecha, y sobre el pulgar de su pie derecho, en el lugar de la sangre de la culpa. ²⁹ Y lo que sobrare del aceite que el sacerdote tiene en su mano, pondrálo sobre la cabeza del que se purifica, para reconciliarlo delante de Jehová. ³⁰ Asimismo ofrecerá la una de las tórtolas, ó de los palominos, lo que alcanzare su mano: ³¹ El uno de lo que alcanzare su mano, *en* expiación por el pecado, y el otro en holocausto, además del presente: y hará el sacerdote expiación por el que se ha de purificar, delante de Jehová. ³² Esta es la ley del que hubiere tenido plaga de lepra, cuya mano no alcanzare *lo prescrito* para purificarse. ³³ Y habló Jehová á Moisés y á Aarón, diciendo: ³⁴ Cuando hubieres entrado en la tierra de Canaán, la cual yo os doy en posesión, y pusiere yo plaga de lepra en alguna casa de la tierra de vuestra posesión, ³⁵ Vendrá aquél cuya fuere la casa, y dará aviso al sacerdote, diciendo: Como plaga ha aparecido en mi casa. ³⁶ Entonces mandará el sacerdote, y despejarán la casa antes que el sacerdote entre á mirar la plaga, porque no sea contaminado todo lo que estuviere en la casa: y después el sacerdote entrará á reconocer la casa: ³⁷ Y mirará la plaga: y si se vieren manchas en las paredes de la casa, cavernillas verdosas ó rojas, las cuales parecieren más hundidas que la pared, ³⁸ El sacerdote saldrá de la casa á la puerta de ella, y cerrará la casa por siete días. ³⁹ Y al séptimo día volverá el sacerdote, y mirará: y si la plaga hubiere crecido en las paredes de la casa, ⁴⁰ Entonces mandará el sacerdote, y arrancarán las piedras en que estuviere la plaga, y las echarán fuera de la ciudad, en lugar inmundo: ⁴¹ Y hará descostrar la casa por dentro alrededor, y derramarán el polvo que descostraren, fuera de la ciudad en lugar inmundo: ⁴² Y tomarán otras piedras, y las pondrán en lugar de las piedras quitadas; y tomarán otro barro, y encostrarán la casa. ⁴³ Y si la plaga volviere á reverdecer en aquella casa, después que hizo arrancar las piedras, y descostrar la casa, y después que fué encostrada, ⁴⁴ Entonces el sacerdote entrará y mirará; y si pareciere haberse extendido la plaga en la casa, lepra roedora está en la casa: inmunda es. ⁴⁵ Derribará, por tanto, la tal casa, sus piedras, y sus maderos, y toda la mezcla de la casa; y lo sacará fuera de la ciudad á lugar inmundo. ⁴⁶ Y cualquiera que entrare en aquella casa todos los días que la mandó cerrar, será inmundo hasta la tarde. ⁴⁷ Y el que durmiere en aquella casa, lavará sus vestidos; también el que comiere en la casa, lavará sus vestidos. ⁴⁸ Mas si entrare el sacerdote y mirare, y viere que la plaga no se ha extendido en la casa después que fué encostrada, el sacerdote dará la casa por limpia, porque la plaga ha sanado. ⁴⁹ Entonces tomará para limpiar la casa dos avecillas, y palo de cedro, y grana, é hisopo: ⁵⁰ Y degollará la una avecilla en una vasija de barro sobre aguas vivas: ⁵¹ Y tomará el palo de cedro, y el hisopo, y la grana, y la avecilla viva, y mojarálo en la sangre de la avecilla muerta y en las aguas vivas, y rociará la casa siete veces: ⁵² Y purificará la casa con la sangre de la avecilla, y con las aguas vivas, y con la avecilla viva, y el palo de cedro, y el hisopo, y la grana: ⁵³ Luego soltará la avecilla viva fuera de la ciudad sobre la haz del campo: así hará expiación por la casa, y será limpia.

[54] Esta es la ley acerca de toda plaga de lepra, y de tiña; [55] Y de la lepra del vestido, y de la casa; [56] Y acerca de la hinchazón, y de la postilla, y de la mancha blanca: [57] Para enseñar cuándo es inmundo, y cuándo limpio. Aquesta es la ley tocante á la lepra.

15

[1] Y HABLÓ Jehová á Moisés y á Aarón, diciendo: [2] Hablad á los hijos de Israel, y decidles: Cualquier varón, cuando su simiente manare de su carne, será inmundo. [3] Y esta será su inmundicia en su flujo; sea que su carne destiló por causa de su flujo, ó que su carne se obstruyó á causa de su flujo, él será inmundo. [4] Toda cama en que se acostare el que tuviere flujo, será inmunda; y toda cosa sobre que se sentare, inmunda será. [5] Y cualquiera que tocare á su cama, lavará sus vestidos; lavaráse también á sí mismo con agua, y será inmundo hasta la tarde. [6] Y el que se sentare sobre aquello en que se hubiere sentado el que tiene flujo, lavará sus vestidos, se lavará también á sí mismo con agua, y será inmundo hasta la tarde. [7] Asimismo el que tocare la carne del que tiene flujo, lavará sus vestidos, y á sí mismo se lavará con agua, y será inmundo hasta la tarde. [8] Y si el que tiene flujo escupiere sobre el limpio, éste lavará sus vestidos, y después de haberse lavado con agua, será inmundo hasta la tarde. [9] Y todo aparejo sobre que cabalgare el que tuviere flujo, será inmundo. [10] Y cualquiera que tocare cualquiera cosa que haya estado debajo de él, será inmundo hasta la tarde; y el que la llevare, lavará sus vestidos, y después de lavarse con agua, será inmundo hasta la tarde. [11] Y todo aquel á quien tocare el que tiene flujo, y no lavare con agua sus manos, lavará sus vestidos, y á sí mismo se lavará con agua, y será inmundo hasta la tarde. [12] Y la vasija de barro en que tocare el que tiene flujo, será quebrada; y toda vasija de madera será lavada con agua. [13] Y cuando se hubiere limpiado de su flujo el que tiene flujo, se ha de contar siete días desde su purificación, y lavará sus vestidos, y lavará su carne en aguas vivas, y será limpio. [14] Y el octavo día tomará dos tórtolas, ó dos palominos, y vendrá delante de Jehová á la puerta del tabernáculo del testimonio, y los dará al sacerdote: [15] Y harálos el sacerdote, el uno ofrenda por el pecado, y el otro holocausto: y le purificará el sacerdote de su flujo delante de Jehová. [16] Y el hombre, cuando de él saliere derramamiento de semen, lavará en aguas toda su carne, y será inmundo hasta la tarde. [17] Y toda vestimenta, ó toda piel sobre la cual hubiere el derramamiento del semen, lavaráse con agua, y será inmunda hasta la tarde. [18] Y la mujer con quien el varón tuviera ayuntamiento de semen, ambos se lavarán con agua, y serán inmundos hasta la tarde. [19] Y cuando la mujer tuviere flujo de sangre, y su flujo fuere en su carne, siete días estará apartada; y cualquiera que tocare en ella, será inmundo hasta la tarde. [20] Y todo aquello sobre que ella se acostare mientras su separación, será inmundo: también todo aquello sobre que se sentare, será inmundo. [21] Y cualquiera que tocare á su cama, lavará sus vestidos, y después de lavarse con agua, será inmundo hasta la tarde. [22] También cualquiera que tocare cualquier mueble sobre que ella se hubiere sentado, lavará sus vestidos; lavaráse luego á sí mismo con agua, y será inmundo hasta la tarde. [23] Y si estuviere sobre la cama, ó sobre la silla en que ella se hubiere sentado, el que tocare en ella será inmundo hasta la tarde. [24] Y si alguno durmiere con ella, y su menstruo fuere sobre él, será inmundo por siete días; y toda cama sobre que durmiere, será inmunda. [25] Y la mujer, cuando siguiere el flujo de su sangre por muchos días fuera del tiempo de su costumbre, ó cuando tuviere flujo de sangre más de su costumbre; todo el tiempo del flujo de su inmundicia, será inmunda como en los días de su costumbre. [26] Toda cama en que durmiere todo el tiempo de su flujo, le será como la cama de su costumbre; y todo mueble sobre que se sentare, será inmundo, como la inmundicia de su costumbre. [27] Cualquiera que tocare en esas cosas será inmundo; y lavará sus vestidos, y á sí mismo se lavará con agua, y será inmundo hasta la tarde. [28] Y cuando fuere libre de su flujo, se ha de contar siete días, y después

será limpia. ²⁹ Y el octavo día tomará consigo dos tórtolas, ó dos palominos, y los traerá al sacerdote, á la puerta del tabernáculo del testimonio: ³⁰ Y el sacerdote hará el uno ofrenda por el pecado, y el otro holocausto; y la purificará el sacerdote delante de Jehová del flujo de su inmundicia. ³¹ Así apartaréis los hijos de Israel de sus inmundicias, á fin de que no mueran por sus inmundicias, ensuciando mi tabernáculo que está entre ellos. ³² Esta es la ley del que tiene flujo, y del que sale derramamiento de semen, viniendo á ser inmundo á causa de ello; ³³ Y de la que padece su costumbre, y acerca del que tuviere flujo, sea varón ó hembra, y del hombre que durmiere con mujer inmunda.

16

¹ Y HABLÓ Jehová á Moisés, después que murieron los dos hijos de Aarón, cuando se llegaron delante de Jehová, y murieron; ² Y Jehová dijo á Moisés: Di á Aarón tu hermano, que no en todo tiempo entre en el santuario del velo adentro, delante de la cubierta que está sobre el arca, para que no muera: porque yo apareceré en la nube sobre la cubierta. ³ Con esto entrará Aarón en el santuario: con un becerro por expiación, y un carnero en holocausto. ⁴ La túnica santa de lino se vestirá, y sobre su carne tendrá pañetes de lino, y ceñiráse el cinto de lino; y con la mitra de lino se cubrirá: son las santas vestiduras: con ellas, después de lavar su carne con agua, se ha de vestir. ⁵ Y de la congregación de los hijos de Israel tomará dos machos de cabrío para expiación, y un carnero para holocausto. ⁶ Y hará allegar Aarón el becerro de la expiación, que es suyo, y hará la reconciliación por sí y por su casa. ⁷ Después tomará los dos machos de cabrío, y los presentará delante de Jehová á la puerta del tabernáculo del testimonio. ⁸ Y echará suertes Aarón sobre los dos machos de cabrío; la una suerte por Jehová, y la otra suerte por Azazel. ⁹ Y hará allegar Aarón el macho cabrío sobre el cual cayere la suerte por Jehová, y ofrecerálo en expiación. ¹⁰ Mas el macho cabrío, sobre el cual cayere la suerte por Azazel, lo presentará vivo delante de Jehová, para hacer la reconciliación sobre él, para enviarlo á Azazel al desierto. ¹¹ Y hará llegar Aarón el becerro que era suyo para expiación, y hará la reconciliación por sí y por su casa, y degollará en expiación el becerro que es suyo. ¹² Después tomará el incensario lleno de brasas de fuego, del altar de delante de Jehová, y sus puños llenos del perfume aromático molido, y meterálo del velo adentro: ¹³ Y pondrá el perfume sobre el fuego delante de Jehová, y la nube del perfume cubrirá la cubierta que está sobre el testimonio, y no morirá. ¹⁴ Tomará luego de la sangre del becerro, y rociará con su dedo hacia la cubierta al lado oriental: hacia la cubierta esparcirá siete veces de aquella sangre con su dedo. ¹⁵ Después degollará en expiación el macho cabrío, que era del pueblo, y meterá la sangre de él del velo adentro; y hará de su sangre como hizo de la sangre del becerro, y esparcirá sobre la cubierta y delante de la cubierta: ¹⁶ Y limpiará el santuario, de las inmundicias de los hijos de Israel, y de sus rebeliones, y de todos sus pecados: de la misma manera hará también al tabernáculo del testimonio, el cual reside entre ellos en medio de sus inmundicias. ¹⁷ Y ningún hombre estará en el tabernáculo del testimonio cuando él entrare á hacer la reconciliación en el santuario, hasta que él salga, y haya hecho la reconciliación por sí, y por su casa, y por toda la congregación de Israel. ¹⁸ Y saldrá al altar que está delante de Jehová, y lo expiará; y tomará de la sangre del becerro, y de la sangre del macho cabrío, y pondrá sobre los cuernos del altar alrededor. ¹⁹ Y esparcirá sobre él de la sangre con su dedo siete veces, y lo limpiará, y lo santificará de las inmundicias de los hijos de Israel. ²⁰ Y cuando hubiere acabado de expiar el santuario, y el tabernáculo del testimonio, y el altar, hará llegar el macho cabrío vivo: ²¹ Y pondrá Aarón ambas manos suyas sobre la cabeza del macho cabrío vivo, y confesará sobre él todas las iniquidades de los hijos de Israel, y todas sus rebeliones, y todos sus pecados, poniéndolos así sobre la cabeza del macho cabrío, y lo enviará al desierto por mano de un hombre destinado

para esto. ²² Y aquel macho cabrío llevará sobre sí todas las iniquidades de ellos á tierra inhabitada: y dejará ir el macho cabrío por el desierto. ²³ Después vendrá Aarón al tabernáculo del testimonio, y se desnudará las vestimentas de lino, que había vestido para entrar en el santuario, y pondrálas allí. ²⁴ Lavará luego su carne con agua en el lugar del santuario, y después de ponerse sus vestidos saldrá, y hará su holocausto, y el holocausto del pueblo, y hará la reconciliación por sí y por el pueblo. ²⁵ Y quemará el sebo de la expiación sobre el altar. ²⁶ Y el que hubiere llevado el macho cabrío á Azazel, lavará sus vestidos, lavará también con agua su carne, y después entrará en el real. ²⁷ Y sacará fuera del real el becerro del pecado, y el macho cabrío de la culpa, la sangre de los cuales fué metida para hacer la expiación en el santuario; y quemarán en el fuego sus pellejos, y sus carnes, y su estiércol. ²⁸ Y el que los quemare, lavará sus vestidos, lavará también su carne con agua, y después entrará en el real. ²⁹ Y esto tendréis por estatuto perpetuo: En el mes séptimo, á los diez del mes, afligiréis vuestras almas, y ninguna obra haréis, ni el natural ni el extranjero que peregrina entre vosotros: ³⁰ Porque en este día se os reconciliará para limpiaros; y seréis limpios de todos vuestros pecados delante de Jehová. ³¹ Sábado de reposo es para vosotros, y afligiréis vuestras almas, por estatuto perpetuo. ³² Y hará la reconciliación el sacerdote que fuere ungido, y cuya mano hubiere sido llena para ser sacerdote en lugar de su padre; y se vestirá las vestimentas de lino, las vestiduras sagradas: ³³ Y expiará el santuario santo, y el tabernáculo del testimonio; expiará también el altar, y á los sacerdotes, y á todo el pueblo de la congregación. ³⁴ Y esto tendréis por estatuto perpetuo, para expiar á los hijos de Israel de todos sus pecados una vez en el año. Y Moisés lo hizo como Jehová le mandó.

17

¹ Y HABLÓ Jehová á Moisés, diciendo: ² Habla á Aarón y á sus hijos, y á todos los hijos de Israel, y diles: Esto es lo que ha mandado Jehová, diciendo: ³ Cualquier varón de la casa de Israel que degollare buey, ó cordero, ó cabra, en el real, ó fuera del real, ⁴ Y no lo trajere á la puerta del tabernáculo del testimonio, para ofrecer ofrenda á Jehová delante del tabernáculo de Jehová, sangre será imputada al tal varón: sangre derramó; cortado será el tal varón de entre su pueblo: ⁵ A fin de que traigan los hijos de Israel sus sacrificios, los que sacrifican sobre la haz del campo, para que los traigan á Jehová á la puerta del tabernáculo del testimonio al sacerdote, y sacrifiquen ellos sacrificios de paces á Jehová. ⁶ Y el sacerdote esparcirá la sangre sobre el altar de Jehová, á la puerta del tabernáculo del testimonio, y quemará el sebo en olor de suavidad á Jehová. ⁷ Y nunca más sacrificarán sus sacrificios á los demonios, tras de los cuales han fornicado: tendrán esto por estatuto perpetuo por sus edades. ⁸ Les dirás también: Cualquier varón de la casa de Israel, ó de los extranjeros que peregrinan entre vosotros, que ofreciere holocausto ó sacrificio, ⁹ Y no lo trajere á la puerta del tabernáculo del testimonio, para hacerlo á Jehová, el tal varón será igualmente cortado de sus pueblos. ¹⁰ Y cualquier varón de la casa de Israel, ó de los extranjeros que peregrinan entre ellos, que comiere alguna sangre, yo pondré mi rostro contra la persona que comiere sangre, y le cortaré de entre su pueblo. ¹¹ Porque la vida de la carne en la sangre está: y yo os la he dado para expiar vuestras personas sobre el altar: por lo cual la misma sangre expiará la persona. ¹² Por tanto, he dicho á los hijos de Israel: Ninguna persona de vosotros comerá sangre, ni el extranjero que peregrina entre vosotros comerá sangre. ¹³ Y cualquier varón de los hijos de Israel, ó de los extranjeros que peregrinan entre ellos, que cogiere caza de animal ó de ave que sea de comer, derramará su sangre y cubrirála con tierra: ¹⁴ Porque el alma de toda carne, su vida, está en su sangre: por tanto he dicho á los hijos de Israel: No comeréis la sangre de ninguna carne, porque la vida de toda carne es su sangre: cualquiera que la comiere será cortado. ¹⁵ Y cualquiera persona que comiere

cosa mortecina, ó despedazada por fiera, así de los naturales como de los extranjeros, lavará sus vestidos y á sí mismo se lavará con agua, y será inmundo hasta la tarde; y se limpiará. ¹⁶ Y si no los lavare, ni lavare su carne, llevará su iniquidad.

18

¹ Y HABLÓ Jehová á Moisés, diciendo: ² Habla á los hijos de Israel, y diles: Yo soy Jehová vuestro Dios. ³ No haréis como hacen en la tierra de Egipto, en la cual morasteis; ni haréis como hacen en la tierra de Canaán, á la cual yo os conduzco; ni andaréis en sus estatutos. ⁴ Mis derechos pondréis por obra, y mis estatutos guardaréis, andando en ellos: Yo Jehová vuestro Dios. ⁵ Por tanto mis estatutos y mis derechos guardaréis, los cuales haciendo el hombre, vivirá en ellos: Yo Jehová. ⁶ Ningún varón se allegue á ninguna cercana de su carne, para descubrir *su* desnudez: Yo Jehová. ⁷ La desnudez de tu padre, ó la desnudez de tu madre, no descubrirás: tu madre es, no descubrirás su desnudez. ⁸ La desnudez de la mujer de tu padre no descubrirás; es la desnudez de tu padre. ⁹ La desnudez de tu hermana, hija de tu padre, ó hija de tu madre, nacida en casa ó nacida fuera, su desnudez no descubrirás. ¹⁰ La desnudez de la hija de tu hijo, ó de la hija de tu hija, su desnudez no descubrirás, porque es la desnudez tuya. ¹¹ La desnudez de la hija de la mujer de tu padre, engendrada de tu padre, tu hermana es, su desnudez no descubrirás. ¹² La desnudez de la hermana de tu padre no descubrirás: es parienta de tu padre. ¹³ La desnudez de la hermana de tu madre no descubrirás: porque parienta de tu madre es. ¹⁴ La desnudez del hermano de tu padre no descubrirás: no llegarás á su mujer: es mujer del hermano de tu padre. ¹⁵ La desnudez de tu nuera no descubrirás: mujer es de tu hijo; no descubrirás su desnudez. ¹⁶ La desnudez de la mujer de tu hermano no descubrirás: es la desnudez de tu hermano. ¹⁷ La desnudez de la mujer y de su hija no descubrirás: no tomarás la hija de su hijo, ni la hija de su hija, para descubrir su desnudez: son parientas, es maldad. ¹⁸ No tomarás mujer juntamente con su hermana, para hacerla su rival, descubriendo su desnudez delante de ella en su vida. ¹⁹ Y no llegarás á la mujer en el apartamiento de su inmundicia, para descubrir su desnudez. ²⁰ Además, no tendrás acto carnal con la mujer de tu prójimo, contaminándote en ella. ²¹ Y no des de tu simiente para hacerla pasar *por el fuego* á Moloch; no contamines el nombre de tu Dios: Yo Jehová. ²² No te echarás con varón como con mujer: es abominación. ²³ Ni con ningún animal tendrás ayuntamiento amancillándote con él; ni mujer alguna se pondrá delante de animal para ayuntarse con él: es confusión. ²⁴ En ninguna de estas cosas os amancillaréis; porque en todas estas cosas se han ensuciado las gentes que yo echo de delante de vosotros: ²⁵ Y la tierra fué contaminada; y yo visité su maldad sobre ella, y la tierra vomitó sus moradores. ²⁶ Guardad, pues, vosotros mis estatutos y mis derechos, y no hagáis ninguna de todas estas abominaciones: ni el natural ni el extranjero que peregrina entre vosotros. ²⁷ (Porque todas estas abominaciones hicieron los hombres de la tierra, que fueron antes de vosotros, y la tierra fué contaminada:) ²⁸ Y la tierra no os vomitará, por haberla contaminado, como vomitó á la gente que fué antes de vosotros. ²⁹ Porque cualquiera que hiciere alguna de todas estas abominaciones, las personas que las hicieren, serán cortadas de entre su pueblo. ³⁰ Guardad, pues, mi ordenanza, no haciendo de las prácticas abominables que tuvieron lugar antes de vosotros, y no os ensuciéis en ellas: Yo Jehová vuestro Dios.

19

¹ Y HABLÓ Jehová á Moisés, diciendo: ² Habla á toda la congregación de los hijos de Israel, y diles: Santos seréis, porque santo soy yo Jehová vuestro Dios. ³ Cada uno temerá á su madre y á su padre, y mis sábados guardaréis: Yo Jehová vuestro Dios. ⁴ No os

volveréis á los ídolos, ni haréis para vosotros dioses de fundición: Yo Jehová vuestro Dios. ⁵ Y cuando sacrificareis sacrificio de paces á Jehová, de vuestra voluntad lo sacrificaréis. ⁶ Será comido el día que lo sacrificareis, y el siguiente día: y lo que quedare para el tercer día, será quemado en el fuego. ⁷ Y si se comiere el día tercero, será abominación; no será acepto: ⁸ Y el que lo comiere, llevará su delito, por cuanto profanó lo santo de Jehová; y la tal persona será cortada de sus pueblos. ⁹ Cuando segareis la mies de vuestra tierra, no acabarás de segar el rincón de tu haza, ni espigarás tu tierra segada. ¹⁰ Y no rebuscarás tu viña, ni recogerás los granos caídos de tu viña; para el pobre y para el extranjero los dejarás: Yo Jehová vuestro Dios. ¹¹ No hurtaréis, y no engañaréis, ni mentiréis ninguno á su prójimo. ¹² Y no juraréis en mi nombre con mentira, ni profanarás el nombre de tu Dios: Yo Jehová. ¹³ No oprimirás á tu prójimo, ni *le* robarás. No se detendrá el trabajo del jornalero en tu casa hasta la mañana. ¹⁴ No maldigas al sordo, y delante del ciego no pongas tropiezo, mas tendrás temor de tu Dios: Yo Jehová. ¹⁵ No harás agravio en el juicio: no tendrás respeto al pobre, ni honrarás la cara del grande: con justicia juzgarás á tu prójimo. ¹⁶ No andarás chismeando en tus pueblos. No te pondrás contra la sangre de tu prójimo: Yo Jehová. ¹⁷ No aborrecerás á tu hermano en tu corazón: ingenuamente reprenderás á tu prójimo, y no consentirás sobre él pecado. ¹⁸ No te vengarás, ni guardarás rencor á los hijos de tu pueblo: mas amarás á tu prójimo como á ti mismo: Yo Jehová. ¹⁹ Mis estatutos guardaréis. A tu animal no harás ayuntar para misturas; tu haza no sembrarás con mistura de semillas, y no te pondrás vestidos con mezcla de diversas cosas. ²⁰ Y cuando un hombre tuviere cópula con mujer, y ella fuere sierva desposada con alguno, y no estuviere rescatada, ni le hubiere sido dada libertad, ambos serán azotados: no morirán, por cuanto ella no es libre. ²¹ Y él traerá á Jehová, á la puerta del tabernáculo del testimonio, un carnero en expiación por su culpa. ²² Y con el carnero de la expiación lo reconciliará el sacerdote delante de Jehová, por su pecado que cometió: y se le perdonará su pecado que ha cometido. ²³ Y cuando hubiereis entrado en la tierra, y plantareis todo árbol de comer, quitaréis su prepucio, lo primero de su fruto: tres años os será incircunciso: su fruto no se comerá. ²⁴ Y el cuarto año todo su fruto será santidad de loores á Jehová. ²⁵ Mas al quinto año comeréis el fruto de él, para que os haga crecer su fruto: Yo Jehová vuestro Dios. ²⁶ No comeréis cosa alguna con sangre. No seréis agoreros, ni adivinaréis. ²⁷ No cortaréis en redondo las extremidades de vuestras cabezas, ni dañarás la punta de tu barba. ²⁸ Y no haréis rasguños en vuestra carne por un muerto, ni imprimiréis en vosotros señal alguna: Yo Jehová. ²⁹ No contaminarás tu hija haciéndola fornicar: porque no se prostituya la tierra, y se hincha de maldad. ³⁰ Mis sábados guardaréis, y mi santuario tendréis en reverencia: Yo Jehová. ³¹ No os volváis á los encantadores y á los adivinos: no los consultéis ensuciándoos con ellos: Yo Jehová vuestro Dios. ³² Delante de las canas te levantarás, y honrarás el rostro del anciano, y de tu Dios tendrás temor: Yo Jehová. ³³ Y cuando el extranjero morare contigo en vuestra tierra, no le oprimiréis. ³⁴ Como á un natural de vosotros tendréis al extranjero que peregrinare entre vosotros; y ámalo como á ti mismo; porque peregrinos fuisteis en la tierra de Egipto: Yo Jehová vuestro Dios. ³⁵ No hagáis agravio en juicio, en medida de tierra, ni en peso, ni en otra medida. ³⁶ Balanzas justas, pesas justas, epha justo, é hin justo tendréis: Yo Jehová vuestro Dios, que os saqué de la tierra de Egipto. ³⁷ Guardad pues todos mis estatutos, y todos mis derechos, y ponedlos por obra: Yo Jehová.

20

¹ Y HABLÓ Jehová á Moisés diciendo: ² Dirás asimismo á los hijos de Israel: Cualquier varón de los hijos de Israel, ó de los extranjeros que peregrinan en Israel, que diere de su simiente á Moloch, de seguro morirá: el pueblo de la tierra lo apedreará con piedras. ³ Y yo pondré mi rostro contra el tal varón, y lo cortaré de entre su pueblo;

por cuanto dió de su simiente á Moloch, contaminando mi santuario, y amancillando mi santo nombre. 4 Que si escondiere el pueblo de la tierra sus ojos de aquel varón que hubiere dado de su simiente á Moloch, para no matarle, 5 Entonces yo pondré mi rostro contra aquel varón, y contra su familia, y le cortaré de entre su pueblo, con todos los que fornicaron en pos de él, prostituyéndose con Moloch. 6 Y la persona que atendiere á encantadores ó adivinos, para prostituirse tras de ellos, yo pondré mi rostro contra la tal persona, y cortaréla de entre su pueblo. 7 Santificaos, pues, y sed santos, porque yo Jehová soy vuestro Dios. 8 Y guardad mis estatutos, y ponedlos por obra: Yo Jehová que os santifico. 9 Porque varón que maldijere á su padre ó á su madre, de cierto morirá: á su padre ó á su madre maldijo; su sangre será sobre él. 10 Y el hombre que adulterare con la mujer de otro, el que cometiere adulterio con la mujer de su prójimo, indefectiblemente se hará morir al adúltero y á la adúltera. 11 Y cualquiera que se echare con la mujer de su padre, la desnudez de su padre descubrió: ambos han de ser muertos; su sangre será sobre ellos. 12 Y cualquiera que durmiere con su nuera, ambos han de morir: hicieron confusión; su sangre será sobre ellos. 13 Y cualquiera que tuviere ayuntamiento con varón como con mujer, abominación hicieron: entrambos han de ser muertos; sobre ellos será su sangre. 14 Y el que tomare mujer y á la madre de ella, comete vileza: quemarán en fuego á él y á ellas, porque no haya vileza entre vosotros. 15 Y cualquiera que tuviere cópula con bestia, ha de ser muerto; y mataréis á la bestia. 16 Y la mujer que se allegare á algún animal, para tener ayuntamiento con él, á la mujer y al animal matarás: morirán infaliblemente; será su sangre sobre ellos. 17 Y cualquiera que tomare á su hermana, hija de su padre ó hija de su madre, y viere su desnudez, y ella viere la suya, cosa es execrable; por tanto serán muertos á ojos de los hijos de su pueblo: descubrió la desnudez de su hermana; su pecado llevará. 18 Y cualquiera que durmiere con mujer menstruosa, y descubriere su desnudez, su fuente descubrió, y ella descubrió la fuente de su sangre: ambos serán cortados de entre su pueblo. 19 La desnudez de la hermana de tu madre, ó de la hermana de tu padre, no descubrirás: por cuanto descubrió su parienta, su iniquidad llevarán. 20 Y cualquiera que durmiere con la mujer del hermano de su padre, la desnudez del hermano de su padre descubrió; su pecado llevarán; morirán sin hijos. 21 Y el que tomare la mujer de su hermano, es suciedad; la desnudez de su hermano descubrió; sin hijos serán. 22 Guardad, pues, todos mis estatutos y todos mis derechos, y ponedlos por obra: y no os vomitará la tierra, en la cual yo os introduzco para que habitéis en ella. 23 Y no andéis en las prácticas de la gente que yo echaré de delante de vosotros: porque ellos hicieron todas estas cosas, y los tuve en abominación. 24 Empero á vosotros os he dicho: Vosotros poseeréis la tierra de ellos, y yo os la daré para que la poseáis por heredad, tierra que fluye leche y miel: Yo Jehová vuestro Dios, que os he apartado de los pueblos. 25 Por tanto, vosotros haréis diferencia entre animal limpio é inmundo, y entre ave inmunda y limpia: y no ensuciéis vuestras personas en los animales, ni en las aves, ni en ninguna cosa que va arrastrando por la tierra, las cuales os he apartado por inmundas. 26 Habéis, pues, de serme santos, porque yo Jehová soy santo, y os he apartado de los pueblos, para que seáis míos. 27 Y el hombre ó la mujer en quienes hubiere espíritu pithónico ó de adivinación, han de ser muertos: los apedrearán con piedras; su sangre sobre ellos.

21

1 Y JEHOVÁ dijo á Moisés: Habla á los sacerdotes hijos de Aarón, y diles que no se contaminen por un muerto en sus pueblos. 2 Mas por su pariente cercano á sí, por su madre, ó por su padre, ó por su hijo, ó por su hermano, 3 O por su hermana virgen, á él cercana, la cual no haya tenido marido, por ella se contaminará. 4 No se contaminará, *porque es* príncipe en sus pueblos, haciéndose inmundo. 5 No harán calva en su cabeza,

ni raerán la punta de su barba, ni en su carne harán rasguños. 6 Santos serán á su Dios, y no profanarán el nombre de su Dios; porque los fuegos de Jehová y el pan de su Dios ofrecen: por tanto serán santos. 7 Mujer ramera ó infame no tomarán: ni tomarán mujer repudiada de su marido: porque es santo á su Dios. 8 Lo santificarás por tanto, pues el pan de tu Dios ofrece: santo será para ti, porque santo soy yo Jehová vuestro santificador. 9 Y la hija del varón sacerdote, si comenzare á fornicar, á su padre amancilla: quemada será al fuego. 10 Y el sumo sacerdote entre sus hermanos, sobre cuya cabeza fué derramado el aceite de la unción, y que hinchió su mano para vestir las vestimentas, no descubrirá su cabeza, ni romperá sus vestidos: 11 Ni entrará donde haya alguna persona muerta, ni por su padre, ó por su madre se contaminará. 12 Ni saldrá del santuario, ni contaminará el santuario de su Dios; porque la corona del aceite de la unción de su Dios está sobre él: Yo Jehová. 13 Y tomará él mujer con su virginidad. 14 Viuda, ó repudiada, ó infame, ó ramera, éstas no tomará: mas tomará virgen de sus pueblos por mujer. 15 Y no amancillará su simiente en sus pueblos; porque yo Jehová soy el que los santifico. 16 Y Jehová habló á Moisés, diciendo: 17 Habla á Aarón, y dile: El varón de tu simiente en sus generaciones, en el cual hubiere falta, no se allegará para ofrecer el pan de su Dios. 18 Porque ningún varón en el cual hubiere falta, se allegará: varón ciego, ó cojo, ó falto, ó sobrado, 19 O varón en el cual hubiere quebradura de pie ó rotura de mano, 20 O corcovado, ó lagañoso, ó que tuviere nube en el ojo, ó que tenga sarna, ó empeine, ó compañón relajado; 21 Ningún varón de la simiente de Aarón sacerdote, en el cual hubiere falta, se allegará para ofrecer las ofrendas encendidas de Jehová. Hay falta en él; no se allegará á ofrecer el pan de su Dios. 22 El pan de su Dios, de lo muy santo y las cosas santificadas, comerá. 23 Empero no entrará del velo adentro, ni se allegará al altar, por cuanto hay falta en él: y no profanará mi santuario, porque yo Jehová soy el que los santifico. 24 Y Moisés habló esto á Aarón, y á sus hijos, y á todos los hijos de Israel.

22

1 Y HABLÓ Jehová á Moisés, diciendo: 2 Di á Aarón y á sus hijos, que se abstengan de las santificaciones de los hijos de Israel, y que no profanen mi santo nombre en lo que ellos me santifican: Yo Jehová. 3 Diles: Todo varón de toda vuestra simiente en vuestras generaciones que llegare á las cosas sagradas, que los hijos de Israel consagran á Jehová, teniendo inmundicia sobre sí, de delante de mí será cortada su alma: Yo Jehová. 4 Cualquier varón de la simiente de Aarón que fuere leproso, ó padeciere flujo, no comerá de las cosas sagradas hasta que esté limpio: y el que tocare cualquiera cosa inmunda de mortecino, ó el varón del cual hubiere salido derramamiento de semen; 5 O el varón que hubiere tocado cualquier reptil, por el cual será inmundo, ú hombre por el cual venga á ser inmundo, conforme á cualquiera inmundicia suya; 6 La persona que lo tocare, será inmunda hasta la tarde, y no comerá de las cosas sagradas antes que haya lavado su carne con agua. 7 Y cuando el sol se pusiere, será limpio; y después comerá las cosas sagradas, porque su pan es. 8 Mortecino ni despedazado por fiera no comerá, para contaminarse en ello: Yo Jehová. 9 Guarden, pues, mi ordenanza, y no lleven pecado por ello, no sea que así mueran cuando la profanaren: Yo Jehová que los santifico. 10 Ningún extraño comerá cosa sagrada; el huésped del sacerdote, ni el jornalero, no comerá cosa sagrada. 11 Mas el sacerdote, cuando comprare persona de su dinero, ésta comerá de ella, y el nacido en su casa: éstos comerán de su pan. 12 Empero la hija del sacerdote, cuando se casare con varón extraño, ella no comerá de la ofrenda de las cosas sagradas. 13 Pero si la hija del sacerdote fuere viuda, ó repudiada, y no tuviere prole, y se hubiere vuelto á la casa de su padre, como en su mocedad, comerá del pan de su padre; mas ningún extraño coma de él. 14 Y el que por yerro comiere cosa sagrada,

añadirá á ella su quinto, y darálo al sacerdote con la cosa sagrada. ¹⁵ No profanarán, pues, las cosas santas de los hijos de Israel, las cuales apartan para Jehová: ¹⁶ Y *no* les harán llevar la iniquidad del pecado, comiendo las cosas santas de ellos: porque yo Jehová soy el que los santifico. ¹⁷ Y habló Jehová á Moisés, diciendo: ¹⁸ Habla á Aarón y á sus hijos, y á todos los hijos de Israel, y diles: Cualquier varón de la casa de Israel, ó de los extranjeros en Israel, que ofreciere su ofrenda por todos sus votos, y por todas sus voluntarias oblaciones que ofrecieren á Jehová en holocausto; ¹⁹ De vuestra voluntad *ofreceréis* macho sin defecto de entre las vacas, de entre los corderos, ó de entre las cabras. ²⁰ Ninguna cosa en que haya falta ofreceréis, porque no será acepto por vosotros. ²¹ Asimismo, cuando alguno ofreciere sacrificio de paces á Jehová para presentar voto, ú ofreciendo voluntariamente, sea de vacas ó de ovejas, sin tacha será acepto; no ha de haber en él falta. ²² Ciego, ó perniquebrado, ó mutilado, ó verrugoso, ó sarnoso, ó roñoso, no ofreceréis éstos á Jehová, ni de ellos pondréis ofrenda encendida sobre el altar de Jehová. ²³ Buey ó carnero que tenga de más ó de menos, podrás ofrecer por ofrenda voluntaria; mas por voto no será acepto. ²⁴ Herido ó magullado, rompido ó cortado, no ofreceréis á Jehová, ni en vuestra tierra lo haréis. ²⁵ Y de mano de hijo de extranjero no ofreceréis el pan de vuestro Dios de todas estas cosas; porque su corrupción está en ellas: hay en ellas falta, no se os aceptarán. ²⁶ Y habló Jehová á Moisés, diciendo: ²⁷ El buey, ó el cordero, ó la cabra, cuando naciere, siete días estará mamando de su madre: mas desde el octavo día en adelante será acepto para ofrenda de sacrificio encendido á Jehová. ²⁸ Y sea buey ó carnero, no degollaréis en un día á él y á su hijo. ²⁹ Y cuando sacrificareis sacrificio de hacimiento de gracias á Jehová, de vuestra voluntad lo sacrificaréis. ³⁰ En el mismo día se comerá; no dejaréis de él para otro día: Yo Jehová. ³¹ Guardad pues mis mandamientos, y ejecutadlos: Yo Jehová. ³² Y no amancilléis mi santo nombre, y yo me santificaré en medio de los hijos de Israel: Yo Jehová que os santifico; ³³ Que os saqué de la tierra de Egipto, para ser vuestro Dios: Yo Jehová.

23

¹ Y HABLÓ Jehová á Moisés, diciendo: ² Habla á los hijos de Israel, y diles: Las solemnidades de Jehová, las cuales proclamaréis santas convocaciones, aquestas serán mis solemnidades. ³ Seis días se trabajará, y el séptimo día sábado de reposo será, convocación santa: ninguna obra haréis; sábado es de Jehová en todas vuestras habitaciones. ⁴ Estas son las solemnidades de Jehová, las convocaciones santas, á las cuales convocaréis en sus tiempos. ⁵ En el mes primero, á los catorce del mes, entre las dos tardes, pascua es de Jehová. ⁶ Y á los quince días de este mes es la solemnidad de los ázimos á Jehová: siete días comeréis ázimos. ⁷ El primer día tendréis santa convocación: ninguna obra servil haréis. ⁸ Y ofreceréis á Jehová siete días ofrenda encendida: el séptimo día será santa convocación; ninguna obra servil haréis. ⁹ Y habló Jehová á Moisés, diciendo: ¹⁰ Habla á los hijos de Israel, y diles: Cuando hubiereis entrado en la tierra que yo os doy, y segareis su mies, traeréis al sacerdote un omer por primicia de los primeros frutos de vuestra siega; ¹¹ El cual mecerá el omer delante de Jehová, para que seáis aceptos: el siguiente día del sábado lo mecerá el sacerdote. ¹² Y el día que ofrezcáis el omer, ofreceréis un cordero de un año, sin defecto, en holocausto á Jehová. ¹³ Y su presente será dos décimas de flor de harina amasada con aceite, ofrenda encendida á Jehová en olor suavísimo; y su libación de vino, la cuarta parte de un hin. ¹⁴ Y no comeréis pan, ni grano tostado, ni espiga fresca, hasta este mismo día, hasta que hayáis ofrecido la ofrenda de vuestro Dios; estatuto perpetuo es por vuestras edades en todas vuestras habitaciones. ¹⁵ Y os habéis de contar desde el siguiente día del sábado, desde el día en que ofrecisteis el omer de la ofrenda mecida; siete semanas cumplidas serán: ¹⁶ Hasta el siguiente día del sábado séptimo contaréis cincuenta días; entonces ofreceréis nuevo presente á Jehová. ¹⁷ De

vuestras habitaciones traeréis dos panes para ofrenda mecida, que serán de dos décimas de flor de harina, cocidos con levadura, por primicias á Jehová. ¹⁸ Y ofreceréis con el pan siete corderos de un año sin defecto, y un becerro de la vacada y dos carneros: serán holocausto á Jehová, con su presente y sus libaciones; ofrenda encendida de suave olor á Jehová. ¹⁹ Ofreceréis además un macho de cabrío por expiación; y dos corderos de un año en sacrificio de paces. ²⁰ Y el sacerdote los mecerá en ofrenda agitada delante de Jehová, con el pan de las primicias, y los dos corderos: serán cosa sagrada de Jehová para el sacerdote. ²¹ Y convocaréis en este mismo día; os será santa convocación: ninguna obra servil haréis: estatuto perpetuo en todas vuestras habitaciones por vuestras edades. ²² Y cuando segareis la mies de vuestra tierra, no acabarás de segar el rincón de tu haza, ni espigarás tu siega; para el pobre, y para el extranjero la dejarás: Yo Jehová vuestro Dios. ²³ Y habló Jehová á Moisés, diciendo: ²⁴ Habla á los hijos de Israel, y diles: En el mes séptimo, al primero del mes tendréis sábado, una conmemoración al son de trompetas, y una santa convocación. ²⁵ Ninguna obra servil haréis; y ofreceréis ofrenda encendida á Jehová. ²⁶ Y habló Jehová á Moisés, diciendo: ²⁷ Empero á los diez de este mes séptimo será el día de las expiaciones: tendréis santa convocación, y afligiréis vuestras almas, y ofreceréis ofrenda encendida á Jehová. ²⁸ Ninguna obra haréis en este mismo día; porque es día de expiaciones, para reconciliaros delante de Jehová vuestro Dios. ²⁹ Porque toda persona que no se afligiere en este mismo día, será cortada de sus pueblos. ³⁰ Y cualquiera persona que hiciere obra alguna en este mismo día, yo destruiré la tal persona de entre su pueblo. ³¹ Ninguna obra haréis: estatuto perpetuo es por vuestras edades en todas vuestras habitaciones. ³² Sábado de reposo será á vosotros, y afligiréis vuestras almas, comenzando á los nueve del mes en la tarde: de tarde á tarde holgaréis vuestro sábado. ³³ Y habló Jehová á Moisés, diciendo: ³⁴ Habla á los hijos de Israel, y diles: A los quince días de este mes séptimo será la solemnidad de las cabañas á Jehová por siete días. ³⁵ El primer día habrá santa convocación: ninguna obra servil haréis. ³⁶ Siete días ofreceréis ofrenda encendida á Jehová: el octavo día tendréis santa convocación, y ofreceréis ofrenda encendida á Jehová: es fiesta: ninguna obra servil haréis. ³⁷ Estas son las solemnidades de Jehová, á las que convocaréis santas reuniones, para ofrecer ofrenda encendida á Jehová, holocausto y presente, sacrificio y libaciones, cada cosa en su tiempo: ³⁸ Además de los sábados de Jehová y además de vuestros dones, y á más de todos vuestros votos, y además de todas vuestras ofrendas voluntarias, que daréis á Jehová. ³⁹ Empero á los quince del mes séptimo, cuando hubiereis allegado el fruto de la tierra, haréis fiesta á Jehová por siete días: el primer día será sábado; sábado será también el octavo día. ⁴⁰ Y tomaréis el primer día gajos con fruto de árbol hermoso, ramos de palmas, y ramas de árboles espesos, y sauces de los arroyos; y os regocijaréis delante de Jehová vuestro Dios por siete días. ⁴¹ Y le haréis fiesta á Jehová por siete días cada un año; será estatuto perpetuo por vuestras edades; en el mes séptimo la haréis. ⁴² En cabañas habitaréis siete días: todo natural de Israel habitará en cabañas; ⁴³ Para que sepan vuestros descendientes que en cabañas hice yo habitar á los hijos de Israel, cuando los saqué de la tierra de Egipto: Yo Jehová vuestro Dios. ⁴⁴ Así habló Moisés á los hijos de Israel sobre las solemnidades de Jehová.

24

¹ Y HABLÓ Jehová á Moisés, diciendo: ² Manda á los hijos de Israel que te traigan aceite de olivas claro, molido, para la luminaria, para hacer arder las lámparas de continuo. ³ Fuera del velo del testimonio, en el tabernáculo del testimonio, las aderezará Aarón desde la tarde hasta la mañana delante de Jehová, de continuo: estatuto perpetuo por vuestras edades. ⁴ Sobre el candelero limpio pondrá siempre en orden las lámparas delante de Jehová. ⁵ Y tomarás flor de harina, y cocerás de ella doce tortas: cada torta

será de dos décimas. ⁶ Y has de ponerlas en dos órdenes, seis en cada orden, sobre la mesa limpia delante de Jehová. ⁷ Pondrás también sobre cada orden incienso limpio, y será para el pan por perfume, ofrenda encendida á Jehová. ⁸ Cada día de sábado lo pondrá de continuo en orden delante de Jehová, de los hijos de Israel por pacto sempiterno. ⁹ Y será de Aarón y de sus hijos, los cuales lo comerán en el lugar santo; porque es cosa muy santa para él, de las ofrendas encendidas á Jehová, por fuero perpetuo. ¹⁰ En aquella sazón el hijo de una mujer Israelita, el cual era hijo de un Egipcio, salió entre los hijos de Israel; y el hijo de la Israelita y un hombre de Israel riñeron en el real: ¹¹ Y el hijo de la mujer Israelita pronunció el Nombre, y maldijo: entonces le llevaron á Moisés. Y su madre se llamaba Selomith, hija de Dribi, de la tribu de Dan. ¹² Y pusiéronlo en la cárcel, hasta que les fuese declarado por palabra de Jehová. ¹³ Y Jehová habló á Moisés, diciendo: ¹⁴ Saca al blasfemo fuera del real, y todos los que le oyeron pongan sus manos sobre la cabeza de él, y apedréelo toda la congregación. ¹⁵ Y á los hijos de Israel hablarás, diciendo: Cualquiera que maldijere á su Dios, llevará su iniquidad. ¹⁶ Y el que blasfemare el nombre de Jehová, ha de ser muerto: toda la congregación lo apedreará: así el extranjero como el natural, si blasfemare el Nombre, que muera. ¹⁷ Asimismo el hombre que hiere de muerte á cualquiera persona, que sufra la muerte. ¹⁸ Y el que hiere á algún animal, ha de restituirlo: animal por animal. ¹⁹ Y el que causare lesión en su prójimo, según hizo, así le sea hecho: ²⁰ Rotura por rotura, ojo por ojo, diente por diente: según la lesión que habrá hecho á otro, tal se hará á él. ²¹ El que hiere algún animal, ha de restituirlo; mas el que hiere de muerte á un hombre, que muera. ²² Un mismo derecho tendréis: como el extranjero, así será el natural: porque yo soy Jehová vuestro Dios. ²³ Y habló Moisés á los hijos de Israel, y ellos sacaron al blasfemo fuera del real, y apedreáronlo con piedras. Y los hijos de Israel hicieron según que Jehová había mandado á Moisés.

25

¹ Y JEHOVÁ habló á Moisés en el monte de Sinaí, diciendo: ² Habla á los hijos de Israel, y diles: Cuando hubiereis entrado en la tierra que yo os doy, la tierra hará sábado á Jehová. ³ Seis años sembrarás tu tierra, y seis años podarás tu viña, y cogerás sus frutos; ⁴ Y el séptimo año la tierra tendrá sábado de holganza, sábado á Jehová: no sembrarás tu tierra, ni podarás tu viña. ⁵ Lo que de suyo se naciere en tu *tierra* segada, no lo segarás; y las uvas de tu viñedo no vendimiarás: año de holganza será á la tierra. ⁶ Mas el sábado de la tierra os será para comer á ti, y á tu siervo, y á tu sierva, y á tu criado, y á tu extranjero que morare contigo: ⁷ Y á tu animal, y á la bestia que hubiere en tu tierra, será todo el fruto de ella para comer. ⁸ Y te has de contar siete semanas de años, siete veces siete años; de modo que los días de las siete semanas de años vendrán á serte cuarenta y nueve años. ⁹ Entonces harás pasar la trompeta de jubilación en el mes séptimo á los diez del mes; el día de la expiación haréis pasar la trompeta por toda vuestra tierra. ¹⁰ Y santificaréis el año cincuenta, y pregonaréis libertad en la tierra á todos sus moradores: éste os será jubileo; y volveréis cada uno á su posesión, y cada cual volverá á su familia. ¹¹ El año de los cincuenta años os será jubileo: no sembraréis, ni segaréis lo que naciere de suyo en la tierra, ni vendimiaréis sus viñedos: ¹² Porque es jubileo: santo será á vosotros; el producto de la tierra comeréis. ¹³ En este año de jubileo volveréis cada uno á su posesión. ¹⁴ Y cuando vendiereis algo á vuestro prójimo, ó comprareis de mano de vuestro prójimo, no engañe ninguno á su hermano: ¹⁵ Conforme al número de los años después del jubileo comprarás de tu prójimo; conforme al número de los años de los frutos te venderá él á ti. ¹⁶ Conforme á la multitud de los años aumentarás el precio, y conforme á la disminución de los años disminuirás el precio; porque según el número de los rendimientos te ha de vender él. ¹⁷ Y no engañe ninguno á su prójimo; mas tendrás

temor de tu Dios: porque yo soy Jehová vuestro Dios. 18 Ejecutad, pues, mis estatutos, y guardad mis derechos, y ponedlos por obra, y habitaréis en la tierra seguros; 19 Y la tierra dará su fruto, y comeréis hasta hartura, y habitaréis en ella con seguridad. 20 Y si dijereis: ¿Qué comeremos el séptimo año? he aquí no hemos de sembrar, ni hemos de coger nuestros frutos: 21 Entonces yo os enviaré mi bendición el sexto año, y hará fruto por tres años. 22 Y sembraréis el año octavo, y comeréis del fruto añejo; hasta el año noveno, hasta que venga su fruto comeréis del añejo. 23 Y la tierra no se venderá rematadamente, porque la tierra mía es; que vosotros peregrinos y extranjeros sois para conmigo. 24 Por tanto, en toda la tierra de vuestra posesión, otorgaréis redención á la tierra. 25 Cuando tu hermano empobreciere, y vendiere algo de su posesión, vendrá el rescatador, su cercano, y rescatará lo que su hermano hubiere vendido. 26 Y cuando el hombre no tuviere rescatador, si alcanzare su mano, y hallare lo que basta para su rescate; 27 Entonces contará los años de su venta, y pagará lo que quedare al varón á quien vendió, y volverá á su posesión. 28 Mas si no alcanzare su mano lo que basta para que vuelva á él, lo que vendió estará en poder del que lo compró hasta el año del jubileo; y al jubileo saldrá, y él volverá á su posesión. 29 Y el varón que vendiere casa de morada en ciudad cercada, tendrá facultad de redimirla hasta acabarse el año de su venta: un año será el término de poderse redimir. 30 Y si no fuere redimida dentro de un año entero, la casa que estuviere en la ciudad murada quedará para siempre por de aquel que la compró, y para sus descendientes: no saldrá en el jubileo. 31 Mas las casas de las aldeas que no tienen muro alrededor, serán estimadas como una haza de tierra: tendrán redención, y saldrán en el jubileo. 32 Pero en cuanto á las ciudades de los Levitas, siempre podrán redimir los Levitas las casas de las ciudades que poseyeren. 33 Y el que comprare de los Levitas, saldrá de la casa vendida, ó de la ciudad de su posesión, en el jubileo: por cuanto las casas de las ciudades de los Levitas es la posesión de ellos entre los hijos de Israel. 34 Mas la tierra del ejido de sus ciudades no se venderá, porque es perpetua posesión de ellos. 35 Y cuando tu hermano empobreciere, y se acogiere á ti, tú lo ampararás: como peregrino y extranjero vivirá contigo. 36 No tomarás usura de él, ni aumento; mas tendrás temor de tu Dios, y tu hermano vivirá contigo. 37 No le darás tu dinero á usura, ni tu vitualla á ganancia: 38 Yo Jehová vuestro Dios, que os saqué de la tierra de Egipto, para daros la tierra de Canaán, para ser vuestro Dios. 39 Y cuando tu hermano empobreciere, estando contigo, y se vendiere á ti, no le harás servir como siervo: 40 Como criado, como extranjero estará contigo; hasta el año del jubileo te servirá. 41 Entonces saldrá de contigo, él y sus hijos consigo, y volverá á su familia, y á la posesión de sus padres se restituirá. 42 Porque son mis siervos, los cuales saqué yo de la tierra de Egipto: no serán vendidos á manera de siervos. 43 No te enseñorearás de él con dureza, mas tendrás temor de tu Dios. 44 Así tu siervo como tu sierva que tuvieres, serán de las gentes que están en vuestro alrededor: de ellos compraréis siervos y siervas. 45 También compraréis de los hijos de los forasteros que viven entre vosotros, y de los que del linaje de ellos son nacidos en vuestra tierra, que están con vosotros; los cuales tendréis por posesión: 46 Y los poseeréis por juro de heredad para vuestros hijos después de vosotros, como posesión hereditaria; para siempre os serviréis de ellos; empero en vuestros hermanos los hijos de Israel, no os enseñorearéis cada uno sobre su hermano con dureza. 47 Y si el peregrino ó extranjero que está contigo, adquiriese medios, y tu hermano que está con él empobreciere, y se vendiere al peregrino ó extranjero que está contigo, ó á la raza de la familia del extranjero; 48 Después que se hubiere vendido, podrá ser rescatado: uno de sus hermanos lo rescatará; 49 O su tío, ó el hijo de su tío lo rescatará, ó el cercano de su carne, de su linaje, lo rescatará; ó si sus medios alcanzaren, él mismo se redimirá. 50 Y contará con el que lo compró, desde el año que se vendió á él hasta el año del jubileo: y ha de apreciarse el dinero de su venta conforme al número de los años, y se hará con él conforme al tiempo de un criado asalariado. ⁵¹ Si aun fueren muchos años, conforme á ellos volverá para su rescate del dinero por el cual se vendió. ⁵² Y si quedare poco tiempo hasta el año del jubileo, entonces contará con él, y devolverá su rescate conforme á sus años. ⁵³ Como con tomado á salario anualmente hará con él: no se enseñoreará en él con aspereza delante de tus ojos. ⁵⁴ Mas si no se redimiere en esos *años*, en el año del jubileo saldrá, él, y sus hijos con él. ⁵⁵ Porque mis siervos son los hijos de Israel; son siervos míos, á los cuales saqué de la tierra de Egipto: Yo Jehová vuestro Dios.

26

¹ NO haréis para vosotros ídolos, ni escultura, ni os levantaréis estatua, ni pondréis en vuestra tierra piedra pintada para inclinaros á ella: porque yo soy Jehová vuestro Dios. ² Guardad mis sábados, y tened en reverencia mi santuario: Yo Jehová. ³ Si anduviereis en mis decretos, y guardareis mis mandamientos, y los pusiereis por obra; ⁴ Yo daré vuestra lluvia en su tiempo, y la tierra rendirá sus producciones, y el árbol del campo dará su fruto; ⁵ Y la trilla os alcanzará á la vendimia, y la vendimia alcanzará á la sementera, y comeréis vuestro pan en hartura, y habitaréis seguros en vuestra tierra: ⁶ Y yo daré paz en la tierra, y dormiréis, y no habrá quien os espante: y haré quitar las malas bestias de vuestra tierra, y no pasará por vuestro país la espada: ⁷ Y perseguiréis á vuestros enemigos, y caerán á cuchillo delante de vosotros: ⁸ Y cinco de vosotros perseguirán á ciento, y ciento de vosotros perseguirán á diez mil, y vuestros enemigos caerán á cuchillo delante de vosotros. ⁹ Porque yo me volveré á vosotros, y os haré crecer, y os multiplicaré, y afirmaré mi pacto con vosotros: ¹⁰ Y comeréis lo añejo de mucho tiempo, y sacaréis fuera lo añejo á causa de lo nuevo: ¹¹ Y pondré mi morada en medio de vosotros, y mi alma no os abominará: ¹² Y andaré entre vosotros, y yo seré vuestro Dios, y vosotros seréis mi pueblo. ¹³ Yo Jehová vuestro Dios, que os saqué de la tierra de Egipto, para que no fueseis sus siervos; y rompí las coyundas de vuestro yugo, y os he hecho andar el rostro alto. ¹⁴ Empero si no me oyereis, ni hiciereis todos estos mis mandamientos, ¹⁵ Y si abominareis mis decretos, y vuestra alma menospreciare mis derechos, no ejecutando todos mis mandamientos, é invalidando mi pacto; ¹⁶ Yo también haré con vosotros esto: enviaré sobre vosotros terror, extenuación y calentura, que consuman los ojos y atormenten el alma: y sembraréis en balde vuestra simiente, porque vuestros enemigos la comerán: ¹⁷ Y pondré mi ira sobre vosotros, y seréis heridos delante de vuestros enemigos; y los que os aborrecen se enseñorearán de vosotros, y huiréis sin que haya quien os persiga. ¹⁸ Y si aun con esas cosas no me oyereis, yo tornaré á castigaros siete veces más por vuestros pecados. ¹⁹ Y quebrantaré la soberbia de vuestra fortaleza, y tornaré vuestro cielo como hierro, y vuestra tierra como metal: ²⁰ Y vuestra fuerza se consumirá en vano; que vuestra tierra no dará su esquilmo, y los árboles de la tierra no darán su fruto. ²¹ Y si anduviereis conmigo en oposición, y no me quisiereis oir, yo añadiré sobre vosotros siete veces más plagas según vuestros pecados. ²² Enviaré también contra vosotros bestias fieras que os arrebaten los hijos, y destruyan vuestros animales, y os apoquen, y vuestros caminos sean desiertos. ²³ Y si con estas cosas no fuereis corregidos, sino que anduviereis conmigo en oposición, ²⁴ Yo también procederé con vosotros en oposición, y os heriré aun siete veces por vuestros pecados: ²⁵ Y traeré sobre vosotros espada vengadora, en vindicación del pacto; y os recogeréis á vuestras ciudades; mas yo enviaré pestilencia entre vosotros, y seréis entregados en mano del enemigo. ²⁶ Cuando yo os quebrantare el arrimo del pan, cocerán diez mujeres vuestro pan en un horno, y os devolverán vuestro pan por peso; y comeréis, y no os hartaréis. ²⁷ Y si con esto no me oyereis, mas procediereis conmigo en oposición, ²⁸ Yo procederé con vosotros en contra y con ira, y os castigaré

aun siete veces por vuestros pecados. ²⁹ Y comeréis las carnes de vuestros hijos, y comeréis las carnes de vuestras hijas: ³⁰ Y destruiré vuestros altos, y talaré vuestras imágenes, y pondré vuestros cuerpos muertos sobre los cuerpos muertos de vuestros ídolos, y mi alma os abominará: ³¹ Y pondré vuestras ciudades en desierto, y asolaré vuestros santuarios, y no oleré la fragancia de vuestro suave perfume. ³² Yo asolaré también la tierra, y se pasmarán de ella vuestros enemigos que en ella moran: ³³ Y á vosotros os esparciré por las gentes, y desenvainaré espada en pos de vosotros: y vuestra tierra estará asolada, y yermas vuestras ciudades. ³⁴ Entonces la tierra holgará sus sábados todos los días que estuviere asolada, y vosotros en la tierra de vuestros enemigos: la tierra descansará entonces y gozará sus sábados. ³⁵ Todo el tiempo que estará asolada, holgará lo que no holgó en vuestros sábados mientras habitabais en ella. ³⁶ Y á los que quedaren de vosotros infundiré en sus corazones tal cobardía, en la tierra de sus enemigos, que el sonido de una hoja movida los perseguirá, y huirán como de cuchillo, y caerán sin que nadie los persiga: ³⁷ Y tropezarán los unos en los otros, como si huyeran delante de cuchillo, aunque nadie los persiga; y no podréis resistir delante de vuestros enemigos. ³⁸ Y pereceréis entre las gentes, y la tierra de vuestros enemigos os consumirá. ³⁹ Y los que quedaren de vosotros decaerán en las tierras de vuestros enemigos por su iniquidad; y por la iniquidad de sus padres decaerán con ellos: ⁴⁰ Y confesarán su iniquidad, y la iniquidad de sus padres, por su prevaricación con que prevaricaron contra mí: y también porque anduvieron conmigo en oposición, ⁴¹ Yo también habré andado con ellos en contra, y los habré metido en la tierra de sus enemigos: y entonces se humillará su corazón incircunciso, y reconocerán su pecado; ⁴² Y yo me acordaré de mi pacto con Jacob, y asimismo de mi pacto con Isaac, y también de mi pacto con Abraham me acordaré; y haré memoria de la tierra. ⁴³ Que la tierra estará desamparada de ellos, y holgará sus sábados, estando yerma á causa de ellos; mas entretanto se someterán al castigo de sus iniquidades: por cuanto menospreciaron mis derechos, y tuvo el alma de ellos fastidio de mis estatutos. ⁴⁴ Y aun con todo esto, estando ellos en tierra de sus enemigos, yo no los desecharé, ni los abominaré para consumirlos, invalidando mi pacto con ellos: porque yo Jehová soy su Dios: ⁴⁵ Antes me acordaré de ellos por el pacto antiguo, cuando los saqué de la tierra de Egipto á los ojos de las gentes, para ser su Dios: Yo Jehová. ⁴⁶ Estos son los decretos, derechos y leyes que estableció Jehová entre sí y los hijos de Israel en el monte de Sinaí por mano de Moisés.

27

¹ Y HABLÓ Jehová á Moisés, diciendo: ² Habla á los hijos de Israel, y diles: Cuando alguno hiciere especial voto á Jehová, según la estimación de las personas que se hayan de redimir, así será tu estimación: ³ En cuanto al varón de veinte años hasta sesenta, tu estimación será cincuenta siclos de plata, según el siclo del santuario. ⁴ Y si fuere hembra, la estimación será treinta siclos. ⁵ Y si fuere de cinco años hasta veinte, tu estimación será respecto al varón veinte siclos, y á la hembra diez siclos. ⁶ Y si fuere de un mes hasta cinco años, tu estimación será en orden al varón, cinco siclos de plata; y por la hembra será tu estimación tres siclos de plata. ⁷ Mas si fuere de sesenta años arriba, por el varón tu estimación será quince siclos, y por la hembra diez siclos. ⁸ Pero si fuere más pobre que tu estimación, entonces comparecerá ante el sacerdote, y el sacerdote le pondrá tasa: conforme á la facultad del votante le impondrá tasa el sacerdote. ⁹ Y si fuere animal de que se ofrece ofrenda á Jehová, todo lo que se diere de él á Jehová será santo. ¹⁰ No será mudado ni trocado, bueno por malo, ni malo por bueno: y si se permutare un animal por otro, él y el dado por él en cambio serán sagrados. ¹¹ Y si fuere algún animal inmundo, de que no se ofrece ofrenda á Jehová, entonces el animal será puesto delante del sacerdote: ¹² Y el sacerdote lo apreciará, sea

bueno ó sea malo; conforme á la estimación del sacerdote, así será. ¹³ Y si lo hubieren de redimir, añadirán su quinto sobre tu valuación. ¹⁴ Y cuando alguno santificare su casa consagrándola á Jehová, la apreciará el sacerdote, sea buena ó sea mala: según la apreciare el sacerdote, así quedará. ¹⁵ Mas si el santificante redimiere su casa, añadirá á tu valuación el quinto del dinero de ella, y será suya. ¹⁶ Y si alguno santificare de la tierra de su posesión á Jehová, tu estimación será conforme á su sembradura: un omer de sembradura de cebada se apreciará en cincuenta siclos de plata. ¹⁷ Y si santificare su tierra desde el año del jubileo, conforme á tu estimación quedará. ¹⁸ Mas si después del jubileo santificare su tierra, entonces el sacerdote hará la cuenta del dinero conforme á los años que quedaren hasta el año del jubileo, y se rebajará de tu estimación. ¹⁹ Y si el que santificó la tierra quisiere redimirla, añadirá á tu estimación el quinto del dinero de ella, y quedaráse para él. ²⁰ Mas si él no redimiere la tierra, y la tierra se vendiere á otro, no la redimirá más; ²¹ Sino que cuando saliere en el jubileo, la tierra será santa á Jehová, como tierra consagrada: la posesión de ella será del sacerdote. ²² Y si santificare alguno á Jehová la tierra que él compró, que no era de la tierra de su herencia, ²³ Entonces el sacerdote calculará con él la suma de tu estimación hasta el año del jubileo, y aquel día dará tu señalado precio, cosa consagrada á Jehová. ²⁴ En el año del jubileo, volverá la tierra á aquél de quien él la compró, cuya es la herencia de la tierra. ²⁵ Y todo lo que apreciares será conforme al siclo del santuario: el siclo tiene veinte óbolos. ²⁶ Empero el primogénito de los animales, que por la primogenitura es de Jehová, nadie lo santificará; sea buey ú oveja, de Jehová es. ²⁷ Mas si fuere de los animales inmundos, lo redimirán conforme á tu estimación, y añadirán sobre ella su quinto: y si no lo redimieren, se venderá conforme á tu estimación. ²⁸ Pero ninguna cosa consagrada, que alguno hubiere santificado á Jehová de todo lo que tuviere, de hombres y animales, y de las tierras de su posesión, no se venderá, ni se redimirá: todo lo consagrado será cosa santísima á Jehová. ²⁹ Cualquier anatema (cosa consagrada) de hombres que se consagrare, no será redimido: indefectiblemente ha de ser muerto. ³⁰ Y todas las décimas de la tierra, así de la simiente de la tierra como del fruto de los árboles, de Jehová son: es cosa consagrada á Jehová. ³¹ Y si alguno quisiere redimir algo de sus décimas, añadirá su quinto á ello. ³² Y toda décima de vacas ó de ovejas, de todo lo que pasa bajo la vara, la décima será consagrada á Jehová. ³³ No mirará si es bueno ó malo, ni lo trocará: y si lo trocare, ello y su trueque serán cosas sagradas; no se redimirá. ³⁴ Estos son los mandamientos que ordenó Jehová á Moisés, para los hijos de Israel, en el monte de Sinaí.

Números

¹ Y HABLÓ Jehová á Moisés en el desierto de Sinaí, en el tabernáculo del testimonio, en el primero del mes segundo, en el segundo año de su salida de la tierra de Egipto, diciendo: ² Tomad el encabezamiento de toda la congregación de los hijos de Israel por sus familias, por las casas de sus padres, con la cuenta de los nombres, todos los varones por sus cabezas: ³ De veinte años arriba, todos los que pueden salir á la guerra en Israel, los contaréis tú y Aarón por sus cuadrillas. ⁴ Y estará con vosotros un varón de cada tribu, cada uno cabeza de la casa de sus padres. ⁵ Y estos son los nombres de los varones que estarán con vosotros: De la tribu de Rubén, Elisur hijo de Sedeur. ⁶ De Simeón, Selumiel hijo de Zurisaddai. ⁷ De Judá, Naasón hijo de Aminadab. ⁸ De Issachâr, Nathanael hijo de Suar. ⁹ De Zabulón, Eliab hijo de Helón. ¹⁰ De los hijos de José: de Ephraim, Elisama hijo de Ammiud; de Manasés, Gamaliel hijo de Pedasur. ¹¹ De Benjamín, Abidán hijo de Gedeón. ¹² De Dan, Ahiezer hijo de Ammisaddai. ¹³ De Aser, Phegiel hijo de Ocrán. ¹⁴ De Gad, Eliasaph hijo de Dehuel. ¹⁵ De Nephtalí, Ahira hijo de Enán. ¹⁶ Estos eran los nombrados de la congregación, príncipes de las tribus de sus padres, capitanes de los millares de Israel. ¹⁷ Tomó pues Moisés y Aarón á estos varones que fueron declarados por sus nombres: ¹⁸ Y juntaron toda la congregación en el primero del mes segundo, y fueron reunidos sus linajes, por las casas de sus padres, según la cuenta de los nombres, de veinte años arriba, por sus cabezas, ¹⁹ Como Jehová lo había mandado á Moisés; y contólos en el desierto de Sinaí. ²⁰ Y los hijos de Rubén, primogénito de Israel, por sus generaciones, por sus familias, por las casas de sus padres, conforme á la cuenta de los nombres por sus cabezas, todos los varones de veinte años arriba, todos los que podían salir á la guerra; ²¹ Los contados de ellos, de la tribu de Rubén, fueron cuarenta y seis mil y quinientos. ²² De los hijos de Simeón, por sus generaciones, por sus familias, por las casas de sus padres, los contados de ellos conforme á la cuenta de los nombres por sus cabezas, todos los varones de veinte años arriba, todos los que podían salir á la guerra; ²³ Los contados de ellos, de la tribu de Simeón, cincuenta y nueve mil y trescientos. ²⁴ De los hijos de Gad, por sus generaciones, por sus familias, por las casas de sus padres, conforme á la cuenta de los nombres, de veinte años arriba, todos los que podían salir á la guerra; ²⁵ Los contados de ellos, de la tribu de Gad, cuarenta y cinco mil seiscientos y cincuenta. ²⁶ De los hijos de Judá, por sus generaciones, por sus familias, por las casas de sus padres, conforme á la cuenta de los nombres, de veinte años arriba, todos los que podían salir á la guerra; ²⁷ Los contados de ellos, de la tribu de Judá, setenta y cuatro mil y seiscientos. ²⁸ De los hijos de Issachâr, por sus generaciones, por sus familias, por las casas de sus padres, conforme á la cuenta de los nombres, de veinte años arriba, todos los que podían salir á la guerra; ²⁹ Los contados de ellos, de la tribu de Issachâr, cincuenta y cuatro mil y cuatrocientos. ³⁰ De los hijos de Zabulón, por sus generaciones, por sus familias, por las casas de sus padres, conforme á la cuenta de sus nombres, de veinte años arriba, todos los que podían salir á la guerra; ³¹ Los contados de ellos, de la tribu de Zabulón, cincuenta y siete mil y cuatrocientos. ³² De los hijos de José: de los hijos de Ephraim, por sus generaciones, por sus familias, por las casas de sus padres, conforme á la cuenta de los nombres, de veinte años arriba, todos los que podían salir á la guerra; ³³ Los contados de ellos, de la tribu de Ephraim, cuarenta mil y quinientos. ³⁴ De los hijos de Manasés, por sus generaciones, por sus familias, por las casas de sus padres, conforme á la cuenta de los nombres, de veinte años arriba, todos los que podían salir á la guerra; ³⁵ Los contados de ellos, de la tribu de Manasés, treinta y dos mil y doscientos. ³⁶ De los hijos de Benjamín, por sus generaciones, por sus familias, por las casas de sus

padres, conforme á la cuenta de los nombres, de veinte años arriba, todos los que podían salir á la guerra; ³⁷ Los contados de ellos, de la tribu de Benjamín, treinta y cinco mil y cuatrocientos. ³⁸ De los hijos de Dan, por sus generaciones, por sus familias, por las casas de sus padres, conforme á la cuenta de los nombres, de veinte años arriba, todos los que podían salir á la guerra; ³⁹ Los contados de ellos, de la tribu de Dan, sesenta y dos mil y setecientos. ⁴⁰ De los hijos de Aser, por sus generaciones, por sus familias, por las casas de sus padres, conforme á la cuenta de los nombres, de veinte años arriba, todos los que podían salir á la guerra; ⁴¹ Los contados de ellos, de la tribu de Aser, cuarenta y un mil y quinientos. ⁴² De los hijos de Nephtalí, por sus generaciones, por sus familias, por las casas de sus padres, conforme á la cuenta de los nombres, de veinte años arriba, todos los que podían salir á la guerra; ⁴³ Los contados de ellos, de la tribu de Nephtalí, cincuenta y tres mil y cuatrocientos. ⁴⁴ Estos fueron los contados, los cuales contaron Moisés y Aarón, con los príncipes de Israel, que eran doce, uno por cada casa de sus padres. ⁴⁵ Y fueron todos los contados de los hijos de Israel por las casas de sus padres, de veinte años arriba, todos los que podían salir á la guerra en Israel; ⁴⁶ Fueron todos los contados seiscientos tres mil quinientos y cincuenta. ⁴⁷ Pero los Levitas no fueron contados entre ellos según la tribu de sus padres. ⁴⁸ Porque habló Jehová á Moisés, diciendo: ⁴⁹ Solamente no contarás la tribu de Leví, ni tomarás la cuenta de ellos entre los hijos de Israel: ⁵⁰ Mas tú pondrás á los Levitas en el tabernáculo del testimonio, y sobre todos sus vasos, y sobre todas las cosas que le pertenecen: ellos llevarán el tabernáculo y todos sus vasos, y ellos servirán en él, y asentarán sus tiendas alrededor del tabernáculo. ⁵¹ Y cuando el tabernáculo partiere, los Levitas lo desarmarán; y cuando el tabernáculo parare, los Levitas lo armarán: y el extraño que se llegare, morirá. ⁵² Y los hijos de Israel asentarán sus tiendas cada uno en su escuadrón, y cada uno junto á su bandera, por sus cuadrillas; ⁵³ Mas los Levitas asentarán las suyas alrededor del tabernáculo del testimonio, y no habrá ira sobre la congregación de los hijos de Israel: y los Levitas tendrán la guarda del tabernáculo del testimonio. ⁵⁴ E hicieron los hijos de Israel conforme á todas las cosas que mandó Jehová á Moisés; así lo hicieron.

2

¹ Y HABLÓ Jehová á Moisés y á Aarón, diciendo: ² Los hijos de Israel acamparán cada uno junto á su bandera, según las enseñas de las casas de sus padres; alrededor del tabernáculo del testimonio acamparán. ³ Estos acamparán al levante, al oriente: la bandera del ejército de Judá, por sus escuadrones; y el jefe de los hijos de Judá, Naasón hijo de Aminadab: ⁴ Su hueste, con los contados de ellos, setenta y cuatro mil y seiscientos. ⁵ Junto á él acamparán los de la tribu de Issachâr: y el jefe de los hijos de Issachâr, Nathanael hijo de Suar; ⁶ Y su hueste, con sus contados, cincuenta y cuatro mil y cuatrocientos: ⁷ Y la tribu de Zabulón: y el jefe de los hijos de Zabulón, Eliab hijo de Helón; ⁸ Y su hueste, con sus contados, cincuenta y siete mil y cuatrocientos. ⁹ Todos los contados en el ejército de Judá, ciento ochenta y seis mil y cuatrocientos, por sus escuadrones, irán delante. ¹⁰ La bandera del ejército de Rubén al mediodía, por sus escuadrones: y el jefe de los hijos de Rubén, Elisur hijo de Sedeur; ¹¹ Y su hueste, sus contados, cuarenta y seis mil y quinientos. ¹² Y acamparán junto á él los de la tribu de Simeón: y el jefe de los hijos de Simeón, Selumiel hijo de Zurisaddai; ¹³ Y su hueste, con los contados de ellos, cincuenta y nueve mil y trescientos: ¹⁴ Y la tribu de Gad: y el jefe de los hijos de Gad, Eliasaph hijo de Rehuel; ¹⁵ Y su hueste, con los contados de ellos, cuarenta y cinco mil seiscientos y cincuenta. ¹⁶ Todos los contados en el ejército de Rubén, ciento cincuenta y un mil cuatrocientos y cincuenta, por sus escuadrones, irán los segundos. ¹⁷ Luego irá el tabernáculo del testimonio, el campo de los Levitas en medio de los ejércitos: de la manera que asientan el campo, así caminarán, cada uno en su lugar,

junto á sus banderas. ¹⁸ La bandera del ejército de Ephraim por sus escuadrones, al occidente: y el jefe de los hijos de Ephraim, Elisama hijo de Ammiud; ¹⁹ Y su hueste, con los contados de ellos, cuarenta mil y quinientos. ²⁰ Junto á él estará la tribu de Manasés; y el jefe de los hijos de Manasés, Gamaliel hijo de Pedasur; ²¹ Y su hueste, con los contados de ellos, treinta y dos mil y doscientos: ²² Y la tribu de Benjamín: y el jefe de los hijos de Benjamín, Abidán hijo de Gedeón; ²³ Y su hueste, con los contados de ellos, treinta y cinco mil y cuatrocientos. ²⁴ Todos los contados en el ejército de Ephraim, ciento ocho mil y ciento, por sus escuadrones, irán los terceros. ²⁵ La bandera del ejército de Dan estará al aquilón, por sus escuadrones: y el jefe de los hijos de Dan, Ahiezer hijo de Amisaddai; ²⁶ Y su hueste, con los contados de ellos, sesenta y dos mil y setecientos. ²⁷ Junto á él acamparán los de la tribu de Aser: y el jefe de los hijos de Aser, Phegiel hijo de Ocrán; ²⁸ Y su hueste, con los contados de ellos, cuarenta y un mil y quinientos: ²⁹ Y la tribu de Nephtalí: y el jefe de los hijos de Nephtalí, Ahira hijo de Enán; ³⁰ Y su hueste, con los contados de ellos, cincuenta y tres mil y cuatrocientos. ³¹ Todos los contados en el ejército de Dan, ciento cincuenta y siete mil y seiscientos: irán los postreros tras sus banderas. ³² Estos son los contados de los hijos de Israel, por las casas de sus padres: todos los contados por ejércitos, por sus escuadrones, seiscientos tres mil quinientos y cincuenta. ³³ Mas los Levitas no fueron contados entre los hijos de Israel; como Jehová lo mandó á Moisés. ³⁴ E hicieron los hijos de Israel conforme á todas las cosas que Jehová mandó á Moisés; así asentaron el campo por sus banderas, y así marcharon cada uno por sus familias, según las casas de sus padres.

3

¹ Y ESTAS son las generaciones de Aarón y de Moisés, desde que Jehová habló á Moisés en el monte de Sinaí. ² Y estos son los nombres de los hijos de Aarón: Nadab el primogénito, y Abiú, Eleazar, é Ithamar. ³ Estos son los nombres de los hijos de Aarón, sacerdotes ungidos; cuyas manos él hinchió para administrar el sacerdocio. ⁴ Mas Nadab y Abiú murieron delante de Jehová, cuando ofrecieron fuego extraño delante de Jehová, en el desierto de Sinaí: y no tuvieron hijos: y Eleazar é Ithamar ejercieron el sacerdocio delante de Aarón su padre. ⁵ Y Jehová habló á Moisés, diciendo: ⁶ Haz llegar á la tribu de Leví, y hazla estar delante del sacerdote Aarón, para que le ministren; ⁷ Y desempeñen su cargo, y el cargo de toda la congregación delante del tabernáculo del testimonio, para servir en el ministerio del tabernáculo; ⁸ Y guarden todas las alhajas del tabernáculo del testimonio, y lo encargado *á ellos* de los hijos de Israel, y ministren en el servicio del tabernáculo. ⁹ Y darás los Levitas á Aarón y á sus hijos: le son enteramente dados de entre los hijos de Israel. ¹⁰ Y constituirás á Aarón y á sus hijos, para que ejerzan su sacerdocio: y el extraño que se llegare, morirá. ¹¹ Y habló Jehová á Moisés, diciendo: ¹² Y he aquí yo he tomado los Levitas de entre los hijos de Israel en lugar de todos los primogénitos que abren la matriz entre los hijos de Israel; serán pues míos los Levitas: ¹³ Porque mío es todo primogénito; desde el día que yo maté todos los primogénitos en la tierra de Egipto, yo santifiqué á mí todos los primogénitos en Israel, así de hombres como de animales: míos serán: Yo Jehová. ¹⁴ Y Jehová habló á Moisés en el desierto de Sinaí, diciendo: ¹⁵ Cuenta los hijos de Leví por las casas de sus padres, por sus familias: contarás todos los varones de un mes arriba. ¹⁶ Y Moisés los contó conforme á la palabra de Jehová, como le fué mandado. ¹⁷ Y los hijos de Leví fueron estos por sus nombres: Gersón, y Coath, y Merari. ¹⁸ Y los nombres de los hijos de Gersón, por sus familias, estos: Libni, y Simei. ¹⁹ Y los hijos de Coath, por sus familias: Amram, é Izhar, y Hebrón, y Uzziel. ²⁰ Y los hijos de Merari, por sus familias: Mahali, y Musi. Estas, las familias de Leví, por las casas de sus padres. ²¹ De Gersón, la familia de Libni y la de Simei: estas son las familias de Gersón. ²² Los contados de ellos conforme á la cuenta de

todos los varones de un mes arriba, los contados de ellos, siete mil y quinientos. ²³ Las familias de Gersón asentarán sus tiendas á espaldas del tabernáculo, al occidente; ²⁴ Y el jefe de la casa del padre de los Gersonitas, Eliasaph hijo de Lael. ²⁵ A cargo de los hijos de Gersón, en el tabernáculo del testimonio, estará el tabernáculo, y la tienda, y su cubierta, y el pabellón de la puerta del tabernáculo del testimonio, ²⁶ Y las cortinas del atrio, y el pabellón de la puerta del atrio, que está junto al tabernáculo y junto al altar alrededor; asimismo sus cuerdas para todo su servicio. ²⁷ Y de Coath, la familia Amramítica, y la familia Izeharítica, y la familia Hebronítica, y la familia Ozielítica: estas son las familias Coathitas. ²⁸ Por la cuenta de todos los varones de un mes arriba, eran ocho mil y seiscientos, que tenían la guarda del santuario. ²⁹ Las familias de los hijos de Coath acamparán al lado del tabernáculo, al mediodía; ³⁰ Y el jefe de la casa del padre de las familias de Coath, Elisaphán hijo de Uzziel. ³¹ Y á cargo de ellos estará el arca, y la mesa, y el candelero, y los altares, y los vasos del santuario con que ministran, y el velo, con todo su servicio. ³² Y el principal de los jefes de los Levitas será Eleazar, hijo de Aarón el sacerdote, prepósito de los que tienen la guarda del santuario. ³³ De Merari, la familia Mahalítica, y la familia Musítica: estas son las familias de Merari. ³⁴ Y los contados de ellos conforme á la cuenta de todos los varones de un mes arriba, fueron seis mil y doscientos. ³⁵ Y el jefe de la casa del padre de las familias de Merari, Suriel hijo de Abihail: acamparán al lado del tabernáculo, al aquilón. ³⁶ Y á cargo de los hijos de Merari estará la custodia de las tablas del tabernáculo, y sus barras, y sus columnas, y sus basas, y todos sus enseres, con todo su servicio: ³⁷ Y las columnas en derredor del atrio, y sus basas, y sus estacas, y sus cuerdas. ³⁸ Y los que acamparán delante del tabernáculo al oriente, delante del tabernáculo del testimonio al levante, serán Moisés, y Aarón y sus hijos, teniendo la guarda del santuario en lugar de los hijos de Israel: y el extraño que se acercare, morirá. ³⁹ Todos los contados de los Levitas, que Moisés y Aarón conforme á la palabra de Jehová contaron por sus familias, todos los varones de un mes arriba, fueron veinte y dos mil. ⁴⁰ Y Jehová dijo á Moisés: Cuenta todos los primogénitos varones de los hijos de Israel de un mes arriba, y toma la cuenta de los nombres de ellos. ⁴¹ Y tomarás los Levitas para mí, yo Jehová, en lugar de todos los primogénitos de los hijos de Israel: y los animales de los Levitas en lugar de todos los primogénitos de los animales de los hijos de Israel. ⁴² Y contó Moisés, como Jehová le mandó, todos los primogénitos de los hijos de Israel. ⁴³ Y todos los primogénitos varones, conforme á la cuenta de los nombres, de un mes arriba, los contados de ellos fueron veinte y dos mil doscientos setenta y tres. ⁴⁴ Y habló Jehová á Moisés, diciendo: ⁴⁵ Toma los Levitas en lugar de todos los primogénitos de los hijos de Israel, y los animales de los Levitas en lugar de sus animales; y los Levitas serán míos: Yo Jehová. ⁴⁶ Y por los rescates de los doscientos y setenta y tres, que sobrepujan á los Levitas los primogénitos de los hijos de Israel, ⁴⁷ Tomarás cinco siclos por cabeza; conforme al siclo del santuario tomarás: el siclo tiene veinte óbolos: ⁴⁸ Y darás á Aarón y á sus hijos el dinero por los rescates de los que de ellos sobran. ⁴⁹ Tomó, pues, Moisés el dinero del rescate de los que resultaron de más de los redimidos por los Levitas: ⁵⁰ Y recibió de los primogénitos de los hijos de Israel en dinero, mil trescientos sesenta y cinco *siclos*, conforme al siclo del santuario. ⁵¹ Y Moisés dió el dinero de los rescates á Aarón y á sus hijos, conforme al dicho de Jehová, según que Jehová había mandado á Moisés.

4

¹ Y HABLÓ Jehová á Moisés y á Aarón, diciendo: ² Toma la cuenta de los hijos de Coath de entre los hijos de Leví, por sus familias, por las casas de sus padres, ³ De edad de treinta años arriba hasta cincuenta años, todos los que entran en compañía, para hacer servicio en el tabernáculo del testimonio. ⁴ Este será el oficio de los hijos

de Coath en el tabernáculo del testimonio, en el lugar santísimo: 5 Cuando se hubiere de mudar el campo, vendrán Aarón y sus hijos, y desarmarán el velo de la tienda, y cubrirán con él el arca del testimonio: 6 Y pondrán sobre ella la cubierta de pieles de tejones, y extenderán encima el paño todo de cárdeno, y le pondrán sus varas. 7 Y sobre la mesa de la proposición extenderán el paño cárdeno, y pondrán sobre ella las escudillas, y las cucharas, y las copas, y los tazones para libar: y el pan continuo estará sobre ella. 8 Y extenderán sobre ella el paño de carmesí colorado, y lo cubrirán con la cubierta de pieles de tejones; y le pondrán sus varas. 9 Y tomarán un paño cárdeno, y cubrirán el candelero de la luminaria; y sus candilejas, y sus despabiladeras, y sus platillos, y todos sus vasos del aceite con que se sirve; 10 Y lo pondrán con todos sus vasos en una cubierta de pieles de tejones, y lo colocarán sobre unas parihuelas. 11 Y sobre el altar de oro extenderán el paño cárdeno, y le cubrirán con la cubierta de pieles de tejones, y le pondrán sus varales. 12 Y tomarán todos los vasos del servicio, de que hacen uso en el santuario, y los pondrán en un paño cárdeno, y los cubrirán con una cubierta de pieles de tejones, y los colocarán sobre unas parihuelas. 13 Y quitarán la ceniza del altar, y extenderán sobre él un paño de púrpura: 14 Y pondrán sobre él todos sus instrumentos de que se sirve: las paletas, los garfios, los braseros, y los tazones, todos los vasos del altar; y extenderán sobre él la cubierta de pieles de tejones, y le pondrán además las varas. 15 Y en acabando Aarón y sus hijos de cubrir el santuario y todos los vasos del santuario, cuando el campo se hubiere de mudar, vendrán después de ello los hijos de Coath para conducir: mas no tocarán cosa santa, que morirán. Estas serán las cargas de los hijos de Coath en el tabernáculo del testimonio. 16 Empero al cargo de Eleazar, hijo de Aarón el sacerdote, estará el aceite de la luminaria, y el perfume aromático, y el presente continuo, y el aceite de la unción; el cargo de todo el tabernáculo, y de todo lo que está en él, en el santuario, y en sus vasos. 17 Y habló Jehová á Moisés y á Aarón, diciendo: 18 No cortaréis la tribu de las familias de Coath de entre los Levitas; 19 Mas esto haréis con ellos, para que vivan, y no mueran cuando llegaren al lugar santísimo: Aarón y sus hijos vendrán y los pondrán á cada uno en su oficio, y en su cargo. 20 No entrarán para ver, cuando cubrieren las cosas santas; que morirán. 21 Y habló Jehová á Moisés diciendo: 22 Toma también la cuenta de los hijos de Gersón por las casas de sus padres, por sus familias. 23 De edad de treinta años arriba hasta cincuenta años los contarás; todos los que entran en compañía, para hacer servicio en el tabernáculo del testimonio. 24 Este será el oficio de las familias de Gersón, para ministrar y para llevar: 25 Llevarán las cortinas del tabernáculo, y el tabernáculo del testimonio, su cubierta, y la cubierta de pieles de tejones que está sobre él encima, y el pabellón de la puerta del tabernáculo del testimonio, 26 Y las cortinas del atrio, y el pabellón de la puerta del atrio, que está cerca del tabernáculo y cerca del altar alrededor, y sus cuerdas, y todos los instrumentos de su servicio, y todo lo que será hecho para ellos: así servirán. 27 Según la orden de Aarón y de sus hijos será todo el ministerio de los hijos de Gersón en todos sus cargos, y en todo su servicio: y les encomendaréis en guarda todos sus cargos. 28 Este es el servicio de las familias de los hijos de Gersón en el tabernáculo del testimonio: y el cargo de ellos estará bajo la mano de Ithamar, hijo de Aarón el sacerdote. 29 Contarás los hijos de Merari por sus familias, por las casas de sus padres. 30 Desde el de edad de treinta años arriba hasta el de cincuenta años, los contarás; todos los que entran en compañía, para hacer servicio en el tabernáculo del testimonio. 31 Y este será el deber de su cargo para todo su servicio en el tabernáculo del testimonio: las tablas del tabernáculo, y sus barras, y sus columnas, y sus basas, 32 Y las columnas del atrio alrededor, y sus basas, y sus estacas, y sus cuerdas con todos sus instrumentos, y todo su servicio; y contaréis por sus nombres todos los vasos de la guarda de su cargo. 33 Este será el servicio de las familias de los hijos de Merari para todo su ministerio en el tabernáculo del testimonio, bajo la mano de Ithamar, hijo de Aarón el sacerdote. ³⁴ Moisés, pues, y Aarón, y los jefes de la congregación, contaron los hijos de Coath por sus familias, y por las casas de sus padres, ³⁵ Desde el de edad de treinta años arriba hasta el de edad de cincuenta años; todos los que entran en compañía, para ministrar en el tabernáculo del testimonio. ³⁶ Y fueron los contados de ellos por sus familias, dos mil setecientos y cincuenta. ³⁷ Estos fueron los contados de las familias de Coath, todos los que ministran en el tabernáculo del testimonio, los cuales contaron Moisés y Aarón, como lo mandó Jehová por mano de Moisés. ³⁸ Y los contados de los hijos de Gersón, por sus familias, y por las casas de sus padres, ³⁹ Desde el de edad de treinta años arriba hasta el de edad de cincuenta años, todos los que entran en compañía, para ministrar en el tabernáculo del testimonio; ⁴⁰ Los contados de ellos por sus familias, por las casas de sus padres, fueron dos mil seiscientos y treinta. ⁴¹ Estos son los contados de las familias de los hijos de Gersón, todos los que ministran en el tabernáculo del testimonio, los cuales contaron Moisés y Aarón por mandato de Jehová. ⁴² Y los contados de las familias de los hijos de Merari, por sus familias, por las casas de sus padres, ⁴³ Desde el de edad de treinta años arriba hasta el de edad de cincuenta años, todos los que entran en compañía, para ministrar en el tabernáculo del testimonio: ⁴⁴ Los contados de ellos, por sus familias, fueron tres mil y doscientos. ⁴⁵ Estos fueron los contados de las familias de los hijos de Merari, los cuales contaron Moisés y Aarón, según lo mandó Jehová por mano de Moisés. ⁴⁶ Todos los contados de los Levitas, que Moisés y Aarón y los jefes de Israel contaron por sus familias, y por las casas de sus padres, ⁴⁷ Desde el de edad de treinta años arriba hasta el de edad de cincuenta años, todos los que entraban para ministrar en el servicio, y tener cargo de obra en el tabernáculo del testimonio; ⁴⁸ Los contados de ellos fueron ocho mil quinientos y ochenta, ⁴⁹ Como lo mandó Jehová por mano de Moisés fueron contados, cada uno según su oficio, y según su cargo; los cuales contó él, como le fué mandado.

5

¹ Y JEHOVÁ habló á Moisés, diciendo: ² Manda á los hijos de Israel que echen del campo á todo leproso, y á todos los que padecen flujo de semen, y á todo contaminado sobre muerto: ³ Así hombres como mujeres echaréis, fuera del campo los echaréis; porque no contaminen el campo de aquellos entre los cuales yo habito. ⁴ E hiciéronlo así los hijos de Israel, que los echaron fuera del campo: como Jehová dijo á Moisés, así lo hicieron los hijos de Israel. ⁵ Además habló Jehová á Moisés, diciendo: ⁶ Habla á los hijos de Israel: El hombre ó la mujer que cometiere alguno de todos los pecados de los hombres, haciendo prevaricación contra Jehová, y delinquiere aquella persona; ⁷ Confesarán su pecado que cometieron, y compensarán su ofensa enteramente, y añadirán su quinto sobre ello, y lo darán á aquel contra quien pecaron. ⁸ Y si aquel hombre no tuviere pariente al cual sea resarcida la ofensa, daráse la indemnización del agravio á Jehová, al sacerdote, á más del carnero de las expiaciones, con el cual hará expiación por él. ⁹ Y toda ofrenda de todas las cosas santas que los hijos de Israel presentaren al sacerdote, suya será. ¹⁰ Y lo santificado de cualquiera será suyo: asimismo lo que cualquiera diere al sacerdote, suyo será. ¹¹ Y Jehová habló á Moisés, diciendo: ¹² Habla á los hijos de Israel, y diles: Cuando la mujer de alguno se desmandare, é hiciere traición contra él, ¹³ Que alguno se hubiere echado con ella en carnal ayuntamiento, y su marido no lo hubiese visto por haberse ella contaminado ocultamente, ni hubiere testigo contra ella, ni ella hubiere sido cogida en el acto; ¹⁴ Si viniere sobre él espíritu de celo, y tuviere celos de su mujer, habiéndose ella contaminado; ó viniere sobre él espíritu de celo, y tuviere celos de su mujer, no habiéndose ella contaminado; ¹⁵ Entonces el marido traerá su mujer al sacerdote, y traerá su ofrenda con ella, la décima de un epha de harina de cebada; no echará sobre ella aceite, ni pondrá sobre ella incienso: porque es presente

de celos, presente de recordación, que trae en memoria pecado. ¹⁶ Y el sacerdote la hará acercar, y la hará poner delante de Jehová. ¹⁷ Luego tomará el sacerdote del agua santa en un vaso de barro: tomará también el sacerdote del polvo que hubiere en el suelo del tabernáculo, y echarálo en el agua. ¹⁸ Y hará el sacerdote estar en pie á la mujer delante de Jehová, y descubrirá la cabeza de la mujer, y pondrá sobre sus manos el presente de la recordación, que es el presente de celos: y el sacerdote tendrá en la mano las aguas amargas que acarrean maldición. ¹⁹ Y el sacerdote la conjurará, y le dirá: Si ninguno hubiere dormido contigo, y si no te has apartado de tu marido á inmundicia, libre seas de estas aguas amargas que traen maldición: ²⁰ Mas si te has descarriado de tu marido, y te has amancillado, y alguno hubiere tenido coito contigo, fuera de tu marido: ²¹ (El sacerdote conjurará á la mujer con juramento de maldición, y dirá á la mujer): Jehová te dé en maldición y en conjuración en medio de tu pueblo, haciendo Jehová á tu muslo que caiga, y á tu vientre que se te hinche; ²² Y estas aguas que dan maldición entren en tus entrañas, y hagan hinchar tu vientre y caer tu muslo. Y la mujer dirá: Amén, amén. ²³ Y el sacerdote escribirá estas maldiciones en un libro, y las borrará con las aguas amargas: ²⁴ Y dará á beber á la mujer las aguas amargas que traen maldición; y las aguas que obran maldición entrarán en ella por amargas. ²⁵ Después tomará el sacerdote de la mano de la mujer el presente de los celos, y mecerálo delante de Jehová, y lo ofrecerá delante del altar: ²⁶ Y tomará el sacerdote un puñado del presente, en memoria de ella, y lo quemará sobre el altar, y después dará á beber las aguas á la mujer. ²⁷ Daréle pues á beber las aguas; y será, que si fuere inmunda y hubiere hecho traición contra su marido, las aguas que obran maldición entrarán en ella en amargura, y su vientre se hinchará, y caerá su muslo; y la mujer será por maldición en medio de su pueblo. ²⁸ Mas si la mujer no fuere inmunda, sino que estuviere limpia, ella será libre, y será fecunda. ²⁹ Esta es la ley de los celos, cuando la mujer hiciere traición á su marido, y se amancillare; ³⁰ O del marido, sobre el cual pasare espíritu de celo, y tuviere celos de su mujer: presentarála entonces delante de Jehová, y el sacerdote ejecutará en ella toda esta ley. ³¹ Y aquel varón será libre de iniquidad, y la mujer llevará su pecado.

6

¹ Y HABLÓ Jehová á Moisés, diciendo: ² Habla á los hijos de Israel, y diles: El hombre, ó la mujer, cuando se apartare haciendo voto de Nazareo, para dedicarse á Jehová, ³ Se abstendrá de vino y de sidra; vinagre de vino, ni vinagre de sidra no beberá, ni beberá algún licor de uvas, ni tampoco comerá uvas frescas ni secas. ⁴ Todo el tiempo de su nazareato, de todo lo que se hace de vid de vino, desde los granillos hasta el hollejo, no comerá. ⁵ Todo el tiempo del voto de su nazareato no pasará navaja sobre su cabeza, hasta que sean cumplidos los días de su apartamiento á Jehová: santo será; dejará crecer las guedejas del cabello de su cabeza. ⁶ Todo el tiempo que se apartare á Jehová, no entrará á persona muerta. ⁷ Por su padre, ni por su madre, por su hermano, ni por su hermana, no se contaminará con ellos cuando murieren; porque consagración de su Dios tiene sobre su cabeza. ⁸ Todo el tiempo de su nazareato, será santo á Jehová. ⁹ Y si alguno muriere muy de repente junto á él, contaminará la cabeza de su nazareato; por tanto el día de su purificación raerá su cabeza; al séptimo día la raerá. ¹⁰ Y el día octavo traerá dos tórtolas ó dos palominos al sacerdote, á la puerta del tabernáculo del testimonio; ¹¹ Y el sacerdote hará el uno en expiación, y el otro en holocausto: y expiarálo de lo que pecó sobre el muerto, y santificará su cabeza en aquel día. ¹² Y consagrará á Jehová los días de su nazareato, y traerá un cordero de un año en expiación por la culpa; y los días primeros serán anulados, por cuanto fué contaminado su nazareato. ¹³ Esta es, pues, la ley del Nazareo el día que se cumpliere el tiempo de su nazareato: Vendrá á la puerta del tabernáculo del testimonio; ¹⁴ Y ofrecerá su ofrenda á Jehová,

un cordero de un año sin tacha en holocausto, y una cordera de un año sin defecto en expiación, y un carnero sin defecto por sacrificio de paces: ¹⁵ Además un canastillo de cenceñas, tortas de flor de harina amasadas con aceite, y hojaldres cenceñas untadas con aceite, y su presente, y sus libaciones. ¹⁶ Y el sacerdote lo ofrecerá delante de Jehová, y hará su expiación y su holocausto: ¹⁷ Y ofrecerá el carnero en sacrificio de paces á Jehová, con el canastillo de las cenceñas; ofrecerá asimismo el sacerdote su presente, y sus libaciones. ¹⁸ Entonces el Nazareo raerá á la puerta del tabernáculo del testimonio la cabeza de su nazareato, y tomará los cabellos de la cabeza de su nazareato, y los pondrá sobre el fuego que está debajo del sacrificio de las paces. ¹⁹ Después tomará el sacerdote la espaldilla cocida del carnero, y una torta sin levadura del canastillo, y una hojaldre sin levadura, y pondrálas sobre las manos del Nazareo, después que fuere raído su nazareato: ²⁰ Y el sacerdote mecerá aquello, ofrenda agitada delante de Jehová; lo cual será cosa santa del sacerdote, á más del pecho mecido y de la espaldilla separada: y después podrá beber vino el Nazareo. ²¹ Esta es la ley del Nazareo que hiciere voto de su ofrenda á Jehová por su nazareato, á más de lo que su mano alcanzare: según el voto que hiciere, así hará, conforme á la ley de su nazareato. ²² Y Jehová habló á Moisés, diciendo: ²³ Habla á Aarón y á sus hijos, y diles: Así bendeciréis á los hijos de Israel, diciéndoles: ²⁴ Jehová te bendiga, y te guarde: ²⁵ Haga resplandecer Jehová su rostro sobre ti, y haya de ti misericordia: ²⁶ Jehová alce á ti su rostro, y ponga en ti paz. ²⁷ Y pondrán mi nombre sobre los hijos de Israel, y yo los bendeciré.

7

¹ Y ACONTECIÓ, que cuando Moisés hubo acabado de levantar el tabernáculo, y ungídolo y santificádolo, con todos sus vasos; y asimismo ungido y santificado el altar, con todos sus vasos; ² Entonces los príncipes de Israel, las cabezas de las casas de sus padres, los cuales eran los príncipes de las tribus, que estaban sobre los contados, ofrecieron; ³ Y trajeron sus ofrendas delante de Jehová, seis carros cubiertos, y doce bueyes; por cada dos príncipes un carro, y cada uno un buey; lo cual ofrecieron delante del tabernáculo. ⁴ Y Jehová habló á Moisés, diciendo: ⁵ Tómalo de ellos, y será para el servicio del tabernáculo del testimonio: y lo darás á los Levitas, á cada uno conforme á su ministerio. ⁶ Entonces Moisés recibió los carros y los bueyes, y diólos á los Levitas. ⁷ Dos carros y cuatro bueyes, dió á los hijos de Gersón, conforme á su ministerio; ⁸ Y á los hijos de Merari dió los cuatro carros y ocho bueyes, conforme á su ministerio, bajo la mano de Ithamar, hijo de Aarón el sacerdote. ⁹ Y á los hijos de Coath no dió; porque llevaban sobre sí en los hombros el servicio del santuario. ¹⁰ Y ofrecieron los príncipes á la dedicación del altar el día que fué ungido, ofrecieron los príncipes su ofrenda delante del altar. ¹¹ Y Jehová dijo á Moisés: Ofrecerán su ofrenda, un príncipe un día, y otro príncipe otro día, á la dedicación del altar. ¹² Y el que ofreció su ofrenda el primer día fué Naasón hijo de Aminadab, de la tribu de Judá. ¹³ Y fué su ofrenda un plato de plata de peso de ciento y treinta *siclos*, y un jarro de plata de setenta siclos, al siclo del santuario; ambos llenos de flor de harina amasada con aceite para presente; ¹⁴ Una cuchara de oro de diez *siclos*, llena de perfume; ¹⁵ Un becerro, un carnero, un cordero de un año para holocausto; ¹⁶ Un macho cabrío para expiación; ¹⁷ Y para sacrificio de paces, dos bueyes, cinco carneros, cinco machos de cabrío, cinco corderos de un año. Esta fué la ofrenda de Naasón, hijo de Aminadab. ¹⁸ El segundo día ofreció Nathanael hijo de Suar, príncipe de Issachâr. ¹⁹ Ofreció por su ofrenda un plato de plata de ciento y treinta *siclos* de peso, un jarro de plata de setenta siclos, al siclo del santuario; ambos llenos de flor de harina amasada con aceite para presente; ²⁰ Una cuchara de oro de diez *siclos*, llena de perfume; ²¹ Un becerro, un carnero, un cordero de un año para holocausto; ²² Un macho cabrío para expiación; ²³ Y para sacrificio de paces, dos bueyes, cinco carneros,

cinco machos de cabrío, cinco corderos de un año. Esta fué la ofrenda de Nathanael, hijo de Suar. 24 El tercer día, Eliab hijo de Helón, príncipe de los hijos de Zabulón: 25 Y su ofrenda, un plato de plata de ciento y treinta *siclos* de peso, un jarro de plata de setenta siclos, al siclo del santuario; ambos llenos de flor de harina amasada con aceite para presente; 26 Una cuchara de oro de diez *siclos*, llena de perfume; 27 Un becerro, un carnero, un cordero de un año para holocausto; 28 Un macho cabrío para expiación; 29 Y para sacrificio de paces, dos bueyes, cinco carneros, cinco machos de cabrío, cinco corderos de un año. Esta fué la ofrenda de Eliab, hijo de Helón. 30 El cuarto día, Elisur hijo de Sedeur, príncipe de los hijos de Rubén: 31 Y su ofrenda, un plato de plata de ciento y treinta *siclos* de peso, un jarro de plata de setenta siclos, al siclo del santuario; ambos llenos de flor de harina amasada con aceite para presente; 32 Una cuchara de oro de diez *siclos*, llena de perfume; 33 Un becerro, un carnero, un cordero de un año para holocausto; 34 Un macho cabrío para expiación; 35 Y para sacrificio de paces, dos bueyes, cinco carneros, cinco machos de cabrío, cinco corderos de un año. Esta fué la ofrenda de Elisur, hijo de Sedeur. 36 El quinto día, Selumiel hijo de Zurisaddai, príncipe de los hijos de Simeón: 37 Y su ofrenda, un plato de plata de ciento y treinta *siclos* de peso, un jarro de plata de setenta siclos, al siclo del santuario; ambos llenos de flor de harina amasada con aceite para presente; 38 Una cuchara de oro de diez *siclos*, llena de perfume; 39 Un becerro, un carnero, un cordero de un año para holocausto; 40 Un macho cabrío para expiación; 41 Y para sacrificio de paces, dos bueyes, cinco carneros, cinco machos de cabrío, cinco corderos de un año. Esta fué la ofrenda de Selumiel, hijo de Zurisaddai. 42 El sexto día, Eliasaph hijo de Dehuel, príncipe de los hijos de Gad: 43 Y su ofrenda, un plato de plata de ciento y treinta *siclos* de peso, un jarro de plata de setenta siclos, al siclo del santuario; ambos llenos de flor de harina amasada con aceite para presente; 44 Una cuchara de oro de diez *siclos*, llena de perfume; 45 Un becerro, un carnero, un cordero de un año para holocausto; 46 Un macho cabrío para expiación; 47 Y para sacrificio de paces, dos bueyes, cinco carneros, cinco machos de cabrío, cinco corderos de un año. Esta fué la ofrenda de Eliasaph, hijo de Dehuel. 48 El séptimo día, el príncipe de los hijos de Ephraim, Elisama hijo de Ammiud: 49 Y su ofrenda, un plato de plata de ciento y treinta *siclos* de peso, un jarro de plata de setenta siclos, al siclo del santuario; ambos llenos de flor de harina amasada con aceite para presente; 50 Una cuchara de oro de diez *siclos*, llena de perfume; 51 Un becerro, un carnero, un cordero de un año para holocausto; 52 Un macho cabrío para expiación; 53 Y para sacrificio de paces, dos bueyes, cinco carneros, cinco machos de cabrío, cinco corderos de un año. Esta fué la ofrenda de Elisama, hijo de Ammiud. 54 El octavo día, el príncipe de los hijos de Manasés, Gamaliel hijo de Pedasur: 55 Y su ofrenda, un plato de plata de ciento y treinta *siclos* de peso, un jarro de plata de setenta siclos, al siclo del santuario; ambos llenos de flor de harina amasada con aceite para presente; 56 Una cuchara de oro de diez *siclos*, llena de perfume; 57 Un becerro, un carnero, un cordero de un año para holocausto; 58 Un macho cabrío para expiación; 59 Y para sacrificio de paces, dos bueyes, cinco carneros, cinco machos de cabrío, cinco corderos de un año. Esta fué la ofrenda de Gamaliel, hijo de Pedasur. 60 El noveno día, el príncipe de los hijos de Benjamín, Abidán hijo de Gedeón: 61 Y su ofrenda, un plato de plata de ciento y treinta *siclos* de peso, un jarro de plata de setenta siclos, al siclo del santuario; ambos llenos de flor de harina amasada con aceite para presente; 62 Una cuchara de oro de diez *siclos*, llena de perfume; 63 Un becerro, un carnero, un cordero de un año para holocausto; 64 Un macho cabrío para expiación; 65 Y para sacrificio de paces, dos bueyes, cinco carneros, cinco machos de cabrío, cinco corderos de un año. Esta fué la ofrenda de Abidán, hijo de Gedeón. 66 El décimo día, el príncipe de los hijos de Dan, Ahiezer hijo de Ammisaddai: 67 Y su ofrenda, un plato de plata de ciento y treinta *siclos* de peso, un jarro de plata de setenta siclos, al siclo del santuario; ambos llenos de flor de harina amasada con aceite para presente; 68 Una cuchara de oro de diez *siclos*, llena de perfume; 69 Un becerro, un carnero, un cordero de un año para holocausto; 70 Un macho cabrío para expiación; 71 Y para sacrificio de paces, dos bueyes, cinco carneros, cinco machos de cabrío, cinco corderos de un año. Esta fué la ofrenda de Ahiezer, hijo de Ammisaddai. 72 El undécimo día, el príncipe de los hijos de Aser, Pagiel hijo de Ocrán: 73 Y su ofrenda, un plato de plata de ciento y treinta *siclos* de peso, un jarro de plata de setenta siclos, al siclo del santuario; ambos llenos de flor de harina amasada con aceite para presente; 74 Una cuchara de oro de diez *siclos*, llena de perfume; 75 Un becerro, un carnero, un cordero de un año para holocausto; 76 Un macho cabrío para expiación; 77 Y para sacrificio de paces, dos bueyes, cinco carneros, cinco machos de cabrío, cinco corderos de un año. Esta fué la ofrenda de Pagiel, hijo de Ocrán. 78 El duodécimo día, el príncipe de los hijos de Nephtalí, Ahira hijo de Enán: 79 Y su ofrenda, un plato de plata de ciento y treinta *siclos* de peso, un jarro de plata de setenta siclos, al siclo del santuario; ambos llenos de flor de harina amasada con aceite para presente; 80 Una cuchara de oro de diez *siclos*, llena de perfume; 81 Un becerro, un carnero, un cordero de un año para holocausto; 82 Un macho cabrío para expiación; 83 Y para sacrificio de paces, dos bueyes, cinco carneros, cinco machos de cabrío, cinco corderos de un año. Esta fué la ofrenda de Ahira, hijo de Enán. 84 Esta fué la dedicación del altar, el día que fué ungido, por los príncipes de Israel: doce platos de plata, doce jarros de plata, doce cucharas de oro. 85 Cada plato de ciento y treinta *siclos*, cada jarro de setenta: toda la plata de los vasos, dos mil y cuatrocientos *siclos*, al siclo del santuario. 86 Las doce cucharas de oro llenas de perfume, de diez *siclos* cada cuchara, al siclo del santuario: todo el oro de las cucharas, ciento y veinte *siclos*. 87 Todos los bueyes para holocausto, doce becerros; doce los carneros, doce los corderos de un año, con su presente: y doce los machos de cabrío, para expiación. 88 Y todos los bueyes del sacrificio de las paces veinte y cuatro novillos, sesenta los carneros, sesenta los machos de cabrío, sesenta los corderos de un año. Esta fué la dedicación del altar, después que fué ungido. 89 Y cuando entraba Moisés en el tabernáculo del testimonio, para hablar con El, oía la Voz que le hablaba de encima de la cubierta que estaba sobre el arca del testimonio, de entre los dos querubines: y hablaba con él.

8

1 Y HABLÓ Jehová á Moisés, diciendo: 2 Habla á Aarón, y dile: Cuando encendieres las lámparas, las siete lámparas alumbrarán frente á frente del candelero. 3 Y Aarón lo hizo así; que encendió enfrente del candelero sus lámparas, como Jehová lo mandó á Moisés. 4 Y esta era la hechura del candelero: de oro labrado á martillo; desde su pie hasta sus flores era labrado á martillo: conforme al modelo que Jehová mostró á Moisés, así hizo el candelero. 5 Y Jehová habló á Moisés, diciendo: 6 Toma á los Levitas de entre los hijos de Israel, y expíalos. 7 Y así les harás para expiarlos: rocía sobre ellos el agua de la expiación, y haz pasar la navaja sobre toda su carne, y lavarán sus vestidos, y serán expiados. 8 Luego tomarán un novillo, con su presente de flor de harina amasada con aceite; y tomarás otro novillo para expiación. 9 Y harás llegar los Levitas delante del tabernáculo del testimonio, y juntarás toda la congregación de los hijos de Israel; 10 Y cuando habrás hecho llegar los Levitas delante de Jehová, pondrán los hijos de Israel sus manos sobre los Levitas; 11 Y ofrecerá Aarón los Levitas delante de Jehová en ofrenda de los hijos de Israel, y servirán en el ministerio de Jehová. 12 Y los Levitas pondrán sus manos sobre las cabezas de los novillos: y ofrecerás el uno por expiación, y el otro en holocausto á Jehová, para expiar los Levitas. 13 Y harás presentar los Levitas delante de Aarón, y delante de sus hijos, y los ofrecerás en ofrenda á Jehová. 14 Así apartarás los Levitas de entre los hijos de Israel; y serán míos los Levitas. 15 Y después de eso vendrán

los Levitas á ministrar en el tabernáculo del testimonio: los expiarás pues, y los ofrecerás en ofrenda. ¹⁶ Porque enteramente me son á mí dados los Levitas de entre los hijos de Israel, en lugar de todo aquel que abre matriz; helos tomado para mí en lugar de los primogénitos de todos los hijos de Israel. ¹⁷ Porque mío es todo primogénito en los hijos de Israel, así de hombres como de animales; desde el día que yo herí todo primogénito en la tierra de Egipto, los santifiqué para mí. ¹⁸ Y he tomado los Levitas en lugar de todos los primogénitos en los hijos de Israel. ¹⁹ Y yo he dado en don los Levitas á Aarón y á sus hijos de entre los hijos de Israel, para que sirvan el ministerio de los hijos de Israel en el tabernáculo del testimonio, y reconcilien á los hijos de Israel; porque no haya plaga en los hijos de Israel, llegando los hijos de Israel al santuario. ²⁰ Y Moisés, y Aarón, y toda la congregación de los hijos de Israel, hicieron de los Levitas conforme á todas las cosas que mandó Jehová á Moisés acerca de los Levitas; así hicieron de ellos los hijos de Israel. ²¹ Y los Levitas se purificaron, y lavaron sus vestidos; y Aarón los ofreció en ofrenda delante de Jehová, é hizo Aarón expiación por ellos para purificarlos. ²² Y así vinieron después los Levitas para servir en su ministerio en el tabernáculo del testimonio, delante de Aarón y delante de sus hijos: de la manera que mandó Jehová á Moisés acerca de los Levitas, así hicieron con ellos. ²³ Y habló Jehová á Moisés, diciendo: ²⁴ Esto cuanto á los Levitas: de veinte y cinco años arriba entrarán á hacer su oficio en el servicio del tabernáculo del testimonio: ²⁵ Mas desde los cincuenta años volverán del oficio de su ministerio, y nunca más servirán: ²⁶ Pero servirán con sus hermanos en el tabernáculo del testimonio, para hacer la guarda, bien que no servirán en el ministerio. Así harás de los Levitas cuanto á sus oficios.

9

¹ Y HABLÓ Jehová á Moisés en el desierto de Sinaí, en el segundo año de su salida de la tierra de Egipto, en el mes primero, diciendo: ² Los hijos de Israel harán la pascua á su tiempo. ³ El décimocuarto día de este mes, entre las dos tardes, la haréis á su tiempo: conforme á todos sus ritos, y conforme á todas sus leyes la haréis. ⁴ Y habló Moisés á los hijos de Israel, para que hiciesen la pascua. ⁵ E hicieron la pascua en el *mes* primero, á los catorce días del mes, entre las dos tardes, en el desierto de Sinaí: conforme á todas las cosas que mandó Jehová á Moisés, así hicieron los hijos de Israel. ⁶ Y hubo algunos que estaban inmundos á causa de muerto, y no pudieron hacer la pascua aquel día; y llegaron delante de Moisés y delante de Aarón aquel día; ⁷ Y dijéronle aquellos hombres: Nosotros somos inmundos por causa de muerto; ¿por qué seremos impedidos de ofrecer ofrenda á Jehová á su tiempo entre los hijos de Israel? ⁸ Y Moisés les respondió: Esperad, y oiré qué mandará Jehová acerca de vosotros. ⁹ Y Jehová habló á Moisés, diciendo: ¹⁰ Habla á los hijos de Israel, diciendo: Cualquiera de vosotros ó de vuestras generaciones, que fuere inmundo por causa de muerto ó estuviere de viaje lejos, hará pascua á Jehová: ¹¹ En el mes segundo, á los catorce días del mes, entre las dos tardes, la harán: con cenceñas y hierbas amargas la comerán; ¹² No dejarán de él para la mañana, ni quebrarán hueso en él: conforme á todos los ritos de la pascua la harán. ¹³ Mas el que estuviere limpio, y no estuviere de viaje, si dejare de hacer la pascua, la tal persona será cortada de sus pueblos: por cuanto no ofreció á su tiempo la ofrenda de Jehová, el tal hombre llevará su pecado. ¹⁴ Y si morare con vosotros peregrino, é hiciere la pascua á Jehová, conforme al rito de la pascua y conforme á sus leyes así la hará: un mismo rito tendréis, así el peregrino como el natural de la tierra. ¹⁵ Y el día que el tabernáculo fué levantado, la nube cubrió el tabernáculo sobre la tienda del testimonio; y á la tarde había sobre el tabernáculo como una apariencia de fuego, hasta la mañana. ¹⁶ Así era continuamente: la nube lo cubría, y de noche la apariencia de fuego. ¹⁷ Y según que se alzaba la nube del tabernáculo, los hijos de Israel se partían: y en el lugar donde

la nube paraba, allí alojaban los hijos de Israel. ¹⁸ Al mandato de Jehová los hijos de Israel se partían: y al mandato de Jehová asentaban el campo: todos los días que la nube estaba sobre el tabernáculo, ellos estaban quedos. ¹⁹ Y cuando la nube se detenía sobre el tabernáculo muchos días, entonces los hijos de Israel guardaban la ordenanza de Jehová y no partían. ²⁰ Y cuando sucedía que la nube estaba sobre el tabernáculo pocos días, al dicho de Jehová alojaban, y al dicho de Jehová partían. ²¹ Y cuando era que la nube se detenía desde la tarde hasta la mañana, cuando á la mañana la nube se levantaba, ellos partían: ó *si había estado* el día, y á la noche la nube se levantaba, entonces partían. ²² O si dos días, ó un mes, ó un año, mientras la nube se detenía sobre el tabernáculo quedándose sobre él, los hijos de Israel se estaban acampados, y no movían: mas cuando ella se alzaba, ellos movían. ²³ Al dicho de Jehová asentaban, y al dicho de Jehová partían, guardando la ordenanza de Jehová, como lo había Jehová dicho por medio de Moisés.

10

¹ Y JEHOVÁ habló á Moisés, diciendo: ² Hazte dos trompetas de plata; de obra de martillo las harás, las cuales te servirán para convocar la congregación, y para hacer mover el campo. ³ Y cuando las tocaren, toda la congregación se juntará á ti á la puerta del tabernáculo del testimonio. ⁴ Mas cuando tocaren *sólo* la una, entonces se congregarán á ti los príncipes, las cabezas de los millares de Israel. ⁵ Y cuando tocareis alarma, entonces moverán el campo de los que están alojados al oriente. ⁶ Y cuando tocareis alarma la segunda vez, entonces moverán el campo de los que están alojados al mediodía: alarma tocarán á sus partidas. ⁷ Empero cuando hubiereis de juntar la congregación, tocaréis, mas no con sonido de alarma. ⁸ Y los hijos de Aarón, los sacerdotes, tocarán las trompetas; y las tendréis por estatuto perpetuo por vuestras generaciones. ⁹ Y cuando viniereis á la guerra en vuestra tierra contra el enemigo que os molestare, tocaréis alarma con las trompetas: y seréis en memoria delante de Jehová vuestro Dios, y seréis salvos de vuestros enemigos. ¹⁰ Y en el día de vuestra alegría, y en vuestras solemnidades, y en los principios de vuestros meses, tocaréis las trompetas sobre vuestros holocaustos, y sobre los sacrificios de vuestras paces, y os serán por memoria delante de vuestro Dios: Yo Jehová vuestro Dios. ¹¹ Y fué en el año segundo, en el mes segundo, á los veinte del mes, que la nube se alzó del tabernáculo del testimonio. ¹² Y movieron los hijos de Israel por sus partidas del desierto de Sinaí; y paró la nube en el desierto de Parán. ¹³ Y movieron la primera vez al dicho de Jehová por mano de Moisés. ¹⁴ Y la bandera del campo de los hijos de Judá comenzó á marchar primero, por sus escuadrones: y Naasón, hijo de Aminadab, era sobre su ejército. ¹⁵ Y sobre el ejército de la tribu de los hijos de Issachâr, Nathanael hijo de Suar. ¹⁶ Y sobre el ejército de la tribu de los hijos de Zabulón, Eliab hijo de Helón. ¹⁷ Y después que estaba ya desarmado el tabernáculo, movieron los hijos de Gersón y los hijos de Merari, que lo llevaban. ¹⁸ Luego comenzó á marchar la bandera del campo de Rubén por sus escuadrones: y Elisur, hijo de Sedeur, era sobre su ejército. ¹⁹ Y sobre el ejército de la tribu de los hijos de Simeón, Selumiel hijo de Zurisaddai. ²⁰ Y sobre el ejército de la tribu de los hijos de Gad, Eliasaph hijo de Dehuel. ²¹ Luego comenzaron á marchar los Coathitas llevando el santuario; y entre tanto que ellos llegaban, *los otros* acondicionaron el tabernáculo. ²² Después comenzó á marchar la bandera del campo de los hijos de Ephraim por sus escuadrones: y Elisama, hijo de Ammiud, era sobre su ejército. ²³ Y sobre el ejército de la tribu de los hijos de Manasés, Gamaliel hijo de Pedasur. ²⁴ Y sobre el ejército de la tribu de los hijos de Benjamín, Abidán hijo de Gedeón. ²⁵ Luego comenzó á marchar la bandera del campo de los hijos de Dan por sus escuadrones, recogiendo todos los campos: y Ahiezer, hijo de Ammisaddai, era sobre su ejército. ²⁶ Y sobre el ejército de la tribu de los hijos de Aser, Pagiel hijo de Ocrán. ²⁷ Y sobre el ejército de la tribu de los hijos de Nephtalí, Ahira

hijo de Enán. 28 Estas son las partidas de los hijos de Israel por sus ejércitos, cuando se movían. 29 Entonces dijo Moisés á Hobab, hijo de Ragüel Madianita, su suegro: Nosotros nos partimos para el lugar del cual Jehová ha dicho: Yo os lo daré. Ven con nosotros, y te haremos bien: porque Jehová ha hablado bien respecto á Israel. 30 Y él le respondió: Yo no iré, sino que me marcharé á mi tierra y á mi parentela. 31 Y él le dijo: Ruégote que no nos dejes; porque tú sabes nuestros alojamientos en el desierto, y nos serás en lugar de ojos. 32 Y será, que si vinieres con nosotros, cuando tuviéremos el bien que Jehová nos ha de hacer, nosotros te haremos bien. 33 Así partieron del monte de Jehová camino de tres días; y el arca de la alianza de Jehová fué delante de ellos camino de tres días, buscándoles lugar de descanso. 34 Y la nube de Jehová *iba* sobre ellos de día, desde que partieron del campo. 35 Y fué, que en moviendo el arca, Moisés decía: Levántate, Jehová, y sean disipados tus enemigos, y huyan de tu presencia los que te aborrecen. 36 Y cuando ella asentaba, decía: Vuelve, Jehová, á los millares de millares de Israel.

11

1 Y ACONTECIÓ que el pueblo se quejó á oídos de Jehová: y oyólo Jehová, y enardecióse su furor, y encendióse en ellos fuego de Jehová y consumió el un cabo del campo. 2 Entonces el pueblo dió voces á Moisés, y Moisés oró á Jehová, y soterróse el fuego. 3 Y llamó á aquel lugar Taberah; porque el fuego de Jehová se encendió en ellos. 4 Y el vulgo que había en medio tuvo un vivo deseo, y volvieron, y aun lloraron los hijos de Israel, y dijeron: ¡Quién nos diera á comer carne! 5 Nos acordamos del pescado que comíamos en Egipto de balde, de los cohombros, y de los melones, y de los puerros, y de las cebollas, y de los ajos: 6 Y ahora nuestra alma se seca; que nada sino maná *ven* nuestros ojos. 7 Y era el maná como semilla de culantro, y su color como color de bdelio. 8 Derramábase el pueblo, y recogían, y molían en molinos, ó majaban en morteros, y lo cocían en caldera, ó hacían de él tortas: y su sabor era como sabor de aceite nuevo. 9 Y cuando descendía el rocío sobre el real de noche, el maná descendía de sobre él. 10 Y oyó Moisés al pueblo, que lloraba por sus familias, cada uno á la puerta de su tienda: y el furor de Jehová se encendió en gran manera; también pareció mal á Moisés. 11 Y dijo Moisés á Jehová: ¿Por qué has hecho mal á tu siervo? ¿y por qué no he hallado gracia en tus ojos, que has puesto la carga de todo este pueblo sobre mí? 12 ¿Concebí yo á todo este pueblo? ¿engendrélo yo, para que me digas: Llévalo en tu seno, como lleva la que cría al que mama, á la tierra de la cual juraste á sus padres? 13 ¿De dónde tengo yo carne para dar á todo este pueblo? porque lloran á mí, diciendo: Danos carne que comamos. 14 No puedo yo solo soportar á todo este pueblo, que me es pesado en demasía. 15 Y si así lo haces tú conmigo, yo te ruego que me des muerte, si he hallado gracia en tus ojos; y que yo no vea mi mal. 16 Entonces Jehová dijo á Moisés: Júntame setenta varones de los ancianos de Israel, que tú sabes que son ancianos del pueblo y sus principales; y tráelos á la puerta del tabernáculo del testimonio, y esperen allí contigo. 17 Y yo descenderé y hablaré allí contigo; y tomaré del espíritu que está en ti, y pondré en ellos; y llevarán contigo la carga del pueblo, y no la llevarás tú solo. 18 Empero dirás al pueblo: Santificaos para mañana, y comeréis carne: pues que habéis llorado en oídos de Jehová, diciendo: ¡Quién nos diera á comer carne! ¡cierto mejor nos iba en Egipto! Jehová, pues, os dará carne, y comeréis. 19 No comeréis un día, ni dos días, ni cinco días, ni diez días, ni veinte días; 20 Sino hasta un mes de tiempo, hasta que os salga por las narices, y os sea en aborrecimiento: por cuanto menospreciasteis á Jehová que está en medio de vosotros, y llorasteis delante de él, diciendo: ¿Para qué salimos acá de Egipto? 21 Entonces dijo Moisés: Seiscientos mil de á pie es el pueblo en medio del cual yo estoy; y tú dices: Les daré carne, y comerán el tiempo de un mes. 22 ¿Se han de degollar para ellos ovejas y bueyes que les basten? ¿ó se juntarán para ellos todos los peces de la mar para que tengan abasto? 23 Entonces

Jehová respondió á Moisés: ¿Hase acortado la mano de Jehová? ahora verás si te sucede mi dicho, ó no. ²⁴ Y salió Moisés, y dijo al pueblo las palabras de Jehová: y juntó los setenta varones de los ancianos del pueblo, é hízolos estar alrededor del tabernáculo. ²⁵ Entonces Jehová descendió en la nube, y hablóle; y tomó del espíritu que estaba en él, y púsolo en los setenta varones ancianos; y fué que, cuando posó sobre ellos el espíritu, profetizaron, y no cesaron. ²⁶ Y habían quedado en el campo dos varones, llamado el uno Eldad y el otro Medad, sobre los cuales también reposó el espíritu: estaban estos entre los escritos, mas no habían salido al tabernáculo; y profetizaron en el campo. ²⁷ Y corrió un mozo, y dió aviso á Moisés, y dijo: Eldad y Medad profetizan en el campo. ²⁸ Entonces respondió Josué hijo de Nun, ministro de Moisés, *uno* de sus mancebos, y dijo: Señor mío Moisés, impídelos. ²⁹ Y Moisés le respondió: ¿Tienes tú celos por mí? mas ojalá que todo el pueblo de Jehová fuesen profetas, que Jehová pusiera su espíritu sobre ellos. ³⁰ Y recogióse Moisés al campo, él y los ancianos de Israel. ³¹ Y salió un viento de Jehová, y trajo codornices de la mar, y dejólas sobre el real, un día de camino de la una parte, y un día de camino de la otra, en derredor del campo, y casi dos codos sobre la haz de la tierra. ³² Entonces el pueblo estuvo levantado todo aquel día, y toda la noche, y todo el día siguiente, y recogiéronse codornices: el que menos, recogió diez montones; y las tendieron para sí á lo largo en derredor del campo. ³³ Aun estaba la carne entre los dientes de ellos, antes que fuese mascada, cuando el furor de Jehová se encendió en el pueblo, é hirió Jehová al pueblo con una muy grande plaga. ³⁴ Y llamó el nombre de aquel lugar Kibroth-hattaavah, por cuanto allí sepultaron al pueblo codicioso. ³⁵ De Kibroth-hattaavah movió el pueblo á Haseroth, y pararon en Haseroth.

12

¹ Y HABLARON María y Aarón contra Moisés á causa de la mujer Ethiope que había tomado: porque él había tomado mujer Ethiope. ² Y dijeron: ¿Solamente por Moisés ha hablado Jehová? ¿no ha hablado también por nosotros? Y oyólo Jehová. ³ Y aquel varón Moisés era muy manso, más que todos los hombres que había sobre la tierra. ⁴ Y luego dijo Jehová á Moisés, y á Aarón, y á María: Salid vosotros tres al tabernáculo del testimonio. Y salieron ellos tres. ⁵ Entonces Jehová descendió en la columna de la nube, y púsose á la puerta del tabernáculo, y llamó á Aarón y á María; y salieron ellos ambos. ⁶ Y él les dijo: Oid ahora mis palabras: si tuviereis profeta de Jehová, le apareceré en visión, en sueños hablaré con él. ⁷ No así á mi siervo Moisés, que es fiel en toda mi casa: ⁸ Boca á boca hablaré con él, y á las claras, y no por figuras; y verá la apariencia de Jehová: ¿por qué pues no tuvisteis temor de hablar contra mi siervo Moisés? ⁹ Entonces el furor de Jehová se encendió en ellos; y fuése. ¹⁰ Y la nube se apartó del tabernáculo: y he aquí que María era leprosa como la nieve; y miró Aarón á María, y he aquí que estaba leprosa. ¹¹ Y dijo Aarón á Moisés: ¡Ah! señor mío, no pongas ahora sobre nosotros pecado; porque locamente lo hemos hecho, y hemos pecado. ¹² No sea ella ahora como el que sale muerto del vientre de su madre, consumida la mitad de su carne. ¹³ Entonces Moisés clamó á Jehová, diciendo: Ruégote, oh Dios, que la sanes ahora. ¹⁴ Respondió Jehová á Moisés: Pues si su padre hubiera escupido en su cara, ¿no se avergonzaría por siete días?: sea echada fuera del real por siete días, y después se reunirá. ¹⁵ Así María fué echada del real siete días; y el pueblo no pasó adelante hasta que se *le* reunió María. ¹⁶

13

¹ Y DESPUÉS movió el pueblo de Haseroth, y asentaron el campo en el desierto de Parán. ² Y Jehová habló á Moisés, diciendo: ³ Envía tú hombres que reconozcan la tierra de Canaán, la cual yo doy á los hijos de Israel: de cada tribu de sus padres enviaréis un varón, cada uno príncipe entre ellos. ⁴ Y Moisés los envió desde el desierto de Parán,

conforme á la palabra de Jehová: y todos aquellos varones eran príncipes de los hijos de Israel. ⁵ Los nombres de los cuales son éstos: De la tribu de Rubén, Sammua hijo de Zaccur. ⁶ De la tribu de Simeón, Saphat hijo de Hurí. ⁷ De la tribu de Judá, Caleb hijo de Jephone. ⁸ De la tribu de Issachâr, Igal hijo de Joseph. ⁹ De la tribu de Ephraim, Oseas hijo de Nun. ¹⁰ De la tribu de Benjamín, Palti hijo de Raphu. ¹¹ De la tribu de Zabulón, Gaddiel hijo de Sodi. ¹² De la tribu de José, de la tribu de Manasés, Gaddi hijo de Susi. ¹³ De la tribu de Dan, Ammiel hijo de Gemalli. ¹⁴ De la tribu de Aser, Sethur hijo de Michâel. ¹⁵ De la tribu de Nephtalí, Nahabí hijo de Vapsi. ¹⁶ De la tribu de Gad, Geuel hijo de Machî. ¹⁷ Estos son los nombres de los varones que Moisés envió á reconocer la tierra: y á Oseas hijo de Nun, le puso Moisés el nombre de Josué. ¹⁸ Enviólos, pues, Moisés á reconocer la tierra de Canaán, diciéndoles: Subid por aquí, por el mediodía, y subid al monte: ¹⁹ Y observad la tierra qué tal es; y el pueblo que la habita, si es fuerte ó débil, si poco ó numeroso; ²⁰ Qué tal la tierra habitada, si es buena ó mala; y qué tales son las ciudades habitadas, si de tiendas ó de fortalezas; ²¹ Y cuál sea el terreno, si es pingüe ó flaco, si en él hay ó no árboles: y esforzaos, y coged del fruto del país. Y el tiempo era el tiempo de las primeras uvas. ²² Y ellos subieron, y reconocieron la tierra desde el desierto de Zin hasta Rehob, entrando en Emath. ²³ Y subieron por el mediodía, y vinieron hasta Hebrón: y allí estaban Aimán, y Sesai, y Talmai, hijos de Anac. Hebrón fué edificada siete años antes de Zoán, la de Egipto. ²⁴ Y llegaron hasta el arroyo de Escol, y de allí cortaron un sarmiento con un racimo de uvas, el cual trajeron dos en un palo, y de las granadas y de los higos. ²⁵ Y llamóse aquel lugar Nahal-escol, por el racimo que cortaron de allí los hijos de Israel. ²⁶ Y volvieron de reconocer la tierra al cabo de cuarenta días. ²⁷ Y anduvieron y vinieron á Moisés y á Aarón, y á toda la congregación de los hijos de Israel, en el desierto de Parán, en Cades, y diéronles la respuesta, y á toda la congregación, y les mostraron el fruto de la tierra. ²⁸ Y le contaron, y dijeron: Nosotros llegamos á la tierra á la cual nos enviaste, la que ciertamente fluye leche y miel; y este es el fruto de ella. ²⁹ Mas el pueblo que habita aquella tierra es fuerte, y las ciudades muy grandes y fuertes; y también vimos allí los hijos de Anac. ³⁰ Amalec habita la tierra del mediodía; y el Hetheo, y el Jebuseo, y el Amorrheo, habitan en el monte; y el Cananeo habita junto á la mar, y á la ribera del Jordán. ³¹ Entonces Caleb hizo callar el pueblo delante de Moisés, y dijo: Subamos luego, y poseámosla; que más podremos que ella. ³² Mas los varones que subieron con él, dijeron: No podremos subir contra aquel pueblo; porque es más fuerte que nosotros. ³³ Y vituperaron entre los hijos de Israel la tierra que habían reconocido, diciendo: La tierra por donde pasamos para reconocerla, es tierra que traga á sus moradores; y todo el pueblo que vimos en medio de ella, son hombres de grande estatura. También vimos allí gigantes, hijos de Anac, *raza* de los gigantes: y éramos nosotros, á nuestro parecer, como langostas; y así les parecíamos á ellos.

14

¹ ENTONCES toda la congregación alzaron *grita*, y dieron voces: y el pueblo lloró aquella noche. ² Y quejáronse contra Moisés y contra Aarón todos los hijos de Israel; y díjoles toda la multitud: ¡Ojalá muriéramos en la tierra de Egipto; ó en este desierto ojalá muriéramos! ³ ¿Y por qué nos trae Jehová á esta tierra para caer á cuchillo, y que nuestras mujeres y nuestros chiquitos sean por presa? ¿no nos sería mejor volvernos á Egipto? ⁴ Y decían el uno al otro: Hagamos un capitán, y volvámonos á Egipto. ⁵ Entonces Moisés y Aarón cayeron sobre sus rostros delante de toda la multitud de la congregación de los hijos de Israel. ⁶ Y Josué hijo de Nun, y Caleb hijo de Jephone, que eran de los que habían reconocido la tierra, rompieron sus vestidos; ⁷ Y hablaron á toda la congregación de los hijos de Israel, diciendo: La tierra por donde pasamos para reconocerla, es tierra en gran manera buena. ⁸ Si Jehová se agradare de nosotros, *él* nos meterá en esta tierra,

y nos la entregará; tierra que fluye leche y miel. ⁹ Por tanto, no seáis rebeldes contra Jehová, ni temáis al pueblo de aquesta tierra, porque nuestro pan son: su amparo se ha apartado de ellos, y con nosotros está Jehová: no los temáis. ¹⁰ Entonces toda la multitud habló de apedrearlos con piedras. Mas la gloria de Jehová se mostró en el tabernáculo del testimonio á todos los hijos de Israel. ¹¹ Y Jehová dijo á Moisés: ¿Hasta cuándo me ha de irritar este pueblo? ¿hasta cuándo no me ha de creer con todas las señales que he hecho en medio de ellos? ¹² Yo le heriré de mortandad, y lo destruiré, y á ti te pondré sobre gente grande y más fuerte que ellos. ¹³ Y Moisés respondió á Jehová: Oiránlo luego los Egipcios, porque de en medio de ellos sacaste á este pueblo con tu fortaleza: ¹⁴ Y lo dirán á los habitadores de esta tierra; *los cuales* han oído que tú, oh Jehová, estabas en medio de este pueblo, que ojo á ojo aparecías tú, oh Jehová, y que tu nube estaba sobre ellos, y que de día ibas delante de ellos en columna de nube, y de noche en columna de fuego: ¹⁵ Y que has hecho morir á este pueblo como á un hombre: y las gentes que hubieren oído tu fama hablarán, diciendo: ¹⁶ Porque no pudo Jehová meter este pueblo en la tierra de la cual les había jurado, los mató en el desierto. ¹⁷ Ahora, pues, yo te ruego que sea magnificada la fortaleza del Señor, como lo hablaste, diciendo: ¹⁸ Jehová, tardo de ira y grande en misericordia, que perdona la iniquidad y la rebelión, y absolviendo no absolverá al *culpado*; que visita la maldad de los padres sobre los hijos hasta los terceros y hasta los cuartos. ¹⁹ Perdona ahora la iniquidad de este pueblo según la grandeza de tu misericordia, y como has perdonado á este pueblo desde Egipto hasta aquí. ²⁰ Entonces Jehová dijo: yo lo he perdonado conforme á tu dicho: ²¹ Mas, ciertamente vivo yo y mi gloria hinche toda la tierra, ²² Que todos los que vieron mi gloria y mis señales que he hecho en Egipto y en el desierto, y me han tentado ya diez veces, y no han oído mi voz, ²³ No verán la tierra de la cual juré á sus padres: no, ninguno de los que me han irritado la verá. ²⁴ Empero mi siervo Caleb, por cuanto hubo en él otro espíritu, y cumplió de ir en pos de mí, yo le meteré en la tierra donde entró, y su simiente la recibirá en heredad. ²⁵ Ahora bien, el Amalecita y el Cananeo habitan en el valle; volveos mañana, y partíos al desierto, camino del mar Bermejo. ²⁶ Y Jehová habló á Moisés y á Aarón, diciendo: ²⁷ ¿Hasta cuándo oiré esta depravada multitud que murmura contra mí, las querellas de los hijos de Israel, que de mí se quejan? ²⁸ Diles: Vivo yo, dice Jehová, que según habéis hablado á mis oídos, así haré yo con vosotros: ²⁹ En este desierto caerán vuestros cuerpos; todos vuestros contados según toda vuestra cuenta, de veinte años arriba, los cuales habéis murmurado contra mí; ³⁰ Vosotros á la verdad no entraréis en la tierra, por la cual alcé mi mano de haceros habitar en ella; exceptuando á Caleb hijo de Jephone, y á Josué hijo de Nun. ³¹ Mas vuestros chiquitos, de los cuales dijisteis que serían por presa, yo los introduciré, y ellos conocerán la tierra que vosotros despreciasteis. ³² Y en cuanto á vosotros, vuestros cuerpos caerán en este desierto. ³³ Y vuestros hijos andarán pastoreando en el desierto cuarenta años, y ellos llevarán vuestras fornicaciones, hasta que vuestros cuerpos sean consumidos en el desierto. ³⁴ Conforme al número de los días, *de los* cuarenta días en que reconocisteis la tierra, llevaréis vuestras iniquidades cuarenta años, un año por cada día; y conoceréis mi castigo. ³⁵ Yo Jehová he hablado; así haré á toda esta multitud perversa que se ha juntado contra mí; en este desierto serán consumidos, y ahí morirán. ³⁶ Y los varones que Moisés envió á reconocer la tierra, y vueltos habían hecho murmurar contra él á toda la congregación, desacreditando aquel país, ³⁷ Aquellos varones que habían hablado mal de la tierra, murieron de plaga delante de Jehová. ³⁸ Mas Josué hijo de Nun, y Caleb hijo de Jephone, quedaron con vida de entre aquellos hombres que habían ido á reconocer la tierra. ³⁹ Y Moisés dijo estas cosas á todos los hijos de Israel, y el pueblo se enlutó mucho. ⁴⁰ Y levantáronse por la mañana, y subieron á la cumbre del monte, diciendo: Henos aquí para subir al lugar del cual ha hablado Jehová; porque hemos pecado. ⁴¹ Y dijo Moisés: ¿Por qué quebrantáis el dicho de Jehová? Esto tampoco os sucederá bien. ⁴² No subáis, porque Jehová no está en medio de vosotros, no seáis heridos delante de vuestros enemigos. ⁴³ Porque el Amalecita y el Cananeo están allí delante de vosotros, y caeréis á cuchillo: pues por cuanto os habéis retraído de seguir á Jehová, por eso no será Jehová con vosotros. ⁴⁴ Sin embargo, se obstinaron en subir á la cima del monte: mas el arca de la alianza de Jehová, y Moisés, no se apartaron de en medio del campo. ⁴⁵ Y descendieron el Amalecita y el Cananeo, que habitaban en aquel monte, é hiriéronlos y derrotáronlos, *persiguiéndolos* hasta Horma.

15

¹ Y JEHOVÁ habló á Moisés, diciendo: ² Habla á los hijos de Israel, y diles: Cuando hubiereis entrado en la tierra de vuestras habitaciones, que yo os doy, ³ E hiciereis ofrenda encendida á Jehová, holocausto, ó sacrificio, por especial voto, ó de vuestra voluntad, ó para hacer en vuestras solemnidades olor suave á Jehová, de vacas ó de ovejas; ⁴ Entonces el que ofreciere su ofrenda á Jehová, traerá por presente una décima *de un epha* de flor de harina, amasada con la cuarta parte de un hin de aceite; ⁵ Y de vino para la libación ofrecerás la cuarta parte de un hin, además del holocausto ó del sacrificio, por cada un cordero. ⁶ Y por *cada* carnero harás presente de dos décimas de flor de harina, amasada con el tercio de un hin de aceite: ⁷ Y de vino para la libación ofrecerás el tercio de un hin, en olor suave á Jehová. ⁸ Y cuando ofreciereis novillo en holocausto ó sacrificio, por especial voto, ó de paces á Jehová, ⁹ Ofrecerás con el novillo un presente de tres décimas de flor de harina, amasada con la mitad de un hin de aceite: ¹⁰ Y de vino para la libación ofrecerás la mitad de un hin, en ofrenda encendida de olor suave á Jehová. ¹¹ Así se hará con cada un buey, ó carnero, ó cordero, lo mismo de ovejas que de cabras. ¹² Conforme al número así haréis con cada uno según el número de ellos. ¹³ Todo natural hará estas cosas así, para ofrecer ofrenda encendida de olor suave á Jehová. ¹⁴ Y cuando habitare con vosotros extranjero, ó cualquiera que estuviere entre vosotros por vuestras edades, si hiciere ofrenda encendida de olor suave á Jehová, como vosotros hiciereis, así hará él. ¹⁵ Un mismo estatuto tendréis, vosotros de la congregación y el extranjero que *con vosotros* mora; estatuto que será perpetuo por vuestras edades: como vosotros, así será el peregrino delante de Jehová. ¹⁶ Una misma ley y un mismo derecho tendréis, vosotros y el peregrino que con vosotros mora. ¹⁷ Y habló Jehová á Moisés, diciendo: ¹⁸ Habla á los hijos de Israel, y diles: Cuando hubiereis entrado en la tierra á la cual yo os llevo, ¹⁹ Será que cuando comenzareis á comer del pan de la tierra, ofreceréis ofrenda á Jehová. ²⁰ De lo primero que amasareis, ofreceréis una torta en ofrenda; como la ofrenda de la era, así la ofreceréis. ²¹ De las primicias de vuestras masas daréis á Jehová ofrenda por vuestras generaciones. ²² Y cuando errareis, y no hiciereis todos estos mandamientos que Jehová ha dicho á Moisés, ²³ Todas las cosas que Jehová os ha mandado por la mano de Moisés, desde el día que Jehová *lo* mandó, y en adelante por vuestras edades, ²⁴ Será que, si *el pecado* fué hecho por yerro con ignorancia de la congregación, toda la congregación ofrecerá un novillo por holocausto, en olor suave á Jehová, con su presente y su libación, conforme á la ley; y un macho cabrío en expiación. ²⁵ Y el sacerdote hará expiación por toda la congregación de los hijos de Israel; y les será perdonado, porque yerro es: y ellos traerán sus ofrendas, ofrenda encendida á Jehová, y sus expiaciones delante de Jehová, por sus yerros: ²⁶ Y será perdonado á toda la congregación de los hijos de Israel, y al extranjero que peregrina entre ellos, por cuanto es yerro de todo el pueblo. ²⁷ Y si una persona pecare por yerro, ofrecerá una cabra de un año por expiación. ²⁸ Y el sacerdote hará expiación por la persona que habrá pecado por yerro, cuando pecare por yerro delante de Jehová, la reconciliará, y le será perdonado. ²⁹ El natural entre los hijos de Israel, y el peregrino

que habitare entre ellos, una misma ley tendréis para el que hiciere *algo* por yerro. ³⁰ Mas la persona que hiciere algo con altiva mano, así el natural como el extranjero, á Jehová injurió; y la tal persona será cortada de en medio de su pueblo. ³¹ Por cuanto tuvo en poco la palabra de Jehová, y dió por nulo su mandamiento, enteramente será cortada la tal persona: su iniquidad será sobre ella. ³² Y estando los hijos de Israel en el desierto, hallaron un hombre que recogía leña en día de sábado. ³³ Y los que le hallaron recogiendo leña trajéronle á Moisés y á Aarón, y á toda la congregación: ³⁴ Y pusiéronlo en la cárcel, por que no estaba declarado qué le habían de hacer. ³⁵ Y Jehová dijo á Moisés: Irremisiblemente muera aquel hombre; apedréelo con piedras toda la congregación fuera del campo. ³⁶ Entonces lo sacó la congregación fuera del campo, y apedreáronlo con piedras, y murió; como Jehová mandó á Moisés. ³⁷ Y Jehová habló á Moisés, diciendo: ³⁸ Habla á los hijos de Israel, y diles que se hagan pezuelos (franjas) en los remates de sus vestidos, por sus generaciones; y pongan en cada pezuelo de los remates un cordón de cárdeno: ³⁹ Y serviros ha de pezuelo, para que cuando lo viereis, os acordéis de todos los mandamientos de Jehová, para ponerlos por obra; y no miréis en pos de vuestro corazón y de vuestros ojos, en pos de los cuales fornicáis: ⁴⁰ Para que os acordéis, y hagáis todos mis mandamientos, y seáis santos á vuestro Dios. ⁴¹ Yo Jehová vuestro Dios, que os saqué de la tierra de Egipto, para ser vuestro Dios: Yo Jehová vuestro Dios.

16

¹ Y CORÉ, hijo de Ishar, hijo de Coath, hijo de Leví; y Dathán y Abiram, hijos de Eliab; y Hon, hijo de Peleth, de los hijos de Rubén, tomaron *gente*, ² Y levantáronse contra Moisés con doscientos y cincuenta varones de los hijos de Israel, príncipes de la congregación, de los del consejo, varones de nombre; ³ Y se juntaron contra Moisés y Aarón, y les dijeron: Básteos, porque toda la congregación, todos ellos son santos, y en medio de ellos está Jehová: ¿por qué, pues, os levantáis vosotros sobre la congregación de Jehová? ⁴ Y como lo oyó Moisés, echóse sobre su rostro; ⁵ Y habló á Coré y á todo su séquito, diciendo: Mañana mostrará Jehová quién es suyo, y al santo harálo llegar á sí; y al que él escogiere, él lo allegará á sí. ⁶ Haced esto: tomaos incensarios, Coré y todo su séquito: ⁷ Y poned fuego en ellos, y poned en ellos sahumerio delante de Jehová mañana; y será que el varón á quien Jehová escogiere, aquél *será* el santo: básteos *esto*, hijos de Leví. ⁸ Dijo más Moisés á Coré: Oid ahora, hijos de Leví: ⁹ ¿Os es poco que el Dios de Israel os haya apartado de la congregación de Israel, haciéndoos allegar á sí para que ministraseis en el servicio del tabernáculo de Jehová, y estuvieseis delante de la congregación para ministrarles? ¹⁰ ¿Y que te hizo acercar á ti, y á todos tus hermanos los hijos de Leví contigo; para que procuréis también el sacerdocio? ¹¹ Por tanto, tú y todo tu séquito sois los que os juntáis contra Jehová: pues Aarón, ¿qué es para que contra él murmuréis? ¹² Y envió Moisés á llamar á Dathán y Abiram, hijos de Eliab; mas ellos respondieron: No iremos allá: ¹³ ¿Es poco que nos hayas hecho venir de una tierra que destila leche y miel, para hacernos morir en el desierto, sino que también te enseñorees de nosotros imperiosamente? ¹⁴ Ni tampoco nos has metido tú en tierra que fluya leche y miel, ni nos has dado heredades de tierras y viñas: ¿has de arrancar los ojos de estos hombres? No subiremos. ¹⁵ Entonces Moisés se enojó en gran manera, y dijo á Jehová: No mires á su presente: ni aun un asno he tomado de ellos, ni á ninguno de ellos he hecho mal. ¹⁶ Después dijo Moisés á Coré: Tú y todo tu séquito, poneos mañana delante de Jehová; tú, y ellos, y Aarón: ¹⁷ Y tomad cada uno su incensario, y poned sahumerio en ellos, y allegad delante de Jehová cada uno su incensario: doscientos y cincuenta incensarios: tú también, y Aarón, cada uno con su incensario. ¹⁸ Y tomaron cada uno su incensario, y pusieron en ellos fuego, y echaron en ellos sahumerio, y pusiéronse á la puerta del tabernáculo del testimonio con Moisés y Aarón. ¹⁹ Ya Coré había hecho juntar contra ellos

toda la congregación á la puerta del tabernáculo del testimonio: entonces la gloria de Jehová apareció á toda la congregación. ²⁰ Y Jehová habló á Moisés y á Aarón, diciendo: ²¹ Apartaos de entre esta congregación, y consumirlos he en un momento. ²² Y ellos se echaron sobre sus rostros, y dijeron: Dios, Dios de los espíritus de toda carne, ¿no es un hombre el que pecó? ¿y airarte has tú contra toda la congregación? ²³ Entonces Jehová habló á Moisés, diciendo: ²⁴ Habla á la congregación, diciendo: Apartaos de en derredor de la tienda de Coré, Dathán, y Abiram. ²⁵ Y Moisés se levantó, y fué á Dathán y á Abiram; y los ancianos de Israel fueron en pos de él. ²⁶ Y él habló á la congregación, diciendo: Apartaos ahora de las tiendas de estos impíos hombres, y no toquéis ninguna cosa suya, por que no perezcáis en todos sus pecados. ²⁷ Y apartáronse de las tiendas de Coré, de Dathán, y de Abiram en derredor: y Dathán y Abiram salieron y pusiéronse á las puertas de sus tiendas, con sus mujeres, y sus hijos, y sus chiquitos. ²⁸ Y dijo Moisés: En esto conoceréis que Jehová me ha enviado para que hiciese todas estas cosas; que no de mi corazón *las hice*. ²⁹ Si como mueren todos los hombres murieren éstos, ó si fueren ellos visitados á la manera de todos los hombres, Jehová no me envió. ³⁰ Mas si Jehová hiciere una nueva cosa, y la tierra abriere su boca, y los tragare con todas sus cosas, y descendieren vivos al abismo, entonces conoceréis que estos hombres irritaron á Jehová. ³¹ Y aconteció, que en acabando él de hablar todas estas palabras, rompióse la tierra que estaba debajo de ellos: ³² Y abrió la tierra su boca, y tragólos á ellos, y á sus casas, y á todos los hombres de Coré, y á toda su hacienda. ³³ Y ellos, con todo lo que tenían, descendieron vivos al abismo, y cubriólos la tierra, y perecieron de en medio de la congregación. ³⁴ Y todo Israel, los que estaban en derredor de ellos, huyeron al grito de ellos; porque decían: No nos trague también la tierra. ³⁵ Y salió fuego de Jehová, y consumió los doscientos y cincuenta hombres que ofrecían el sahumerio. ³⁶ Entonces Jehová habló á Moisés, diciendo: ³⁷ Di á Eleazar, hijo de Aarón sacerdote, que tome los incensarios de en medio del incendio, y derrame más allá el fuego; porque son santificados: ³⁸ Los incensarios de estos pecadores contra sus almas: y harán de ellos planchas extendidas para cubrir el altar: por cuanto ofrecieron con ellos delante de Jehová, son santificados; y serán por señal á los hijos de Israel. ³⁹ Y el sacerdote Eleazar tomó los incensarios de metal con que los quemados habían ofrecido; y extendiéronlos para cubrir el altar, ⁴⁰ En recuerdo á los hijos de Israel que ningún extraño que no sea de la simiente de Aarón, llegue á ofrecer sahumerio delante de Jehová, porque no sea como Coré, y como su séquito; según se lo dijo Jehová por mano de Moisés. ⁴¹ El día siguiente toda la congregación de los hijos de Israel murmuró contra Moisés y Aarón, diciendo: Vosotros habéis muerto al pueblo de Jehová. ⁴² Y aconteció que, como se juntó la congregación contra Moisés y Aarón, miraron hacia el tabernáculo del testimonio, y he aquí la nube lo había cubierto, y apareció la gloria de Jehová. ⁴³ Y vinieron Moisés y Aarón delante del tabernáculo del testimonio. ⁴⁴ Y Jehová habló á Moisés, diciendo: ⁴⁵ Apartaos de en medio de esta congregación, y consumirélos en un momento. Y ellos se echaron sobre sus rostros. ⁴⁶ Y dijo Moisés á Aarón: Toma el incensario, y pon en él fuego del altar, y sobre él pon perfume, y ve presto á la congregación, y haz expiación por ellos; porque el furor ha salido de delante de la faz de Jehová: la mortandad ha comenzado. ⁴⁷ Entonces tomó Aarón *el incensario*, como Moisés dijo, y corrió en medio de la congregación: y he aquí que la mortandad había comenzado en el pueblo: y él puso perfume, é hizo expiación por el pueblo. ⁴⁸ Y púsose entre los muertos y los vivos; y cesó la mortandad. ⁴⁹ Y los que murieron en aquella mortandad fueron catorce mil y setecientos, sin los muertos por el negocio de Coré. ⁵⁰ Después se volvió Aarón á Moisés á la puerta del tabernáculo del testimonio, cuando la mortandad había cesado.

17

¹ Y HABLÓ Jehová á Moisés, diciendo: ² Habla á los hijos de Israel, y toma de ellos una vara por cada casa de los padres, de todos los príncipes de ellos, doce varas conforme á las casas de sus padres; y escribirás el nombre de cada uno sobre su vara. ³ Y escribirás el nombre de Aarón sobre la vara de Leví; porque cada cabeza de familia de sus padres tendrá una vara. ⁴ Y las pondrás en el tabernáculo del testimonio delante del testimonio, donde yo me declararé á vosotros. ⁵ Y será, que el varón que yo escogiere, su vara florecerá: y haré cesar de sobre mí las quejas de los hijos de Israel, con que murmuran contra vosotros. ⁶ Y Moisés habló á los hijos de Israel, y todos los príncipes de ellos le dieron varas; cada príncipe por las casas de sus padres una vara, *en todas* doce varas; y la vara de Aarón estaba entre las varas de ellos. ⁷ Y Moisés puso las varas delante de Jehová en el tabernáculo del testimonio. ⁸ Y aconteció que el día siguiente vino Moisés al tabernáculo del testimonio; y he aquí que la vara de Aarón de la casa de Leví había brotado, y echado flores, y arrojado renuevos, y producido almendras. ⁹ Entonces sacó Moisés todas las varas de delante de Jehová á todos los hijos de Israel; y ellos lo vieron, y tomaron cada uno su vara. ¹⁰ Y Jehová dijo á Moisés: Vuelve la vara de Aarón delante del testimonio, para que se guarde por señal á los hijos rebeldes; y harás cesar sus quejas de sobre mí, porque no mueran. ¹¹ E hízolo Moisés: como le mandó Jehová, así hizo. ¹² Entonces los hijos de Israel hablaron á Moisés, diciendo: He aquí nosotros somos muertos, perdidos somos, todos nosotros somos perdidos. ¹³ Cualquiera que se llegare, el que se acercare al tabernáculo de Jehová morirá: ¿acabaremos de perecer todos?

18

¹ Y JEHOVÁ dijo á Aarón: Tú y tus hijos, y la casa de tu padre contigo, llevaréis el pecado del santuario: y tú y tus hijos contigo llevaréis el pecado de vuestro sacerdocio. ² Y á tus hermanos también, la tribu de Leví, la tribu de tu padre, hazlos llegar á ti, y júntense contigo, y servirte han; y tú y tus hijos contigo *serviréis* delante del tabernáculo del testimonio. ³ Y guardarán lo que tú ordenares, y el cargo de todo el tabernáculo: mas no llegarán á los vasos santos ni al altar, porque no mueran ellos y vosotros. ⁴ Se juntarán, pues, contigo, y tendrán el cargo del tabernáculo del testimonio en todo el servicio del tabernáculo; ningún extraño se ha de llegar á vosotros. ⁵ Y tendréis la guarda del santuario, y la guarda del altar, para que no sea más la ira sobre los hijos de Israel. ⁶ Porque he aquí yo he tomado á vuestros hermanos los Levitas de entre los hijos de Israel, dados á vosotros en don de Jehová, para que sirvan en el ministerio del tabernáculo del testimonio. ⁷ Mas tú y tus hijos contigo guardaréis vuestro sacerdocio en todo negocio del altar, y del velo adentro, y ministraréis. Yo os he dado en don el servicio de vuestro sacerdocio; y el extraño que se llegare, morirá. ⁸ Dijo más Jehová á Aarón: He aquí yo te he dado también la guarda de mis ofrendas: todas las cosas consagradas de los hijos de Israel te he dado por razón de la unción, y á tus hijos, por estatuto perpetuo. ⁹ Esto será tuyo de la ofrenda de las cosas santas *reservadas* del fuego: toda ofrenda de ellos, todo presente suyo, y toda expiación por el pecado de ellos, y toda expiación por la culpa de ellos, que me han de presentar, será cosa muy santa para ti y para tus hijos. ¹⁰ En el santuario la comerás; todo varón comerá de ella: cosa santa será para ti. ¹¹ Esto también será tuyo: la ofrenda elevada de sus dones, y todas las ofrendas agitadas de los hijos de Israel, he dado á ti, y á tus hijos y á tus hijas contigo, por estatuto perpetuo: todo limpio en tu casa comerá de ellas. ¹² De aceite, y de mosto, y de trigo, todo lo más escogido, las primicias de ello, que presentarán á Jehová, á ti las he dado. ¹³ Las primicias de todas las cosas de la tierra de ellos, las cuales traerán á Jehová, serán tuyas: todo limpio en tu casa comerá de ellas. ¹⁴ Todo lo consagrado por voto en Israel será tuyo. ¹⁵ Todo lo que abriere matriz en toda carne que ofrecerán á Jehová, así de

hombres como de animales, será tuyo: mas has de hacer redimir el primogénito del hombre: también harás redimir el primogénito de animal inmundo. 16 Y de un mes harás efectuar el rescate de ellos, conforme á tu estimación, por precio de cinco siclos, al siclo del santuario, *que* es de veinte óbolos. 17 Mas el primogénito de vaca, y el primogénito de oveja, y el primogénito de cabra, no redimirás; santificados son: la sangre de ellos rociarás sobre el altar, y quemarás la grosura de ellos, ofrenda encendida en olor suave á Jehová. 18 Y la carne de ellos será tuya: como el pecho de la mecedura y como la espaldilla derecha, será tuya. 19 Todas las ofrendas elevadas de las cosas santas, que los hijos de Israel ofrecieren á Jehová, helas dado para ti, y para tus hijos y para tus hijas contigo, por estatuto perpetuo: pacto de sal perpetuo es delante de Jehová para ti y para tu simiente contigo. 20 Y Jehová dijo á Aarón: De la tierra de ellos no tendrás heredad, ni entre ellos tendrás parte: Yo soy tu parte y tu heredad en medio de los hijos de Israel. 21 Y he aquí yo he dado á los hijos de Leví todos los diezmos en Israel por heredad, por su ministerio, por cuanto ellos sirven en el ministerio del tabernáculo del testimonio. 22 Y no llegarán más los hijos de Israel al tabernáculo del testimonio, porque no lleven pecado, por el cual mueran. 23 Mas los Levitas harán el servicio del tabernáculo del testimonio, y ellos llevarán su iniquidad: estatuto perpetuo por vuestras edades; y no poseerán heredad entre los hijos de Israel. 24 Porque á los Levitas he dado por heredad los diezmos de los hijos de Israel, que ofrecerán á Jehová en ofrenda: por lo cual les he dicho: Entre los hijos de Israel no poseerán heredad. 25 Y habló Jehová á Moisés, diciendo: 26 Así hablarás á los Levitas, y les dirás: Cuando tomareis de los hijos de Israel los diezmos que os he dado de ellos por vuestra heredad, vosotros presentaréis de ellos en ofrenda mecida á Jehová el diezmo de los diezmos. 27 Y se os contará vuestra ofrenda como grano de la era, y como acopio del lagar. 28 Así ofreceréis también vosotros ofrenda á Jehová de todos vuestros diezmos que hubiereis recibido de los hijos de Israel; y daréis de ellos la ofrenda de Jehová á Aarón el sacerdote. 29 De todos vuestros dones ofreceréis toda ofrenda á Jehová; de todo lo mejor de ellos *ofreceréis* la porción que ha de ser consagrada. 30 Y les dirás: Cuando ofreciereis lo mejor de ellos, será contado á los Levitas por fruto de la era, y como fruto del lagar. 31 Y lo comeréis en cualquier lugar, vosotros y vuestra familia: pues es vuestra remuneración por vuestro ministerio en el tabernáculo del testimonio. 32 Y cuando vosotros hubiereis ofrecido de ello lo mejor suyo, no llevaréis por ello pecado: y no habéis de contaminar las cosas santas de los hijos de Israel, y no moriréis.

19

1 Y JEHOVÁ habló á Moisés y á Aarón, diciendo: 2 Esta es la ordenanza de la ley que Jehová ha prescrito, diciendo: Di á los hijos de Israel que te traigan una vaca bermeja, perfecta, en la cual no haya falta, sobre la cual no se haya puesto yugo: 3 Y la daréis á Eleazar el sacerdote, y él la sacará fuera del campo, y harála degollar en su presencia. 4 Y tomará Eleazar el sacerdote de su sangre con su dedo, y rociará hacia la delantera del tabernáculo del testimonio con la sangre de ella siete veces; 5 Y hará quemar la vaca ante sus ojos: su cuero y su carne y su sangre, con su estiércol, hará quemar. 6 Luego tomará el sacerdote palo de cedro, é hisopo, y escarlata, y lo echará en medio del fuego en que arde la vaca. 7 El sacerdote lavará luego sus vestidos, lavará también su carne con agua, y después entrará en el real; y será inmundo el sacerdote hasta la tarde. 8 Asimismo el que la quemó, lavará sus vestidos en agua, también lavará en agua su carne, y será inmundo hasta la tarde. 9 Y un hombre limpio recogerá las cenizas de la vaca, y las pondrá fuera del campo en lugar limpio, y las guardará la congregación de los hijos de Israel para el agua de separación: es una expiación. 10 Y el que recogió las cenizas de la vaca, lavará sus vestidos, y será inmundo hasta la tarde: y será á los hijos de Israel, y

al extranjero que peregrina entre ellos, por estatuto perpetuo. ¹¹ El que tocare muerto de cualquiera persona humana, siete días será inmundo: ¹² Este se purificará al tercer día con aquesta *agua*, y al séptimo día será limpio; y si al tercer día no se purificare, no será limpio al séptimo día. ¹³ Cualquiera que tocare en muerto, en persona de hombre que estuviere muerto, y no se purificare, el tabernáculo de Jehová contaminó; y aquella persona será cortada de Israel: por cuanto el agua de la separación no fué rociada sobre él, inmundo será; y su inmundicia será sobre él. ¹⁴ Esta es la ley para cuando alguno muriere en la tienda: cualquiera que entrare en la tienda y todo el que estuviere en ella, será inmundo siete días. ¹⁵ Y todo vaso abierto, sobre el cual no hubiere tapadera bien ajustada, será inmundo. ¹⁶ Y cualquiera que tocare en muerto á cuchillo sobre la haz del campo, ó en muerto, ó en hueso humano, ó en sepulcro, siete días será inmundo. ¹⁷ Y para el inmundo tomarán de la ceniza de la quemada vaca de la expiación, y echarán sobre ella agua viva en un vaso: ¹⁸ Y un hombre limpio tomará hisopo, y mojarálo en el agua, y rociará sobre la tienda, y sobre todos los muebles, y sobre las personas que allí estuvieren, y sobre aquel que hubiere tocado el hueso, ó el matado, ó el muerto, ó el sepulcro: ¹⁹ Y el limpio rociará sobre el inmundo al tercero y al séptimo día: y cuando lo habrá purificado al día séptimo, él lavará luego sus vestidos, y á sí mismo se lavará con agua, y será limpio á la tarde. ²⁰ Y el que fuere inmundo, y no se purificare, la tal persona será cortada de entre la congregación, por cuanto contaminó el tabernáculo de Jehová: no fué rociada sobre él el agua de separación: es inmundo. ²¹ Y les será por estatuto perpetuo: también el que rociare el agua de la separación lavará sus vestidos; y el que tocare el agua de la separación, será inmundo hasta la tarde. ²² Y todo lo que el inmundo tocare, será inmundo: y la persona que lo tocare, será inmunda hasta la tarde.

20

¹ Y LLEGARON los hijos de Israel, toda la congregación, al desierto de Zin, en el mes primero, y asentó el pueblo en Cades; y allí murió María, y fué allí sepultada. ² Y como no hubiese agua para la congregación, juntáronse contra Moisés y Aarón. ³ Y regañó el pueblo con Moisés, y hablaron diciendo: ¡Ojalá que nosotros hubiéramos muerto cuando perecieron nuestros hermanos delante de Jehová! ⁴ ¿Y por qué hiciste venir la congregación de Jehová á este desierto, para que muramos aquí nosotros y nuestras bestias? ⁵ ¿Y por qué nos has hecho subir de Egipto, para traernos á este mal lugar? No es lugar de sementera, de higueras, de viñas, ni granadas: ni aun de agua para beber. ⁶ Y fuéronse Moisés y Aarón de delante de la congregación á la puerta del tabernáculo del testimonio, y echáronse sobre sus rostros; y la gloria de Jehová apareció sobre ellos. ⁷ Y habló Jehová á Moisés, diciendo: ⁸ Toma la vara, y reune la congregación, tú y Aarón tu hermano, y hablad á la peña en ojos de ellos; y ella dará su agua, y les sacarás aguas de la peña, y darás de beber á la congregación, y á sus bestias. ⁹ Entonces Moisés tomó la vara de delante de Jehová, como él le mandó. ¹⁰ Y juntaron Moisés y Aarón la congregación delante de la peña, y díjoles: Oid ahora, rebeldes: ¿os hemos de hacer salir aguas de esta peña? ¹¹ Entonces alzó Moisés su mano, é hirió la peña con su vara dos veces: y salieron muchas aguas, y bebió la congregación, y sus bestias. ¹² Y Jehová dijo á Moisés y á Aarón: Por cuanto no creísteis en mí, para santificarme en ojos de los hijos de Israel, por tanto, no meteréis esta congregación en la tierra que les he dado. ¹³ Estas son las aguas de la rencilla, por las cuales contendieron los hijos de Israel con Jehová, y él se santificó en ellos. ¹⁴ Y envió Moisés embajadores al rey de Edom desde Cades: Así dice Israel tu hermano: Tú has sabido todo el trabajo que nos ha venido: ¹⁵ Cómo nuestros padres descendieron á Egipto, y estuvimos en Egipto largo tiempo, y los Egipcios nos maltrataron, y á nuestros padres; ¹⁶ Y clamamos á Jehová, el cual oyó nuestra voz, y envió ángel, y sacónos de Egipto; y he aquí estamos en Cades, ciudad al extremo de

tus confines: ¹⁷ Rogámoste que pasemos por tu tierra; no pasaremos por labranza, ni por viña, ni beberemos agua de pozos: por el camino real iremos, sin apartarnos á la diestra ni á la siniestra, hasta que hayamos pasado tu término. ¹⁸ Y Edom le respondió: No pasarás por mi *país*, de otra manera saldré contra ti armado. ¹⁹ Y los hijos de Israel dijeron: Por el camino seguido iremos; y si bebiéremos tus aguas yo y mis ganados, daré el precio de ellas: ciertamente sin *hacer* otra cosa, pasaré de seguida. ²⁰ Y él respondió: No pasarás. Y salió Edom contra él con mucho pueblo, y mano fuerte. ²¹ No quiso, pues, Edom dejar pasar á Israel por su término, y apartóse Israel de él. ²² Y partidos de Cades los hijos de Israel, toda aquella congregación, vinieron al monte de Hor. ²³ Y Jehová habló á Moisés y Aarón en el monte de Hor, en los confines de la tierra de Edom, diciendo: ²⁴ Aarón será reunido á sus pueblos; pues no entrará en la tierra que yo di á los hijos de Israel, por cuanto fuisteis rebeldes á mi mandamiento en las aguas de la rencilla. ²⁵ Toma á Aarón y á Eleazar su hijo, y hazlos subir al monte de Hor; ²⁶ Y haz desnudar á Aarón sus vestidos, y viste de ellos á Eleazar su hijo; porque Aarón será reunido *á sus pueblos*, y allí morirá. ²⁷ Y Moisés hizo como Jehová le mandó: y subieron al monte de Hor á ojos de toda la congregación. ²⁸ Y Moisés hizo desnudar á Aarón de sus vestidos y vistiólos á Eleazar su hijo: y Aarón murió allí en la cumbre del monte: y Moisés y Eleazar descendieron del monte. ²⁹ Y viendo toda la congregación que Aarón era muerto, hiciéronle duelo por treinta días todas las familias de Israel.

21

¹ Y OYENDO el Cananeo, el rey de Arad, el cual habitaba al mediodía, que venía Israel por el camino de los centinelas, peleó con Israel, y tomó de él presa. ² Entonces Israel hizo voto á Jehová, y dijo: Si en efecto entregares á este pueblo en mi mano, yo destruiré sus ciudades. ³ Y Jehová escuchó la voz de Israel, y entregó al Cananeo, y destruyólos á ellos y á sus ciudades; y llamó el nombre de aquel lugar Horma. ⁴ Y partieron del monte de Hor, camino del mar Bermejo, para rodear la tierra de Edom; y abatióse el ánimo del pueblo por el camino. ⁵ Y habló el pueblo contra Dios y Moisés: ¿Por qué nos hiciste subir de Egipto para que muramos en este desierto? que ni hay pan, ni agua, y nuestra alma tiene fastidio de este pan tan liviano. ⁶ Y Jehová envió entre el pueblo serpientes ardientes, que mordían al pueblo: y murió mucho pueblo de Israel. ⁷ Entonces el pueblo vino á Moisés, y dijeron: Pecado hemos por haber hablado contra Jehová, y contra ti: ruega á Jehová que quite de nosotros estas serpientes. Y Moisés oró por el pueblo. ⁸ Y Jehová dijo á Moisés: Hazte una serpiente ardiente, y ponla sobre la bandera: y será que cualquiera que fuere mordido y mirare á ella, vivirá. ⁹ Y Moisés hizo una serpiente de metal, y púsola sobre la bandera: y fué, que cuando alguna serpiente mordía á alguno, miraba á la serpiente de metal, y vivía. ¹⁰ Y partieron los hijos de Israel, y asentaron campo en Oboth. ¹¹ Y partidos de Oboth, asentaron en Ije-abarim, en el desierto que está delante de Moab, al nacimiento del sol. ¹² Partidos de allí, asentaron en la arroyada de Zared. ¹³ De allí movieron, y asentaron de la otra parte de Arnón, que está en el desierto, y que sale del término del Amorrheo; porque Arnón es término de Moab, entre Moab y el Amorrheo. ¹⁴ Por tanto se dice en el libro de las batallas de Jehová: Lo que hizo en el mar Bermejo, y en los arroyos de Arnón: ¹⁵ Y á la corriente de los arroyos que va á parar en Ar, y descansa en el término de Moab. ¹⁶ Y de allí *vinieron* á Beer: este es el pozo del cual Jehová dijo á Moisés: Junta el pueblo, y les daré agua. ¹⁷ Entonces cantó Israel esta canción: Sube, oh pozo; á él cantad: ¹⁸ Pozo, el cual cavaron los señores; caváronlo los príncipes del pueblo, y el legislador, con sus bordones. Y del desierto *vinieron* á Mathana: ¹⁹ Y de Mathana á Nahaliel: y de Nahaliel á Bamoth: ²⁰ Y de Bamoth al valle que está en los campos de Moab, y á la cumbre de Pisga, que mira á Jesimón. ²¹ Y envió Israel embajadores á Sehón, rey de los Amorrheos, diciendo: ²² Pasaré por tu tierra: no nos

apartaremos por los labrados, ni por las viñas; no beberemos las aguas de los pozos: por el camino real iremos, hasta que pasemos tu término. ²³ Mas Sehón no dejó pasar á Israel por su término: antes juntó Sehón todo su pueblo, y salió contra Israel en el desierto: y vino á Jahaz, y peleó contra Israel. ²⁴ E hirióle Israel á filo de espada, y tomó su tierra desde Arnón hasta Jaboc, hasta los hijos de Ammón: porque el término de los hijos de Ammón era fuerte. ²⁵ Y tomó Israel todas estas ciudades: y habitó Israel en todas las ciudades del Amorrheo, en Hesbón y en todas sus aldeas. ²⁶ Porque Hesbón era la ciudad de Sehón, rey de los Amorrheos; el cual había tenido guerra antes con el rey de Moab, y tomado de su poder toda su tierra hasta Arnón. ²⁷ Por tanto, dicen los proverbistas: Venid á Hesbón, edifíquese y repárese la ciudad de Sehón: ²⁸ Que fuego salió de Hesbón, y llama de la ciudad de Sehón, y consumió á Ar de Moab, á los señores de los altos de Arnón. ²⁹ ¡Ay de ti, Moab! Perecido has, pueblo de Chêmos: puso sus hijos en huída, y sus hijas en cautividad, por Sehón rey de los Amorrheos. ³⁰ Mas devastamos el reino de ellos; pereció Hesbón hasta Dibón, y destruimos hasta Nopha y Medeba. ³¹ Así habitó Israel en la tierra del Amorrheo. ³² Y envió Moisés á reconocer á Jazer; y tomaron sus aldeas, y echaron al Amorrheo que estaba allí. ³³ Y volvieron, y subieron camino de Basán, y salió contra ellos Og rey de Basán, él y todo su pueblo, para pelear en Edrei. ³⁴ Entonces Jehová dijo á Moisés: No le tengas miedo, que en tu mano lo he dado, á él y á todo su pueblo, y á su tierra; y harás de él como hiciste de Sehón, rey de los Amorrheos, que habitaba en Hesbón. ³⁵ E hirieron á él, y á sus hijos, y á toda su gente, sin que le quedara uno, y poseyeron su tierra.

22

¹ Y MOVIERON los hijos de Israel, y asentaron en los campos de Moab, de esta parte del Jordán de Jericó. ² Y vió Balac, hijo de Zippor, todo lo que Israel había hecho al Amorrheo. ³ Y Moab temió mucho á causa del pueblo que era mucho; y angustióse Moab á causa de los hijos de Israel. ⁴ Y dijo Moab á los ancianos de Madián: Ahora lamerá esta gente todos nuestros contornos, como lame el buey la grama del campo. Y Balac, hijo de Zippor, era entonces rey de Moab. ⁵ Por tanto envió mensajeros á Balaam hijo de Beor, á Pethor, que está junto al río en la tierra de los hijos de su pueblo, para que lo llamasen, diciendo: Un pueblo ha salido de Egipto, y he aquí cubre la haz de la tierra, y habita delante de mí: ⁶ Ven pues ahora, te ruego, maldíceme este pueblo, porque es más fuerte que yo: quizá podré yo herirlo, y echarlo de la tierra: que yo sé que el que tú bendijeres, será bendito, y el que tú maldijeres, será maldito. ⁷ Y fueron los ancianos de Moab, y los ancianos de Madián, con las dádivas de adivinación en su mano, y llegaron á Balaam, y le dijeron las palabras de Balac. ⁸ Y él les dijo: Reposad aquí esta noche, y yo os referiré las palabras, como Jehová me hablare. Así los príncipes de Moab se quedaron con Balaam. ⁹ Y vino Dios á Balaam, y díjole: ¿Qué varones son estos *que están* contigo? ¹⁰ Y Balaam respondió á Dios: Balac hijo de Zippor, rey de Moab, ha enviado á mí *diciendo*: ¹¹ He aquí este pueblo que ha salido de Egipto, cubre la haz de la tierra: ven pues ahora, y maldícemelo; quizá podré pelear con él, y echarlo. ¹² Entonces dijo Dios á Balaam: No vayas con ellos, ni maldigas al pueblo; porque es bendito. ¹³ Así Balaam se levantó por la mañana, y dijo á los príncipes de Balac: Volveos á vuestra tierra, porque Jehová no me quiere dejar ir con vosotros. ¹⁴ Y los príncipes de Moab se levantaron, y vinieron á Balac, y dijeron: Balaam no quiso venir con nosotros. ¹⁵ Y tornó Balac á enviar otra vez más príncipes, y más honorables que los *otros*. ¹⁶ Los cuales vinieron á Balaam, y dijéronle: Así dice Balac, hijo de Zippor: Ruégote que no dejes de venir á mí: ¹⁷ Porque sin duda te honraré mucho, y haré todo lo que me dijeres: ven pues ahora, maldíceme á este pueblo. ¹⁸ Y Balaam respondió, y dijo á los siervos de Balac: Aunque Balac me diese su casa llena de plata y oro, no puedo traspasar la palabra de Jehová mi Dios, para hacer cosa chica

ni grande. ¹⁹ Ruégoos por tanto ahora, que reposéis aquí esta noche, para que yo sepa qué me vuelve á decir Jehová. ²⁰ Y vino Dios á Balaam de noche, y díjole: Si vinieren á llamarte hombres, levántate y ve con ellos: empero harás lo que yo te dijere. ²¹ Así Balaam se levantó por la mañana, y cinchó su asna, y fué con los príncipes de Moab. ²² Y el furor de Dios se encendió porque él iba; y el ángel de Jehová se puso en el camino por adversario suyo. Iba, pues, él montado sobre su asna, y con él dos mozos suyos. ²³ Y el asna vió al ángel de Jehová, que estaba en el camino con su espada desnuda en su mano; y apartóse el asna del camino, é iba por el campo. Entonces hirió Balaam al asna para hacerla volver al camino. ²⁴ Mas el ángel de Jehová se puso en una senda de viñas *que tenía* pared de una parte y pared de otra. ²⁵ Y viendo el asna al ángel de Jehová, pegóse á la pared, y apretó contra la pared el pie de Balaam: y él volvió á herirla. ²⁶ Y el ángel de Jehová pasó más allá, y púsose en una angostura, donde no había camino para apartarse ni á diestra ni á siniestra. ²⁷ Y viendo el asna al ángel de Jehová, echóse debajo de Balaam: y enojóse Balaam, é hirió al asna con el palo. ²⁸ Entonces Jehová abrió la boca al asna, la cual dijo á Balaam: ¿Qué te he hecho, que me has herido estas tres veces? ²⁹ Y Balaam respondió al asna: Porque te has burlado de mí: ¡ojalá tuviera espada en mi mano, que ahora te mataría! ³⁰ Y el asna dijo á Balaam: ¿No soy yo tu asna? sobre mí has cabalgado desde que tú me tienes hasta este día; ¿he acostumbrado á hacerlo así contigo? Y él respondió: No. ³¹ Entonces Jehová abrió los ojos á Balaam, y vió al ángel de Jehová que estaba en el camino, y *tenía* su espada desnuda en su mano. Y *Balaam* hizo reverencia, é inclinóse sobre su rostro. ³² Y el ángel de Jehová le dijo: ¿Por qué has herido tu asna estas tres veces? he aquí yo he salido para contrarrestarte, porque tu camino es perverso delante de mí: ³³ El asna me ha visto, y hase apartado luego de delante de mí estas tres veces: y si de mí no se hubiera apartado, yo también ahora te mataría á ti, y á ella dejaría viva. ³⁴ Entonces Balaam dijo al ángel de Jehová: He pecado, que no sabía que tú te ponías delante de mí en el camino: mas ahora, si te parece mal, yo me volveré. ³⁵ Y el ángel de Jehová dijo á Balaam: Ve con esos hombres: empero la palabra que yo te dijere, esa hablarás. Así Balaam fué con los príncipes de Balac. ³⁶ Y oyendo Balac que Balaam venía, salió á recibirlo á la ciudad de Moab, que está junto al término de Arnón, que es el cabo de los confines. ³⁷ Y Balac dijo á Balaam: ¿No envié yo á ti á llamarte? ¿por qué no has venido á mí? ¿no puedo yo honrarte? ³⁸ Y Balaam respondió á Balac: He aquí yo he venido á ti: mas ¿podré ahora hablar alguna cosa? La palabra que Dios pusiere en mi boca, esa hablaré. ³⁹ Y fué Balaam con Balac, y vinieron á la ciudad de Husoth. ⁴⁰ Y Balac hizo matar bueyes y ovejas, y envió á Balaam, y á los príncipes que estaban con él. ⁴¹ Y el día siguiente Balac tomó á Balaam, é hízolo subir á los altos de Baal, y desde allí vió la extremidad del pueblo.

23

¹ Y BALAAM dijo á Balac: Edifícame aquí siete altares, y prepárame aquí siete becerros y siete carneros. ² Y Balac hizo como le dijo Balaam: y ofrecieron Balac y Balaam un becerro y un carnero en cada altar. ³ Y Balaam dijo á Balac: Ponte junto á tu holocausto, y yo iré: quizá Jehová me vendrá al encuentro, y cualquiera cosa que me mostrare, te la noticiaré. Y así se fué solo. ⁴ Y vino Dios al encuentro de Balaam, y *éste* le dijo: Siete altares he ordenado, y en cada altar he ofrecido un becerro y un carnero. ⁵ Y Jehová puso palabra en la boca de Balaam, y díjole: Vuelve á Balac, y has de hablar así. ⁶ Y volvió á él, y he aquí estaba él junto á su holocausto, él y todos los príncipes de Moab. ⁷ Y él tomó su parábola, y dijo: De Aram me trajo Balac, rey de Moab, de los montes del oriente: ven, maldíceme á Jacob; y ven, execra á Israel. ⁸ ¿Por qué maldeciré yo al que Dios no maldijo? ¿y por qué he de execrar al que Jehová no ha execrado? ⁹ Porque de la cumbre de las peñas lo veré, y desde los collados lo miraré: he aquí un pueblo

que habitará confiado, y no será contado entre las gentes. ¹⁰ ¿Quién contará el polvo de Jacob, o el número de la cuarta parte de Israel? Muera mi persona de la muerte de los rectos, y mi postrimería sea como la suya. ¹¹ Entonces Balac dijo á Balaam: ¿Qué me has hecho? hete tomado para que maldigas á mis enemigos, y he aquí has proferido bendiciones. ¹² Y él respondió, y dijo: ¿No observaré yo lo que Jehová pusiere en mi boca para decirlo? ¹³ Y dijo Balac: Ruégote que vengas conmigo á otro lugar desde el cual lo veas; su extremidad solamente verás, que no lo verás todo; y desde allí me lo maldecirás. ¹⁴ Y llevólo al campo de Sophim, á la cumbre de Pisga, y edificó siete altares, y ofreció un becerro y un carnero en cada altar. ¹⁵ Entonces él dijo á Balac: Ponte aquí junto á tu holocausto, y yo iré á encontrar á Dios allí. ¹⁶ Y Jehová salió al encuentro de Balaam, y puso palabra en su boca, y díjole: Vuelve á Balac, y así has de decir. ¹⁷ Y vino á él, y he aquí que él estaba junto á su holocausto, y con él los príncipes de Moab: y díjole Balac: ¿Qué ha dicho Jehová? ¹⁸ Entonces él tomó su parábola, y dijo: Balac, levántate y oye; escucha mis palabras, hijo de Zippor: ¹⁹ Dios no es hombre, para que mienta; ni hijo de hombre para que se arrepienta: el dijo, ¿y no hará?; habló, ¿y no lo ejecutará? ²⁰ He aquí, yo he tomado bendición: y él bendijo, y no podré revocarla. ²¹ No ha notado iniquidad en Jacob, ni ha visto perversidad en Israel: Jehová su Dios es con él, y júbilo de rey en él. ²² Dios los ha sacado de Egipto; tiene fuerzas como de unicornio. ²³ Porque en Jacob no hay agüero, ni adivinación en Israel: como ahora, será dicho de Jacob y de Israel: ¡Lo que ha hecho Dios! ²⁴ He aquí el pueblo, que como león se levantará, y como león se erguirá: no se echará hasta que coma la presa, y beba la sangre de los muertos. ²⁵ Entonces Balac dijo á Balaam: Ya que no lo maldices, ni tampoco lo bendigas. ²⁶ Y Balaam respondió, y dijo á Balac: ¿No te he dicho que todo lo que Jehová me dijere, aquello tengo de hacer? ²⁷ Y dijo Balac á Balaam: Ruégote que vengas, te llevaré á otro lugar; por ventura parecerá bien á Dios que desde allí me lo maldigas. ²⁸ Y Balac llevó á Balaam á la cumbre de Peor, que mira hacia Jesimón. ²⁹ Entonces Balaam dijo á Balac: Edifícame aquí siete altares, y prepárame aquí siete becerros y siete carneros. ³⁰ Y Balac hizo como Balaam le dijo; y ofreció un becerro y un carnero en cada altar.

24

¹ Y COMO vió Balaam que parecía bien á Jehová que él bendijese á Israel, no fué, como la primera y segunda vez, á encuentro de agüeros, sino que puso su rostro hacia el desierto; ² Y alzando sus ojos, vió á Israel alojado por sus tribus; y el espíritu de Dios vino sobre él. ³ Entonces tomó su parábola, y dijo: Dijo Balaam hijo de Beor, y dijo el varón de ojos abiertos: ⁴ Dijo el que oyó los dichos de Dios, el que vió la visión del Omnipotente; caído, mas abiertos los ojos: ⁵ ¡Cuán hermosas son tus tiendas, oh Jacob, tus habitaciones, oh Israel! ⁶ Como arroyos están extendidas, como huertos junto al río, como lináloes plantados por Jehová, como cedros junto á las aguas. ⁷ De sus manos destilarán aguas, y su simiente será en muchas aguas: y ensalzarse ha su rey más que Agag, y su reino será ensalzado. ⁸ Dios lo sacó de Egipto; tiene fuerzas como de unicornio: comerá á las gentes sus enemigas, y desmenuzará sus huesos, y asaeteará con sus saetas. ⁹ Se encorvará para echarse como león, y como leona; ¿quién lo despertará? Benditos los que te bendijeren, y malditos los que te maldijeren. ¹⁰ Entonces se encendió la ira de Balac contra Balaam, y batiendo sus palmas le dijo: Para maldecir á mis enemigos te he llamado, y he aquí los has resueltamente bendecido ya tres veces. ¹¹ Húyete, por tanto, ahora á tu lugar: yo dije que te honraría, mas he aquí que Jehová te ha privado de honra. ¹² Y Balaam le respondió: ¿No lo declaré yo también á tus mensajeros que me enviaste, diciendo: ¹³ Si Balac me diese su casa llena de plata y oro, yo no podré traspasar el dicho de Jehová para hacer cosa buena ni mala de mi arbitrio; mas lo que Jehová hablare, eso diré yo? ¹⁴ He aquí yo me voy ahora á mi pueblo: por tanto, ven, te indicaré lo que este

pueblo ha de hacer á tu pueblo en los postrimeros días. [15] Y tomó su parábola, y dijo: Dijo Balaam hijo de Beor, dijo el varón de ojos abiertos: [16] Dijo el que oyó los dichos de Jehová, y el que sabe la ciencia del Altísimo, el que vió la visión del Omnipotente; caído, mas abiertos los ojos: [17] Verélo, mas no ahora: lo miraré, mas no de cerca: saldrá ESTRELLA de Jacob, y levantaráse cetro de Israel, y herirá los cantones de Moab, y destruirá á todos los hijos de Seth. [18] Y será tomada Edom, será también tomada Seir por sus enemigos, e Israel se portará varonilmente. [19] Y el de Jacob se enseñoreará, y destruirá de la ciudad lo que quedare. [20] Y viendo á Amalec, tomó su parábola, y dijo: Amalec, cabeza de gentes; mas su postrimería perecerá para siempre. [21] Y viendo al Cineo, tomó su parábola, y dijo: Fuerte es tu habitación, pon en la peña tu nido: [22] Que el Cineo será echado, cuando Assur te llevará cautivo. [23] Todavía tomó su parábola, y dijo: ¡Ay! ¿quién vivirá cuando hiciere Dios estas cosas? [24] Y *vendrán* navíos de la costa de Cittim, y afligirán á Assur, afligirán también á Eber: mas él también perecerá para siempre. [25] Entonces se levantó Balaam, y se fué, y volvióse á su lugar: y también Balac se fué por su camino.

25

[1] Y REPOSÓ Israel en Sittim, y el pueblo empezó á fornicar con las hijas de Moab: [2] Las cuales llamaron al pueblo á los sacrificios de sus dioses: y el pueblo comió, é inclinóse á sus dioses. [3] Y allegóse el pueblo á Baal-peor; y el furor de Jehová se encendió contra Israel. [4] Y Jehová dijo á Moisés: Toma todos los príncipes del pueblo, y ahórcalos á Jehová delante del sol; y la ira del furor de Jehová se apartará de Israel. [5] Entonces Moisés dijo á los jueces de Israel: Matad cada uno á aquellos de los suyos que se han allegado á Baal-peor. [6] Y he aquí un varón de los hijos de Israel vino y trajo una Madianita á sus hermanos, á ojos de Moisés y de toda la congregación de los hijos de Israel, llorando ellos á la puerta del tabernáculo del testimonio. [7] Y viólo Phinees, hijo de Eleazar, hijo de Aarón el sacerdote, y levantóse de en medio de la congregación, y tomó una lanza en su mano: [8] Y fué tras el varón de Israel á la tienda, y alanceólos á ambos, al varón de Israel, y á la mujer por su vientre. Y cesó la mortandad de los hijos de Israel. [9] Y murieron de aquella mortandad veinte y cuatro mil. [10] Entonces Jehová habló á Moisés, diciendo: [11] Phinees, hijo de Eleazar, hijo de Aarón el sacerdote, ha hecho tornar mi furor de los hijos de Israel, llevado de celo entre ellos: por lo cual yo no he consumido en mi celo á los hijos de Israel. [12] Por tanto di*les*: He aquí yo establezco mi pacto de paz con él: [13] Y tendrá él, y su simiente después de él, el pacto del sacerdocio perpetuo; por cuanto tuvo celo por su Dios, é hizo expiación por los hijos de Israel. [14] Y el nombre del varón muerto, que fué muerto con la Madianita, era Zimri hijo de Salu, jefe de una familia de la tribu de Simeón. [15] Y el nombre de la mujer Madianita muerta, era Cozbi, hija de Zur, príncipe de pueblos, padre de familia en Madián. [16] Y Jehová habló á Moisés, diciendo: [17] Hostilizaréis á los Madianitas, y los heriréis: [18] Por cuanto ellos os afligieron á vosotros con sus ardides, con que os han engañado en el negocio de Peor, y en el negocio de Cozbi, hija del príncipe de Madián, su hermana, la cual fué muerta el día de la mortandad por causa de Peor.

26

[1] Y ACONTECIÓ después de la mortandad, que Jehová habló á Moisés, y á Eleazar hijo del sacerdote Aarón, diciendo: [2] Tomad la suma de toda la congregación de los hijos de Israel, de veinte años arriba, por las casas de sus padres, todos los que puedan salir á la guerra en Israel. [3] Y Moisés y Eleazar el sacerdote hablaron con ellos en los campos de Moab, junto al Jordán de Jericó, diciendo: [4] Contaréis el pueblo de veinte años arriba, como mandó Jehová á Moisés y á los hijos de Israel, que habían salido de tierra de Egipto. [5] Rubén primogénito de Israel: los hijos de Rubén: Hanoc, del cual era la

familia de los Hanochîtas; de Phallú, la familia de los Phalluitas; 6 De Hesrón, la familia de los Hesronitas; de Carmi, la familia de los Carmitas. 7 Estas son las familias de los Rubenitas: y sus contados fueron cuarenta y tres mil setecientos y treinta. 8 Y los hijos de Phallú: Eliab. 9 Y los hijos de Eliab: Nemuel, y Dathán, y Abiram. Estos Dathán y Abiram fueron los del consejo de la congregación, que hicieron el motín contra Moisés y Aarón con la compañía de Coré, cuando se amotinaron contra Jehová; 10 Que la tierra abrió su boca y tragó á ellos y á Coré, cuando aquella compañía murió, cuando consumió el fuego doscientos y cincuenta varones, los cuales fueron por señal. 11 Mas los hijos de Coré no murieron. 12 Los hijos de Simeón por sus familias: de Nemuel, la familia de los Nemuelitas; de Jamín, la familia de los Jaminitas; de Jachîn, la familia de los Jachînitas; 13 De Zera, la familia de los Zeraitas; de Saul, la familia de los Saulitas. 14 Estas son las familias de los Simeonitas, veinte y dos mil y doscientos. 15 Los hijos de Gad por sus familias: de Zephón, la familia de los Zephonitas; de Aggi, la familia de los Aggitas; de Suni, la familia de los Sunitas; 16 De Ozni, la familia de los Oznitas; de Eri, la familia de los Eritas; 17 De Aroz, la familia de los Aroditas; de Areli, la familia de los Arelitas. 18 Estas son las familias de Gad, por sus contados, cuarenta mil y quinientos. 19 Los hijos de Judá: Er y Onán; y Er y Onán murieron en la tierra de Canaán. 20 Y fueron los hijos de Judá por sus familias: de Sela, la familia de los Selaitas; de Phares, la familia de los Pharesitas; de Zera, la familia de los Zeraitas. 21 Y fueron los hijos de Phares: de Hesrón, la familia de los Hesronitas; de Hamul, la familia de los Hamulitas. 22 Estas son las familias de Judá, por sus contados, setenta y seis mil y quinientos. 23 Los hijos de Issachâr por sus familias: de Thola, la familia de los Tholaitas; de Puá la familia de los Puanitas; 24 De Jasub, la familia de los Jasubitas; de Simron, la familia de los Simronitas. 25 Estas son las familias de Issachâr, por sus contados, sesenta y cuatro mil y trescientos. 26 Los hijos de Zabulón por sus familias: de Sered, la familia de los Sereditas; de Elón, la familia de los Elonitas; de Jalel, la familia de los Jalelitas. 27 Estas son las familias de los Zabulonitas, por sus contados, sesenta mil y quinientos. 28 Los hijos de José por sus familias: Manasés y Ephraim. 29 Los hijos de Manasés: de Machîr, la familia de los Machîritas; y Machîr engendró á Galaad; de Galaad, la familia de los Galaaditas. 30 Estos son los hijos de Galaad: de Jezer, la familia de los Jezeritas; de Helec, la familia de los Helecitas; 31 De Asriel, la familia de los Asrielitas: de Sechêm, la familia de los Sechêmitas; 32 De Semida, la familia de los Semidaitas; de Hepher, la familia de los Hepheritas. 33 Y Salphaad, hijo de Hepher, no tuvo hijos sino hijas: y los nombres de las hijas de Salphaad fueron Maala, y Noa, y Hogla, y Milca, y Tirsa. 34 Estas son las familias de Manasés; y sus contados, cincuenta y dos mil y setecientos. 35 Estos son los hijos de Ephraim por sus familias: de Suthala, la familia de los Suthalaitas; de Bechêr, la familia de los Bechêritas; de Tahan, la familia de los Tahanitas. 36 Y estos son los hijos de Suthala: de Herán, la familia de los Heranitas. 37 Estas son las familias de los hijos de Ephraim, por sus contados, treinta y dos mil y quinientos. Estos son los hijos de José por sus familias. 38 Los hijos de Benjamín por sus familias: de Bela, la familia de los Belaitas; de Asbel, la familia de los Asbelitas; de Achîram, la familia de los Achîramitas; 39 De Supham, la familia de los Suphamitas; de Hupham, la familia de los Huphamitas. 40 Y los hijos de Bela fueron Ard y Naamán: *de Ard*, la familia de los Arditas; de Naamán, la familia de los Naamanitas. 41 Estos son los hijos de Benjamín por sus familias; y sus contados, cuarenta y cinco mil y seiscientos. 42 Estos son los hijos de Dan por sus familias: de Suham, la familia de los Suhamitas. Estas son las familias de Dan por sus familias. 43 Todas las familias de los Suhamitas, por sus contados, sesenta y cuatro mil y cuatrocientos. 44 Los hijos de Aser por sus familias: de Imna, la familia de los Imnaitas; de Issui, la familia de los Issuitas; de Beria, la familia de los Beriaitas. 45 Los hijos de Beria: de Heber, la familia de los Heberitas; de Malchîel, la familia de los Malchîelitas. 46 Y el nombre de la hija de Aser fué Sera. 47 Estas son las familias de los hijos de Aser, por sus contados, cincuenta y tres mil y cuatrocientos. ⁴⁸ Los hijos de Nephtalí por sus familias: de Jahzeel, la familia de los Jahzeelitas; de Guni, la familia de los Gunitas; ⁴⁹ De Jeser, la familia de los Jeseritas; de Sillem, la familia de los Sillemitas. ⁵⁰ Estas son las familias de Nephtalí por sus familias; y sus contados, cuarenta y cinco mil y cuatrocientos. ⁵¹ Estos son los contados de los hijos de Israel, seiscientos y un mil setecientos y treinta. ⁵² Y habló Jehová á Moisés, diciendo: ⁵³ A estos se repartirá la tierra en heredad, por la cuenta de los nombres. ⁵⁴ A los más darás mayor heredad, y á los menos menor; y á cada uno se le dará su heredad conforme á sus contados. ⁵⁵ Empero la tierra será repartida por suerte; y por los nombres de las tribus de sus padres heredarán. ⁵⁶ Conforme á la suerte será repartida su heredad entre el grande y el pequeño. ⁵⁷ Y los contados de los Levitas por sus familias son estos: de Gersón, la familia de los Gersonitas; de Coath, la familia de los Coathitas; de Merari, la familia de los Meraritas. ⁵⁸ Estas son las familias de los Levitas: la familia de los Libnitas, la familia de los Hebronitas, la familia de los Mahalitas, la familia de los Musitas, la familia de los Coritas. Y Coath engendró á Amram. ⁵⁹ Y la mujer de Amram se llamó Jochâbed, hija de Leví, la cual nació á Leví en Egipto: ésta parió de Amram á Aarón y á Moisés, y á María su hermana. ⁶⁰ Y á Aarón nacieron Nadab y Abiú, Eleazar é Ithamar. ⁶¹ Mas Nadab y Abiú murieron, cuando ofrecieron fuego extraño delante de Jehová. ⁶² Y los contados de los Levitas fueron veinte y tres mil, todos varones de un mes arriba: porque no fueron contados entre los hijos de Israel, por cuanto no les había de ser dada heredad entre los hijos de Israel. ⁶³ Estos son los contados por Moisés y Eleazar el sacerdote, los cuales contaron los hijos de Israel en los campos de Moab, junto al Jordán de Jericó. ⁶⁴ Y entre estos ninguno hubo de los contados por Moisés y Aarón el sacerdote, los cuales contaron á los hijos de Israel en el desierto de Sinaí. ⁶⁵ Porque Jehová les dijo: Han de morir en el desierto: y no quedó varón de ellos, sino Caleb hijo de Jephone, y Josué hijo de Nun.

27

¹ Y LAS hijas de Salphaad, hijo de Hepher, hijo de Galaad, hijo de Machîr, hijo de Manasés, de las familias de Manasés, hijo de José, los nombres de las cuales eran Maala, y Noa, y Hogla, y Milca, y Tirsa, llegaron; ² Y presentáronse delante de Moisés, y delante del sacerdote Eleazar, y delante de los príncipes, y de toda la congregación, á la puerta del tabernáculo del testimonio, y dijeron: ³ Nuestro padre murió en el desierto, el cual no estuvo en la junta que se reunió contra Jehová en la compañía de Coré: sino que en su pecado murió, y no tuvo hijos. ⁴ ¿Por qué será quitado el nombre de nuestro padre de entre su familia, por no haber tenido hijo? Danos heredad entre los hermanos de nuestro padre. ⁵ Y Moisés llevó su causa delante de Jehová. ⁶ Y Jehová respondió á Moisés, diciendo: ⁷ Bien dicen las hijas de Salphaad: has de darles posesión de heredad entre los hermanos de su padre; y traspasarás la heredad de su padre á ellas. ⁸ Y á los hijos de Israel hablarás, diciendo: Cuando alguno muriere sin hijos, traspasaréis su herencia á su hija: ⁹ Y si no tuviere hija, daréis su herencia á sus hermanos: ¹⁰ Y si no tuviere hermanos, daréis su herencia á los hermanos de su padre. ¹¹ Y si su padre no tuviere hermanos, daréis su herencia á su pariente más cercano de su linaje, el cual la poseerá: y será á los hijos de Israel por estatuto de derecho, como Jehová mandó á Moisés. ¹² Y Jehová dijo á Moisés: Sube á este monte Abarim, y verás la tierra que he dado á los hijos de Israel. ¹³ Y después que la habrás visto, tú también serás reunido á tus pueblos, como fué reunido tu hermano Aarón: ¹⁴ Pues fuisteis rebeldes á mi dicho en el desierto de Zin, en la rencilla de la congregación, para santificarme en las aguas á ojos de ellos. Estas son las aguas de la rencilla de Cades en el desierto de Zin. ¹⁵ Entonces respondió Moisés á Jehová, diciendo: ¹⁶ Ponga Jehová, Dios de los espíritus de toda carne, varón sobre la congregación, ¹⁷ Que salga delante de ellos, y que entre delante de ellos,

que los saque y los introduzca; porque la congregación de Jehová no sea como ovejas sin pastor. 18 Y Jehová dijo á Moisés: Toma á Josué hijo de Nun, varón en el cual hay espíritu, y pondrás tu mano sobre él; 19 Y ponerlo has delante de Eleazar el sacerdote, y delante de toda la congregación; y le darás órdenes en presencia de ellos. 20 Y pondrás de tu dignidad sobre él, para que toda la congregación de los hijos de Israel *le* obedezcan. 21 Y él estará delante de Eleazar el sacerdote, y á él preguntará por el juicio del Urim delante de Jehová: por el dicho de él saldrán, y por el dicho de él entrarán, él, y todos los hijos de Israel con él, y toda la congregación. 22 Y Moisés hizo como Jehová le había mandado; que tomó á Josué, y le puso delante de Eleazar el sacerdote, y de toda la congregación: 23 Y puso sobre él sus manos, y dióle órdenes, como Jehová había mandado por mano de Moisés.

28

1 Y HABLÓ Jehová á Moisés, diciendo: 2 Manda á los hijos de Israel, y diles: Mi ofrenda, mi pan con mis ofrendas encendidas en olor á mí agradable, guardaréis, ofreciéndomelo á su tiempo. 3 Y les dirás: Esta es la ofrenda encendida que ofreceréis á Jehová: dos corderos sin tacha de un año, cada un día, *será* el holocausto continuo. 4 El un cordero ofrecerás por la mañana, y el otro cordero ofrecerás entre las dos tardes: 5 Y la décima de un epha de flor de harina, amasada con una cuarta de un hin de aceite molido, en presente. 6 Es holocausto continuo, que fué hecho en el monte de Sinaí en olor de suavidad, ofrenda encendida á Jehová. 7 Y su libación, la cuarta de un hin con cada cordero: derramarás libación de superior vino á Jehová en el santuario. 8 Y ofrecerás el segundo cordero entre las dos tardes: conforme á la ofrenda de la mañana, y conforme á su libación ofrecerás, ofrenda encendida en olor de suavidad á Jehová. 9 Mas el día del sábado dos corderos de un año sin defecto, y dos décimas de flor de harina amasada con aceite, por presente, con su libación: 10 Es el holocausto del sábado en cada sábado, además del holocausto continuo, y su libación. 11 Y en los principios de vuestros meses ofreceréis en holocausto á Jehová dos becerros de la vacada, y un carnero, y siete corderos de un año sin defecto; 12 Y tres décimas de flor de harina amasada con aceite, por presente con cada becerro; y dos décimas de flor de harina amasada con aceite, por presente con cada carnero; 13 Y una décima de flor de harina amasada con aceite, en ofrenda por presente con cada cordero: holocausto de olor suave, ofrenda encendida á Jehová. 14 Y sus libaciones de vino, medio hin con cada becerro, y el tercio de un hin con cada carnero, y la cuarta de un hin con cada cordero. Este es el holocausto de cada mes por todos los meses del año. 15 Y un macho cabrío en expiación se ofrecerá á Jehová, además del holocausto continuo con su libación. 16 Mas en el mes primero, á los catorce del mes será la pascua de Jehová. 17 Y á los quince días de aqueste mes, la solemnidad: por siete días se comerán ázimos. 18 El primer día, santa convocación; ninguna obra servil haréis: 19 Y ofreceréis por ofrenda encendida en holocausto á Jehová dos becerros de la vacada, y un carnero, y siete corderos de un año: sin defecto los tomaréis: 20 Y su presente de harina amasada con aceite: tres décimas con cada becerro, y dos décimas con cada carnero ofreceréis; 21 Con cada uno de los siete corderos ofreceréis una décima; 22 Y un macho cabrío por expiación, para reconciliaros. 23 Esto ofreceréis además del holocausto de la mañana, que es el holocausto continuo. 24 Conforme á esto ofreceréis cada uno de los siete días, vianda y ofrenda encendida en olor de suavidad á Jehová; ofrecerse ha, además del holocausto continuo, con su libación. 25 Y el séptimo día tendréis santa convocación: ninguna obra servil haréis. 26 Además el día de las primicias, cuando ofreciereis presente nuevo á Jehová en vuestras semanas, tendréis santa convocación: ninguna obra servil haréis: 27 Y ofreceréis en holocausto, en olor de suavidad á Jehová, dos becerros de la vacada, un carnero, siete corderos de un año: 28 Y el presente de ellos,

flor de harina amasada con aceite, tres décimas con cada becerro, dos décimas con cada carnero, ²⁹ Con cada uno de los siete corderos una décima; ³⁰ Un macho cabrío, para hacer expiación por vosotros. ³¹ Los ofreceréis, además del holocausto continuo con sus presentes, y sus libaciones: sin defecto los tomaréis.

29

¹ Y EL séptimo mes, al primero del mes tendréis santa convocación: ninguna obra servil haréis; os será día de sonar las trompetas. ² Y ofreceréis holocausto por olor de suavidad á Jehová, un becerro de la vacada, un carnero, siete corderos de un año sin defecto; ³ Y el presente de ellos, de flor de harina amasada con aceite, tres décimas con cada becerro, dos décimas con cada carnero, ⁴ Y con cada uno de los siete corderos, una décima; ⁵ un macho cabrío por expiación, para reconciliaros: ⁶ Además del holocausto del mes, y su presente, y el holocausto continuo y su presente, y sus libaciones, conforme á su ley, por ofrenda encendida á Jehová en olor de suavidad. ⁷ Y en el diez de este mes séptimo tendréis santa convocación, y afligiréis vuestras almas: ninguna obra haréis: ⁸ Y ofreceréis en holocausto á Jehová por olor de suavidad, un becerro de la vacada, un carnero, siete corderos de un año; sin defecto los tomaréis: ⁹ Y sus presentes, flor de harina amasada con aceite, tres décimas con cada becerro, dos décimas con cada carnero, ¹⁰ Y con cada uno de los siete corderos, una décima; ¹¹ Un macho cabrío por expiación: además de la ofrenda de las expiaciones por el pecado, y del holocausto continuo, y de sus presentes, y de sus libaciones. ¹² También á los quince días del mes séptimo tendréis santa convocación; ninguna obra servil haréis, y celebraréis solemnidad á Jehová por siete días; ¹³ Y ofreceréis en holocausto, en ofrenda encendida á Jehová en olor de suavidad, trece becerros de la vacada, dos carneros, catorce corderos de un año: han de ser sin defecto; ¹⁴ Y los presentes de ellos, de flor de harina amasada con aceite, tres décimas con cada uno de los trece becerros, dos décimas con cada uno de los dos carneros, ¹⁵ Y con cada uno de los catorce corderos, una décima; ¹⁶ Y un macho cabrío por expiación: además del holocausto continuo, su presente y su libación. ¹⁷ Y el segundo día, doce becerros de la vacada, dos carneros, catorce corderos de un año sin defecto; ¹⁸ Y sus presentes y sus libaciones con los becerros, con los carneros, y con los corderos, según el número de ellos, conforme á la ley; ¹⁹ Y un macho cabrío por expiación: además del holocausto continuo, y su presente y su libación. ²⁰ Y el día tercero, once becerros, dos carneros, catorce corderos de un año sin defecto; ²¹ Y sus presentes y sus libaciones con los becerros, con los carneros, y con los corderos, según el número de ellos, conforme á la ley; ²² Y un macho cabrío por expiación: además del holocausto continuo, y su presente y su libación. ²³ Y el cuarto día, diez becerros, dos carneros, catorce corderos de un año sin defecto; ²⁴ Sus presentes y sus libaciones con los becerros, con los carneros, y con los corderos, según el número de ellos, conforme á la ley; ²⁵ Y un macho cabrío por expiación: además del holocausto continuo, su presente y su libación. ²⁶ Y el quinto día, nueve becerros, dos carneros, catorce corderos de un año sin defecto; ²⁷ Y sus presentes y sus libaciones con los becerros, con los carneros, y con los corderos, según el número de ellos, conforme á la ley; ²⁸ Y un macho cabrío por expiación: además del holocausto continuo, su presente y su libación. ²⁹ Y el sexto día, ocho becerros, dos carneros, catorce corderos de un año sin defecto; ³⁰ Y sus presentes y sus libaciones con los becerros, con los carneros, y con los corderos, según el número de ellos, conforme á la ley; ³¹ Y un macho cabrío por expiación: además del holocausto continuo, su presente y sus libaciones. ³² Y el séptimo día, siete becerros, dos carneros, catorce corderos de un año sin defecto; ³³ Y sus presentes y sus libaciones con los becerros, con los carneros, y con los corderos, según el número de ellos, conforme á la ley; ³⁴ Y un macho cabrío por expiación: además del holocausto continuo, con su presente y su libación. ³⁵ El octavo

día tendréis solemnidad: ninguna obra servil haréis: ³⁶ Y ofreceréis en holocausto, en ofrenda encendida de olor suave á Jehová, un novillo, un carnero, siete corderos de un año sin defecto; ³⁷ Sus presentes y sus libaciones con el novillo, con el carnero, y con los corderos, según el número de ellos, conforme á la ley; ³⁸ Y un macho cabrío por expiación: además del holocausto continuo, con su presente y su libación. ³⁹ Estas cosas ofreceréis á Jehová en vuestras solemnidades, además de vuestros votos, y de vuestras ofrendas libres, para vuestros holocaustos, y para vuestros presentes, y para vuestras libaciones, y para vuestras paces. ⁴⁰

30

¹ Y MOISÉS dijo á los hijos de Israel, conforme á todo lo que Jehová le había mandado. ² Y habló Moisés á los príncipes de las tribus de los hijos de Israel, diciendo: Esto es lo que Jehová ha mandado. ³ Cuando alguno hiciere voto á Jehová, ó hiciere juramento ligando su alma con obligación, no violará su palabra: hará conforme á todo lo que salió de su boca. ⁴ Mas la mujer, cuando hiciere voto á Jehová, y se ligare con obligación en casa de su padre, en su mocedad; ⁵ Si su padre oyere su voto, y la obligación con que ligó su alma, y su padre callare á ello, todos los votos de ella serán firmes, y toda obligación con que hubiere ligado su alma, firme será. ⁶ Mas si su padre le vedare el día que oyere todos sus votos y sus obligaciones, con que ella hubiere ligado su alma, no serán firmes; y Jehová la perdonará, por cuanto su padre le vedó. ⁷ Empero si fuere casada, é hiciere votos, ó pronunciare de sus labios cosa con que obligue su alma; ⁸ Si su marido lo oyere, y cuando lo oyere callare á ello, los votos de ella serán firmes, y la obligación con que ligó su alma, firme será. ⁹ Pero si cuando su marido lo oyó, le vedó, entonces el voto que ella hizo, y lo que pronunció de sus labios con que ligó su alma, será nulo; y Jehová lo perdonará. ¹⁰ Mas todo voto de viuda, ó repudiada, con que ligare su alma, será firme. ¹¹ Y si hubiere hecho voto en casa de su marido, y hubiere ligado su alma con obligación de juramento, ¹² Si su marido oyó, y calló á ello, y no le vedó; entonces todos sus votos serán firmes, y toda obligación con que hubiere ligado su alma, firme será. ¹³ Mas si su marido los anuló el día que los oyó; todo lo que salió de sus labios cuanto á sus votos, y cuanto á la obligación de su alma, será nulo; su marido los anuló, y Jehová la perdonará. ¹⁴ Todo voto, ó todo juramento obligándose á afligir el alma, su marido lo confirmará, ó su marido lo anulará. ¹⁵ Empero si su marido callare á ello de día en día, entonces confirmó todos sus votos, y todas las obligaciones que están sobre ella: confirmólas, por cuanto calló á ello el día que lo oyó. ¹⁶ Mas si las anulare después de haberlas oído, entonces él llevará el pecado de ella. Estas son las ordenanzas que Jehová mandó á Moisés entre el varón y su mujer, entre el padre y su hija, durante su mocedad en casa de su padre.

31

¹ Y JEHOVÁ habló á Moisés, diciendo: ² Haz la venganza de los hijos de Israel sobre los Madianitas; después serás recogido á tus pueblos. ³ Entonces Moisés habló al pueblo, diciendo: Armaos algunos de vosotros para la guerra, é irán contra Madián, y harán la venganza de Jehová en Madián. ⁴ Mil de cada tribu de todas las tribus de los hijos de Israel, enviaréis á la guerra. ⁵ Así fueron dados de los millares de Israel, mil por cada tribu, doce mil á punto de guerra. ⁶ Y Moisés los envió á la guerra: mil de cada tribu envió: y Phinees, hijo de Eleazar sacerdote, *fué* á la guerra con los santos instrumentos, con las trompetas en su mano para tocar. ⁷ Y pelearon contra Madián, como Jehová lo mandó á Moisés, y mataron á todo varón. ⁸ Mataron también, entre los muertos de ellos, á los reyes de Madián: Evi, y Recem, y Zur, y Hur, y Reba, cinco reyes de Madián: á Balaam también, hijo de Beor, mataron á cuchillo. ⁹ Y llevaron cautivas los hijos de Israel las mujeres de los Madianitas, y sus chiquitos y todas sus bestias, y

todos sus ganados; y arrebataron toda su hacienda. ¹⁰ Y abrasaron con fuego todas sus ciudades, aldeas y castillos. ¹¹ Y tomaron todo el despojo, y toda la presa, así de hombres como de bestias. ¹² Y trajeron á Moisés, y á Eleazar el sacerdote, y á la congregación de los hijos de Israel, los cautivos y la presa y los despojos, al campo en los llanos de Moab, que están junto al Jordán de Jericó. ¹³ Y salieron Moisés y Eleazar el sacerdote, y todos los príncipes de la congregación, á recibirlos fuera del campo. ¹⁴ Y enojóse Moisés contra los capitanes del ejército, *contra* los tribunos y centuriones que volvían de la guerra; ¹⁵ Y díjoles Moisés: ¿Todas las mujeres habéis reservado? ¹⁶ He aquí ellas fueron á los hijos de Israel, por consejo de Balaam, para causar prevaricación contra Jehová en el negocio de Peor; por lo que hubo mortandad en la congregación de Jehová. ¹⁷ Matad pues ahora todos los varones entre los niños: matad también toda mujer que haya conocido varón carnalmente. ¹⁸ Y todas las niñas entre las mujeres, que no hayan conocido ayuntamiento de varón, os reservaréis vivas. ¹⁹ Y vosotros quedaos fuera del campo siete días: y todos los que hubieren matado persona, y cualquiera que hubiere tocado muerto, os purificaréis al tercero y al séptimo día, vosotros y vuestros cautivos. ²⁰ Asimismo purificaréis todo vestido, y toda prenda de pieles, y toda obra de pelos de cabra, y todo vaso de madera. ²¹ Y Eleazar el sacerdote dijo á los hombres de guerra que venían de la guerra: Esta es la ordenanza de la ley que Jehová ha mandado á Moisés: ²² Ciertamente el oro, y la plata, metal, hierro, estaño, y plomo, ²³ Todo lo que resiste el fuego, por fuego *lo* haréis pasar, y será limpio, bien que en las aguas de purificación habrá de purificarse: mas haréis pasar por agua todo lo que no aguanta el fuego. ²⁴ Además lavaréis vuestros vestidos el séptimo día, y así seréis limpios; y después entraréis en el campo. ²⁵ Y Jehová habló á Moisés, diciendo: ²⁶ Toma la cuenta de la presa que se ha hecho, así de las personas como de las bestias, tú y el sacerdote Eleazar, y las cabezas de los padres de la congregación: ²⁷ Y partirás por mitad la presa entre los que pelearon, los que salieron á la guerra, y toda la congregación. ²⁸ Y apartarás para Jehová el tributo de los hombres de guerra, que salieron á la guerra: de quinientos uno, así de las personas como de los bueyes, de los asnos, y de las ovejas: ²⁹ De la mitad de ellos lo tomarás; y darás á Eleazar el sacerdote la ofrenda de Jehová. ³⁰ Y de la mitad perteneciente á los hijos de Israel tomarás uno de cincuenta, de las personas, de los bueyes, de los asnos, y de las ovejas, de todo animal; y los darás á los Levitas, que tienen la guarda del tabernáculo de Jehová. ³¹ E hicieron Moisés y Eleazar el sacerdote como Jehová mandó á Moisés. ³² Y fué la presa, el resto de la presa que tomaron los hombres de guerra, seiscientas y setenta y cinco mil ovejas, ³³ Y setenta y dos mil bueyes, ³⁴ Y setenta y un mil asnos; ³⁵ Y en cuanto á personas, de mujeres que no habían conocido ayuntamiento de varón, en todas treinta y dos mil. ³⁶ Y la mitad, la parte de los que habían salido á la guerra, fué el número de trescientas treinta y siete mil y quinientas ovejas. ³⁷ Y el tributo para Jehová de las ovejas, fué seiscientas setenta y cinco. ³⁸ Y de los bueyes, treinta y seis mil: y de ellos el tributo para Jehová, setenta y dos. ³⁹ Y de los asnos, treinta mil y quinientos: y de ellos el tributo para Jehová, setenta y uno. ⁴⁰ Y de las personas, diez y seis mil: y de ellas el tributo para Jehová, treinta y dos personas. ⁴¹ Y dió Moisés el tributo, por elevada ofrenda á Jehová, á Eleazar el sacerdote, como Jehová lo mandó á Moisés. ⁴² Y de la mitad para los hijos de Israel, que apartó Moisés de los hombres que habían ido á la guerra; ⁴³ (La mitad para la congregación fué: de las ovejas, trescientas treinta y siete mil y quinientas; ⁴⁴ Y de los bueyes, treinta y seis mil; ⁴⁵ Y de los asnos, treinta mil y quinientos; ⁴⁶ Y de las personas, diez y seis mil:) ⁴⁷ De la mitad, pues, para los hijos de Israel tomó Moisés uno de cada cincuenta, así de las personas como de los animales, y diólos á los Levitas, que tenían la guarda del tabernáculo de Jehová; como Jehová lo había mandado á Moisés. ⁴⁸ Y llegaron á Moisés los jefes de los millares de aquel ejército, los tribunos y centuriones; ⁴⁹ Y dijeron á Moisés: Tus siervos han tomado razón de los hombres de guerra que están en nuestro poder, y ninguno ha faltado de nosotros. ⁵⁰ Por lo cual hemos ofrecido á Jehová ofrenda, cada uno de lo que ha hallado, vasos de oro, brazaletes, manillas, anillos, zarcillos, y cadenas, para hacer expiación por nuestras almas delante de Jehová. ⁵¹ Y Moisés y el sacerdote Eleazar recibieron el oro de ellos, alhajas, todas elaboradas. ⁵² Y todo el oro de la ofrenda que ofrecieron á Jehová de los tribunos y centuriones, fué diez y seis mil setecientos y cincuenta siclos. ⁵³ Los hombres del ejército habían pillado cada uno para sí. ⁵⁴ Recibieron, pues, Moisés y el sacerdote Eleazar, el oro de los tribunos y centuriones, y trajéronlo al tabernáculo del testimonio, por memoria de los hijos de Israel delante de Jehová.

32

¹ Y LOS hijos de Rubén y los hijos de Gad tenían una muy grande muchedumbre de ganado; los cuales viendo la tierra de Jazer y de Galaad, parecióles el país lugar de ganado. ² Y vinieron los hijos de Gad y los hijos de Rubén, y hablaron á Moisés, y á Eleazar el sacerdote, y á los príncipes de la congregación, diciendo: ³ Ataroth, y Dibón, y Jazer, y Nimra, y Hesbón, y Eleale, y Sabán, y Nebo, y Beón, ⁴ La tierra que Jehová hirió delante de la congregación de Israel, es tierra de ganado, y tus siervos tienen ganado. ⁵ Por tanto, dijeron, si hallamos gracia en tus ojos, dése esta tierra á tus siervos en heredad, y no nos hagas pasar el Jordán. ⁶ Y respondió Moisés á los hijos de Gad y á los hijos de Rubén: ¿Vendrán vuestros hermanos á la guerra, y vosotros os quedaréis aquí? ⁷ ¿Y por qué prevenís el ánimo de los hijos de Israel, para que no pasen á la tierra que les ha dado Jehová? ⁸ Así hicieron vuestros padres, cuando los envié desde Cades-barnea para que viesen la tierra. ⁹ Que subieron hasta la arroyada de Escol, y después que vieron la tierra, preocuparon el ánimo de los hijos de Israel, para que no viniesen á la tierra que Jehová les había dado. ¹⁰ Y el furor de Jehová se encendió entonces, y juró diciendo: ¹¹ Que no verán los varones que subieron de Egipto de veinte años arriba, la tierra por la cual juré á Abraham, Isaac, y Jacob, por cuanto no fueron perfectos en pos de mí; ¹² Excepto Caleb, hijo de Jephone Cenezeo, y Josué hijo de Nun, que fueron perfectos en pos de Jehová. ¹³ Y el furor de Jehová se encendió en Israel, é hízolos andar errantes cuarenta años por el desierto, hasta que fué acabada toda aquella generación, que había hecho mal delante de Jehová. ¹⁴ Y he aquí vosotros habéis sucedido en lugar de vuestros padres, prole de hombres pecadores, para añadir aún á la ira de Jehová contra Israel. ¹⁵ Si os volviereis de en pos de él, él volverá otra vez á dejaros en el desierto, y destruiréis á todo este pueblo. ¹⁶ Entonces ellos se llegaron á él y dijeron: Edificaremos aquí majadas para nuestro ganado, y ciudades para nuestros niños; ¹⁷ Y nosotros nos armaremos, é iremos con diligencia delante de los hijos de Israel, hasta que los metamos en su lugar: y nuestros niños quedarán en ciudades fuertes á causa de los moradores del país. ¹⁸ No volveremos á nuestras casas hasta que los hijos de Israel posean cada uno su heredad. ¹⁹ Porque no tomaremos heredad con ellos al otro lado del Jordán ni adelante, por cuanto tendremos ya nuestra heredad de estotra parte del Jordán al oriente. ²⁰ Entonces les respondió Moisés: Si lo hiciereis así, si os apercibiereis para ir delante de Jehová á la guerra, ²¹ Y pasareis todos vosotros armados el Jordán delante de Jehová, hasta que haya echado á sus enemigos de delante de sí, ²² Y sea el país sojuzgado delante de Jehová; luego volveréis, y seréis libres de culpa para con Jehová, y para con Israel; y esta tierra será vuestra en heredad delante de Jehová. ²³ Mas si así no lo hiciereis, he aquí habréis pecado á Jehová; y sabed que os alcanzará vuestro pecado. ²⁴ Edificaos ciudades para vuestros niños, y majadas para vuestras ovejas, y haced lo que ha salido de vuestra boca. ²⁵ Y hablaron los hijos de Gad y los hijos de Rubén á Moisés, diciendo: Tus siervos harán como mi señor ha mandado. ²⁶ Nuestros

niños, nuestras mujeres, nuestros ganados, y todas nuestras bestias, estarán ahí en las ciudades de Galaad; ²⁷ Y tus siervos, armados todos de guerra, pasarán delante de Jehová á la guerra, de la manera que mi señor dice. ²⁸ Entonces los encomendó Moisés á Eleazar el sacerdote, y á Josué hijo de Nun, y á los príncipes de los padres de las tribus de los hijos de Israel. ²⁹ Y díjoles Moisés: Si los hijos de Gad y los hijos de Rubén, pasaren con vosotros el Jordán, armados todos de guerra delante de Jehová, luego que el país fuere sojuzgado delante de vosotros, les daréis la tierra de Galaad en posesión: ³⁰ Mas si no pasaren armados con vosotros, entonces tendrán posesión entre vosotros en la tierra de Canaán. ³¹ Y los hijos de Gad y los hijos de Rubén respondieron, diciendo: Haremos lo que Jehová ha dicho á tus siervos. ³² Nosotros pasaremos armados delante de Jehová á la tierra de Canaán, y la posesión de nuestra heredad será de esta parte del Jordán. ³³ Así les dió Moisés á los hijos de Gad y á los hijos de Rubén, y á la media tribu de Manasés hijo de José, el reino de Sehón rey Amorrheo, y el reino de Og rey de Basán, la tierra con sus ciudades y términos, las ciudades del país alrededor. ³⁴ Y los hijos de Gad edificaron á Dibón, y á Ataroth, y á Aroer, ³⁵ Y á Atroth-sophan, y á Jazer, y á Jogbaa, ³⁶ Y á Beth-nimra, y á Betharán: ciudades fuertes, y también majadas para ovejas. ³⁷ Y los hijos de Rubén edificaron á Hesbón, y á Eleale, y á Kiriathaim, ³⁸ Y á Nebo, y á Baal-meón, (mudados los nombres), y á Sibma: y pusieron nombres á las ciudades que edificaron. ³⁹ Y los hijos de Machîr hijo de Manasés fueron á Galaad, y tomáronla, y echaron al Amorrheo que estaba en ella. ⁴⁰ Y Moisés dió Galaad á Machîr hijo de Manasés, el cual habitó en ella. ⁴¹ También Jair hijo de Manasés fué y tomó sus aldeas, y púsoles por nombre Havoth-jair. ⁴² Asimismo Noba fué y tomó á Kenath y sus aldeas, y llamóle Noba, conforme á su nombre.

33

¹ ESTAS son las estancias de los hijos de Israel, los cuales salieron de la tierra de Egipto por sus escuadrones, bajo la conducta de Moisés y Aarón. ² Y Moisés escribió sus salidas conforme á sus jornadas por mandato de Jehová. Estas, pues, son sus estancias con arreglo á sus partidas. ³ De Rameses partieron en el mes primero, á los quince días del mes primero: el segundo día de la pascua salieron los hijos de Israel con mano alta, á ojos de todos los Egipcios. ⁴ *Estaban* enterrando los Egipcios los que Jehová había muerto de ellos, á todo primogénito; habiendo Jehová hecho también juicios en sus dioses. ⁵ Partieron, pues, los hijos de Israel de Rameses, y asentaron campo en Succoth. ⁶ Y partiendo de Succoth, asentaron en Etham, que está al cabo del desierto. ⁷ Y partiendo de Etham, volvieron sobre Pi-hahiroth, que está delante de Baalsephon, y asentaron delante de Migdol. ⁸ Y partiendo de Pi-hahiroth, pasaron por medio de la mar al desierto, y anduvieron camino de tres días por el desierto de Etham, y asentaron en Mara. ⁹ Y partiendo de Mara, vinieron á Elim, donde había doce fuentes de aguas, y setenta palmeras; y asentaron allí. ¹⁰ Y partidos de Elim, asentaron junto al mar Bermejo. ¹¹ Y partidos del mar Bermejo, asentaron en el desierto de Sin. ¹² Y partidos del desierto de Sin, asentaron en Dophca. ¹³ Y partidos de Dophca, asentaron en Alús. ¹⁴ Y partidos de Alús, asentaron en Rephidim, donde el pueblo no tuvo aguas para beber. ¹⁵ Y partidos de Rephidim, asentaron en el desierto de Sinaí. ¹⁶ Y partidos del desierto de Sinaí, asentaron en Kibroth-hataava. ¹⁷ Y partidos de Kibroth-hataava, asentaron en Haseroth. ¹⁸ Y partidos de Haseroth, asentaron en Ritma. ¹⁹ Y partidos de Ritma, asentaron en Rimmón-peres. ²⁰ Y partidos de Rimmón-peres, asentaron en Libna. ²¹ Y partidos de Libna, asentaron en Rissa. ²² Y partidos de Rissa, asentaron en Ceelatha. ²³ Y partidos de Ceelatha, asentaron en el monte de Sepher. ²⁴ Y partidos del monte de Sepher, asentaron en Harada. ²⁵ Y partidos de Harada, asentaron en Maceloth. ²⁶ Y partidos de Maceloth, asentaron en Tahath. ²⁷ Y partidos de Tahath, asentaron en

Tara. ²⁸ Y partidos de Tara, asentaron en Mithca. ²⁹ Y partidos de Mithca, asentaron en Hasmona. ³⁰ Y partidos de Hasmona, asentaron en Moseroth. ³¹ Y partidos de Moseroth, asentaron en Bene-jaacán. ³² Y partidos de Bene-jaacán, asentaron en el monte de Gidgad. ³³ Y partidos del monte de Gidgad, asentaron en Jotbatha. ³⁴ Y partidos de Jotbatha, asentaron en Abrona. ³⁵ Y partidos de Abrona, asentaron en Esion-geber. ³⁶ Y partidos de Esion-geber, asentaron en el desierto de Zin, que es Cades. ³⁷ Y partidos de Cades, asentaron en el monte de Hor, en la extremidad del país de Edom. ³⁸ Y subió Aarón el sacerdote al monte de Hor, conforme al dicho de Jehová, y allí murió á los cuarenta años de la salida de los hijos de Israel de la tierra de Egipto, en el mes quinto, en el primero del mes. ³⁹ Y era Aarón de edad de ciento y veinte y tres años, cuando murió en el monte de Hor. ⁴⁰ Y el Cananeo, rey de Arad, que habitaba al mediodía en la tierra de Canaán, oyó como habían venido los hijos de Israel. ⁴¹ Y partidos del monte de Hor, asentaron en Salmona. ⁴² Y partidos de Salmona, asentaron en Phunón. ⁴³ Y partidos de Phunón, asentaron en Oboth. ⁴⁴ Y partidos de Oboth, asentaron en Ije-abarim; en el término de Moab. ⁴⁵ Y partidos de Ije-abarim, asentaron en Dibon-gad. ⁴⁶ Y partidos de Dibon-gad, asentaron en Almon-diblathaim. ⁴⁷ Y partidos de Almon-diblathaim, asentaron en los montes de Abarim, delante de Nebo. ⁴⁸ Y partidos de los montes de Abarim, asentaron en los campos de Moab, junto al Jordán de Jericó. ⁴⁹ Finalmente asentaron junto al Jordán, desde Beth-jesimoth hasta Abel-sitim, en los campos de Moab. ⁵⁰ Y habló Jehová á Moisés en los campos de Moab junto al Jordán de Jericó, diciendo: ⁵¹ Habla á los hijos de Israel, y diles: Cuando hubiereis pasado el Jordán á la tierra de Canaán, ⁵² Echaréis á todos los moradores del país de delante de vosotros, y destruiréis todas sus pinturas, y todas sus imágenes de fundición, y arruinaréis todos sus altos; ⁵³ Y echaréis *los moradores de* la tierra, y habitaréis en ella; porque yo os la he dado para que la poseáis. ⁵⁴ Y heredaréis la tierra por suertes por vuestras familias: á los muchos daréis mucho por su heredad, y á los pocos daréis menos por heredad suya: donde le saliere la suerte, allí la tendrá cada uno: por las tribus de vuestros padres heredaréis. ⁵⁵ Y si no echareis los moradores del país de delante de vosotros, sucederá que los que dejareis de ellos serán por aguijones en vuestros ojos, y por espinas en vuestros costados, y afligiros han sobre la tierra en que vosotros habitareis. ⁵⁶ Será además, que haré á vosotros como yo pensé hacerles á ellos.

34

¹ Y JEHOVÁ habló á Moisés, diciendo: ² Manda á los hijos de Israel, y diles: Cuando hubiereis entrado en la tierra de Canaán, es á saber, la tierra que os ha de caer en heredad, la tierra de Canaán según sus términos; ³ Tendréis el lado del mediodía desde el desierto de Zin hasta los términos de Edom; y os será el término del mediodía al extremo del mar salado hacia el oriente: ⁴ Y este término os irá rodeando desde el mediodía hasta la subida de Acrabbim, y pasará hasta Zin; y sus salidas serán del mediodía á Cades-barnea; y saldrá á Hasar-addar, y pasará hasta Asmón; ⁵ Y rodeará este término, desde Asmón hasta el torrente de Egipto, y sus remates serán al occidente. ⁶ Y el término occidental os será la gran mar: este término os será el término occidental. ⁷ Y el término del norte será este: desde la gran mar os señalaréis el monte de Hor; ⁸ Del monte de Hor señalaréis á la entrada de Hamath, y serán las salidas de aquel término á Sedad; ⁹ Y saldrá este término á Ziphón, y serán sus remates en Hasar-enán: este os será el término del norte. ¹⁰ Y por término al oriente os señalaréis desde Hasar-enán hasta Sepham; ¹¹ Y bajará este término desde Sepham á Ribla, al oriente de Ain: y descenderá el término, y llegará á la costa de la mar de Cinnereth al oriente; ¹² Después descenderá este término al Jordán, y serán sus salidas al mar Salado: esta será vuestra tierra: por sus términos alrededor. ¹³ Y mandó Moisés á los hijos de Israel, diciendo: Esta es la tierra que heredaréis por suerte,

la cual mandó Jehová que diese á las nueve tribus, y á la media tribu: ¹⁴ Porque la tribu de los hijos de Rubén según las casas de sus padres, y la tribu de los hijos de Gad según las casas de sus padres, y la media tribu de Manasés, han tomado su herencia: ¹⁵ Dos tribus y media tomaron su heredad de esta parte del Jordán de Jericó al oriente, al nacimiento del sol. ¹⁶ Y habló Jehová á Moisés, diciendo: ¹⁷ Estos son los nombres de los varones que os aposesionarán la tierra: Eleazar el sacerdote, y Josué hijo de Nun. ¹⁸ Tomaréis también de cada tribu un príncipe, para dar la posesión de la tierra. ¹⁹ Y estos son los nombres de los varones: De la tribu de Judá, Caleb hijo de Jephone. ²⁰ Y de la tribu de los hijos de Simeón, Samuel hijo de Ammiud. ²¹ De la tribu de Benjamín, Elidad hijo de Chislón. ²² Y de la tribu de los hijos de Dan, el príncipe Bucci hijo de Jogli. ²³ De los hijos de José: de la tribu de los hijos de Manasés, el príncipe Haniel hijo de Ephod. ²⁴ Y de la tribu de los hijos de Ephraim, el príncipe Chêmuel hijo de Siphtán. ²⁵ Y de la tribu de los hijos de Zabulón, el príncipe Elisaphán hijo de Pharnach. ²⁶ Y de la tribu de los hijos de Issachâr, el príncipe Paltiel hijo de Azan. ²⁷ Y de la tribu de los hijos de Aser, el príncipe Ahiud hijo de Selomi. ²⁸ Y de la tribu de los hijos de Nephtalí, el príncipe Pedael hijo de Ammiud. ²⁹ Estos son á los que mandó Jehová que hiciesen la partición de la herencia á los hijos de Israel en la tierra de Canaán.

35

¹ Y HABLÓ Jehová á Moisés en los campos de Moab, junto al Jordán de Jericó, diciendo: ² Manda á los hijos de Israel, que den á los Levitas de la posesión de su heredad ciudades en que habiten: también daréis á los Levitas los ejidos de esas ciudades alrededor de ellas. ³ Y tendrán ellos las ciudades para habitar, y los ejidos de ellas serán para sus animales, y para sus ganados, y para todas sus bestias. ⁴ Y los ejidos de las ciudades que daréis á los Levitas, serán mil codos alrededor, desde el muro de la ciudad para afuera. ⁵ Luego mediréis fuera de la ciudad á la parte del oriente dos mil codos, y á la parte del mediodía dos mil codos, y á la parte del occidente dos mil codos, y á la parte del norte dos mil codos, y la ciudad en medio: esto tendrán por los ejidos de las ciudades. ⁶ Y de las ciudades que daréis á los Levitas, seis ciudades serán de acogimiento, las cuales daréis para que el homicida se acoja allá: y además de éstas daréis cuarenta y dos ciudades. ⁷ Todas las ciudades que daréis á los Levitas serán cuarenta y ocho ciudades; ellas con sus ejidos. ⁸ Y las ciudades que diereis de la heredad de los hijos de Israel, del *que* mucho tomaréis mucho, y del *que* poco tomaréis poco: cada uno dará de sus ciudades á los Levitas según la posesión que heredará. ⁹ Y habló Jehová á Moisés, diciendo: ¹⁰ Habla á los hijos de Israel, y diles: Cuando hubiereis pasado el Jordán á la tierra de Canaán, ¹¹ Os señalaréis ciudades, ciudades de acogimiento tendréis, donde huya el homicida que hiriere á alguno de muerte por yerro. ¹² Y os serán aquellas ciudades por acogimiento del pariente, y no morirá el homicida hasta que esté á juicio delante de la congregación. ¹³ De las ciudades, pues, que daréis, tendréis seis ciudades de acogimiento. ¹⁴ Tres ciudades daréis de esta parte del Jordán, y tres ciudades daréis en la tierra de Canaán; las cuales serán ciudades de acogimiento. ¹⁵ Estas seis ciudades serán para acogimiento á los hijos de Israel, y al peregrino, y al que morare entre ellos, para que huya allá cualquiera que hiriere de muerte á otro por yerro. ¹⁶ Y si con instrumento de hierro lo hiriere y muriere, homicida es; el homicida morirá: ¹⁷ Y si con piedra de mano, de que pueda morir, lo hiriere, y muriere, homicida es; el homicida morirá. ¹⁸ Y si con instrumento de palo de mano, de que pueda morir, lo hiriere, y muriere, homicida es; el homicida morirá. ¹⁹ El pariente del muerto, él matará al homicida: cuando lo encontrare, él le matará. ²⁰ Y si por odio lo empujó, ó echó sobre él *alguna cosa* por asechanzas, y muere; ²¹ O por enemistad lo hirió con su mano, y murió: el heridor morirá; es homicida; el pariente del muerto matará al homicida, cuando lo

encontrare. ²² Mas si casualmente lo empujó sin enemistades, ó echó sobre él cualquier instrumento sin asechanzas, ²³ O bien, sin verlo, hizo caer sobre él alguna piedra, de que pudo morir, y muriere, y él no era su enemigo, ni procuraba su mal; ²⁴ Entonces la congregación juzgará entre el heridor y el pariente del muerto conforme á estas leyes: ²⁵ Y la congregación librará al homicida de mano del pariente del muerto, y la congregación lo hará volver á su ciudad de acogimiento, á la cual se había acogido; y morará en ella hasta que muera el gran sacerdote, el cual fué ungido con el aceite santo. ²⁶ Y si el homicida saliere fuera del término de su ciudad de refugio, á la cual se acogió, ²⁷ Y el pariente del muerto le hallare fuera del término de la ciudad de su acogida, y el pariente del muerto al homicida matare, no se le culpará *por ello*: ²⁸ Pues en su ciudad de refugio deberá *aquél* habitar hasta que muera el gran sacerdote: y después que muriere el gran sacerdote, el homicida volverá á la tierra de su posesión. ²⁹ Y estas cosas os serán por ordenanza de derecho por vuestras edades, en todas vuestras habitaciones. ³⁰ Cualquiera que hiriere á alguno, por dicho de testigos, morirá el homicida: mas un solo testigo no hará fe contra alguna persona para que muera. ³¹ Y no tomaréis precio por la vida del homicida; porque está condenado á muerte: mas indefectiblemente morirá. ³² Ni tampoco tomaréis precio del que huyó á su ciudad de refugio, para que vuelva á vivir en su tierra, hasta que muera el sacerdote. ³³ Y no contaminaréis la tierra donde estuviereis: porque esta sangre amancillará la tierra: y la tierra no será expiada de la sangre que fué derramada en ella, sino por la sangre del que la derramó. ³⁴ No contaminéis, pues, la tierra donde habitáis, en medio de la cual yo habito; porque yo Jehová habito en medio de los hijos de Israel.

36

¹ Y LLEGARON los príncipes de los padres de la familia de Galaad, hijo de Machîr, hijo de Manasés, de las familias de los hijos de José; y hablaron delante de Moisés, y de los príncipes, cabezas de padres de los hijos de Israel, ² Y dijeron: Jehová mandó á mi señor que por suerte diese la tierra á los hijos de Israel en posesión: también ha mandado Jehová á mi señor, que dé la posesión de Salphaad nuestro hermano á sus hijas; ³ Las cuales, si se casaren con algunos de los hijos de las *otras* tribus de los hijos de Israel, la herencia de ellas será así desfalcada de la herencia de nuestros padres, y será añadida á la herencia de la tribu á que serán *unidas*: y será quitada de la suerte de nuestra heredad. ⁴ Y cuando viniere el jubileo de los hijos de Israel, la heredad de ellas será añadida á la heredad de la tribu de sus maridos; y así la heredad de ellas será quitada de la heredad de la tribu de nuestros padres. ⁵ Entonces Moisés mandó á los hijos de Israel por dicho de Jehová, diciendo: La tribu de los hijos de José habla rectamente. ⁶ Esto es lo que ha mandado Jehová acerca de las hijas de Salphaad, diciendo: Cásense como á ellas les pluguiere, empero en la familia de la tribu de su padre se casarán; ⁷ Para que la heredad de los hijos de Israel no sea traspasada de tribu en tribu; porque cada uno de los hijos de Israel se allegará á la heredad de la tribu de sus padres. ⁸ Y cualquiera hija que poseyere heredad de las tribus de los hijos de Israel, con alguno de la familia de la tribu de su padre se casará, para que los hijos de Israel posean cada uno la heredad de sus padres, ⁹ Y no ande la heredad rodando de una tribu á otra: mas cada una de las tribus de los hijos de Israel se llegue á su heredad. ¹⁰ Como Jehová mandó á Moisés, así hicieron las hijas de Salphaad. ¹¹ Y *así* Maala, y Tirsa, y Hogla, y Milchâ, y Noa, hijas de Salphaad, se casaron con hijos de sus tíos: ¹² De la familia de los hijos de Manasés, hijo de José, fueron mujeres; y la heredad de ellas quedó en la tribu de la familia de su padre. ¹³ Estos son los mandamientos y los estatutos que mandó Jehová por mano de Moisés á los hijos de Israel en los campos de Moab, junto al Jordán de Jericó.

Deuteronomio

¹ ESTAS son las palabras que habló Moisés á todo Israel de esta parte del Jordán en el desierto, en el llano delante del mar Bermejo, entre Parán, y Thopel, y Labán, y Haseroth, y Dizahab. ² Once jornadas hay desde Horeb, camino del monte de Seir, hasta Cades-barnea. ³ Y fué, que á los cuarenta años, en el mes undécimo, al primero del mes, Moisés habló á los hijos de Israel conforme á todas las cosas que Jehová le había mandado acerca de ellos; ⁴ Después que hirió á Sehón rey de los Amorrheos, que habitaba en Hesbón, y á Og rey de Basán, que habitaba en Astarot en Edrei: ⁵ De esta parte del Jordán, en tierra de Moab, resolvió Moisés declarar esta ley, diciendo: ⁶ Jehová nuestro Dios nos habló en Horeb, diciendo: Harto habéis estado en este monte; ⁷ Volveos, partíos é id al monte del Amorrheo, y á todas sus comarcas, en el llano, en el monte, y en los valles, y al mediodía, y á la costa de la mar, á la tierra del Cananeo, y el Líbano, hasta el gran río, el río Eufrates. ⁸ Mirad, yo he dado la tierra en vuestra presencia; entrad y poseed la tierra que Jehová juró á vuestros padres Abraham, Isaac, y Jacob, que les daría á ellos y á su simiente después de ellos. ⁹ Y yo os hablé entonces, diciendo: Yo no puedo llevaros solo: ¹⁰ Jehová vuestro Dios os ha multiplicado, y he aquí sois hoy vosotros como las estrellas del cielo en multitud. ¹¹ ¡Jehová Dios de vuestros padres añada sobre vosotros como sois mil veces, y os bendiga, como os ha prometido! ¹² ¿Cómo llevaré yo solo vuestras molestias, vuestras cargas, y vuestros pleitos? ¹³ Dadme de entre vosotros, de vuestras tribus, varones sabios y entendidos y expertos, para que yo los ponga por vuestros jefes. ¹⁴ Y me respondisteis, y dijisteis: Bueno es hacer lo que has dicho. ¹⁵ Y tomé los principales de vuestras tribus, varones sabios y expertos, y púselos por jefes sobre vosotros, jefes de millares, y jefes de cientos, y jefes de cincuenta, y cabos de diez, y gobernadores á vuestras tribus. ¹⁶ Y entonces mandé á vuestros jueces, diciendo: Oid entre vuestros hermanos, y juzgad justamente entre el hombre y su hermano, y el que le es extranjero. ¹⁷ No tengáis respeto de personas en el juicio: así al pequeño como al grande oiréis: no tendréis temor de ninguno, porque el juicio es de Dios: y la causa que os fuere difícil, la traeréis á mí, y yo la oiré. ¹⁸ Os mandé, pues, en aquel tiempo todo lo que habíais de hacer. ¹⁹ Y partidos de Horeb, anduvimos todo aquel grande y terrible desierto que habéis visto, por el camino del monte del Amorrheo, como Jehová nuestro Dios nos lo mandó; y llegamos hasta Cades-barnea. ²⁰ Entonces os dije: Llegado habéis al monte del Amorrheo, el cual Jehová nuestro Dios nos da. ²¹ Mira, Jehová tu Dios ha dado delante de ti la tierra: sube y poséela, como Jehová el Dios de tus padres te ha dicho; no temas ni desmayes. ²² Y llegasteis á mí todos vosotros, y dijisteis: Enviemos varones delante de nosotros, que nos reconozcan la tierra y nos traigan de vuelta razón del camino por donde hemos de subir, y de las ciudades adonde hemos de llegar. ²³ Y el dicho me pareció bien: y tomé doce varones de vosotros, un varón por tribu: ²⁴ Y se encaminaron, y subieron al monte, y llegaron hasta la arroyada de Escol, y reconocieron la tierra. ²⁵ Y tomaron en sus manos del fruto del país, y nos lo trajeron, y diéronnos cuenta, y dijeron: Es buena la tierra que Jehová nuestro Dios nos da. ²⁶ Empero no quisisteis subir, antes fuisteis rebeldes al dicho de Jehová vuestro Dios; ²⁷ Y murmurasteis en vuestras tiendas, diciendo: Porque Jehová nos aborrecía, nos ha sacado de tierra de Egipto, para entregarnos en mano del Amorrheo para destruirnos. ²⁸ ¿A dónde subimos? Nuestros hermanos han hecho desfallecer nuestro corazón, diciendo: Este pueblo es mayor y más alto que nosotros, las ciudades grandes y muradas hasta el cielo; y también vimos allí hijos de gigantes. ²⁹ Entonces os dije: No temáis, ni tengáis miedo de ellos. ³⁰ Jehová vuestro Dios, el cual va delante

de vosotros, él peleará por vosotros, conforme á todas las cosas que hizo por vosotros en Egipto delante de vuestros ojos; ³¹ Y en el desierto has visto que Jehová tu Dios te ha traído, como trae el hombre á su hijo, por todo el camino que habéis andado, hasta que habéis venido á este lugar. ³² Y aun con esto no creisteis en Jehová vuestro Dios, ³³ El cual iba delante de vosotros por el camino, para reconoceros el lugar donde habíais de asentar el campo, con fuego de noche para mostraros el camino por donde anduvieseis, y con nube de día. ³⁴ Y oyó Jehová la voz de vuestras palabras, y enojóse, y juró diciendo: ³⁵ No verá hombre alguno de estos de esta mala generación, la buena tierra que juré había de dar á vuestros padres, ³⁶ Excepto Caleb hijo de Jephone: él la verá, y á él le daré la tierra que pisó, y á sus hijos; porque cumplió en pos de Jehová. ³⁷ Y también contra mí se airó Jehová por vosotros, diciendo: Tampoco tú entrarás allá: ³⁸ Josué hijo de Nun, que está delante de ti, él entrará allá: anímale; porque él la hará heredar á Israel. ³⁹ Y vuestros chiquitos, de los cuales dijisteis serán por presa, y vuestros hijos que no saben hoy bueno ni malo, ellos entrarán allá, y á ellos la daré, y ellos la heredarán. ⁴⁰ Y vosotros volveos, y partíos al desierto camino del mar Bermejo. ⁴¹ Entonces respondisteis y me dijisteis: Pecado hemos contra Jehová; nosotros subiremos y pelearemos, conforme á todo lo que Jehová nuestro Dios nos ha mandado. Y os armasteis cada uno de sus armas de guerra, y os apercibisteis para subir al monte. ⁴² Y Jehová me dijo: Diles: No subáis, ni peleéis, pues no estoy entre vosotros; porque no seáis heridos delante de vuestros enemigos. ⁴³ Y os hablé, y no disteis oído; antes fuisteis rebeldes al dicho de Jehová, y persistiendo con altivez, subisteis al monte. ⁴⁴ Y salió el Amorrheo, que habitaba en aquel monte, á vuestro encuentro, y os persiguieron, como hacen las avispas, y os derrotaron en Seir, *persiguiéndoos* hasta Horma. ⁴⁵ Y volvisteis, y llorasteis delante de Jehová; pero Jehová no escuchó vuestra voz, ni os prestó oído. ⁴⁶ Y estuvisteis en Cades por muchos días, como en los días que habéis estado.

2

¹ Y VOLVIMOS, y partímonos al desierto camino del mar Bermejo, como Jehová me había dicho; y rodeamos el monte de Seir por muchos días. ² Y Jehová me habló, diciendo: ³ Harto habéis rodeado este monte; volveos al aquilón. ⁴ Y manda al pueblo, diciendo: Pasando vosotros por el término de vuestros hermanos los hijos de Esaú, que habitan en Seir, ellos tendrán miedo de vosotros; mas vosotros guardaos mucho: ⁵ No os metáis con ellos; que no os daré de su tierra ni aun la holladura de la planta de un pie; porque yo he dado por heredad á Esaú el monte de Seir. ⁶ Compraréis de ellos por dinero las viandas, y comeréis; y también compraréis de ellos el agua, y beberéis: ⁷ Pues Jehová tu Dios te ha bendecido en toda obra de tus manos: él sabe que andas por este gran desierto: estos cuarenta años Jehová tu Dios fué contigo; y ninguna cosa te ha faltado. ⁸ Y pasamos de nuestros hermanos los hijos de Esaú, que habitaban en Seir, por el camino de la llanura de Elath y de Esiongeber. Y volvimos, y pasamos camino del desierto de Moab. ⁹ Y Jehová me dijo: No molestes á Moab, ni te empeñes con ellos en guerra, que no te daré posesión de su tierra; porque yo he dado á Ar por heredad á los hijos de Lot. ¹⁰ (Los Emimeos habitaron en ella antes, pueblo grande, y numeroso, y alto como gigantes: ¹¹ Por gigantes eran ellos también contados, como los Anaceos; y los Moabitas los llaman Emimeos. ¹² Y en Seir habitaron antes los Horeos, á los cuales echaron los hijos de Esaú; y los destruyeron de delante de sí, y moraron en lugar de ellos; como hizo Israel en la tierra de su posesión que les dió Jehová.) ¹³ Levantaos ahora, y pasad el arroyo de Zered. Y pasamos el arroyo de Zered. ¹⁴ Y los días que anduvimos de Cades-barnea hasta que pasamos el arroyo de Zered, fueron treinta y ocho años; hasta que se acabó toda la generación de los hombres de guerra de en medio del campo, como Jehová les había jurado. ¹⁵ Y también la mano de Jehová fué sobre ellos

para destruirlos de en medio del campo, hasta acabarlos. ¹⁶ Y aconteció que cuando se hubieron acabado de morir todos los hombres de guerra de entre el pueblo, ¹⁷ Jehová me habló, diciendo: ¹⁸ Tú pasarás hoy el término de Moab, á Ar, ¹⁹ Y te acercarás delante de los hijos de Ammón: no los molestes, ni te metas con ellos; porque no te tengo de dar posesión de la tierra de los hijos de Ammón; que á los hijos de Lot la he dado por heredad. ²⁰ (Por tierra de gigantes fué también ella tenida: habitaron en ella gigantes en otro tiempo, á los cuales los Ammonitas llamaban Zomzommeos; ²¹ Pueblo grande, y numeroso, y alto, como los Anaceos; á los cuales Jehová destruyó de delante de los Ammonitas, quienes les sucedieron, y habitaron en su lugar: ²² Como hizo con los hijos de Esaú, que habitaban en Seir, de delante de los cuales destruyó á los Horeos; y ellos les sucedieron, y habitaron en su lugar hasta hoy. ²³ Y á los Heveos que habitaban en Haserin hasta Gaza, los Caftoreos que salieron de Caftor los destruyeron, y habitaron en su lugar.) ²⁴ Levantaos, partid, y pasad el arroyo de Arnón: he aquí he dado en tu mano á Sehón rey de Hesbón, Amorrheo, y á su tierra: comienza á tomar posesión, y empéñate con él en guerra. ²⁵ Hoy comenzaré á poner tu miedo y tu espanto sobre los pueblos debajo de todo el cielo; los cuales oirán tu fama, y temblarán, y angustiarse han delante de ti. ²⁶ Y envié mensajeros desde el desierto de Cademoth á Sehón rey de Hesbón, con palabras de paz, diciendo: ²⁷ Pasaré por tu tierra por el camino: por el camino iré, sin apartarme á diestra ni á siniestra: ²⁸ La comida me venderás por dinero, y comeré: el agua también me darás por dinero, y beberé: solamente pasaré á pie; ²⁹ Como lo hicieron conmigo los hijos de Esaú que habitaban en Seir, y los Moabitas que habitaban en Ar; hasta que pase el Jordán á la tierra que nos da Jehová nuestro Dios. ³⁰ Mas Sehón rey de Hesbón no quiso que pasásemos por el *territorio suyo*; porque Jehová tu Dios había endurecido su espíritu, y obstinado su corazón para entregarlo en tu mano, como hoy. ³¹ Y díjome Jehová: He aquí yo he comenzado á dar delante de ti á Sehón y á su tierra; comienza á tomar posesión, para que heredes su tierra. ³² Y saliónos Sehón al encuentro, él y todo su pueblo, para pelear en Jaas. ³³ Mas Jehová nuestro Dios lo entregó delante de nosotros; y herimos á él y á sus hijos, y á todo su pueblo. ³⁴ Y tomamos entonces todas sus ciudades, y destruimos todas las ciudades, hombres, y mujeres, y niños; no dejamos ninguno: ³⁵ Solamente tomamos para nosotros las bestias, y los despojos de las ciudades que habíamos tomado. ³⁶ Desde Aroer, que está junto á la ribera del arroyo de Arnón, y la ciudad que está en el arroyo, hasta Galaad, no hubo ciudad que escapase de nosotros: todas las entregó Jehová nuestro Dios en nuestro poder. ³⁷ Solamente á la tierra de los hijos de Ammón no llegaste, ni á todo lo que está á la orilla del arroyo de Jaboc ni á las ciudades del monte, ni á *lugar* alguno que Jehová nuestro Dios había prohibido.

3

¹ Y VOLVIMOS, y subimos camino de Basán, y saliónos al encuentro Og rey de Basán para pelear, él y todo su pueblo, en Edrei. ² Y díjome Jehová: No tengas temor de él, porque en tu mano he entregado á él y á todo su pueblo, y su tierra: y harás con él como hiciste con Sehón rey Amorrheo, que habitaba en Hesbón. ³ Y Jehová nuestro Dios entregó también en nuestra mano á Og rey de Basán, y á todo su pueblo, al cual herimos hasta no quedar de él ninguno. ⁴ Y tomamos entonces todas sus ciudades; no quedó ciudad que no les tomásemos: sesenta ciudades, toda la tierra de Argob, del reino de Og en Basán. ⁵ Todas éstas eran ciudades fortalecidas con alto muro, con puertas y barras; sin otras muy muchas ciudades sin muro. ⁶ Y destruímoslas, como hicimos á Sehón rey de Hesbón, destruyendo en toda ciudad hombres, mujeres, y niños. ⁷ Y tomamos para nosotros todas las bestias, y los despojos de las ciudades. ⁸ También tomamos en aquel tiempo de mano de dos reyes Amorrheos que estaban de esta parte del Jordán, la tierra desde el arroyo de Arnón hasta el monte de Hermón: ⁹ (Los Sidonios llaman á Hermón

Sirión; y los Amorrheos, Senir:) ¹⁰ Todas las ciudades de la llanura, y todo Galaad, y todo Basán hasta Salchâ y Edrei, ciudades del reino de Og en Basán. ¹¹ Porque sólo Og rey de Basán había quedado de los gigantes que quedaron. He aquí su cama, una cama de hierro, ¿no está en Rabbath de los hijos de Ammón?; la longitud de ella de nueve codos, y su anchura de cuatro codos, al codo de un hombre. ¹² Y esta tierra *que* heredamos entonces desde Aroer, que está al arroyo de Arnón, y la mitad del monte de Galaad con sus ciudades, dí á los Rubenitas y á los Gaditas: ¹³ Y el resto de Galaad, y todo Basán, del reino de Og, dílo á la media tribu de Manasés; toda la tierra de Argob, todo Basán, que se llamaba la tierra de los gigantes. ¹⁴ Jair hijo de Manasés tomó toda la tierra de Argob hasta el término de Gessuri y Machâti; y llamóla de su nombre Basán-havoth-jair, hasta hoy. ¹⁵ Y á Machîr dí á Galaad. ¹⁶ Y á los Rubenitas y Gaditas dí de Galaad hasta el arroyo de Arnón, el medio del arroyo por término; hasta el arroyo de Jaboc, término de los hijos de Ammón: ¹⁷ Asimismo la campiña, y el Jordán, y el término, desde Cinereth hasta la mar del llano, el mar Salado, las vertientes abajo del Pisga al oriente. ¹⁸ Y os mandé entonces, diciendo: Jehová vuestro Dios os ha dado esta tierra para que la poseáis: pasaréis armados delante de vuestros hermanos los hijos de Israel todos los valientes. ¹⁹ Solamente vuestras mujeres, vuestros niños, y vuestros ganados, (yo sé que tenéis mucho ganado,) quedarán en vuestras ciudades que os he dado, ²⁰ Hasta que Jehová dé reposo á vuestros hermanos, así como á vosotros, y hereden también ellos la tierra que Jehová vuestro Dios les da á la otra parte del Jordán: entonces os volveréis cada uno á su heredad que yo os he dado. ²¹ Mandé también á Josué entonces, diciendo: Tus ojos vieron todo lo que Jehová vuestro Dios ha hecho á aquellos dos reyes: así hará Jehová á todos los reinos á los cuales pasarás tú. ²² No los temáis; que Jehová vuestro Dios, él es el que pelea por vosotros. ²³ Y oré á Jehová en aquel tiempo, diciendo: ²⁴ Señor Jehová, tú has comenzado á mostrar á tu siervo tu grandeza, y tu mano fuerte: porque ¿qué dios hay en el cielo ni en la tierra que haga según tus obras, y según tus valentías? ²⁵ Pase yo, ruégote, y vea aquella tierra buena, que está á la parte allá del Jordán, aquel buen monte, y el Líbano. ²⁶ Mas Jehová se había enojado contra mí por causa de vosotros, por lo cual no me oyó: y díjome Jehová: Bástate, no me hables más de este negocio. ²⁷ Sube á la cumbre del Pisga, y alza tus ojos al occidente, y al aquilón, y al mediodía, y al oriente, y ve por tus ojos: porque no pasarás este Jordán. ²⁸ Y manda á Josué, y anímalo, y confórtalo; porque él ha de pasar delante de este pueblo, y él les hará heredar la tierra que verás. ²⁹ Y paramos en el valle delante de Beth-peor.

4

¹ AHORA pues, oh Israel, oye los estatutos y derechos que yo os enseño, para que los ejecutéis, y viváis, y entréis, y poseáis la tierra que Jehová el Dios de vuestros padres te da. ² No añadiréis á la palabra que yo os mando, ni disminuiréis de ella, para que guardéis los mandamientos de Jehová vuestro Dios que yo os ordeno. ³ Vuestros ojos vieron lo que hizo Jehová con motivo de Baal-peor; que á todo hombre que fué en pos de Baal-peor destruyó Jehová tu Dios de en medio de ti. ⁴ Mas vosotros que os allegasteis á Jehová vuestro Dios, todos estáis vivos hoy. ⁵ Mirad, yo os he enseñado estatutos y derechos, como Jehová mi Dios me mandó, para que hagáis así en medio de la tierra en la cual entráis para poseerla. ⁶ Guardadlos, pues, y ponedlos por obra: porque esta es vuestra sabiduría y vuestra inteligencia en ojos de los pueblos, los cuales oirán todos estos estatutos, y dirán: Ciertamente pueblo sabio y entendido, gente grande es ésta. ⁷ Porque ¿qué gente grande hay que tenga los dioses cercanos á sí, como lo está Jehová nuestro Dios en todo cuanto le pedimos? ⁸ Y ¿qué gente grande hay que tenga estatutos y derechos justos, como es toda esta ley que yo pongo hoy delante de vosotros? ⁹ Por tanto, guárdate, y guarda tu alma con diligencia, que no te olvides de las cosas que tus

ojos han visto, ni se aparten de tu corazón todos los días de tu vida: y enseñarlas has á tus hijos, y á los hijos de tus hijos; ¹⁰ El día que estuviste delante de Jehová tu Dios en Horeb, cuando Jehová me dijo: Júntame el pueblo, para que yo les haga oir mis palabras, las cuales aprenderán, para temerme todos los días que vivieren sobre la tierra: y *las* enseñarán á sus hijos; ¹¹ Y os llegasteis, y os pusisteis al pie del monte; y el monte ardía en fuego hasta en medio de los cielos con tinieblas, nube, y oscuridad. ¹² Y habló Jehová con vosotros de en medio del fuego: oisteis la voz de sus palabras, mas á excepción de *oir* la voz, ninguna figura visteis: ¹³ Y él os anunció su pacto, el cual os mandó poner por obra, las diez palabras; y escribiólas en dos tablas de piedra. ¹⁴ A mí también me mandó Jehová entonces enseñaros los estatutos y derechos, para que los pusieseis por obra en la tierra á la cual pasáis para poseerla. ¹⁵ Guardad pues mucho vuestras almas: pues ninguna figura visteis el día que Jehová habló con vosotros de en medio del fuego: ¹⁶ Porque no os corrompáis, y hagáis para vosotros escultura, imagen de figura alguna, efigie de varón ó hembra, ¹⁷ Figura de algún animal que sea en la tierra, figura de ave alguna alada que vuele por el aire, ¹⁸ Figura de ningún *animal* que vaya arrastrando por la tierra, figura de pez alguno que haya en el agua debajo de la tierra: ¹⁹ Y porque alzando tus ojos al cielo, y viendo el sol y la luna y las estrellas, y todo el ejército del cielo, no seas incitado, y te inclines á ellos, y les sirvas; que Jehová tu Dios los ha concedido á todos los pueblos debajo de todos los cielos. ²⁰ Empero á vosotros Jehová os tomó, y os ha sacado del horno de hierro, de Egipto, para que le seáis por pueblo de heredad como en este día. ²¹ Y Jehová se enojó contra mí sobre vuestros negocios, y juró que yo no pasaría el Jordán, ni entraría en la buena tierra, que Jehová tu Dios te da por heredad. ²² Así que yo voy á morir en esta tierra; y no paso el Jordán: mas vosotros pasaréis, y poseeréis aquella buena tierra. ²³ Guardaos no os olvidéis del pacto de Jehová vuestro Dios, que él estableció con vosotros, y os hagáis escultura ó imagen de cualquier cosa, que Jehová tu Dios te ha vedado. ²⁴ Porque Jehová tu Dios es fuego que consume, Dios celoso. ²⁵ Cuando hubiereis engendrado hijos y nietos, y hubiereis envejecido en la tierra, y os corrompiereis, é hiciereis escultura ó imagen de cualquier cosa, é hiciereis mal en ojos de Jehová vuestro Dios, para enojarlo; ²⁶ Yo pongo hoy por testigos al cielo y á la tierra, que presto pereceréis totalmente de la tierra hacia la cual pasáis el Jordán para poseerla: no estaréis en ella largos días sin que seáis destruídos. ²⁷ Y Jehová os esparcirá entre los pueblos, y quedaréis pocos en número entre las gentes á las cuales os llevará Jehová: ²⁸ Y serviréis allí á dioses hechos de manos de hombres, á madera y á piedra, que no ven, ni oyen, ni comen, ni huelen. ²⁹ Mas si desde allí buscares á Jehová tu Dios, lo hallarás, si lo buscares de todo tu corazón y de toda tu alma. ³⁰ Cuando estuviereis en angustia, y te alcanzaren todas estas cosas, si en los postreros días te volvieres á Jehová tu Dios, y oyeres su voz; ³¹ Porque Dios misericordioso es Jehová tu Dios; no te dejará, ni te destruirá, ni se olvidará del pacto de tus padres que les juró. ³² Porque pregunta ahora de los tiempos pasados, que han sido antes de ti, desde el día que crió Dios al hombre sobre la tierra, y desde el un cabo del cielo al otro, si se ha hecho cosa semejante á esta gran cosa, ó se haya oído otra como ella. ³³ ¿Ha oído pueblo la voz de Dios, que hablase de en medio del fuego, como tú la has oído, y vivido? ³⁴ ¿O ha Dios probado á venir á tomar para sí gente de en medio *de otra* gente, con pruebas, con señales, con milagros, y con guerra, y mano fuerte, y brazo extendido, y grandes espantos, según todas las cosas que hizo con vosotros Jehová vuestro Dios en Egipto ante tus ojos? ³⁵ A ti te fué mostrado, para que supieses que Jehová él es Dios; no hay más fuera de él. ³⁶ De los cielos te hizo oir su voz, para enseñarte: y sobre la tierra te mostró su gran fuego: y has oído sus palabras de en medio del fuego. ³⁷ Y por cuanto él amó á tus padres, escogió su simiente después de ellos, y sacóte delante de sí de Egipto con su gran poder; ³⁸ Para echar de delante de ti gentes grandes y más fuertes que tú, y para introducirte, y darte su tierra por heredad, como hoy. ³⁹ Aprende pues hoy, y reduce á tu corazón que Jehová él es el Dios arriba en el cielo, y abajo sobre la tierra; no hay otro. ⁴⁰ Y guarda sus estatutos y sus mandamientos, que yo te mando hoy, para que te vaya bien á ti y á tus hijos después de ti, y prolongues tus días sobre la tierra que Jehová tu Dios te da para siempre. ⁴¹ Entonces apartó Moisés tres ciudades de esta parte del Jordán al nacimiento del sol, ⁴² Para que huyese allí el homicida que matase á su prójimo por yerro, sin haber tenido enemistad con él desde ayer ni antes de ayer; y que huyendo á una de estas ciudades salvara la vida: ⁴³ A Beser en el desierto, en tierra de la llanura, de los Rubenitas; y á Ramoth en Galaad, de los Gaditas; y á Golán en Basán, de los de Manasés. ⁴⁴ Esta, pues, es la ley que Moisés propuso delante de los hijos de Israel. ⁴⁵ Estos son los testimonios, y los estatutos, y los derechos, que Moisés notificó á los hijos de Israel, cuando hubieron salido de Egipto; ⁴⁶ De esta parte del Jordán, en el valle delante de Beth-peor, en la tierra de Sehón rey de los Amorrheos, que habitaba en Hesbón, al cual hirió Moisés con los hijos de Israel, cuando hubieron salido de Egipto: ⁴⁷ Y poseyeron su tierra, y la tierra de Og rey de Basán; dos reyes de los Amorrheos que estaban de esta parte del Jordán, al nacimiento del sol: ⁴⁸ Desde Aroer, que está junto á la ribera del arroyo de Arnón, hasta el monte de Sión, que es Hermón; ⁴⁹ Y toda la llanura de esta parte del Jordán, al oriente, hasta la mar del llano, las vertientes de las aguas abajo del Pisga.

5

¹ Y LLAMÓ Moisés á todo Israel, y díjoles: Oye, Israel, los estatutos y derechos que yo pronuncio hoy en vuestros oídos: y aprendedlos, y guardadlos, para ponerlos por obra. ² Jehová nuestro Dios hizo pacto con nosotros en Horeb. ³ No con nuestros padres hizo Jehová este pacto, sino con nosotros todos los que estamos aquí hoy vivos. ⁴ Cara á cara habló Jehová con vosotros en el monte de en medio del fuego, ⁵ (Yo estaba entonces entre Jehová y vosotros, para denunciaros la palabra de Jehová; porque vosotros tuvisteis temor del fuego, y no subisteis al monte;) diciendo: ⁶ Yo soy Jehová tu Dios, que te saqué de tierra de Egipto, de casa de siervos. ⁷ No tendrás dioses extraños delante de mí. ⁸ No harás para ti escultura, *ni* imagen alguna *de cosa* que está arriba en los cielos, ó abajo en la tierra, ó en las aguas debajo de la tierra: ⁹ No te inclinarás á ellas ni les servirás: porque yo soy Jehová tu Dios, fuerte, celoso, que visito la iniquidad de los padres sobre los hijos, y sobre los terceros, y sobre los cuartos, á los que me aborrecen, ¹⁰ Y que hago misericordia á millares á los que me aman, y guardan mis mandamientos. ¹¹ No tomarás en vano el nombre de Jehová tu Dios; porque Jehová no dará por inocente al que tomare en vano su nombre. ¹² Guardarás el día del reposo para santificarlo, como Jehová tu Dios te ha mandado. ¹³ Seis días trabajarás y harás toda tu obra: ¹⁴ Mas el séptimo es reposo á Jehová tu Dios: ninguna obra harás tú, ni tu hijo, ni tu hija, ni tu siervo, ni tu sierva, ni tu buey, ni tu asno, ni ningún animal tuyo, ni tu peregrino que está dentro de tus puertas: porque descanse tu siervo y tu sierva como tú. ¹⁵ Y acuérdate que fuiste siervo en tierra de Egipto, y que Jehová tu Dios te sacó de allá con mano fuerte y brazo extendido: por lo cual Jehová tu Dios te ha mandado que guardes el día del reposo. ¹⁶ Honra á tu padre y á tu madre, como Jehová tu Dios te ha mandado, para que sean prolongados tus días, y para que te vaya bien sobre la tierra que Jehová tu Dios te da. ¹⁷ No matarás. ¹⁸ No adulterarás. ¹⁹ No hurtarás. ²⁰ No dirás falso testimonio contra tu prójimo. ²¹ No codiciarás la mujer de tu prójimo, ni desearás la casa de tu prójimo, ni su tierra, ni su siervo, ni su sierva, ni su buey, ni su asno, ni ninguna cosa que sea de tu prójimo. ²² Estas palabras habló Jehová á toda vuestra congregación en el monte, de en medio del fuego, de la nube y de la oscuridad, á gran voz: y no añadió más. Y escribiólas en dos tablas de piedra, las cuales me dió á mí. ²³ Y aconteció, que como vosotros oisteis la voz de en medio de las tinieblas, y *visteis* al monte que ardía en fuego, llegasteis á

mí todos los príncipes de vuestras tribus, y vuestros ancianos; ²⁴ Y dijisteis: He aquí, Jehová nuestro Dios nos ha mostrado su gloria y su grandeza, y hemos oído su voz de en medio del fuego: hoy hemos visto que Jehová habla al hombre, y *éste* vive. ²⁵ Ahora pues, ¿por qué moriremos? que este gran fuego nos consumirá: si tornáremos á oir la voz de Jehová nuestro Dios, moriremos. ²⁶ Porque, ¿qué es toda carne, para que oiga la voz del Dios viviente que habla de en medio del fuego, como nosotros *la oímos*, y viva? ²⁷ Llega tú, y oye todas las cosas que dijere Jehová nuestro Dios; y tú nos dirás todo lo que Jehová nuestro Dios te dijere, y nosotros oiremos y haremos. ²⁸ Y oyó Jehová la voz de vuestras palabras, cuando me hablabais; y díjome Jehová: He oído la voz de las palabras de este pueblo, que ellos te han hablado: bien está todo lo que han dicho. ²⁹ ¡Quién diera que tuviesen tal corazón, que me temiesen, y guardasen todos los días todos mis mandamientos, para que á ellos y á sus hijos les fuese bien para siempre! ³⁰ Ve, diles: Volveos á vuestras tiendas. ³¹ Y tú estáte aquí conmigo, y te diré todos los mandamientos, y estatutos, y derechos, que les has de enseñar, á fin que *los* pongan ahora por obra en la tierra que yo les doy para poseerla. ³² Mirad, pues, que hagáis como Jehová vuestro Dios os ha mandado: no os apartéis á diestra ni á siniestra; ³³ Andad en todo camino que Jehová vuestro Dios os ha mandado, para que viváis, y os vaya bien, y tengáis largos días en la tierra que habéis de poseer.

6

¹ ESTOS pues son los mandamientos, estatutos, y derechos que Jehová vuestro Dios mandó que os enseñase, para que los pongáis por obra en la tierra á la cual pasáis vosotros para poseerla: ² Para que temas á Jehová tu Dios, guardando todos sus estatutos y sus mandamientos que yo te mando, tú, y tu hijo, y el hijo de tu hijo, todos los días de tu vida, y que tus días sean prolongados. ³ Oye pues, oh Israel, y cuida de ponerlos por obra, para que te vaya bien, y seáis multiplicados, como te ha dicho Jehová el Dios de tus padres, en la tierra que destila leche y miel. ⁴ Oye, Israel: Jehová nuestro Dios, Jehová uno es: ⁵ Y amarás á Jehová tu Dios de todo tu corazón, y de toda tu alma, y con todo tu poder. ⁶ Y estas palabras que yo te mando hoy, estarán sobre tu corazón: ⁷ Y las repetirás á tus hijos, y hablarás de ellas estando en tu casa, y andando por el camino, y al acostarte, y cuando te levantes: ⁸ Y has de atarlas por señal en tu mano, y estarán por frontales entre tus ojos: ⁹ Y las escribirás en los postes de tu casa, y en tus portadas. ¹⁰ Y será, cuando Jehová tu Dios te hubiere introducido en la tierra que juró á tus padres Abraham, Isaac, y Jacob, que te daría; *en* ciudades grandes y buenas que tú no edificaste, ¹¹ Y casas llenas de todo bien, que tú no henchiste, y cisternas cavadas, que tú no cavaste, viñas y olivares que no plantaste: luego que comieres y te hartares, ¹² Guárdate que no te olvides de Jehová, que te sacó de tierra de Egipto, de casa de siervos. ¹³ A Jehová tu Dios temerás, y á él servirás, y por su nombre jurarás. ¹⁴ No andaréis en pos de dioses ajenos, de los dioses de los pueblos que están en vuestros contornos: ¹⁵ Porque el Dios celoso, Jehová tu Dios, en medio de ti *está*; porque no se inflame el furor de Jehová tu Dios contra ti, y te destruya de sobre la haz de la tierra. ¹⁶ No tentaréis á Jehová vuestro Dios, como lo tentasteis en Massa. ¹⁷ Guardad cuidadosamente los mandamientos de Jehová vuestro Dios, y sus testimonios, y sus estatutos, que te ha mandado. ¹⁸ Y harás lo recto y bueno en ojos de Jehová, para que te vaya bien, y entres y poseas la buena tierra que Jehová juró á tus padres; ¹⁹ Para que él eche á todos tus enemigos de delante de ti, como Jehová ha dicho. ²⁰ Cuando mañana te preguntare tu hijo, diciendo: ¿Qué significan los testimonios, y estatutos, y derechos, que Jehová nuestro Dios os mandó? ²¹ Entonces dirás á tu hijo: Nosotros éramos siervos de Faraón en Egipto, y Jehová nos sacó de Egipto con mano fuerte; ²² Y dió Jehová señales y milagros grandes y nocivos en Egipto, sobre Faraón y sobre toda su casa, delante de nuestros ojos; ²³ Y sacónos de allá, para traernos

y darnos la tierra que juró á nuestros padres; ²⁴ Y mandónos Jehová que ejecutásemos todos estos estatutos, y que temamos á Jehová nuestro Dios, porque nos vaya bien todos los días, y para que nos dé vida, como hoy. ²⁵ Y tendremos justicia cuando cuidáremos de poner por obra todos estos mandamientos delante de Jehová nuestro Dios, como él nos ha mandado.

7

¹ CUANDO Jehová tu Dios te hubiere introducido en la tierra en la cual tú has de entrar para poseerla, y hubiere echado de delante de ti muchas gentes, al Hetheo, al Gergeseo, y al Amorrheo, y al Cananeo, y al Pherezeo, y al Heveo, y al Jebuseo, siete naciones mayores y más fuertes que tú; ² Y Jehová tu Dios las hubiere entregado delante de ti, y las hirieres, del todo las destruirás: no harás con ellos alianza, ni las tomarás á merced. ³ Y no emparentarás con ellos: no darás tu hija á su hijo, ni tomarás á su hija para tu hijo. ⁴ Porque desviará á tu hijo de en pos de mí, y servirán á dioses ajenos; y el furor de Jehová se encenderá sobre vosotros, y te destruirá presto. ⁵ Mas así habéis de hacer con ellos: sus altares destruiréis, y quebraréis sus estatuas, y cortaréis sus bosques, y quemaréis sus esculturas en el fuego. ⁶ Porque tú eres pueblo santo á Jehová tu Dios: Jehová tu Dios te ha escogido para serle un pueblo especial, más que todos los pueblos que están sobre la haz de la tierra. ⁷ No por ser vosotros más que todos los pueblos os ha querido Jehová, y os ha escogido; porque vosotros erais los más pocos de todos los pueblos: ⁸ Sino porque Jehová os amó, y quiso guardar el juramento que juró á vuestros padres, os ha sacado Jehová con mano fuerte, y os ha rescatado de casa de siervos, de la mano de Faraón, rey de Egipto. ⁹ Conoce, pues, que Jehová tu Dios es Dios, Dios fiel, que guarda el pacto y la misericordia á los que le aman y guardan sus mandamientos, hasta las mil generaciones; ¹⁰ Y que da el pago en su cara al que le aborrece, destruyéndolo: ni *lo* dilatará al que le odia, en su cara le dará el pago. ¹¹ Guarda por tanto los mandamientos, y estatutos, y derechos que yo te mando hoy que cumplas. ¹² Y será que, por haber oído estos derechos, y guardado y puéstolos por obra, Jehová tu Dios guardará contigo el pacto y la misericordia que juró á tus padres; ¹³ Y te amará, y te bendecirá, y te multiplicará, y bendecirá el fruto de tu vientre, y el fruto de tu tierra, y tu grano, y tu mosto, y tu aceite, la cría de tus vacas, y los rebaños de tus ovejas, en la tierra que juró á tus padres que te daría. ¹⁴ Bendito serás más que todos los pueblos: no habrá en ti varón ni hembra estéril, ni en tus bestias. ¹⁵ Y quitará Jehová de ti toda enfermedad; y todas las malas plagas de Egipto, que tú sabes, no las pondrá sobre ti, antes las pondrá sobre todos los que te aborrecieren. ¹⁶ Y consumirás á todos los pueblos que te da Jehová tu Dios: no los perdonará tu ojo; ni servirás á sus dioses, que te será tropiezo. ¹⁷ Cuando dijeres en tu corazón: Estas gentes son muchas más que yo, ¿cómo las podré desarraigar?; ¹⁸ No tengas temor de ellos: acuérdate bien de lo que hizo Jehová tu Dios con Faraón y con todo Egipto; ¹⁹ De las grandes pruebas que vieron tus ojos, y de las señales y milagros, y de la mano fuerte y brazo extendido con que Jehová tu Dios te sacó: así hará Jehová tu Dios con todos los pueblos de cuya presencia tú temieres. ²⁰ Y también enviará Jehová tu Dios sobre ellos avispas, hasta que perezcan los que quedaren, y los que se hubieren escondido de delante de ti. ²¹ No desmayes delante de ellos, que Jehová tu Dios está en medio de ti, Dios grande y terrible. ²² Y Jehová tu Dios echará á estas gentes de delante de ti poco á poco: no las podrás acabar luego, porque las bestias del campo no se aumenten contra ti. ²³ Mas Jehová tu Dios las entregará delante de ti, y él las quebrantará con grande destrozo, hasta que sean destruídos. ²⁴ Y él entregará sus reyes en tu mano, y tú destruirás el nombre de ellos de debajo del cielo: nadie te hará frente hasta que los destruyas. ²⁵ Las esculturas de sus dioses quemarás en el fuego: no codiciarás plata ni oro de sobre ellas para tomarlo para ti, porque no tropieces en ello, pues es abominación

á Jehová tu Dios; 26 Y no meterás abominación en tu casa, porque no seas anatema como ello; del todo lo aborrecerás y lo abominarás; porque es anatema.

8

1 CUIDARÉIS de poner por obra todo mandamiento que yo os ordeno hoy, porque viváis, y seáis multiplicados, y entréis, y poseáis la tierra, de la cual juró Jehová á vuestros padres. 2 Y acordarte has de todo el camino por donde te ha traído Jehová tu Dios estos cuarenta años en el desierto, para afligirte, por probarte, para saber lo que estaba en tu corazón, si habías de guardar ó no sus mandamientos. 3 Y te afligió, é hízote tener hambre, y te sustentó con maná, *comida* que no conocías tú, ni tus padres la habían conocido; para hacerte saber que el hombre no vivirá de solo pan, mas de todo lo que sale de la boca de Jehová vivirá el hombre. 4 Tu vestido nunca se envejeció sobre ti, ni el pie se te ha hinchado por estos cuarenta años. 5 Reconoce asimismo en tu corazón, que como castiga el hombre á su hijo, así Jehová tu Dios te castiga. 6 Guardarás, pues, los mandamientos de Jehová tu Dios, andando en sus caminos, y temiéndolo. 7 Porque Jehová tu Dios te introduce en la buena tierra, tierra de arroyos, de aguas, de fuentes, de abismos que brotan por vegas y montes; 8 Tierra de trigo y cebada, y de vides, é higueras, y granados; tierra de olivas, de aceite, y de miel; 9 Tierra en la cual no comerás el pan con escasez, no te faltará nada en ella; tierra que sus piedras son hierro, y de sus montes cortarás metal. 10 Y comerás y te hartarás, y bendecirás á Jehová tu Dios por la buena tierra que te habrá dado. 11 Guárdate, que no te olvides de Jehová tu Dios, para no observar sus mandamientos, y sus derechos, y sus estatutos, que yo te ordeno hoy: 12 Que quizá no comas y te hartes, y edifiques buenas casas en que mores, 13 Y tus vacas y tus ovejas se aumenten, y la plata y el oro se te multiplique, y todo lo que tuvieres se te aumente, 14 Y se eleve luego tu corazón, y te olvides de Jehová tu Dios, que te sacó de tierra de Egipto, de casa de siervos; 15 Que te hizo caminar por un desierto grande y espantoso, de serpientes ardientes, y de escorpiones, y de sed, donde ningún agua había, y él te sacó agua de la roca del pedernal; 16 Que te sustentó con maná en el desierto, *comida* que tus padres no habían conocido, afligiéndote y probándote, para á la postre hacerte bien; 17 Y digas en tu corazón: Mi poder y la fortaleza de mi mano me han traído esta riqueza. 18 Antes acuérdate de Jehová tu Dios: porque él te da el poder para hacer las riquezas, á fin de confirmar su pacto que juró á tus padres, como en este día. 19 Mas será, si llegares á olvidarte de Jehová tu Dios, y anduvieres en pos de dioses ajenos, y les sirvieres, y á ellos te encorvares, protéstolo hoy contra vosotros, que de cierto pereceréis. 20 Como las gentes que Jehová destruirá delante de vosotros, así pereceréis; por cuanto no habréis atendido á la voz de Jehová vuestro Dios.

9

1 OYE, Israel: tú estás hoy para pasar el Jordán, para entrar á poseer gentes más *numerosas* y más fuertes que tú, ciudades grandes y encastilladas hasta el cielo, 2 Un pueblo grande y alto, hijos de gigantes, de los cuales tienes tú conocimiento, y has oído decir: ¿Quién se sostendrá delante de los hijos del gigante? 3 Sabe, pues, hoy que Jehová tu Dios es el que pasa delante de ti, fuego consumidor, que los destruirá y humillará delante de ti: y tú los echarás, y los destruirás luego, como Jehová te ha dicho. 4 No discurras en tu corazón cuando Jehová tu Dios los habrá echado de delante de ti, diciendo: Por mi justicia me ha metido Jehová á poseer esta tierra; pues por la impiedad de estas gentes Jehová las echa de delante de ti. 5 No por tu justicia, ni por la rectitud de tu corazón entras á poseer la tierra de ellos; mas por la impiedad de estas gentes Jehová tu Dios las echa de delante de ti, y por confirmar la palabra que Jehová juró á tus padres Abraham, Isaac, y Jacob. 6 Por tanto, sabe que no por tu justicia Jehová tu Dios te da esta

buena tierra para poseerla; que pueblo duro de cerviz eres tú. ⁷ Acuérdate, no te olvides que has provocado á ira á Jehová tu Dios en el desierto: desde el día que saliste de la tierra de Egipto, hasta que entrasteis en este lugar, habéis sido rebeldes á Jehová. ⁸ Y en Horeb provocasteis á ira á Jehová, y enojóse Jehová contra vosotros para destruiros. ⁹ Cuando yo subí al monte para recibir las tablas de piedra, las tablas del pacto que Jehová hizo con vosotros, estuve entonces en el monte cuarenta días y cuarenta noches, sin comer pan ni beber agua: ¹⁰ Y dióme Jehová las dos tablas de piedra escritas con el dedo de Dios; y en ellas *estaba escrito* conforme á todas las palabras que os habló Jehová en el monte de en medio del fuego, el día de la asamblea. ¹¹ Y fué al cabo de los cuarenta días y cuarenta noches, que Jehová me dió las dos tablas de piedra, las tablas del pacto. ¹² Y díjome Jehová: Levántate, desciende presto de aquí; que tu pueblo que sacaste de Egipto se ha corrompido: pronto se han apartado del camino que yo les mandé: hanse hecho una efigie de fundición. ¹³ Y hablóme Jehová, diciendo: He visto ese pueblo, y he aquí, que él es pueblo duro de cerviz: ¹⁴ Déjame que los destruya, y raiga su nombre de debajo del cielo; que yo te pondré sobre gente fuerte y mucha más que ellos. ¹⁵ Y volví y descendí del monte, el cual ardía en fuego, con las tablas del pacto en mis dos manos. ¹⁶ Y miré, y he aquí habíais pecado contra Jehová vuestro Dios: os habíais hecho un becerro de fundición, apartándoos presto del camino que Jehová os había mandado. ¹⁷ Entonces tomé las dos tablas, y arrojélas de mis dos manos, y quebrélas delante de vuestros ojos. ¹⁸ Y postréme delante de Jehová, como antes, cuarenta días y cuarenta noches: no comí pan ni bebí agua, á causa de todo vuestro pecado que habíais cometido haciendo mal en ojos de Jehová para enojarlo. ¹⁹ Porque temí á causa del furor y de la ira con que Jehová estaba enojado contra vosotros para destruiros. Pero Jehová me oyó aún esta vez. ²⁰ Contra Aarón también se enojó Jehová en gran manera para destruirlo: y también oré por Aarón entonces. ²¹ Y tomé vuestro pecado, el becerro que habíais hecho, y quemélo en el fuego, y lo desmenucé moliéndole muy bien, hasta que fué reducido á polvo: y eché el polvo de él en el arroyo que descendía del monte. ²² También en Tabera, y en Massa, y en Kibroth-hataavah, enojasteis á Jehová. ²³ Y cuando Jehová os envió desde Cades-barnea, diciendo, Subid y poseed la tierra que yo os he dado; también fuisteis rebeldes al dicho de Jehová vuestro Dios, y no lo creisteis, ni obedecisteis á su voz. ²⁴ Rebeldes habéis sido á Jehová desde el día que yo os conozco. ²⁵ Postréme, pues, delante de Jehová cuarenta días y cuarenta noches que estuve postrado; porque Jehová dijo que os había de destruir. ²⁶ Y oré á Jehová, diciendo: Oh Señor Jehová, no destruyas tu pueblo y tu heredad que has redimido con tu grandeza, al cual sacaste de Egipto con mano fuerte. ²⁷ Acuérdate de tus siervos Abraham, Isaac, y Jacob; no mires á la dureza de este pueblo, ni á su impiedad, ni á su pecado: ²⁸ Porque no digan *los de* la tierra de donde nos sacaste: Por cuanto no pudo Jehová introducirlos en la tierra que les había dicho, ó porque los aborrecía, los sacó para matarlos en el desierto. ²⁹ Y ellos son tu pueblo y tu heredad, que sacaste con tu gran fortaleza y con tu brazo extendido.

10

¹ EN aquel tiempo Jehová me dijo: Lábrate dos tablas de piedra como las primeras, y sube á mí al monte, y hazte un arca de madera: ² Y escribiré en aquellas tablas las palabras que estaban en las tablas primeras que quebraste; y las pondrás en el arca. ³ E hice un arca de madera de Sittim, y labré dos tablas de piedra como las primeras, y subí al monte con las dos tablas en mi mano. ⁴ Y escribió en las tablas conforme á la primera escritura, las diez palabras que Jehová os había hablado en el monte de en medio del fuego, el día de la asamblea; y diómelas Jehová. ⁵ Y volví y descendí del monte, y puse las tablas en el arca que había hecho; y allí están, como Jehová me mandó. ⁶ (Después partieron los hijos de Israel de Beerot-bene-jacaam á Moserá: allí murió Aarón, y allí

fué sepultado; y en lugar suyo tuvo el sacerdocio su hijo Eleazar. ⁷ De allí partieron á Gudgod, y de Gudgod á Jotbath, tierra de arroyos de aguas. ⁸ En aquel tiempo apartó Jehová la tribu de Leví, para que llevase el arca del pacto de Jehová, para que estuviese delante de Jehová para servirle, y para bendecir en su nombre, hasta hoy. ⁹ Por lo cual Leví no tuvo parte ni heredad con sus hermanos: Jehová es su heredad, como Jehová tu Dios le dijo.) ¹⁰ Y yo estuve en el monte como los primeros días, cuarenta días y cuarenta noches; y Jehová me oyó también esta vez, y no quiso Jehová destruirte. ¹¹ Y díjome Jehová: Levántate, anda, para que partas delante del pueblo, para que entren y posean la tierra que juré á sus padres les había de dar. ¹² Ahora pues, Israel, ¿qué pide Jehová tu Dios de ti, sino que temas á Jehová tu Dios, que andes en todos sus caminos, y que lo ames, y sirvas á Jehová tu Dios con todo tu corazón, y con toda tu alma; ¹³ Que guardes los mandamientos de Jehová y sus estatutos, que yo te prescribo hoy, para que hayas bien? ¹⁴ He aquí, de Jehová tu Dios son los cielos, y los cielos de los cielos: la tierra, y todas las cosas que hay en ella. ¹⁵ Solamente de tus padres se agradó Jehová para amarlos, y escogió su simiente después de ellos, á vosotros, de entre todos los pueblos, como en este día. ¹⁶ Circuncidad pues el prepucio de vuestro corazón, y no endurezcáis más vuestra cerviz. ¹⁷ Porque Jehová vuestro Dios es Dios de dioses, y Señor de señores, Dios grande, poderoso, y terrible, que no acepta persona, ni toma cohecho; ¹⁸ Que hace justicia al huérfano y á la viuda; que ama también al extranjero dándole pan y vestido. ¹⁹ Amaréis pues al extranjero: porque extranjeros fuisteis vosotros en tierra de Egipto. ²⁰ A Jehová tu Dios temerás, á él servirás, á él te allegarás, y por su nombre jurarás. ²¹ El es tu alabanza, y él es tu Dios, que ha hecho contigo estas grandes y terribles cosas que tus ojos han visto. ²² Con setenta almas descendieron tus padres á Egipto; y ahora Jehová te ha hecho como las estrellas del cielo en multitud.

11

¹ AMARÁS pues á Jehová tu Dios, y guardarás su ordenanza, y sus estatutos y sus derechos y sus mandamientos, todos los días. ² Y comprended hoy: porque no *hablo* con vuestros hijos que no han sabido ni visto el castigo de Jehová vuestro Dios, su grandeza, su mano fuerte, y su brazo extendido, ³ Y sus señales, y sus obras que hizo en medio de Egipto á Faraón, rey de Egipto, y á toda su tierra; ⁴ Y lo que hizo al ejército de Egipto, á sus caballos, y á sus carros; cómo hizo ondear las aguas del mar Bermejo sobre ellos, cuando venían tras vosotros, y Jehová los destruyó hasta hoy; ⁵ Y lo que ha hecho con vosotros en el desierto, hasta que habéis llegado á este lugar; ⁶ Y lo que hizo con Dathán y Abiram, hijos de Eliab hijo de Rubén; cómo abrió la tierra su boca, y tragóse á ellos y á sus casas, y sus tiendas, y toda la hacienda que tenían en pie en medio de todo Israel: ⁷ Mas vuestros ojos han visto todos los grandes hechos que Jehová ha ejecutado. ⁸ Guardad, pues, todos los mandamientos que yo os prescribo hoy, para que seáis esforzados, y entréis y poseáis la tierra, á la cual pasáis para poseerla; ⁹ Y para que os sean prolongados los días sobre la tierra, que juró Jehová á vuestros padres había de dar á ellos y á su simiente, tierra que fluye leche y miel. ¹⁰ Que la tierra á la cual entras para poseerla, no es como la tierra de Egipto de donde habéis salido, donde sembrabas tu simiente, y regabas con tu pie, como huerto de hortaliza. ¹¹ La tierra á la cual pasáis para poseerla, es tierra de montes y de vegas; de la lluvia del cielo ha de beber las aguas; ¹² Tierra de la cual Jehová tu Dios cuida: siempre están sobre ella los ojos de Jehová tu Dios, desde el principio del año hasta el fin de él. ¹³ Y será que, si obedeciereis cuidadosamente mis mandamientos que yo os prescribo hoy, amando á Jehová vuestro Dios, y sirviéndolo con todo vuestro corazón, y con toda vuestra alma, ¹⁴ Yo daré la lluvia de vuestra tierra en su tiempo, la temprana y la tardía; y cogerás tu grano, y tu vino, y tu aceite. ¹⁵ Daré también hierba en tu campo para tus bestias;

y comerás, y te hartarás. ¹⁶ Guardaos, pues, que vuestro corazón no se infatúe, y os apartéis, y sirváis á dioses ajenos, y os inclinéis á ellos; ¹⁷ Y así se encienda el furor de Jehová sobre vosotros, y cierre los cielos, y no haya lluvia, ni la tierra dé su fruto, y perezcáis presto de la buena tierra que os da Jehová. ¹⁸ Por tanto, pondréis estas mis palabras en vuestro corazón y en vuestra alma, y las ataréis por señal en vuestra mano, y serán por frontales entre vuestros ojos. ¹⁹ Y las enseñaréis á vuestros hijos, hablando de ellas, ora sentado en tu casa, ó andando por el camino, cuando te acuestes, y cuando te levantes: ²⁰ Y las escribirás en los postes de tu casa, y en tus portadas: ²¹ Para que sean aumentados vuestros días, y los días de vuestros hijos, sobre la tierra que juró Jehová á vuestros padres que les había de dar, como los días de los cielos sobre la tierra. ²² Porque si guardareis cuidadosamente todos estos mandamientos que yo os prescribo, para que los cumpláis; como améis á Jehová vuestro Dios andando en todos sus caminos, y á él os allegareis, ²³ Jehová también echará todas estas gentes de delante de vosotros y poseeréis gentes grandes y más fuertes que vosotros. ²⁴ Todo lugar que pisare la planta de vuestro pie, será vuestro: desde el desierto y el Líbano, desde el río, el río Eufrates, hasta la mar postrera será vuestro término. ²⁵ Nadie se sostendrá delante de vosotros: miedo y temor de vosotros pondrá Jehová vuestro Dios sobre la haz de toda la tierra que hollareis, como él os ha dicho. ²⁶ He aquí yo pongo hoy delante de vosotros la bendición y la maldición: ²⁷ La bendición, si oyereis los mandamientos de Jehová vuestro Dios, que yo os prescribo hoy; ²⁸ Y la maldición, si no oyereis los mandamientos de Jehová vuestro Dios, y os apartareis del camino que yo os ordeno hoy, para ir en pos de dioses ajenos que no habéis conocido. ²⁹ Y será que, cuando Jehová tu Dios te introdujere en la tierra á la cual vas para poseerla, pondrás la bendición sobre el monte Gerizim, y la maldición sobre el monte Ebal: ³⁰ Los cuales están de la otra parte del Jordán, tras el camino del occidente en la tierra del Cananeo, que habita en la campiña delante de Gilgal, junto á los llanos de Moreh. ³¹ Porque vosotros pasáis el Jordán, para ir á poseer la tierra que os da Jehová vuestro Dios; y la poseeréis, y habitaréis en ella. ³² Cuidaréis, pues, de poner por obra todos los estatutos y derechos que yo presento hoy delante de vosotros.

12

¹ ESTOS son los estatutos y derechos que cuidaréis de poner por obra, en la tierra que Jehová el Dios de tus padres te ha dado para que la poseas, todos los días que vosotros viviereis sobre la tierra. ² Destruiréis enteramente todos los lugares donde las gentes que vosotros heredareis sirvieron á sus dioses, sobre los montes altos, y sobre los collados, y debajo de todo árbol espeso: ³ Y derribaréis sus altares, y quebraréis sus imágenes, y sus bosques consumiréis con fuego: y destruiréis las esculturas de sus dioses, y extirparéis el nombre de ellas de aquel lugar. ⁴ No haréis así á Jehová vuestro Dios. ⁵ Mas el lugar que Jehová vuestro Dios escogiere de todas vuestras tribus, para poner allí su nombre para su habitación, ése buscaréis, y allá iréis: ⁶ Y allí llevaréis vuestros holocaustos, y vuestros sacrificios, y vuestros diezmos, y la ofrenda elevada de vuestras manos, y vuestros votos, y vuestras ofrendas voluntarias, y los primerizos de vuestras vacas y de vuestras ovejas: ⁷ Y comeréis allí delante de Jehová vuestro Dios, y os alegraréis, vosotros y vuestras familias, en toda obra de vuestras manos en que Jehová tu Dios te hubiere bendecido. ⁸ No haréis como todo lo que nosotros hacemos aquí ahora, cada uno lo que le parece, ⁹ Porque aun hasta ahora no habéis entrado al reposo y á la heredad que os da Jehová vuestro Dios. ¹⁰ Mas pasaréis el Jordán, y habitaréis en la tierra que Jehová vuestro Dios os hace heredar, y él os dará reposo de todos vuestros enemigos alrededor, y habitaréis seguros. ¹¹ Y al lugar que Jehová vuestro Dios escogiere para hacer habitar en él su nombre, allí llevaréis todas las cosas que yo os mando: vuestros holocaustos, y vuestros sacrificios, vuestros diezmos, y las

ofrendas elevadas de vuestras manos, y todo lo escogido de vuestros votos que hubiereis prometido á Jehová; 12 Y os alegraréis delante de Jehová vuestro Dios, vosotros, y vuestros hijos, y vuestras hijas, y vuestros siervos, y vuestras siervas, y el Levita que estuviere en vuestras poblaciones: por cuanto no tiene parte ni heredad con vosotros. 13 Guárdate, que no ofrezcas tus holocaustos en cualquier lugar que vieres; 14 Mas en el lugar que Jehová escogiere, en una de tus tribus, allí ofrecerás tus holocaustos, y allí harás todo lo que yo te mando. 15 Con todo, podrás matar y comer carne en todas tus poblaciones conforme al deseo de tu alma, según la bendición de Jehová tu Dios que él te habrá dado: el inmundo y el limpio la comerá, como *la* de corzo ó de ciervo: 16 Salvo que sangre no comeréis; sobre la tierra la derramaréis como agua. 17 Ni podrás comer en tus poblaciones el diezmo de tu grano, ó de tu vino, ó de tu aceite, ni los primerizos de tus vacas, ni de tus ovejas, ni tus votos que prometieres, ni tus ofrendas voluntarias, ni las elevadas ofrendas de tus manos: 18 Mas delante de Jehová tu Dios las comerás, en el lugar que Jehová tu Dios hubiere escogido, tú, y tu hijo, y tu hija, y tu siervo, y tu sierva, y el Levita que está en tus poblaciones: y alegrarte has delante de Jehová tu Dios en toda obra de tus manos. 19 Ten cuidado de no desamparar al Levita en todos tus días sobre tu tierra. 20 Cuando Jehová tu Dios ensanchare tu término, como él te ha dicho, y tú dijeres, Comeré carne, porque deseó tu alma comerla, conforme á todo el deseo de tu alma comerás carne. 21 Cuando estuviere lejos de ti el lugar que Jehová tu Dios habrá escogido, para poner allí su nombre, matarás de tus vacas y de tus ovejas, que Jehová te hubiere dado, como te he mandado yo, y comerás en tus puertas según todo lo que deseare tu alma. 22 Lo mismo que se come el corzo y el ciervo, así las comerás: el inmundo y el limpio comerán también de ellas. 23 Solamente que te esfuerces á no comer sangre: porque la sangre es el alma; y no has de comer el alma juntamente con su carne. 24 No la comerás: en tierra la derramarás como agua. 25 No comerás de ella; para que te vaya bien á ti, y á tus hijos después de ti, cuando hicieres lo recto en ojos de Jehová. 26 Empero las cosas que tuvieres tú consagradas, y tus votos, las tomarás, y vendrás al lugar que Jehová hubiere escogido: 27 Y ofrecerás tus holocaustos, la carne y la sangre, sobre el altar de Jehová tu Dios: y la sangre de tus sacrificios será derramada sobre el altar de Jehová tu Dios, y comerás la carne. 28 Guarda y escucha todas estas palabras que yo te mando, porque te vaya bien á ti y á tus hijos después de ti para siempre, cuando hicieres lo bueno y lo recto en los ojos de Jehová tu Dios. 29 Cuando hubiere devastado delante de ti Jehová tu Dios las naciones á donde tú vas para poseerlas, y las heredares, y habitares en su tierra, 30 Guárdate que no tropieces en pos de ellas, después que fueren destruídas delante de ti: no preguntes acerca de sus dioses, diciendo: De la manera que servían aquellas gentes á sus dioses, así haré yo también. 31 No harás así á Jehová tu Dios; porque todo lo que Jehová aborrece, hicieron ellos á sus dioses; pues aun á sus hijos é hijas quemaban en el fuego á sus dioses. 32 Cuidaréis de hacer todo lo que yo os mando: no añadirás á ello, ni quitarás de ello.

13

1 CUANDO se levantare en medio de ti profeta, ó soñador de sueños, y te diere señal ó prodigio, 2 Y acaeciere la señal ó prodigio que él te dijo, diciendo: Vamos en pos de dioses ajenos, que no conociste, y sirvámosles; 3 No darás oído á las palabras de tal profeta, ni al tal soñador de sueños: porque Jehová vuestro Dios os prueba, para saber si amáis á Jehová vuestro Dios con todo vuestro corazón, y con toda vuestra alma. 4 En pos de Jehová vuestro Dios andaréis, y á él temeréis, y guardaréis sus mandamientos, y escucharéis su voz, y á él serviréis, y á él os allegaréis. 5 Y el tal profeta ó soñador de sueños, ha de ser muerto; por cuanto trató de rebelión contra Jehová vuestro Dios, que te sacó de tierra de Egipto, y te rescató de casa de siervos, y de echarte del camino por el que Jehová

tu Dios te mandó que anduvieses: y así quitarás el mal de en medio de ti. ⁶ Cuando te incitare tu hermano, hijo de tu madre, ó tu hijo, ó tu hija, ó la mujer de tu seno, ó tu amigo que sea como tu alma, diciendo en secreto: Vamos y sirvamos á dioses ajenos, que ni tú ni tus padres conocisteis, ⁷ De los dioses de los pueblos que están en vuestros alrededores cercanos á ti, ó lejos de ti, desde el un cabo de la tierra hasta el otro cabo de ella; ⁸ No consentirás con él, ni le darás oído; ni tu ojo le perdonará, ni tendrás compasión, ni lo encubrirás: ⁹ Antes has de matarlo; tu mano será primero sobre él para matarle, y después la mano de todo el pueblo. ¹⁰ Y has de apedrearlo con piedras, y morirá; por cuanto procuró apartarte de Jehová tu Dios, que te sacó de tierra de Egipto, de casa de siervos: ¹¹ Para que todo Israel oiga, y tema, y no tornen á hacer cosa semejante á esta mala cosa en medio de ti. ¹² Cuando oyeres de alguna de tus ciudades que Jehová tu Dios te da para que mores en ellas, que se dice: ¹³ Hombres, hijos de impiedad, han salido de en medio de ti, que han instigado á los moradores de su ciudad, diciendo: Vamos y sirvamos á dioses ajenos, que vosotros no conocisteis; ¹⁴ Tú inquirirás, y buscarás, y preguntarás con diligencia; y si pareciere verdad, cosa cierta, que tal abominación se hizo en medio de ti, ¹⁵ Irremisiblemente herirás á filo de espada los moradores de aquella ciudad, destruyéndola con todo lo que en ella hubiere, y *también* sus bestias á filo de espada. ¹⁶ Y juntarás todo el despojo de ella en medio de su plaza, y consumirás con fuego la ciudad y todo su despojo, todo ello, á Jehová tu Dios: y será un montón para siempre: nunca más se edificará. ¹⁷ Y no se pegará algo á tu mano del anatema; porque Jehová se aparte del furor de su ira, y te dé mercedes, y tenga misericordia de ti, y te multiplique, como lo juró á tus padres, ¹⁸ Cuando obedecieres á la voz de Jehová tu Dios, guardando todos sus mandamientos que yo te prescribo hoy, para hacer lo recto en ojos de Jehová tu Dios.

14

¹ HIJOS sois de Jehová vuestro Dios: no os sajaréis, ni pondréis calva sobre vuestros ojos por muerto; ² Porque eres pueblo santo á Jehová tu Dios, y Jehová te ha escogido para que le seas un pueblo singular de entre todos los pueblos que están sobre la haz de la tierra. ³ Nada abominable comerás. ⁴ Estos son los animales que comeréis: el buey, la oveja, y la cabra, ⁵ El ciervo, el corzo, y el búfalo, y el cabrío salvaje, y el unicornio, y buey salvaje, y cabra montés. ⁶ Y todo animal de pezuñas, que tiene hendidura de dos uñas, y que rumiare entre los animales, ese comeréis. ⁷ Empero estos no comeréis de los que rumian, ó tienen uña hendida: camello, y liebre, y conejo, porque rumian, mas no tienen uña hendida, os serán inmundos; ⁸ Ni puerco: porque tiene uña hendida, mas no rumia, os será inmundo. De la carne de éstos no comeréis, ni tocaréis sus cuerpos muertos. ⁹ Esto comeréis de todo lo que está en el agua: todo lo que tiene aleta y escama comeréis; ¹⁰ Mas todo lo que no tuviere aleta y escama, no comeréis: inmundo os será. ¹¹ Toda ave limpia comeréis. ¹² Y estas son de las que no comeréis: el águila, y el azor, y el esmerejón, ¹³ Y el ixio, y el buitre, y el milano según su especie, ¹⁴ Y todo cuervo según su especie, ¹⁵ Y el buho, y la lechuza, y el cuclillo, y el halcón según su especie, ¹⁶ Y el herodión, y el cisne, y el ibis, ¹⁷ Y el somormujo, y el calamón, y el corvejón, ¹⁸ Y la cigüeña, y la garza según su especie, y la abubilla, y el murciélago. ¹⁹ Y todo reptil alado os será inmundo: no se comerá. ²⁰ Toda ave limpia comeréis. ²¹ Ninguna cosa mortecina comeréis: al extranjero que está en tus poblaciones la darás, y él la comerá: ó véndela al extranjero; porque tú eres pueblo santo á Jehová tu Dios. No cocerás el cabrito en la leche de su madre. ²² Indispensablemente diezmarás todo el producto de tu simiente, que rindiere el campo cada un año. ²³ Y comerás delante de Jehová tu Dios en el lugar que él escogiere para hacer habitar allí su nombre, el diezmo de tu grano, de tu vino, y de tu aceite, y los primerizos de tus manadas, y de tus ganados, para que aprendas á

temer á Jehová tu Dios todos los días. ²⁴ Y si el camino fuere tan largo que tú no puedas llevarlo por él, por estar lejos de ti el lugar que Jehová tu Dios hubiere escogido para poner en él su nombre, cuando Jehová tu Dios te bendijere, ²⁵ Entonces venderlo has, y atarás el dinero en tu mano, y vendrás al lugar que Jehová tu Dios escogiere; ²⁶ Y darás el dinero por todo lo que deseare tu alma, por vacas, ó por ovejas, ó por vino, ó por sidra, ó por cualquier cosa que tu alma te demandare: y comerás allí delante de Jehová tu Dios, y te alegrarás tú y tu familia. ²⁷ Y no desampararás al Levita que *habitare* en tus poblaciones; porque no tiene parte ni heredad contigo. ²⁸ Al cabo de cada tres años sacarás todo el diezmo de tus productos de aquel año, y lo guardarás en tus ciudades: ²⁹ Y vendrá el Levita, que no tiene parte ni heredad contigo, y el extranjero, y el huérfano, y la viuda, que hubiere en tus poblaciones, y comerán y serán saciados; para que Jehová tu Dios te bendiga en toda obra de tus manos que hicieres.

15

¹ AL cabo de siete años harás remisión. ² Y esta es la manera de la remisión: perdonará á su deudor todo aquél que hizo empréstito de su mano, con que obligó á su prójimo: no lo demandará más á su prójimo, ó á su hermano; porque la remisión de Jehová es pregonada. ³ Del extranjero demandarás el *reintegro*: mas lo que tu hermano tuviere tuyo, lo perdonará tu mano; ⁴ Para que así no haya en ti mendigo; porque Jehová te bendecirá con abundancia en la tierra que Jehová tu Dios te da por heredad para que la poseas, ⁵ Si empero escuchares fielmente la voz de Jehová tu Dios, para guardar y cumplir todos estos mandamientos que yo te intimo hoy. ⁶ Ya que Jehová tu Dios te habrá bendecido, como te ha dicho, prestarás entonces á muchas gentes, mas tú no tomarás prestado; y enseñorearte has de muchas gentes, pero de ti no se enseñorearán. ⁷ Cuando hubiere en ti menesteroso de alguno de tus hermanos en alguna de tus ciudades, en tu tierra que Jehová tu Dios te da, no endurecerás tu corazón, ni cerrarás tu mano á tu hermano pobre: ⁸ Mas abrirás á él tu mano liberalmente, y en efecto le prestarás lo que basta, lo que hubiere menester. ⁹ Guárdate que no haya en tu corazón perverso pensamiento, diciendo: Cerca está el año séptimo, el de la remisión; y tu ojo sea maligno sobre tu hermano menesteroso para no darle: que él podrá clamar contra ti á Jehová, y se te imputará á pecado. ¹⁰ Sin falta le darás, y no sea tu corazón maligno cuando le dieres: que por ello te bendecirá Jehová tu Dios en todos tus hechos, y en todo lo que pusieres mano. ¹¹ Porque no faltarán menesterosos de en medio de la tierra; por eso yo te mando, diciendo: Abrirás tu mano á tu hermano, á tu pobre, y á tu menesteroso en tu tierra. ¹² Cuando se vendiere á ti tu hermano Hebreo ó Hebrea, y te hubiere servido seis años, al séptimo año le despedirás libre de ti. ¹³ Y cuando lo despidieres libre de ti, no lo enviarás vacío: ¹⁴ Le abastecerás liberalmente de tus ovejas, de tu era, y de tu lagar; le darás *de* aquello en que Jehová te hubiere bendecido. ¹⁵ Y te acordarás que fuiste siervo en la tierra de Egipto, y que Jehová tu Dios te rescató: por tanto yo te mando esto hoy. ¹⁶ Y será que, si él te dijere: No saldré de contigo; porque te ama á ti y á tu casa, que le va bien contigo; ¹⁷ Entonces tomarás una lesna, y horadarás su oreja junto á la puerta, y será tu siervo para siempre: así también harás á tu criada. ¹⁸ No te parezca duro cuando le enviares libre de ti; que doblado del salario de mozo jornalero te sirvió seis años: y Jehová tu Dios te bendecirá en todo cuanto hicieres. ¹⁹ Santificarás á Jehová tu Dios todo primerizo macho que nacerá de tus vacas y de tus ovejas: no te sirvas del primerizo de tus vacas, ni trasquiles el primerizo de tus ovejas. ²⁰ Delante de Jehová tu Dios los comerás cada un año, tú y tu familia, en el lugar que Jehová escogiere. ²¹ Y si hubiere en él tacha, ciego ó cojo, ó cualquiera mala falta, no lo sacrificarás á Jehová tu Dios. ²² En tus poblaciones lo comerás: el inmundo lo mismo que el limpio *comerán de él*,

como de un corzo ó de un ciervo. ²³ Solamente que no comas su sangre: sobre la tierra la derramarás como agua.

16

¹ GUARDARÁS el mes de Abib, y harás pascua á Jehová tu Dios: porque en el mes de Abib te sacó Jehová tu Dios de Egipto de noche. ² Y sacrificarás la pascua á Jehová tu Dios, de las ovejas y de las vacas, en el lugar que Jehová escogiere para hacer habitar allí su nombre. ³ No comerás con ella leudo; siete días comerás con ella pan por leudar, pan de aflicción, porque apriesa saliste de tierra de Egipto: para que te acuerdes del día en que saliste de la tierra de Egipto todos los días de tu vida. ⁴ Y no se dejará ver levadura contigo en todo tu término por siete días; y de la carne que matares á la tarde del primer día, no quedará hasta la mañana. ⁵ No podrás sacrificar la pascua en ninguna de tus ciudades, que Jehová tu Dios te da; ⁶ Sino en el lugar que Jehová tu Dios escogiere para hacer habitar allí su nombre, sacrificarás la pascua por la tarde á puesta del sol, al tiempo que saliste de Egipto: ⁷ Y la asarás y comerás en el lugar que Jehová tu Dios hubiere escogido; y por la mañana te volverás y restituirás á tu morada. ⁸ Seis días comerás ázimos, y el séptimo día será solemnidad á Jehová tu Dios: no harás obra *en él.* ⁹ Siete semanas te contarás: desde que comenzare la hoz en las mieses comenzarás á contarte las siete semanas. ¹⁰ Y harás la solemnidad de las semanas á Jehová tu Dios: de la suficiencia voluntaria de tu mano será lo que dieres, según Jehová tu Dios te hubiere bendecido. ¹¹ Y te alegrarás delante de Jehová tu Dios, tú, y tu hijo, y tu hija, y tu siervo, y tu sierva, y el Levita que estuviere en tus ciudades, y el extranjero, y el huérfano, y la viuda, que estuvieren en medio de ti, en el lugar que Jehová tu Dios hubiere escogido para hacer habitar allí su nombre. ¹² Y acuérdate que fuiste siervo en Egipto; por tanto guardarás y cumplirás estos estatutos. ¹³ La solemnidad de las cabañas harás por siete días, cuando hubieres hecho la cosecha de tu era y de tu lagar. ¹⁴ Y te alegrarás en tus solemnidades, tú, y tu hijo, y tu hija, y tu siervo, y tu sierva, y el Levita, y el extranjero, y el huérfano, y la viuda, que están en tus poblaciones. ¹⁵ Siete días celebrarás solemnidad á Jehová tu Dios en el lugar que Jehová escogiere; porque te habrá bendecido Jehová tu Dios en todos tus frutos, y en toda obra de tus manos, y estarás ciertamente alegre. ¹⁶ Tres veces cada un año parecerá todo varón tuyo delante de Jehová tu Dios en el lugar que él escogiere: en la solemnidad de los ázimos, y en la solemnidad de las semanas, y en la solemnidad de las cabañas. Y no parecerá vacío delante de Jehová: ¹⁷ Cada uno con el don de su mano, conforme á la bendición de Jehová tu Dios, que te hubiere dado. ¹⁸ Jueces y alcaldes te pondrás en todas tus ciudades que Jehová tu Dios te dará en tus tribus, los cuales juzgarán al pueblo con justo juicio. ¹⁹ No tuerzas el derecho; no hagas acepción de personas, ni tomes soborno; porque el soborno ciega los ojos de los sabios, y pervierte las palabras de los justos. ²⁰ La justicia, la justicia seguirás, porque vivas y heredes la tierra que Jehová tu Dios te da. ²¹ No te plantarás bosque de ningún árbol cerca del altar de Jehová tu Dios, que tú te habrás hecho. ²² Ni te levantarás estatua; lo cual aborrece Jehová tu Dios.

17

¹ NO sacrificarás á Jehová tu Dios buey, ó cordero, en el cual haya falta ó alguna cosa mala: porque es abominación á Jehová tu Dios. ² Cuando se hallare entre ti, en alguna de tus ciudades que Jehová tu Dios te da, hombre, ó mujer, que haya hecho mal en ojos de Jehová tu Dios traspasando su pacto, ³ Que hubiere ido y servido á dioses ajenos, y se hubiere inclinado á ellos, ora al sol, ó á la luna, ó á todo el ejército del cielo, lo cual yo no he mandado; ⁴ Y te fuere dado aviso, y, después que oyeres y hubieres indagado bien, la cosa parece de verdad cierta, que tal abominación ha sido hecha en

Israel; ⁵ Entonces sacarás al hombre ó mujer que hubiere hecho esta mala cosa, á tus puertas, hombre ó mujer, y los apedrearás con piedras, y así morirán. ⁶ Por dicho de dos testigos, ó de tres testigos, morirá el que hubiere de morir; no morirá por el dicho de un solo testigo. ⁷ La mano de los testigos será primero sobre él para matarlo, y después la mano de todo el pueblo: así quitarás el mal de en medio de ti. ⁸ Cuando alguna cosa te fuere oculta en juicio entre sangre y sangre, entre causa y causa, y entre llaga y llaga, en negocios de litigio en tus ciudades; entonces te levantarás y recurrirás al lugar que Jehová tu Dios escogiere; ⁹ Y vendrás á los sacerdotes Levitas, y al juez que fuere en aquellos días, y preguntarás; y te enseñarán la sentencia del juicio. ¹⁰ Y harás según la sentencia que te indicaren los del lugar que Jehová escogiere, y cuidarás de hacer según todo lo que te manifestaren. ¹¹ Según la ley que ellos te enseñaren, y según el juicio que te dijeren, harás: no te apartarás ni á diestra ni á siniestra de la sentencia que te mostraren. ¹² Y el hombre que procediere con soberbia, no obedeciendo al sacerdote que está para ministrar allí delante de Jehová tu Dios, ó al juez, el tal varón morirá: y quitarás el mal de Israel. ¹³ Y todo el pueblo oirá, y temerá, y no se ensoberbecerán más. ¹⁴ Cuando hubieres entrado en la tierra que Jehová tu Dios te da, y la poseyeres, y habitares en ella, y dijeres: Pondré rey sobre mí, como todas las gentes que están en mis alrededores; ¹⁵ Sin duda pondrás por rey sobre ti al que Jehová tu Dios escogiere: de entre tus hermanos pondrás rey sobre ti: no podrás poner sobre ti hombre extranjero, que no sea tu hermano. ¹⁶ Empero que no se aumente caballos, ni haga volver el pueblo á Egipto para acrecentar caballos: porque Jehová os ha dicho: No procuraréis volver más por este camino. ¹⁷ Ni aumentará para sí mujeres, porque su corazón no se desvíe: ni plata ni oro acrecentará para sí en gran copia. ¹⁸ Y será, cuando se asentare sobre el solio de su reino, que ha de escribir para sí en un libro un traslado de esta ley, *del original* de delante de los sacerdotes Levitas; ¹⁹ Y lo tendrá consigo, y leerá en él todos los días de su vida, para que aprenda á temer á Jehová su Dios, para guardar todas las palabras de aquesta ley y estos estatutos, para ponerlos por obra: ²⁰ Para que no se eleve su corazón sobre sus hermanos, ni se aparte del mandamiento á diestra ni á siniestra: á fin que prolongue sus días en su reino, él y sus hijos, en medio de Israel.

18

¹ LOS sacerdotes Levitas, toda la tribu de Leví, no tendrán parte ni heredad con Israel; de las ofrendas encendidas á Jehová, y de la heredad de él comerán. ² No tendrán, pues, heredad entre sus hermanos: Jehová es su heredad, como él les ha dicho. ³ Y este será el derecho de los sacerdotes de parte del pueblo, de los que ofrecieren en sacrificio buey ó cordero: darán al sacerdote la espalda, y las quijadas, y el cuajar. ⁴ Las primicias de tu grano, de tu vino, y de tu aceite, y las primicias de la lana de tus ovejas le darás: ⁵ Porque le ha escogido Jehová tu Dios de todas tus tribus, para que esté para ministrar al nombre de Jehová, él y sus hijos para siempre. ⁶ Y cuando el Levita saliere de alguna de tus ciudades de todo Israel, donde hubiere peregrinado, y viniere con todo deseo de su alma al lugar que Jehová escogiere, ⁷ Ministrará al nombre de Jehová su Dios, como todos sus hermanos los Levitas que estuvieren allí delante de Jehová. ⁸ Porción como la porción *de los otros* comerán, además de sus patrimonios. ⁹ Cuando hubieres entrado en la tierra que Jehová tu Dios te da, no aprenderás á hacer según las abominaciones de aquellas gentes. ¹⁰ No sea hallado en ti quien haga pasar su hijo ó su hija por el fuego, ni practicante de adivinaciones, ni agorero, ni sortílego, ni hechicero, ¹¹ Ni fraguador de encantamentos, ni quien pregunte á pitón, ni mágico, ni quien pregunte á los muertos. ¹² Porque es abominación á Jehová cualquiera que hace estas cosas, y por estas abominaciones Jehová tu Dios las echó de delante de ti. ¹³ Perfecto serás con Jehová tu Dios. ¹⁴ Porque estas gentes que has de heredar, á agoreros y hechiceros oían:

mas tú, no así te ha dado Jehová tu Dios. ¹⁵ Profeta de en medio de ti, de tus hermanos, como yo, te levantará Jehová tu Dios: á él oiréis: ¹⁶ Conforme á todo lo que pediste á Jehová tu Dios en Horeb el día de la asamblea, diciendo: No vuelva yo á oir la voz de Jehová mi Dios, ni vea yo más este gran fuego, porque no muera. ¹⁷ Y Jehová me dijo: Bien han dicho. ¹⁸ Profeta les suscitaré de en medio de sus hermanos, como tú; y pondré mis palabras en su boca, y él les hablará todo lo que yo le mandare. ¹⁹ Mas será, que cualquiera que no oyere mis palabras que él hablare en mi nombre, yo le residenciaré. ²⁰ Empero el profeta que presumiere hablar palabra en mi nombre, que yo no le haya mandado hablar, ó que hablare en nombre de dioses ajenos, el tal profeta morirá. ²¹ Y si dijeres en tu corazón: ¿Cómo conoceremos la palabra que Jehová no hubiere hablado? ²² Cuando el profeta hablare en nombre de Jehová, y no fuere la tal cosa, ni viniere, es palabra que Jehová no ha hablado: con soberbia la habló aquel profeta: no tengas temor de él.

19

¹ CUANDO Jehová tu Dios talare las gentes, cuya tierra Jehová tu Dios te da á ti, y tú las heredares, y habitares en sus ciudades, y en sus casas; ² Te apartarás tres ciudades en medio de tu tierra que Jehová tu Dios te da para que la poseas. ³ Arreglarte has el camino, y dividirás en tres partes el término de tu tierra, que Jehová tu Dios te dará en heredad, y será para que todo homicida se huya allí. ⁴ Y este es el caso del homicida que ha de huir allí, y vivirá: el que hiriere á su prójimo por yerro, que no le tenía enemistad desde ayer ni antes de ayer: ⁵ Como el que fué con su prójimo al monte á cortar leña, y poniendo fuerza con su mano en el hacha para cortar algún leño, saltó el hierro del cabo, y encontró á su prójimo, y murió; aquél huirá á una de aquestas ciudades, y vivirá; ⁶ No sea que el pariente del muerto vaya tras el homicida, cuando se enardeciere su corazón, y le alcance por ser largo el camino, y le hiera de muerte, no debiendo ser condenado á muerte; por cuanto no tenía enemistad desde ayer ni antes de ayer con el *muerto.* ⁷ Por tanto yo te mando, diciendo: Tres ciudades te apartarás. ⁸ Y si Jehová tu Dios ensanchare tu término, como lo juró á tus padres, y te diere toda la tierra que dijo á tus padres que había de dar; ⁹ Cuando guardases todos estos mandamientos, que yo te prescribo hoy, para ponerlos por obra, que ames á Jehová tu Dios y andes en sus caminos todos los días; entonces añadirás tres ciudades á más de estas tres; ¹⁰ Porque no sea derramada sangre inocente en medio de tu tierra, que Jehová tu Dios te da por heredad, y sea sobre ti sangre. ¹¹ Mas cuando hubiere alguno que aborreciere á su prójimo, y lo acechare, y se levantare sobre él, y lo hiriere de muerte, y muriere, y huyere á alguna de estas ciudades; ¹² Entonces los ancianos de su ciudad enviarán y lo sacarán de allí, y entregarlo han en mano del pariente del muerto, y morirá. ¹³ No le perdonará tu ojo: y quitarás de Israel la sangre inocente, y te irá bien. ¹⁴ No reducirás el término de tu prójimo, el cual señalaron los antiguos en tu heredad, la que poseyeres en la tierra que Jehová tu Dios te da para que la poseas. ¹⁵ No valdrá un testigo contra ninguno en cualquier delito, ó en cualquier pecado, en cualquier pecado que se cometiere. En el dicho de dos testigos, ó en el dicho de tres testigos consistirá el negocio. ¹⁶ Cuando se levantare testigo falso contra alguno, para testificar contra él rebelión, ¹⁷ Entonces los dos hombres litigantes se presentarán delante de Jehová, delante de los sacerdotes y jueces que fueren en aquellos días: ¹⁸ Y los jueces inquirirán bien, y si pareciere ser aquél testigo falso, que testificó falsamente contra su hermano, ¹⁹ Haréis á él como él pensó hacer á su hermano: y quitarás el mal de en medio de ti. ²⁰ Y los que quedaren oirán, y temerán, y no volverán más á hacer una mala cosa como ésta, en medio de ti. ²¹ Y no perdonará tu ojo: vida por vida, ojo por ojo, diente por diente, mano por mano, pie por pie.

20

¹ CUANDO salieres á la guerra contra tus enemigos, y vieres caballos y carros, un pueblo más grande que tú, no tengas temor de ellos, que Jehová tu Dios es contigo, el cual te sacó de tierra de Egipto. ² Y será que, cuando os acercareis para combatir, llegaráse el sacerdote, y hablará al pueblo, ³ Y les dirá: Oye, Israel, vosotros os juntáis hoy en batalla contra vuestros enemigos: no se ablande vuestro corazón, no temáis, no os azoréis, ni tampoco os desalentéis delante de ellos; ⁴ Que Jehová vuestro Dios anda con vosotros, para pelear por vosotros contra vuestros enemigos, para salvaros. ⁵ Y los oficiales hablarán al pueblo, diciendo: ¿Quién ha edificado casa nueva, y no la ha estrenado? Vaya, y vuélvase á su casa, porque quizá no muera en la batalla, y otro alguno la estrene. ⁶ ¿Y quién ha plantado viña, y no ha hecho común uso de ella? Vaya, y vuélvase á su casa, porque quizá no muera en la batalla, y otro alguno la goce. ⁷ ¿Y quién se ha desposado con mujer, y no la ha tomado? Vaya, y vuélvase á su casa, porque quizá no muera en la batalla, y algún otro la tome. ⁸ Y tornarán los oficiales á hablar al pueblo, y dirán: ¿Quién es hombre medroso y tierno de corazón? Vaya, y vuélvase á su casa, y no apoque el corazón de sus hermanos, como su corazón. ⁹ Y será que, cuando los oficiales acabaren de hablar al pueblo, entonces los capitanes de los ejércitos mandarán delante del pueblo. ¹⁰ Cuando te acercares á una ciudad para combatirla, le intimarás la paz. ¹¹ Y será que, si te respondiere, Paz, y te abriere, todo el pueblo que en ella fuere hallado te serán tributarios, y te servirán. ¹² Mas si no hiciere paz contigo, y emprendiere contigo guerra, y la cercares, ¹³ Luego que Jehová tu Dios la entregare en tu mano, herirás á todo varón suyo á filo de espada. ¹⁴ Solamente las mujeres y los niños, y los animales, y todo lo que hubiere en la ciudad, todos sus despojos, tomarás para ti: y comerás del despojo de tus enemigos, los cuales Jehová tu Dios te entregó. ¹⁵ Así harás á todas las ciudades que estuvieren muy lejos de ti, que no fueren de las ciudades de estas gentes. ¹⁶ Empero de las ciudades de estos pueblos que Jehová tu Dios te da por heredad, ninguna persona dejarás con vida; ¹⁷ Antes del todo los destruirás: al Hetheo, y al Amorrheo, y al Cananeo, y al Pherezeo, y al Heveo, y al Jebuseo; como Jehová tu Dios te ha mandado: ¹⁸ Porque no os enseñen á hacer según todas sus abominaciones, que ellos hacen á sus dioses, y pequéis contra Jehová vuestro Dios. ¹⁹ Cuando pusieres cerco á alguna ciudad, peleando contra ella muchos días para tomarla, no destruyas su arboleda metiendo en ella hacha, porque de ella comerás; y no la talarás, que no es hombre el árbol del campo para venir contra ti en el cerco. ²⁰ Mas el árbol que supieres que no es árbol para comer, lo destruirás y lo talarás, y construye baluarte contra la ciudad que pelea contigo, hasta sojuzgarla.

21

¹ CUANDO fuere hallado en la tierra que Jehová tu Dios te da para que la poseas, muerto echado en el campo, y no se supiere quién lo hirió, ² Entonces tus ancianos y tus jueces saldrán y medirán hasta las ciudades que están alrededor del muerto: ³ Y será, que los ancianos de aquella ciudad, de la ciudad más cercana al muerto, tomarán de la vacada una becerra que no haya servido, que no haya traído yugo; ⁴ Y los ancianos de aquella ciudad traerán la becerra á un valle áspero, que nunca haya sido arado ni sembrado, y cortarán el pescuezo á la becerra allí en el valle. ⁵ Entonces vendrán los sacerdotes hijos de Leví, porque á ellos escogió Jehová tu Dios para que le sirvan, y para bendecir en nombre de Jehová; y por el dicho de ellos se determinará todo pleito y toda llaga. ⁶ Y todos los ancianos de aquella ciudad más cercana al muerto lavarán sus manos sobre la becerra degollada en el valle. ⁷ Y protestarán, y dirán: Nuestras manos no han derramado esta sangre, ni nuestros ojos lo vieron. ⁸ Expía á tu pueblo Israel, al cual redimiste, oh Jehová; y no imputes la sangre inocente *derramada* en medio de tu pueblo Israel. Y la sangre les será perdonada. ⁹ Y tú quitarás la *culpa* de sangre inocente

de en medio de ti, cuando hicieres lo que es recto en los ojos de Jehová. ¹⁰ Cuando salieres á la guerra contra tus enemigos, y Jehová tu Dios los entregare en tu mano, y tomares de ellos cautivos, ¹¹ Y vieres entre los cautivos *alguna* mujer hermosa, y la codiciares, y la tomares para ti por mujer, ¹² La meterás en tu casa; y ella raerá su cabeza, y cortará sus uñas, ¹³ Y se quitará el vestido de su cautiverio, y quedaráse en tu casa: y llorará á su padre y á su madre el tiempo de un mes: y después entrarás á ella, y tu serás su marido, y ella tu mujer. ¹⁴ Y será, si no te agradare, que la has de dejar en su libertad; y no la venderás por dinero, ni mercadearás con ella, por cuanto la afligiste. ¹⁵ Cuando un hombre tuviere dos mujeres, la una amada y la otra aborrecida, y la amada y la aborrecida le parieren hijos, y el hijo primogénito fuere de la aborrecida; ¹⁶ Será que, el día que hiciere heredar á sus hijos lo que tuviere, no podrá dar el derecho de primogenitura á los hijos de la amada en preferencia al hijo de la aborrecida, que es el primogénito; ¹⁷ Mas al hijo de la aborrecida reconocerá por primogénito, para darle dos tantos de todo lo que se hallare que tiene: porque aquél es el principio de su fuerza, el derecho de la primogenitura es suyo. ¹⁸ Cuando alguno tuviere hijo contumaz y rebelde, que no obedeciere á la voz de su padre ni á la voz de su madre, y habiéndolo castigado, no les obedeciere; ¹⁹ Entonces tomarlo han su padre y su madre, y lo sacarán á los ancianos de su ciudad, y á la puerta del lugar suyo; ²⁰ Y dirán á los ancianos de la ciudad: Este nuestro hijo es contumaz y rebelde, no obedece á nuestra voz; es glotón y borracho. ²¹ Entonces todos los hombres de su ciudad lo apedrearán con piedras, y morirá: así quitarás el mal de en medio de ti; y todo Israel oirá, y temerá. ²² Cuando en alguno hubiere pecado de sentencia de muerte, *por el* que haya de morir, y le habrás colgado en un madero, ²³ No estará su cuerpo por la noche en el madero, mas sin falta lo enterrarás el mismo día, porque maldición de Dios es el colgado: y no contaminarás tu tierra, que Jehová tu Dios te da por heredad.

22

¹ NO verás el buey de tu hermano, ó su cordero, perdidos, y te retirarás de ellos: precisamente los volverás á tu hermano. ² Y si tu hermano no fuere tu vecino, ó no le conocieres, los recogerás en tu casa, y estarán contigo hasta que tu hermano los busque, y se los devolverás. ³ Y así harás de su asno, así harás también de su vestido, y lo mismo harás con toda cosa perdida de tu hermano que se le perdiere, y tú la hallares: no podrás retraerte *de ello*. ⁴ No verás el asno de tu hermano, ó su buey, caídos en el camino, y te esconderás de ellos: con él has de procurar levantarlos. ⁵ No vestirá la mujer hábito de hombre, ni el hombre vestirá ropa de mujer; porque abominación es á Jehová tu Dios cualquiera que esto hace. ⁶ Cuando topares en el camino algún nido de ave en cualquier árbol, ó sobre la tierra, con pollos ó huevos, y estuviere la madre echada sobre los pollos ó sobre los huevos, no tomes la madre con los hijos: ⁷ Dejarás ir á la madre, y tomarás los pollos para ti; para que te vaya bien, y prolongues tus días. ⁸ Cuando edificares casa nueva, harás pretil á tu terrado, porque no pongas sangre en tu casa, si de él cayere alguno. ⁹ No sembrarás tu viña de varias semillas, porque no se deprave la plenitud de la semilla que sembraste, y el fruto de la viña. ¹⁰ No ararás con buey y con asno juntamente. ¹¹ No te vestirás de mistura, de lana y lino juntamente. ¹² Hacerte has flecos en los cuatro cabos de tu manto con que te cubrieres. ¹³ Cuando alguno tomare mujer, y después de haber entrado á ella la aborreciere, ¹⁴ Y le pusiere algunas faltas, y esparciere sobre ella mala fama, y dijere: Esta tomé por mujer, y llegué á ella, y no la hallé virgen; ¹⁵ Entonces el padre de la moza y su madre tomarán, y sacarán las señales de la virginidad de la doncella á los ancianos de la ciudad, en la puerta. ¹⁶ Y dirá el padre de la moza á los ancianos: Yo dí mi hija á este hombre por mujer, y él la aborrece; ¹⁷ Y, he aquí, él le pone tachas de *algunas* cosas, diciendo: No he hallado tu hija virgen;

empero, he aquí las señales de la virginidad de mi hija. Y extenderán la sábana delante de los ancianos de la ciudad. ¹⁸ Entonces los ancianos de la ciudad tomarán al hombre y lo castigarán; ¹⁹ Y le han de penar en cien *piezas* de plata, las cuales darán al padre de la moza, por cuanto esparció mala fama sobre virgen de Israel: y la ha de tener por mujer, y no podrá despedirla en todos sus días. ²⁰ Mas si este negocio fué verdad, que no se hubiere hallado virginidad en la moza, ²¹ Entonces la sacarán á la puerta de la casa de su padre, y la apedrearán con piedras los hombres de su ciudad, y morirá; por cuanto hizo vileza en Israel fornicando en casa de su padre: así quitarás el mal de en medio de ti. ²² Cuando se sorprendiere alguno echado con mujer casada con marido, entrambos morirán, el hombre que se acostó con la mujer, y la mujer: así quitarás el mal de Israel. ²³ Cuando fuere moza virgen desposada con alguno, y alguno la hallare en la ciudad, y se echare con ella; ²⁴ Entonces los sacaréis á ambos á la puerta de aquella ciudad, y los apedrearéis con piedras, y morirán; la moza porque no dió voces en la ciudad, y el hombre porque humilló á la mujer de su prójimo: así quitarás el mal de en medio de ti. ²⁵ Mas si el hombre halló una moza desposada en el campo, y él la agarrare, y se echare con ella, morirá sólo el hombre que con ella se habrá echado; ²⁶ Y á la moza no harás nada; no tiene la moza culpa de muerte: porque como cuando alguno se levanta contra su prójimo, y le quita la vida, así es esto: ²⁷ Porque él la halló en el campo: dió voces la moza desposada, y no hubo quien la valiese. ²⁸ Cuando alguno hallare moza virgen, que no fuere desposada, y la tomare, y se echare con ella, y fueren hallados; ²⁹ Entonces el hombre que se echó con ella dará al padre de la moza cincuenta *piezas* de plata, y ella será su mujer, por cuanto la humilló: no la podrá despedir en todos sus días. ³⁰ No tomará alguno la mujer de su padre, ni descubrirá el regazo de su padre.

23

¹ NO entrará en la congregación de Jehová el que fuere quebrado, ni el castrado. ² No entrará bastardo en la congregación de Jehová: ni aun en la décima generación entrará en la congregación de Jehová. ³ No entrará Ammonita ni Moabita en la congregación de Jehová; ni aun en la décima generación entrará en la congregación de Jehová para siempre: ⁴ Por cuanto no os salieron á recibir con pan y agua al camino, cuando salisteis de Egipto; y porque alquiló contra ti á Balaam hijo de Beor de Pethor de Mesopotamia de Siria, para que te maldijese. ⁵ Mas no quiso Jehová tu Dios oir á Balaam; y Jehová tu Dios te volvió la maldición en bendición, porque Jehová tu Dios te amaba. ⁶ No procurarás la paz de ellos ni su bien en todos los días para siempre. ⁷ No abominarás al Idumeo, que tu hermano es: no abominarás al Egipcio, que extranjero fuiste en su tierra. ⁸ Los hijos que nacieren de ellos, á la tercera generación entrarán en la congregación de Jehová. ⁹ Cuando salieres á campaña contra tus enemigos, guárdate de toda cosa mala. ¹⁰ Cuando hubiere en ti alguno que no fuere limpio por accidente de noche, saldráse del campo, y no entrará en él. ¹¹ Y será que al declinar de la tarde se lavará con agua, y cuando fuere puesto el sol, entrará en el campo. ¹² Y tendrás un lugar fuera del real, y saldrás allá fuera; ¹³ Tendrás también una estaca entre tus armas; y será que, cuando estuvieres *allí* fuera, cavarás con ella, y luego al volverte cubrirás tu excremento: ¹⁴ Porque Jehová tu Dios anda por medio de tu campo, para librarte y entregar tus enemigos delante de ti; por tanto será tu real santo: porque él no vea en ti cosa inmunda, y se vuelva de en pos de ti. ¹⁵ No entregarás á su señor el siervo que se huyere á ti de su amo: ¹⁶ More contigo, en medio de ti, en el lugar que escogiere en alguna de tus ciudades, donde bien le estuviere: no le harás fuerza. ¹⁷ No habrá ramera de las hijas de Israel, ni habrá sodomítico de los hijos de Israel. ¹⁸ No traerás precio de ramera, ni precio de perro á la casa de Jehová tu Dios por ningún voto; porque abominación es á Jehová tu Dios así lo uno como lo otro. ¹⁹ No tomarás de tu hermano logro de dinero, ni logro de comida, ni logro de cosa

alguna de que se suele tomar. ²⁰ Del extraño tomarás logro, mas de tu hermano no lo tomarás, porque te bendiga Jehová tu Dios en toda obra de tus manos sobre la tierra á la cual entras para poseerla. ²¹ Cuando prometieres voto á Jehová tu Dios, no tardarás en pagarlo; porque ciertamente lo demandará Jehová tu Dios de ti, y habría en ti pecado. ²² Mas cuando te abstuvieres de prometer, no habrá en ti pecado. ²³ Guardarás lo que tus labios pronunciaren; y harás, como prometiste á Jehová tu Dios, lo que de tu voluntad hablaste por tu boca. ²⁴ Cuando entrares en la viña de tu prójimo, comerás uvas hasta saciar tu deseo: mas no pondrás en tu vaso. ²⁵ Cuando entrares en la mies de tu prójimo, podrás cortar espigas con tu mano; mas no aplicarás hoz á la mies de tu prójimo.

24

¹ CUANDO alguno tomare mujer y se casare con ella, si no le agradare por haber hallado en ella alguna cosa torpe, le escribirá carta de repudio, y se la entregará en su mano, y despedirála de su casa. ² Y salida de su casa, podrá ir y casarse con otro hombre. ³ Y si la aborreciere aqueste último, y le escribiere carta de repudio, y se la entregare en su mano, y la despidiere de su casa; ó si muriere el postrer hombre que la tomó para sí por mujer, ⁴ No podrá su primer marido, que la despidió, volverla á tomar para que sea su mujer, después que fué amancillada; porque es abominación delante de Jehová, y no has de pervertir la tierra que Jehová tu Dios te da por heredad. ⁵ Cuando tomare alguno mujer nueva, no saldrá á la guerra, ni en ninguna cosa se le ocupará; libre estará en su casa por un año, para alegrar á su mujer que tomó. ⁶ No tomarás en prenda la muela de molino, ni la de abajo ni la de arriba: porque sería prendar la vida. ⁷ Cuando fuere hallado alguno que haya hurtado persona de sus hermanos los hijos de Israel, y hubiere mercadeado con ella, ó la hubiere vendido, el tal ladrón morirá, y quitarás el mal de en medio de ti. ⁸ Guárdate de llaga de lepra, observando diligentemente, y haciendo según todo lo que os enseñaren los sacerdotes Levitas: cuidaréis de hacer como les he mandado. ⁹ Acuérdate de lo que hizo Jehová tu Dios á María en el camino, después que salisteis de Egipto. ¹⁰ Cuando dieres á tu prójimo alguna cosa emprestada, no entrarás en su casa para tomarle prenda: ¹¹ Fuera estarás, y el hombre á quien prestaste, te sacará afuera la prenda. ¹² Y si fuere hombre pobre, no duermas con su prenda: ¹³ Precisamente le devolverás la prenda cuando el sol se ponga, para que duerma en su ropa, y te bendiga: y te será justicia delante de Jehová tu Dios. ¹⁴ No hagas agravio al jornalero pobre y menesteroso, así de tus hermanos como de tus extranjeros que están en tu tierra en tus ciudades: ¹⁵ En su día le darás su jornal, y no se pondrá el sol sin dárselo: pues es pobre, y con él sustenta su vida: porque no clame contra ti á Jehová, y sea en ti pecado. ¹⁶ Los padres no morirán por los hijos, ni los hijos por los padres; cada uno morirá por su pecado. ¹⁷ No torcerás el derecho del peregrino y del huérfano; ni tomarás por prenda la ropa de la viuda: ¹⁸ Mas acuérdate que fuiste siervo en Egipto, y de allí te rescató Jehová tu Dios: por tanto, yo te mando que hagas esto. ¹⁹ Cuando segares tu mies en tu campo, y olvidares alguna gavilla en el campo, no volverás á tomarla: para el extranjero, para el huérfano, y para la viuda será; porque te bendiga Jehová tu Dios en toda obra de tus manos. ²⁰ Cuando sacudieres tus olivas, no recorrerás las ramas tras ti: para el extranjero, para el huérfano, y para la viuda será. ²¹ Cuando vendimiares tu viña, no rebuscarás tras ti: para el extranjero, para el huérfano, y para la viuda será. ²² Y acuérdate que fuiste siervo en tierra de Egipto: por tanto, yo te mando que hagas esto.

25

¹ CUANDO hubiere pleito entre algunos, y vinieren á juicio, y los juzgaren, y absolvieren al justo y condenaren al inicuo, ² Será que, si el delincuente mereciere ser azotado, entonces el juez lo hará echar en tierra, y harále azotar delante de sí, según su

delito, por cuenta. ³ Harále dar cuarenta azotes, no más: no sea que, si lo hiriere con muchos azotes á más de éstos, se envilezca tu hermano delante de tus ojos. ⁴ No pondrás bozal al buey cuando trillare. ⁵ Cuando hermanos estuvieren juntos, y muriere alguno de ellos, y no tuviere hijo, la mujer del muerto no se casará fuera con hombre extraño: su cuñado entrará á ella, y la tomará por su mujer, y hará con ella parentesco. ⁶ Y será que el primogénito que pariere ella, se levantará en nombre de su hermano el muerto, porque el nombre de éste no sea raído de Israel. ⁷ Y si el hombre no quisiere tomar á su cuñada, irá entonces la cuñada suya á la puerta á los ancianos, y dirá: Mi cuñado no quiere suscitar nombre en Israel á su hermano; no quiere emparentar conmigo. ⁸ Entonces los ancianos de aquella ciudad lo harán venir, y hablarán con él: y si él se levantare, y dijere, No quiero tomarla, ⁹ Llegaráse entonces su cuñada á él delante de los ancianos, y le descalzará el zapato de su pie, y escupiréle en el rostro, y hablará y dirá: Así será hecho al varón que no edificare la casa de su hermano. ¹⁰ Y su nombre será llamado en Israel: La casa del descalzado. ¹¹ Cuando algunos riñeren juntos el uno con el otro, y llegare la mujer del uno para librar á su marido de mano del que le hiriere, y metiere su mano y le trabare de sus vergüenzas; ¹² La cortarás entonces la mano, no *la* perdonará tu ojo. ¹³ No tendrás en tu bolsa pesa grande y pesa chica. ¹⁴ No tendrás en tu casa epha grande y epha pequeño. ¹⁵ Pesas cumplidas y justas tendrás; epha cabal y justo tendrás: para que tus días sean prolongados sobre la tierra que Jehová tu Dios te da. ¹⁶ Porque abominación es á Jehová tu Dios cualquiera que hace esto, cualquiera que hace agravio. ¹⁷ Acuérdate de lo que te hizo Amalec en el camino, cuando salisteis de Egipto: ¹⁸ Que te salió al camino, y te desbarató la retaguardia de todos los flacos que *iban* detrás de ti, cuando tú estabas cansado y trabajado; y no temió á Dios. ¹⁹ Será pues, cuando Jehová tu Dios te hubiere dado reposo de tus enemigos alrededor, en la tierra que Jehová tu Dios te da por heredad para que la poseas, que raerás la memoria de Amalec de debajo del cielo: no te olvides.

26

¹ Y SERÁ que, cuando hubieres entrado en la tierra que Jehová tu Dios te da por heredad, y la poseyeres, y habitares en ella; ² Entonces tomarás de las primicias de todos los frutos de la tierra, que sacares de tu tierra que Jehová tu Dios te da, y lo pondrás en un canastillo, é irás al lugar que Jehová tu Dios escogiere para hacer habitar allí su nombre. ³ Y llegarás al sacerdote que fuere en aquellos días, y le dirás: Reconozco hoy á Jehová tu Dios que he entrado en la tierra que juró Jehová á nuestros padres que nos había de dar. ⁴ Y el sacerdote tomará el canastillo de tu mano, y pondrálo delante del altar de Jehová tu Dios. ⁵ Entonces hablarás y dirás delante de Jehová tu Dios: Un Siro á punto de perecer fué mi padre, el cual descendió á Egipto y peregrinó allá con pocos hombres, y allí creció en gente grande, fuerte y numerosa: ⁶ Y los Egipcios nos maltrataron, y nos afligieron, y pusieron sobre nosotros dura servidumbre. ⁷ Y clamamos á Jehová Dios de nuestros padres; y oyó Jehová nuestra voz, y vió nuestra aflicción, y nuestro trabajo, y nuestra opresión: ⁸ Y sacónos Jehová de Egipto con mano fuerte, y con brazo extendido, y con grande espanto, y con señales y con milagros: ⁹ Y trájonos á este lugar, y diónos esta tierra, tierra que fluye leche y miel. ¹⁰ Y ahora, he aquí, he traído las primicias del fruto de la tierra que me diste, oh Jehová. Y lo dejarás delante de Jehová tu Dios, é inclinarte has delante de Jehová tu Dios. ¹¹ Y te alegrarás con todo el bien que Jehová tu Dios te hubiere dado á ti y á tu casa, tú y el Levita, y el extranjero que está en medio de ti. ¹² Cuando hubieres acabado de diezmar todo el diezmo de tus frutos en el año tercero, el año del diezmo, darás también al Levita, al extranjero, al huérfano y á la viuda; y comerán en tus villas, y se saciarán. ¹³ Y dirás delante de Jehová tu Dios: Yo he sacado lo consagrado de mi casa, y también lo he dado al Levita, y al extranjero, y al huérfano,

y á la viuda, conforme á todos tus mandamientos que me ordenaste: no he traspasado tus mandamientos, ni me he olvidado de ellos: ¹⁴ No he comido de ello en mi luto, ni he sacado de ello en inmundicia, ni de ello he dado para mortuorio: he obedecido á la voz de Jehová mi Dios, he hecho conforme á todo lo que me has mandado. ¹⁵ Mira desde la morada de tu santidad, desde el cielo, y bendice á tu pueblo Israel, y á la tierra que nos has dado, como juraste á nuestros padres, tierra que fluye leche y miel. ¹⁶ Jehová tu Dios te manda hoy que cumplas estos estatutos y derechos; cuida, pues, de ponerlos por obra con todo tu corazón, y con toda tu alma. ¹⁷ A Jehová has ensalzado hoy para que te sea por Dios, y para andar en sus caminos, y para guardar sus estatutos y sus mandamientos y sus derechos, y para oir su voz: ¹⁸ Y Jehová te ha ensalzado hoy para que le seas su peculiar pueblo, como él te lo ha dicho, y para que guardes todos sus mandamientos; ¹⁹ Y para ponerte alto sobre todas las gentes que hizo, para loor, y fama, y gloria; y para que seas pueblo santo á Jehová tu Dios, como él ha dicho.

27

¹ Y MANDÓ Moisés, con los ancianos de Israel, al pueblo, diciendo: Guardaréis todos los mandamientos que yo prescribo hoy. ² Y será que, el día que pasareis el Jordán á la tierra que Jehová tu Dios te da, te has de levantar piedras grandes, las cuales revocarás con cal: ³ Y escribirás en ellas todas las palabras de esta ley, cuando hubieres pasado para entrar en la tierra que Jehová tu Dios te da, tierra que fluye leche y miel, como Jehová el Dios de tus padres te ha dicho. ⁴ Será pues, cuando hubieres pasado el Jordán, que levantaréis estas piedras que yo os mando hoy, en el monte de Ebal, y las revocarás con cal: ⁵ Y edificarás allí altar á Jehová tu Dios, altar de piedras: no alzarás sobre ellas hierro. ⁶ De piedras enteras edificarás el altar de Jehová tu Dios; y ofrecerás sobre él holocausto á Jehová tu Dios; ⁷ Y sacrificarás pacíficos, y comerás allí; y alegrarte has delante de Jehová tu Dios. ⁸ Y escribirás en las piedras todas las palabras de esta ley muy claramente. ⁹ Y Moisés, con los sacerdotes Levitas, habló á todo Israel, diciendo: Atiende y escucha, Israel: hoy eres hecho pueblo de Jehová tu Dios. ¹⁰ Oirás pues la voz de Jehová tu Dios, y cumplirás sus mandamientos y sus estatutos, que yo te ordeno hoy. ¹¹ Y mandó Moisés al pueblo en aquel día, diciendo: ¹² Estos estarán sobre el monte de Gerizim para bendecir al pueblo, cuando hubiereis pasado el Jordán: Simeón, y Leví, y Judá, é Issachâr, y José, y Benjamín. ¹³ Y estos estarán para *pronunciar* la maldición en el de Ebal: Rubén, Gad, y Aser, y Zabulón, Dan, y Nephtalí. ¹⁴ Y hablarán los Levitas, y dirán á todo varón de Israel en alta voz: ¹⁵ Maldito el hombre que hiciere escultura ó imagen de fundición, abominación á Jehová, obra de mano de artífice, y la pusiere en oculto. Y todo el pueblo responderá y dirá: Amén. ¹⁶ Maldito el que deshonrare á su padre ó á su madre. Y dirá todo el pueblo: Amén. ¹⁷ Maldito el que redujere el término de su prójimo. Y dirá todo el pueblo: Amén. ¹⁸ Maldito el que hiciere errar al ciego en el camino. Y dirá todo el pueblo: Amén. ¹⁹ Maldito el que torciere el derecho del extranjero, del huérfano, y de la viuda. Y dirá todo el pueblo: Amén. ²⁰ Maldito el que se echare con la mujer de su padre; por cuanto descubrió el regazo de su padre. Y dirá todo el pueblo: Amén. ²¹ Maldito el que tuviere parte con cualquiera bestia. Y dirá todo el pueblo: Amén. ²² Maldito el que se echare con su hermana, hija de su padre, ó hija de su madre. Y dirá todo el pueblo: Amén. ²³ Maldito el que se echare con su suegra. Y dirá todo el pueblo: Amén. ²⁴ Maldito el que hiriere á su prójimo ocultamente. Y dirá todo el pueblo: Amén. ²⁵ Maldito el que recibiere don para herir de muerte al inocente. Y dirá todo el pueblo: Amén. ²⁶ Maldito el que no confirmare las palabras de esta ley para cumplirlas. Y dirá todo el pueblo: Amén.

28

¹ Y SERÁ que, si oyeres diligente la voz de Jehová tu Dios, para guardar, para poner por obra todos sus mandamientos que yo te prescribo hoy, también Jehová tu Dios te pondrá alto sobre todas las gentes de la tierra; ² Y vendrán sobre ti todas estas bendiciones, y te alcanzarán, cuando oyeres la voz de Jehová tu Dios. ³ Bendito serás tú en la ciudad, y bendito tú en el campo. ⁴ Bendito el fruto de tu vientre, y el fruto de tu bestia, la cría de tus vacas, y los rebaños de tus ovejas. ⁵ Bendito tu canastillo y tus sobras. ⁶ Bendito serás en tu entrar, y bendito en tu salir. ⁷ Pondrá Jehová á tus enemigos que se levantaren contra ti, de rota batida delante de ti: por un camino saldrán á ti, por siete caminos huirán delante de ti. ⁸ Enviará Jehová contigo la bendición en tus graneros, y en todo aquello en que pusieres tu mano; y te bendecirá en la tierra que Jehová tu Dios te da. ⁹ Confirmarte ha Jehová por pueblo suyo santo, como te ha jurado, cuando guardares los mandamientos de Jehová tu Dios, y anduvieres en sus caminos. ¹⁰ Y verán todos los pueblos de la tierra que el nombre de Jehová es llamado sobre ti, y te temerán. ¹¹ Y te hará Jehová sobreabundar en bienes, en el fruto de tu vientre, y en el fruto de tu bestia, y en el fruto de tu tierra, en el país que juró Jehová á tus padres que te había de dar. ¹² Abrirte ha Jehová su buen depósito, el cielo, para dar lluvia á tu tierra en su tiempo, y para bendecir toda obra de tus manos. Y prestarás á muchas gentes, y tú no tomarás emprestado. ¹³ Y te pondrá Jehová por cabeza, y no por cola: y estarás encima solamente, y no estarás debajo; cuando obedecieres á los mandamientos de Jehová tu Dios, que yo te ordeno hoy, para que *los* guardes y cumplas. ¹⁴ Y no te apartes de todas las palabras que yo os mando hoy, ni á diestra ni á siniestra, para ir tras dioses ajenos para servirles. ¹⁵ Y será, si no oyeres la voz de Jehová tu Dios, para cuidar de poner por obra todos sus mandamientos y sus estatutos, que yo te intimo hoy, que vendrán sobre ti todas estas maldiciones, y te alcanzarán. ¹⁶ Maldito serás tu en la ciudad, y maldito en el campo. ¹⁷ Maldito tu canastillo, y tus sobras. ¹⁸ Maldito el fruto de tu vientre, y el fruto de tu tierra, y la cría de tus vacas, y los rebaños de tus ovejas. ¹⁹ Maldito serás en tu entrar, y maldito en tu salir. ²⁰ Y Jehová enviará contra ti la maldición, quebranto y asombro en todo cuanto pusieres mano é hicieres, hasta que seas destruído, y perezcas presto á causa de la maldad de tus obras, por las cuales me habrás dejado. ²¹ Jehová hará que se te pegue mortandad, hasta que te consuma de la tierra á la cual entras para poseerla. ²² Jehová te herirá de tisis, y de fiebre, y de ardor, y de calor, y de cuchillo, y de calamidad repentina, y con añublo; y perseguirte han hasta que perezcas. ²³ Y tus cielos que están sobre tu cabeza, serán de metal; y la tierra que está debajo de ti, de hierro. ²⁴ Dará Jehová por lluvia á tu tierra polvo y ceniza: de los cielos descenderán sobre ti hasta que perezcas. ²⁵ Jehová te entregará herido delante de tus enemigos: por un camino saldrás á ellos, y por siete caminos huirás delante de ellos: y serás sacudido á todos los reinos de la tierra. ²⁶ Y será tu cuerpo muerto por comida á toda ave del cielo y bestia de la tierra, y no habrá quien las espante. ²⁷ Jehová te herirá de la plaga de Egipto, y con almorranas, y con sarna, y con comezón, de que no puedas ser curado. ²⁸ Jehová te herirá con locura, y con ceguedad, y con pasmo de corazón. ²⁹ Y palparás al mediodía, como palpa el ciego en la oscuridad, y no serás prosperado en tus caminos: y nunca serás sino oprimido y robado todos los días, y no habrá quien te salve. ³⁰ Te desposarás con mujer, y otro varón dormirá con ella; edificarás casa, y no habitarás en ella; plantarás viña, y no la vendimiarás. ³¹ Tu buey será matado delante de tus ojos, y tú no comerás de él; tu asno será arrebatado de delante de ti, y no se te volverá; tus ovejas serán dadas á tus enemigos, y no tendrás quien te *las* rescate. ³² Tus hijos y tus hijas serán entregados á otro pueblo, y tus ojos lo verán, y desfallecerán por ellos todo el día: y no habrá fuerza en tu mano. ³³ El fruto de tu tierra y todo tu trabajo comerá pueblo que no conociste;

y nunca serás sino oprimido y quebrantado todos los días. ³⁴ Y enloquecerás á causa de lo que verás con tus ojos. ³⁵ Herirte ha Jehová con maligna pústula en las rodillas y en las piernas, sin que puedas ser curado: *aun* desde la planta de tu pie hasta tu mollera. ³⁶ Jehová llevará á ti, y á tu rey que hubieres puesto sobre ti, á gente que no conociste tú ni tus padres; y allá servirás á dioses ajenos, al palo y á la piedra. ³⁷ Y serás por pasmo, por ejemplo y por fábula, á todos los pueblos á los cuales te llevará Jehová. ³⁸ Sacarás mucha simiente al campo, y cogerás poco; porque la langosta lo consumirá. ³⁹ Plantarás viñas y labrarás, mas no beberás vino, ni cogerás *uvas*; porque el gusano las comerá. ⁴⁰ Tendrás olivas en todo tu término, mas no te ungirás con el aceite; porque tu aceituna se caerá. ⁴¹ Hijos é hijas engendrarás, y no serán para ti; porque irán en cautiverio. ⁴² Toda tu arboleda y el fruto de tu tierra consumirá la langosta. ⁴³ El extranjero que estará en medio de ti subirá sobre ti muy alto, y tú serás puesto muy bajo. ⁴⁴ El te prestará á ti, y tú no prestarás á él: él será por cabeza, y tú serás por cola. ⁴⁵ Y vendrán sobre ti todas estas maldiciones, y te perseguirán, y te alcanzarán hasta que perezcas; por cuanto no habrás atendido á la voz de Jehová tu Dios, para guardar sus mandamientos y sus estatutos, que él te mandó: ⁴⁶ Y serán en ti por señal y por maravilla, y en tu simiente para siempre. ⁴⁷ Por cuanto no serviste á Jehová tu Dios con alegría y con gozo de corazón, por la abundancia de todas las cosas; ⁴⁸ Servirás por tanto á tus enemigos que enviare Jehová contra ti, con hambre y con sed y con desnudez, y con falta de todas las cosas; y él pondrá yugo de hierro sobre tu cuello, hasta destruirte. ⁴⁹ Jehová traerá sobre ti gente de lejos, del cabo de la tierra, que vuele como águila, gente cuya lengua no entiendas; ⁵⁰ Gente fiera de rostro, que no tendrá respeto al anciano, ni perdonará al niño: ⁵¹ Y comerá el fruto de tu bestia y el fruto de tu tierra, hasta que perezcas: y no te dejará grano, ni mosto, ni aceite, ni la cría de tus vacas, ni los rebaños de tus ovejas, hasta destruirte. ⁵² Y te pondrá cerco en todas tus ciudades, hasta que caigan tus muros altos y encastillados en que tú confías, en toda tu tierra: te cercará, pues, en todas tus ciudades y en toda tu tierra, que Jehová tu Dios te habrá dado. ⁵³ Y comerás el fruto de tu vientre, la carne de tus hijos y de tus hijas que Jehová tu Dios te dió, en el cerco y en el apuro con que te angustiará tu enemigo. ⁵⁴ El hombre tierno en ti, y el muy delicado, su ojo será maligno para con su hermano, y para con la mujer de su seno, y para con el resto de sus hijos que le quedaren; ⁵⁵ Para no dar á alguno de ellos de la carne de sus hijos, que él comerá, porque nada le habrá quedado, en el cerco y en el apuro con que tu enemigo te oprimirá en todas tus ciudades. ⁵⁶ La tierna y la delicada entre vosotros, que nunca la planta de su pie probó á sentar sobre la tierra, de ternura y delicadeza, su ojo será maligno para con el marido de su seno, y para con su hijo, y para con su hija, ⁵⁷ Y para con su chiquita que sale de entre sus pies, y para con sus hijos que pariere; pues los comerá escondidamente, á falta de todo, en el cerco y en el apuro con que tu enemigo te oprimirá en tus ciudades. ⁵⁸ Si no cuidares de poner por obra todas las palabras de aquesta ley que están escritas en este libro, temiendo este nombre glorioso y terrible, JEHOVÁ TU DIOS, ⁵⁹ Jehová aumentará maravillosamente tus plagas y las plagas de tu simiente, plagas grandes y estables, y enfermedades malignas y duraderas; ⁶⁰ Y hará volver sobre ti todos los males de Egipto, delante de los cuales temiste, y se te pegarán. ⁶¹ Asimismo toda enfermedad y toda plaga que no está escrita en el libro de esta ley, Jehová la enviará sobre ti, hasta que tú seas destruído. ⁶² Y quedaréis en poca gente, en lugar de haber sido como las estrellas del cielo en multitud; por cuanto no obedeciste á la voz de Jehová tu Dios. ⁶³ Y será que como Jehová se gozó sobre vosotros para haceros bien, y para multiplicaros, así se gozará Jehová sobre vosotros para arruinaros, y para destruiros; y seréis arrancados de sobre la tierra, á la cual entráis para poseerla. ⁶⁴ Y Jehová te esparcirá por todos los pueblos, desde el un cabo de la tierra hasta el otro cabo de ella; y allí servirás á dioses ajenos que no conociste tú ni tus padres, al leño y á la piedra. ⁶⁵ Y ni aun entre las mismas gentes descansarás, ni la planta de tu pie tendrá reposo; que allí te dará Jehová corazón temeroso, y caimiento de ojos, y tristeza de alma: ⁶⁶ Y tendrás tu vida *como* colgada delante de ti, y estarás temeroso de noche y de día, y no confiarás de tu vida. ⁶⁷ Por la mañana dirás: ¡Quién diera fuese la tarde! y á la tarde dirás: ¡Quién diera fuese la mañana! por el miedo de tu corazón con que estarás amedrentado, y por lo que verán tus ojos. ⁶⁸ Y Jehová te hará tornar á Egipto en navíos por el camino del cual te ha dicho: Nunca más volveréis: y allí seréis vendidos á vuestros enemigos por esclavos y por esclavas, y no habrá quien os compre.

29

¹ ESTAS son las palabras del pacto que Jehová mandó á Moisés concertara con los hijos de Israel en la tierra de Moab, además del pacto que concertó con ellos en Horeb. ² Moisés pues llamó á todo Israel, y díjoles: Vosotros habéis visto todo lo que Jehová ha hecho delante de vuestros ojos en la tierra de Egipto á Faraón y á todos sus siervos, y á toda su tierra: ³ Las pruebas grandes que vieron tus ojos, las señales, y las grandes maravillas. ⁴ Y Jehová no os dió corazón para entender, ni ojos para ver, ni oídos para oir, hasta el día de hoy. ⁵ Y yo os he traído cuarenta años por el desierto: vuestros vestidos no se han envejecido sobre vosotros, ni tu zapato se ha envejecido sobre tu pie. ⁶ No habéis comido pan, ni bebisteis vino ni sidra: para que supieseis que yo soy Jehová vuestro Dios. ⁷ Y llegasteis á este lugar, y salió Sehón rey de Hesbón, y Og rey de Basán, delante de nosotros para pelear, y herímoslos; ⁸ Y tomamos su tierra, y dímosla por heredad á Rubén y á Gad, y á la media tribu de Manasés. ⁹ Guardaréis, pues, las palabras de este pacto, y las pondréis por obra, para que prosperéis en todo lo que hiciereis. ¹⁰ Vosotros todos estáis hoy delante de Jehová vuestro Dios; vuestros príncipes de vuestras tribus, vuestros ancianos, y vuestros oficiales, todos los varones de Israel, ¹¹ Vuestros niños, vuestras mujeres, y tus extranjeros que habitan en medio de tu campo, desde el que corta tu leña hasta el que saca tus aguas: ¹² Para que entres en el pacto de Jehová tu Dios, y en su juramento, que Jehová tu Dios acuerda hoy contigo: ¹³ Para confirmarte hoy por su pueblo, y que él te sea á ti por Dios, de la manera que él te ha dicho, y como él juró á tus padres Abraham, Isaac, y Jacob. ¹⁴ Y no con vosotros solos acuerdo yo este pacto y este juramento, ¹⁵ Sino con los que están aquí presentes hoy con nosotros delante de Jehová nuestro Dios, y con los que no están aquí hoy con nosotros. ¹⁶ Porque vosotros sabéis cómo habitamos en la tierra de Egipto, y cómo hemos pasado por medio de las gentes que habéis pasado; ¹⁷ Y habéis visto sus abominaciones, y sus ídolos, madera y piedra, plata y oro, que *tienen* consigo. ¹⁸ Quizá habrá entre vosotros varón, ó mujer, ó familia, ó tribu, cuyo corazón se vuelva hoy de con Jehová nuestro Dios, por andar á servir á los dioses de aquellas gentes; quizá habrá en vosotros raíz que eche veneno y ajenjo; ¹⁹ Y sea que, cuando el tal oyere las palabras de esta maldición, él se bendiga en su corazón, diciendo: Tendré paz, aunque ande según el pensamiento de mi corazón, para añadir la embriaguez á la sed: ²⁰ Jehová no querrá perdonarle; antes humeará luego el furor de Jehová y su celo sobre el tal hombre, y asentaráse sobre él toda maldición escrita en este libro, y Jehová raerá su nombre de debajo del cielo: ²¹ Y apartarálo Jehová de todas las tribus de Israel para mal, conforme á todas las maldiciones del pacto escrito en este libro de la ley. ²² Y dirá la generación venidera, vuestros hijos que vendrán después de vosotros, y el extranjero que vendrá de lejanas tierras, cuando vieren las plagas de aquesta tierra, y sus enfermedades de que Jehová la hizo enfermar, ²³ (Azufre y sal, abrasada toda su tierra: no será sembrada, ni producirá, ni crecerá en ella hierba ninguna, como en la subversión de Sodoma y de Gomorra, de Adma y de Seboim, que Jehová subvirtió en su furor y en su ira:) ²⁴ Dirán, pues, todas las gentes: ¿Por qué hizo

Jehová esto á esta tierra? ¿qué ira es ésta de tan gran furor? 25 Y responderán: Por cuanto dejaron el pacto de Jehová el Dios de sus padres, que él concertó con ellos cuando los sacó de la tierra de Egipto, 26 Y fueron y sirvieron á dioses ajenos, é inclináronse á ellos, dioses que no conocían, y que ninguna cosa les habían dado: 27 Encendióse por tanto, el furor de Jehová contra esta tierra, para traer sobre ella todas las maldiciones escritas en este libro; 28 Y Jehová los desarraigó de su tierra con enojo, y con saña, y con furor grande, y los echó á otra tierra, como hoy. 29 Las cosas secretas pertenecen á Jehová nuestro Dios: mas las reveladas son para nosotros y para nuestros hijos por siempre, para que cumplamos todas las palabras de esta ley.

30

1 Y SERÁ que, cuando te sobrevinieren todas estas cosas, la bendición y la maldición que he puesto delante de ti, y volvieres á tu corazón en medio de todas las gentes á las cuales Jehová tu Dios te hubiere echado, 2 Y te convirtieres á Jehová tu Dios, y obedecieres á su voz conforme á todo lo que yo te mando hoy, tú y tus hijos, con todo tu corazón y con toda tu alma, 3 Jehová también volverá tus cautivos, y tendrá misericordia de ti, y tornará á recogerte de todos los pueblos á los cuales te hubiere esparcido Jehová tu Dios. 4 Si hubieres sido arrojado hasta el cabo de los cielos, de allí te recogerá Jehová tu Dios, y de allá te tomará: 5 Y volverte ha Jehová tu Dios á la tierra que heredaron tus padres, y la poseerás; y te hará bien, y te multiplicará más que á tus padres. 6 Y circuncidará Jehová tu Dios tu corazón, y el corazón de tu simiente, para que ames á Jehová tu Dios con todo tu corazón y con toda tu alma, á fin de que tú vivas. 7 Y pondrá Jehová tu Dios todas estas maldiciones sobre tus enemigos, y sobre tus aborrecedores que te persiguieron. 8 Y tú volverás, y oirás la voz de Jehová, y pondrás por obra todos sus mandamientos, que yo te intimo hoy. 9 Y hacerte ha Jehová tu Dios abundar en toda obra de tus manos, en el fruto de tu vientre, en el fruto de tu bestia, y en el fruto de tu tierra, para bien: porque Jehová volverá á gozarse sobre ti para bien, de la manera que se gozó sobre tus padres; 10 Cuando oyeres la voz de Jehová tu Dios, para guardar sus mandamientos y sus estatutos escritos en este libro de la ley; cuando te convirtieres á Jehová tu Dios con todo tu corazón y con toda tu alma. 11 Porque este mandamiento que yo te intimo hoy, no te es encubierto, ni está lejos: 12 No está en el cielo, para que digas: ¿Quién subirá por nosotros al cielo, y nos lo traerá y nos lo representará, para que lo cumplamos? 13 Ni está de la otra parte de la mar, para que digas: ¿Quién pasará por nosotros la mar, para que nos lo traiga y nos lo represente, á fin de que lo cumplamos? 14 Porque muy cerca de ti está la palabra, en tu boca y en tu corazón, para que la cumplas. 15 Mira, yo he puesto delante de ti hoy la vida y el bien, la muerte y el mal: 16 Porque yo te mando hoy que ames á Jehová tu Dios, que andes en sus caminos, y guardes sus mandamientos y sus estatutos y sus derechos, para que vivas y seas multiplicado, y Jehová tu Dios te bendiga en la tierra á la cual entras para poseerla. 17 Mas si tu corazón se apartare, y no oyeres, y fueres incitado, y te inclinares á dioses ajenos, y los sirvieres; 18 Protéstoos hoy que de cierto pereceréis: no tendréis largos días sobre la tierra, para ir á la cual pasas el Jordán para poseerla. 19 A los cielos y la tierra llamo por testigos hoy contra vosotros, que os he puesto delante la vida y la muerte, la bendición y la maldición: escoge pues la vida, porque vivas tú y tu simiente: 20 Que ames á Jehová tu Dios, que oigas su voz, y te allegues á él; porque él es tu vida, y la longitud de tus días; á fin de que habites sobre la tierra que juró Jehová á tus padres Abraham, Isaac, y Jacob, que les había de dar.

31

1 Y FUÉ Moisés, y habló estas palabras á todo Israel, 2 Y díjoles: De edad de ciento

y veinte años soy hoy día; no puedo más salir ni entrar: á más de esto Jehová me ha dicho: No pasarás este Jordán. ³ Jehová tu Dios, él pasa delante de ti; él destruirá estas gentes de delante de ti, y las heredarás: Josué será el que pasará delante de ti, como Jehová ha dicho. ⁴ Y hará Jehová con ellos como hizo con Sehón y con Og, reyes de los Amorrheos, y con su tierra, que los destruyó. ⁵ Y los entregará Jehová delante de vosotros, y haréis con ellos conforme á todo lo que os he mandado. ⁶ Esforzaos y cobrad ánimo; no temáis, ni tengáis miedo de ellos: que Jehová tu Dios es el que va contigo: no te dejará ni te desamparará. ⁷ Y llamó Moisés á Josué, y díjole á vista de todo Israel: Esfuérzate y anímate; porque tú entrarás con este pueblo á la tierra que juró Jehová á sus padres que les había de dar, y tú se la harás heredar. ⁸ Y Jehová es el que va delante de ti; él será contigo, no te dejará, ni te desamparará; no temas, ni te intimides. ⁹ Y escribió Moisés esta ley, y dióla á los sacerdotes, hijos de Leví, que llevaban el arca del pacto de Jehová, y á todos los ancianos de Israel. ¹⁰ Y mandóles Moisés, diciendo: Al cabo del séptimo año, en el año de la remisión, en la fiesta de las Cabañas, ¹¹ Cuando viniere todo Israel á presentarse delante de Jehová tu Dios en el lugar que él escogiere, leerás esta ley delante de todo Israel á oídos de ellos. ¹² Harás congregar el pueblo, varones y mujeres y niños, y tus extranjeros que estuvieren en tus ciudades, para que oigan y aprendan, y teman á Jehová vuestro Dios, y cuiden de poner por obra todas las palabras de esta ley: ¹³ Y los hijos de ellos que no supieron oigan, y aprendan á temer á Jehová vuestro Dios todos los días que viviereis sobre la tierra, para ir á la cual pasáis el Jordán para poseerla. ¹⁴ Y Jehová dijo á Moisés: He aquí se han acercado tus días para que mueras: llama á Josué, y esperad en el tabernáculo del testimonio, y le mandaré. Fueron pues Moisés y Josué, y esperaron en el tabernáculo del testimonio. ¹⁵ Y aparecióse Jehová en el tabernáculo, en la columna de nube; y la columna de nube se puso sobre la puerta del tabernáculo. ¹⁶ Y Jehová dijo á Moisés: He aquí tú vas á dormir con tus padres, y este pueblo se levantará y fornicará tras los dioses ajenos de la tierra adonde va, *en estando* en medio de ella; y me dejará, é invalidará mi pacto que he concertado con él: ¹⁷ Y mi furor se encenderá contra él en aquel día; y los abandonaré, y esconderé de ellos mi rostro, y serán consumidos; y le hallarán muchos males y angustias, y dirá en aquel día: ¿No me han hallado estos males porque no está mi Dios en medio de mí? ¹⁸ Empero yo esconderé ciertamente mi rostro en aquel día, por todo el mal que ellos habrán hecho, por haberse vuelto á dioses ajenos. ¹⁹ Ahora pues, escribíos este cántico, y enséñalo á los hijos de Israel: ponlo en boca de ellos, para que este cántico me sea por testigo contra los hijos de Israel. ²⁰ Porque yo le introduciré en la tierra que juré á sus padres, la cual fluye leche y miel; y comerá, y se hartará, y se engordará: y volveránse á dioses ajenos, y les servirán, y me enojarán, é invalidarán mi pacto. ²¹ Y será que cuando le vinieren muchos males y angustias, entonces responderá en su cara este cántico como testigo, pues no caerá en olvido de la boca de su linaje: porque yo conozco su ingenio, y lo que hace hoy antes que le introduzca en la tierra que juré. ²² Y Moisés escribió este cántico aquel día, y enseñólo á los hijos de Israel. ²³ Y dió orden á Josué hijo de Nun, y dijo: Esfuérzate y anímate, que tú meterás los hijos de Israel en la tierra que les juré, y yo seré contigo. ²⁴ Y como acabó Moisés de escribir las palabras de esta ley en un libro hasta concluirse, ²⁵ Mandó Moisés á los Levitas que llevaban el arca del pacto de Jehová, diciendo: ²⁶ Tomad este libro de la ley, y ponedlo al lado del arca del pacto de Jehová vuestro Dios, y esté allí por testigo contra ti. ²⁷ Porque yo conozco tu rebelión, y tu cerviz dura: he aquí que aun viviendo yo hoy con vosotros, sois rebeldes á Jehová; y ¿cuánto más después que yo fuere muerto? ²⁸ Congregad á mí todos los ancianos de vuestras tribus, y á vuestros oficiales, y hablaré en sus oídos estas palabras, y llamaré por testigos contra ellos los cielos y la tierra. ²⁹ Porque yo sé que después de mi muerte, ciertamente os corromperéis y os apartaréis del camino que os he mandado; y que os ha de venir mal en los postreros días, por haber hecho mal en ojos de Jehová, enojándole con la obra de vuestras manos. ³⁰ Entonces habló Moisés en oídos de toda la congregación de Israel las palabras de este cántico hasta acabarlo.

32

¹ ESCUCHAD, cielos, y hablaré; y oiga la tierra los dichos de mi boca. ² Goteará como la lluvia mi doctrina; destilará como el rocío mi razonamiento; como la llovizna sobre la grama, y como las gotas sobre la hierba: ³ Porque el nombre de Jehová invocaré: engrandeced á nuestro Dios. ⁴ *El es* la Roca, cuya obra es perfecta, porque todos sus caminos son rectitud: Dios de verdad, y ninguna iniquidad en él: es justo y recto. ⁵ La corrupción no *es* suya: á sus hijos la mancha de ellos, generación torcida y perversa. ⁶ ¿Así pagáis á Jehová, pueblo loco é ignorante? ¿no es él tu padre que te poseyó? él te hizo y te ha organizado. ⁷ Acuérdate de los tiempos antiguos; considerad los años de generación y generación: pregunta á tu padre, que él te declarará; á tus viejos, y ellos te dirán. ⁸ Cuando el Altísimo hizo heredar á las gentes, cuando hizo dividir los hijos de los hombres, estableció los términos de los pueblos según el número de los hijos de Israel. ⁹ Porque la parte de Jehová es su pueblo; Jacob la cuerda de su heredad. ¹⁰ Hallólo en tierra de desierto, y en desierto horrible y yermo; trájolo alrededor, instruyólo, guardólo como la niña de su ojo. ¹¹ Como el águila despierta su nidada, revolotea sobre sus pollos, extiende sus alas, los toma, los lleva sobre sus plumas: ¹² Jehová solo le guió, que no hubo con él dios ajeno. ¹³ Hízolo subir sobre las alturas de la tierra, y comió los frutos del campo, é hizo que chupase miel de la peña, y aceite del duro pedernal; ¹⁴ Manteca de vacas y leche de ovejas, con grosura de corderos, y carneros de Basán; también machos de cabrío, con grosura de riñones de trigo: y sangre de uva bebiste, vino puro. ¹⁵ Y engrosó Jeshurun, y tiró coces: engordástete, engrosástete, cubrístete: y dejó al Dios que le hizo, y menospreció la Roca de su salud. ¹⁶ Despertáronle á celos con los *dioses* ajenos; ensañáronle con abominaciones. ¹⁷ Sacrificaron á los diablos, no á Dios; á dioses que no habían conocido, á nuevos *dioses* venidos de cerca, que no habían temido vuestros padres. ¹⁸ De la Roca que te crió te olvidaste: te has olvidado del Dios tu criador. ¹⁹ Y viólo Jehová, y encendióse en ira, por el menosprecio de sus hijos y de sus hijas. ²⁰ Y dijo: Esconderé de ellos mi rostro, veré cuál será su postrimería: que son generación de perversidades, hijos sin fe. ²¹ Ellos me movieron á celos con lo que no es Dios; hiciéronme ensañar con sus vanidades: yo también los moveré á celos con *un pueblo que* no *es* pueblo, con gente insensata los haré ensañar. ²² Porque fuego se encenderá en mi furor, y arderá hasta el profundo; y devorará la tierra y sus frutos, y abrasará los fundamentos de los montes. ²³ Yo allegaré males sobre ellos; emplearé en ellos mis saetas. ²⁴ Consumidos *serán* de hambre, y comidos de fiebre ardiente y de amarga pestilencia; diente de bestias enviaré también sobre ellos, con veneno de serpiente de la tierra. ²⁵ De fuera desolará la espada, y dentro de las cámaras el espanto; así al mancebo como á la doncella, al que mama como el hombre cano. ²⁶ Dije: Echaríalos yo del mundo, haría cesar de entre los hombres la memoria de ellos, ²⁷ Si no temiese la ira del enemigo, no sea que se envanezcan sus adversarios, no sea que digan: Nuestra mano alta ha hecho todo esto, no Jehová. ²⁸ Porque son gente de perdidos consejos, y no hay en ellos entendimiento. ²⁹ ¡Ojalá fueran sabios, que comprendieran esto, y entendieran su postrimería! ³⁰ ¿Cómo podría perseguir uno á mil, y dos harían huir á diez mil, si su Roca no los hubiese vendido, y Jehová no los hubiera entregado? ³¹ Que la roca de ellos no es como nuestra Roca: y nuestros enemigos *sean de ello* jueces. ³² Porque de la vid de Sodoma es la vid de ellos, y de los sarmientos de Gomorra: las uvas de ellos son uvas ponzoñosas, racimos muy amargos tienen. ³³ Veneno de dragones es su vino, y ponzoña cruel de áspides. ³⁴ ¿No tengo yo esto guardado, sellado en mis tesoros? ³⁵ Mía

es la venganza y el pago, al tiempo que su pie vacilará; porque el día de su aflicción está cercano, y lo que les está preparado se apresura. ³⁶ Porque Jehová juzgará á su pueblo, y por amor de sus siervos se arrepentirá, cuando viere que la fuerza pereció, y que no hay guardado, mas desamparado. ³⁷ Y dirá: ¿Dónde están sus dioses, la roca en que se guarecían; ³⁸ Que comían el sebo de sus sacrificios, bebían el vino de sus libaciones? Levántense, que os ayuden y os defiendan. ³⁹ Ved ahora que yo, yo soy, y no hay dioses conmigo: yo hago morir, y yo hago vivir: yo hiero, y yo curo: y no hay quien pueda librar de mi mano. ⁴⁰ Cuando yo alzaré á los cielos mi mano, y diré: Vivo yo para siempre, ⁴¹ Si afilare mi reluciente espada, y mi mano arrebatare el juicio, yo volveré la venganza á mis enemigos, y daré el pago á los que me aborrecen. ⁴² Embriagaré de sangre mis saetas, y mi espada devorará carne: en la sangre de los muertos y de los cautivos de las cabezas, con venganzas de enemigo. ⁴³ Alabad, gentes, á su pueblo, porque él vengará la sangre de sus siervos, y volverá la venganza á sus enemigos, y expiará su tierra, á su pueblo. ⁴⁴ Y vino Moisés, y recitó todas las palabras de este cántico á oídos del pueblo, él, y Josué hijo de Nun. ⁴⁵ Y acabó Moisés de recitar todas estas palabras á todo Israel; ⁴⁶ Y díjoles: Poned vuestro corazón á todas las palabras que yo os protesto hoy, para que las mandéis á vuestros hijos, y cuiden de poner por obra todas las palabras de esta ley. ⁴⁷ Porque no os es cosa vana, mas es vuestra vida: y por ellas haréis prolongar los días sobre la tierra, para poseer la cual pasáis el Jordán. ⁴⁸ Y habló Jehová á Moisés aquel mismo día, diciendo: ⁴⁹ Sube á este monte de Abarim, al monte Nebo, que está en la tierra de Moab, que está en derecho de Jericó, y mira la tierra de Canaán, que yo doy por heredad á los hijos de Israel; ⁵⁰ Y muere en el monte al cual subes, y sé reunido á tus pueblos; al modo que murió Aarón tu hermano en el monte de Hor, y fué reunido á sus pueblos: ⁵¹ Por cuanto prevaricasteis contra mí en medio de los hijos de Israel en las aguas de la rencilla de Cades, en el desierto de Zin; porque no me santificasteis en medio de los hijos de Israel. ⁵² Verás por tanto delante de ti la tierra; mas no entrarás allá, á la tierra que doy á los hijos de Israel.

33

¹ Y ESTA es la bendición con la cual bendijo Moisés varón de Dios á los hijos de Israel, antes que muriese. ² Y dijo: Jehová vino de Sinaí, y de Seir les esclareció; resplandeció del monte de Parán, y vino con diez mil santos: á su diestra la ley de fuego para ellos. ³ Aun amó los pueblos; todos sus santos en tu mano: ellos también se llegaron á tus pies: recibieron de tus dichos. ⁴ Ley nos mandó Moisés, heredad á la congregación de Jacob. ⁵ Y fué rey en Jeshurun, cuando se congregaron las cabezas del pueblo con las tribus de Israel. ⁶ Viva Rubén, y no muera; y sean sus varones en número. ⁷ Y esta *bendición* para Judá. Dijo así: Oye, oh Jehová, la voz de Judá, y llévalo á su pueblo; sus manos le basten, y tú seas ayuda contra sus enemigos. ⁸ Y á Leví dijo: Tu Thummim y tu Urim, con tu buen varón, al cual tentaste en Massa, y le hiciste reñir en las aguas de la rencilla; ⁹ El que dijo á su padre y á su madre: Nunca los vi: ni conoció á sus hermanos, ni conoció á sus hijos: por lo cual ellos guardarán tus palabras, y observarán tu pacto. ¹⁰ Ellos enseñarán tus juicios á Jacob, y tu ley á Israel; pondrán el perfume delante de ti, y el holocausto sobre tu altar. ¹¹ Bendice, oh Jehová, lo que hicieren, y recibe con agrado la obra de sus manos: hiere los lomos de sus enemigos, y de los que le aborrecieren; para que nunca se levanten. ¹² Y á Benjamín dijo: El amado de Jehová habitará confiado cerca de él; cubrirálo siempre, y entre sus hombros morará. ¹³ Y á José dijo: Bendita de Jehová su tierra, por los regalos de los cielos, por el rocío, y por el abismo que abajo yace, ¹⁴ Y por los regalados frutos del sol, y por los regalos de las influencias de las lunas, ¹⁵ Y por la cumbre de los montes antiguos, y por los regalos de los collados eternos, ¹⁶ Y por los regalos de la tierra y su plenitud; y la gracia del que habitó en la zarza venga sobre la

cabeza de José, y sobre la mollera del apartado de sus hermanos. ¹⁷ El es aventajado como el primogénito de su toro, y sus cuernos, cuernos de unicornio: con ellos acorneará los pueblos juntos *hasta* los fines de la tierra: y estos son los diez millares de Ephraim, y estos los millares de Manasés. ¹⁸ Y á Zabulón dijo: Alégrate, Zabulón, cuando salieres: y *tú*, Issachâr, en tus tiendas. ¹⁹ Llamarán los pueblos al monte; allí sacrificarán sacrificios de justicia: por lo cual chuparán la abundancia de los mares, y los tesoros escondidos de la arena. ²⁰ Y á Gad dijo: Bendito el que hizo ensanchar á Gad: como león habitará, y arrebatará brazo y testa. ²¹ Y él se ha provisto de la parte primera, porque allí una porción del legislador fuéle reservada, y vino en la delantera del pueblo; la justicia de Jehová ejecutará, y sus juicios con Israel. ²² Y á Dan dijo: Dan, cachorro de león: saltará desde Basán. ²³ Y á Nephtalí dijo: Nephtalí, saciado de benevolencia, y lleno de la bendición de Jehová, posee el occidente y el mediodía. ²⁴ Y á Aser dijo: Bendito Aser en hijos: agradable será á sus hermanos, y mojará en aceite su pie. ²⁵ Hierro y metal tu calzado, y como tus días tu fortaleza. ²⁶ No hay como el Dios de Jeshurun, montado sobre los cielos para tu ayuda, y sobre las nubes con su grandeza. ²⁷ El eterno Dios es *tu* refugio, y acá abajo los brazos eternos; él echará de delante de ti al enemigo, y dirá: Destruye. ²⁸ E Israel, fuente de Jacob, habitará confiado solo en tierra de grano y de vino: también sus cielos destilarán rocío. ²⁹ Bienaventurado tú, oh Israel, ¿quién como tú, pueblo salvo por Jehová, escudo de tu socorro, y espada de tu excelencia? Así que tus enemigos serán humillados, y tú hollarás sobre sus alturas.

34

¹ Y SUBIÓ Moisés de los campos de Moab al monte de Nebo, á la cumbre de Pisga, que está enfrente de Jericó: y mostróle Jehová toda la tierra de Galaad hasta Dan, ² Y á todo Nephtalí, y la tierra de Ephraim y de Manasés, toda la tierra de Judá hasta la mar postrera; ³ Y la parte meridional, y la campiña, la vega de Jericó, ciudad de las palmas, hasta Soar. ⁴ Y díjole Jehová: Esta es la tierra de que juré á Abraham, á Isaac, y á Jacob, diciendo: A tu simiente la daré. Hétela hecho ver con tus ojos, mas no pasarás allá. ⁵ Y murió allí Moisés siervo de Jehová, en la tierra de Moab, conforme al dicho de Jehová. ⁶ Y enterrólo en el valle, en tierra de Moab, enfrente de Bethpeor; y ninguno sabe su sepulcro hasta hoy. ⁷ Y era Moisés de edad de ciento y veinte años cuando murió: sus ojos nunca se oscurecieron, ni perdió su vigor. ⁸ Y lloraron los hijos de Israel á Moisés en los campos de Moab treinta días: y así se cumplieron los días del lloro del luto de Moisés. ⁹ Y Josué hijo de Nun fué lleno de espíritu de sabiduría, porque Moisés había puesto sus manos sobre él: y los hijos de Israel le obedecieron, é hicieron como Jehová mandó á Moisés. ¹⁰ Y nunca más se levantó profeta en Israel como Moisés, á quien haya conocido Jehová cara á cara; ¹¹ En todas las señales y prodigios que le envió Jehová á hacer en tierra de Egipto á Faraón, y á todos sus siervos, y á toda su tierra; ¹² Y en toda aquella mano esforzada, y en todo el espanto grande que causó Moisés á ojos de todo Israel.

Made in the USA
Middletown, DE
27 January 2024

48513770R00104